COURS D'ÉTUDE

POUR L'INSTRUCTION

DU PRINCE DE PARME

COURS D'ÉTUDE

POUR L'INSTRUCTION

DU PRINCE DE PARME,

AUJOURD'HUI

S. A. R. L'INFANT

D. FERDINAND,

DUC DE PARME, PLAISANCE, GUASTALLE,
&c. &c. &c.

Par M. l'Abbé de CONDILLAC, de l'Académie fran-
çoise & de celles de Berlin, de Parme & de Lyon,
ancien Précepteur de S. A. R.

TOME DOUZIEME.

INTRODUC. A L'ET. DE L'HISTOIRE MODERNE.

A PARME,

DE L'IMPRIMERIE ROYALE.

M. DCC. LXXV.

TABLE
DES MATIERES.

LIVRE CINQUIEME.

CHAPITRE I.

De l'Allemagne & de l'Italie jusqu'à Rodolphe de Habsbourg empereur, & jusqu'à Charles d'Anjou roi de Sicile.

Pag. 1.

Henri VI empereur acquiert le royaume de Sicile. Sa conduite avec Richard. Philippe est chargé de gouverner l'empire pendant l'enfance de son neveu Frédéric II. Innocent III, qui médite la ruine de la maison de Suabe, fomente des troubles en Sicile. Et ensuite en Allemagne, où il fait élire Othon. Othon fuit en Angleterre. Philippe, qui s'assure l'empire, le reconnoît pour son successeur. Innocent se flatte

Tom. XII.   a

que le regne d'Othon fera favorable aux prétentions du faint fiege. S'étant trompé, il excommunie Othon, & les Allemands elifent Frédéric II. Othon défait à Bovines, ne peut plus
recouvrer l'empire. Pourquoi Frédéric II dans
fon couronnement fait vœu d'aller à la Terre
Sainte. Faction des Guelfes & Gibelins. Défordres par-tout. Frédéric II acquiert par un
mariage des droits fur le royaume de Jérufalem.
Il arrive en Paleftine avec deux excommunications de Grégoire IX. Il y avoit eu après la
mort de Saladin une quatrieme croifade en 1196.
Il y en avoit eu une cinquieme en 1292. Une
partie des croifés s'étoient engagés au fervice
des Vénitiens. Ils avoient enfuite rétabli le jeune Alexis fur le trône de Conftantinople. Enfin ils avoient pris Conftantinople, & partagé
l'empire. Une multitude d'enfants s'étoient croifés. Et toutes les nations chrétiennes avoient
envoyé des armées en Paleftine. Frédéric II
avoit mené peu de monde en Paleftine. Moyens dont il fe fert pour fe faire obéir. Il recouvre les faints lieux. Le traité qu'il a fait eft
défapprouvé par le patriarche de Jérufalem. Grégoire qui avoit foulevé toute l'Italie l'excommunie une troifieme fois, & veut armer contre
lui tous les princes chrétiens. Frédéric fait
échouer tous les projets de Grégoire. Grégoire
eft forcé à demander la paix. Jean de Brienne
empereur de Conftantinople. Révolte de Henri.

CHAPITRE II.

De la France & de l'Angleterre pendant le regne de Philippe Auguste.

Pag. 23.

a 2

geois. Raimond comte de Touloufe fe foumet en apparence. Des conciles donnent fes états à Simon de Montfort, chef des croifes. La grandeur des Capétiens commence à Philippe Augufte.

CHAPITRE III.

De la France fous Louis VIII & fous S. Louis, & de l'Angleterre fous Henri III.

Pag. 43.

Sacre & couronnement de Louis VIII. Il fait la guerre à Henri III. Il la termine & marche contre les Albigeois. La jurifdiction des appels acheve de s'établir. L'affurement s'introduifit. Avec quelle circonfpection les rois devoient ufer de leur autorité. S. Louis avoit toutes les qualités néceffaires aux temps où il regnoit. Blanche a la régence. Elle déconcerte toutes les ligues qui fe forment. Fin de la guerre des Albigeois. L'inquifition. Blanche diffipe de nouvelles ligues. Caractère de Henri III. Ses entreprifes mal concertées La régente profite des fautes de ce prince. S. Louis réprime l'abus que les évêques faifoient des cenfures. Révolte du comte de Bretagne qui inutilement compte fur Henri III. Traitement que lui fait

Comment leurs vaſſaux s'étoient affoiblis par des partages de famille. Tyrannie que les barons exer-coient ſur leursvaſſaux. Comment les uſages qu'-ils avoient introduits contribuent à l'accroiſſe-ment de l'autorité royale. S. Louis affoiblit les barons en encourageant l'uſage de partager une baronie entre pluſieurs freres. Il donne des lettres de ſauve-garde aux opprimés. Il abolit les duels judiciaires. Comment la juriſprudence des appels tendoit à le rendre ſeul légiſlateur. Comment il détourne les ſeigneurs de s'oppoſer à cette juriſ-prudence. Comment on s'accoutume à penſer qu'il a le droit de propoſer des loix à tout le royaume ; & à le regarder comme le protecteur des coutumes. En réprimant les abus & en pro-tégeant les opprimés, il accroit ſa puiſſance. Moyens qu'il emploie pour empêcher les guerres particulieres des ſeigneurs. Traité de S. Louis avec le roi d'Arragon. Les barons d'Angleterre reglent la forme du gouvernement. Ils traitent avec S. Louis des provinces qui étoient un ſu-jet de guerre entre les deux couronnes. Troubles en Angleterre. S. Louis eſt pris pour juge. En-trée des communes au parlement. Fin des trou-bles d'Angleterre. Sageſſe de S. Louis dans le traité qu'il fait avec Henri III. Juriſdiction des magiſtrats du roi avant S. Louis. Comment ſous S. Louis cette juriſdiction s'étend ſur toutes les provinces. Pragmatique de S. Louis. Der-niere croiſade.

CHAPITRE IV.

Confidérations fur l'état de l'Allemagne, de l'Angleterre, de la France & de l'Italie vers la fin du treizieme fiecle.

Pag. 90.

Ignorance & préjugés des Barbares qui s'établiffent en occident. Défordres qui naiffent du gouvernement établi par Charlemagne. L'anarchie commence fous fes fucceffeurs. Les affemblées de la nation ceffent en France feulement. Le gouvernement féodal devoit naître en France. Erreur fur l'origine du gouvernement féodal. De France, ce gouvernement paffe dans les royaumes voifins. Il étoit moins vicieux en Allemagne qu'en Angleterre. Caufes de fes vices en Angleterre. En France les vices de ce gouvernement font favorables à l'agrandiffement des Capétiens. Ce gouvernement produit les plus grands défordres en Italie. Comment les gouvernements prennent une meilleure forme. Etat déplorable de Conftantinople.

LIVRE SIXIEME.

CHAPITRE I.

De l'Allemagne, de l'Angleterre, de la France
& de l'Italie pendant les regnes de Rodolphe de Habsbourg, de Philippe le Hardi
& de Charles d'Anjou.

Pag. 107.

*Philippe III succede à S. Louis. Edouard I
à Henri III. Rodolphe de Habsbourg élu empereur. Objet de ce chapitre. Rodolphe rétablit
la sûreté. Il fait déclarer rebelle Ottocare roi
de Boheme. Fief dont il investit ses fils. Il vend
aux Italiens des privileges & des immunités.
Sagesse d'Edouard I. Autorité de Philippe III.
Puissance de Charles roi de Naples. Ses projets & ceux de Jean de Procida. Le pape Nicolas III entre dans les vues de Jean de Procida.
Vêpres Siciliennes. Charles abandonne la Sicile à Pierre d'Arragon. Martin IV excommunie
Pierre, & donne à Charles de Valois les royaumes de Valence & d'Arragon. Mort de
Charles I roi de Naples: de Pierre d'Arragon: de Philippe le Hardi. Charles II est reconnu roi de Naples.*

CHAPITRE II.

Des principaux états de l'Europe pendant le pontificat de Boniface VIII.

Pag. 117.

Pierre de Mourron, Céleſtin V, élu pape. Il abdique, & Benoît Caïétan, Boniface VIII, lui ſuccede. Mauvais raiſonnement de ceux qui penſoient qu'un pape ne peut pas ſe démettre. Traitement que Boniface VIII fait à Céleſtin V. Boniface VIII eſt trop foible pour les projets qu'il médite. Troubles en Écoſ-ſe. Guerre entre la France & l'Angleterre. Boniface ſe porte pour juge entre le comte de Flandre & Philippe le Bel. Les Colonnes ne lui permettent pas de ſoutenir cette tentative. Frédéric eſt couronné roi de Sicile, lorſque Jacques ſon frere cede cette île à Charles le Boiteux. En Allemagne Adolphe eſt dépoſé & Albert d'Autriche eſt élu. Troubles en Danemarck : en Hongrie. Prétentions de Boniface ſur la Hongrie : ſur la Pologne : ſur l'Écoſſe. Il fomente les troubles en Danemark. Ses prétentions ſur l'empire d'Allemagne. Les Colonnes ſuccombent. Bulle Clericis laïcos. Ordonnance de Philippe le Bel. Bulle du pape contre cette ordonnance. Cette bulle ſouleve toute la France contre les entrepriſes de Boniface. Boniface donne une bulle con-

CHAPITRE III.

Des principaux états de l'Europe depuis la mort de Boniface VIII jufqu'a celle de Philippe le Bel.

Pag. 141.

CHAPITRE IV.

Du gouvernement de France sous Philippe le
Bel.

de Philippe le Bel. Ufage de l'argent monnoyé. Anciennement la livre d'argent pefoit 12 onces. Ce qui affure la valeur des efpeces. Fraudes des fouverains qui battoient monnoie. Ces fraudes fe font multipliées fous la feconde race. S. Louis a fait des réglements pour rétablir les monnoies. Philippe le Bel les altere & les change à plufieurs reprifes. Mauvais effets de ces variations. Défenfe qui augmente les effets de ces variations. A l'exemple de Philippe le Bel, les vaffaux commettent les mêmes abus. Adreffe de ce prince pour leur enlever le droit de battre monnoie. Ses fucceffeurs uferont de ce droit pour commettre les mêmes fautes. Philippe le Bel fomente les divifions des trois ordres. Situation embarraffante du clergé. Situation des feigneurs & du tiers-état. Philippe le Bel projette d'affembler les trois ordres, pour vendre fa protection à tous, fans l'accorder à aucun. Ce projet lui réuffit. La politique de ce prince eft injufte, & fera funefte à fes fucceffeurs. Réunion faite à la couronne. Cours fouveraines rendues fédentaires.

CHAPITRE V.

Des principaux états de l'Europe depuis la mort de Philippe IV, dit le Bel, jufqu'à celle de Charles IV, dit le Bel.

Pag. 175.

Mécontentement général, mais fans effet. Pourquoi il a été fans effet. Divifion qui tend à la ruine des vaffaux. Regne de Louis X. A l'exemple de Louis, les feigneurs vendent la liberté à leurs ferfs. C'étoit une fauffe démarche de leur part. Difficultés qui avoient empêché de donner un fucceffeur à Clément V. Une affemblée déclare que la couronne de France ne peut paffer aux filles. Les vaffaux abufent du droit de battre monnoie. Philippe V s'attribue l'infpection fur leurs monnoies. Il achete les monnoies de quelques-uns. Ses précautions pour accroître fon autorité. Plufieurs feigneurs vendent leurs monnoies à Charles IV, qui répare les fautes de fon pere. Charles IV ambitionne l'empire. Troubles à l'occafion de l'élection de deux empereurs, Louis de Baviere & Frédéric d'Autriche. Jean XXII fulmine des bulles contre Louis, que les dietes défendent. Jean leve une armée avec des indulgences & des exactions. Louis eft reçu à Rome aux acclamations du peuple. Les Romains lui de-

CHAPITRE VI.

De l'état de la France ſous les regnes de Philippe de Valois, de Jean II, de Charles V;
& de l'Angleterre ſous celui d'Edouard III.

Pag. 193.

b 2

les rompre. Désordres par-tout. Marcel, qui veut donner la couronne à Charles roi de Navarre, est tué. Treve de deux ans avec Edouard. Sage conduite du dauphin. La guerre recommence & la même année on négocie. Traité de Brétigni. Dans ces temps de calamités, Jean se croise. Differents à l'occasion du traité de Brétigni. Jean passe en Angleterre pour les terminer. Il y meurt. L'esprit des états sous Jean II Edouard cesse d'être grand. Charles V se fait une loi de ne point altérer les monnoies. Il assure la paix au dehors. Brigands qui infestoient la France. Charles V se propose de les armer pour le comte de Transtamare contre D. Pedre, roi de Castille. Bertrand du Guesclin se charge de les conduire. Les compagnies consentent à suivre du Guesclin. En passant par Avignon, elles demandent au pape l'absolution & cent mille francs. Le pape est forcé à compter cent mille francs. Henri de Transtamare, proclamé, est défait par D. Pedre. Il le bat à son tour, le fait prisonnier & le poignarde. Il conserve la couronne de Castille, malgre plusieurs prétendants. Charles-V, qui veille à maintenir l'ordre, se fait aimer & respecter. Il fait choisir ceux à qui il donne sa confiance. Les sujets du prince de Galles portent contre lui leurs plaintes au roi. Charles V cite le prince de Galles à la cour des pairs. Un arrêt de cette cour déclare confisquées

b 3

toutes les terres de ce prince. Cette démarche est soutenue par des succès. Mort du prince de Galles & d'Édouard. Nouveaux succès de Charles V. Sa mort. Sa sagesse.

CHAPITRE VII.

De l'Allemagne depuis le différent de Louis V. & Jean XXII jusqu'en 1400.

Pag. 224.

Source des revenus des papes. Querelles du sacerdoce & de l'empire pendant le pontificat de Benoît XII. Clement VI fait élire roi des Romains Charles, fils du roi de Boheme. Alors des troubles se préparoient dans le royaume de Naples. Après bien des difficultés, Charles IV est reconnu roi des Romains. Cessation des querelles du sacerdoce & de l'empire. Elle est funeste aux papes. Désordres en Allemagne où tous les droits sont confondus. Bulle d'or. Elle est la premiere loi fondamentale du corps Germanique. Charles IV sacrifie l'empire à ses intérêts & le sert sans le savoir. Venceslas, qui entretient les divisions, est déposé.

LIVRE SEPTIEME.

CHAPITRE I.

De l'églife & des principaux états de l'Europe pendant le grand fchifme.

Pag. 234

*L*es défordres à leur comble, produifent quelque bien. Clément VI déclare nulles les difpofitions de Robert roi de Naples. Louis, roi de Hongrie, fe refufe aux invitations qui lui font faites, & fait inveftir fon frere André. André eft étranglé. Jeanne I eft accufée de ce meurtre. Elle fe retire en Provence avec Louis de Tarente qu'elle époufe. Clément VI déclare Jeanne innocente. Il achete d'elle Avignon. Jeanne défigne Charles de Duras pour fon héritier. Elle époufe en quatrieme noce Othon, duc de Brunfwick. Etat miférable du refte de l'Italie. Le gouvernement de Rome étoit une annarchie. Délire du tribun Nicolas Rienzi. Autorité dont il jouit. Comment il la perd. Le jubilé, réduit à la cinquantiéme année par Clément VI, attire à Rome une multitude de pélerins. Cette multitude apporte la difette. Les papes ne confervent

b 4.

presque rien en Italie. Rienzi est tué. Pourquoi
les papes preferoient Avignon à Rome. Urbain
V & Grégoire XI, invités par les Romains
vont à Rome. Les Romains veulent un pape Italien. Les cardinaux feignirent d'élire Prignano,
Urbain VI. Urbain VI qui veut se croire pape,
aliéne les esprits. Les cardinaux élisent à Fondi Clément VII. Toute la chrétienté se divise
entre les deux papes. Ils se font la guerre &
Clément VII se retire à Avignon. A la sollicitation d'Urbain, Charles de Duras arme contre Jeanne. Ce pape vouloit obtenir des états pour
son neveu. Jeanne cherchant des secours, adopte
Louis d'Anjou. Charles de Duras la fait périr.
Charles V n'a pu prévenir les calamités, qui menaçoient la minorité de Charles VI. Troubles
causés par les oncles de Charles VI. Charles V
fit une faute en amassant un trésor. Louis d'Anjou échoue contre Charles de Duras. Charles de
Duras assiége Urbain VI. Cruauté de ce pape.
Marie, roi de Hongrie après la mort de Louis
son pere. Des seigneurs offrent la couronne à
Charles de Duras. Il est assassiné. Sigismond,
époux de Marie, monte sur le trône. Ladislas,
fils de Charles de Duras, est reconnu par Urbain, & Louis, fils de l'adopté, par Clément.
Le schisme continue après la mort des papes. Les
papes dépouillent à l'envi le clergé. Ils font un
trafic des bénéfices. Ils en font un des indulgences, & ne paroissent qu'user de leurs droits. Au-

cune puiſſance de l'Europe ne pouvoit réprimer
ces abus. L'état de la France étoit déplorable ſous
Charles VI : Et celui de l'Angleterre pendant le
minorité de Richard II. L'état de l'Angleterre n'eſt
pas meilleur lorſque Richard II eſt majeur. Ce
prince perd la couronne. Il perd la vie. Les exactions des deux papes ſoulevent le clergé. Moyens propoſés par l'univerſité de Paris pour faire ceſſer le ſchiſme. Le clergé de France veut
que les deux papes faſſent une ceſſion de leurs
droits. Sur le refus des deux papes, la France
ſe ſouſtrait à l'obéiſſance de Bénoît. La ſouſtraction n'ayant pas eu une approbation générale,
on la leve. On revient à la ſouſtraction. Les
deux papes ſe refuſant à la ceſſion, ſont abandonnés de leurs cardinaux, qui convoquent un
concile à Piſe. Troubles dans l'empire. Le concile de Piſe dépoſe Grégoire & Bénoît. Les cardinaux de Piſe éliſent Alexandre V ; & on eut
trois papes. Abus ſous Alexandre V, à qui ſuccede Jean XXIII. Ce que Jean XXIII avoit
été auparavant. Jean, en guerre avec Ladiſlas,
eſt forcé à la paix. Il abandonne Rome au roi
de Naples. Il ſe met ſous la protection de Sigiſmond, & conſent à la convocation d'un concile. Sigiſmond choiſit Conſtance pour le lieu du
concile. Jean ſe repent d'avoir conſenti à la tenue d'un concile. Le concile force Jean à donner ſa
ceſſion. Il le dépoſe. Élection de Martin V. Fin du
ſchiſme. La guerre continuoit entre la France &

CHAPITRE II.

De ce que le concile de Conſtance a fait pour l'extirpation des héréſies & des abus de l'égliſe.

Pag. 179.

Les abus étoient devenus des droits. En ne gardant aucun ménagement, les papes ſoulevent les princes, les peuples & le clergé même. Pour combattre les abus, on attaque l'autorité légitime des papes, & même le dogme. Erreurs de Marſile de Padoue, & de Jean de Gand. Les papes donnoient des conſtitutions pour défendre leurs prétentions ou pour en établir de nouvelles. Mais plus ils faiſoient d'efforts, plus ils invitoient à combattre leurs prétentions. Elles étoient ſur-tout odieuſes aux Anglois. Doctrine de Wiclef. Ses ſectateurs cauſent des troubles. Jean Hus qui adopte la même doctrine, attaque les droits de l'égliſe, ſous prétexte de combattre les abus. Le concile de Conſtance le fait brûler; ainſi que Jérôme de prague : ce qui cauſe une guerre civile. Pourquoi ce concile conſent que l'élection du pape précéde la réforme. Il ſtatue les choſes à réformer par le pape. Les annates ſont fort debattues. Réglemens des peres de Conſtance ſur la convocation des con-

---

CHAPITRE III.

De Naples, de l'églife & de l'Allemagne, depuis le concile de Conftance jufques vers le milieu du quinzieme fiecle.

Pag. 293.

d'ôter la vie au roi. Jeanne découvre ce dessein à Jacques. Elle obtient la permission de sortir. Le peuple la délivre. Traité entre Jeanne & Jacques. Jacques est prisonnier dans son palais. Sforze oblige la reine à exiler son favori, Sergiani Carracciolo. Martin V obtient la liberté de Jacques, qui se retire dans un cloître. Sforze appelle Louis d'Anjou à la couronne. Jeanne adopte Alphonse roi de Sicile & d'Arragon. Sforze, vainqueur d'Alphonse, fait adopter Louis d'Anjou. A sa mort, elle adopte René frere de Louis. Eugene IV prétend disposer du royaume de Naples. Les prétentions des deux princes & des papes causerent de nouvelles guerres. Evénements contemporains au regne de Jeanne. Guerre des Hussites commandés par Jean-Zisca. Victoire de ce général. Après sa mort, les Hussites sont encore vainqueurs. Concile convoqué & aussitôt dissous. Concile de Bâle, qui déclare que le pape ne peut pas le dissoudre. Eugene IV donne une bulle qui ordonne la dissolution du concile. Il la révoque. Le concile entreprend de réformer le chef de l'église. Le pape convoque à Ferrare un autre concile, qu'il transfere à Florence. On tente inutilement de réunir l'église grecque à l'église latine. Le concile de Bâle dépose Eugene & élit Félix V. La conduite des principales puissances prévient le schisme Fin du schisme & des conciles. Pragmatique sanction de Charles VII. Fin des troubles de

Boheme. Après Sigifmond, l'empire paffe à la maifon d'Autriche.

CHAPITRE IV.

Fin de l'empire Grec.

Pag. 313.

État de Conftantinople, lorfqu'en **1261** *les François en furent chaffés. Cet empire divifé eft déchiré par les différents partis. Il eft troublé par les moines, & par l'importance que le gouvernement donne à toutes les queftions qu'ils élevent, & par les tentatives des empereurs Grecs pour fe réunir avec l'églife latine. Progrès des Turcs fous Othman & fous Orcan. Cantacuzene collegue de Jean Paléologue. Succès d'Orcan en Europe, & d'Amurat I. Bajazeth I entretient les troubles dans l'empire Grec. Il affiége Conftantinople. Il défait Sigifmond à qui les François ont amené des fecours. Sigifmond devient grand par les revers. Bajazeth pouvant fe rendre maître de Conftantinople, accorde une treve de dix ans. Il difpofe de l'empire grec. Il eft défait par Tamerlan. Les deffeins des Turcs fufpendent la ruine de Conftantinople. Amurath II eft fur le point de prendre Conftantinople. Jean Hunniade vain-*

queur d'*Amurath II*, délivre Belgrade & force
le sultan à la paix. Les Chrétiens se proposent
d'abuser de la bonne foi avec laquelle les Turcs
observent le traité. Eugene *IV* & le cardinal
Julien levent les scrupules. Amurath II défait
les Hongrois dans la Bulgarie. Il ne peut forcer
Scanderberg dans la ville de Croie. L'empire
grec se démembroit pour donner des apanages aux princes du sang. Prise de Constantinople par Mahomet II. Deux partis, qui
s'anathématisoient divisoient alors la ville.
Mahomet II est arrêté dans ses conquêtes.

CHAPITRE V.

Considérations sur les peuples de l'Europe depuis la chûte de l'empire d'occident jusqu'à la chûte de l'empire Grec.

Pag. 328.

Pourquoi l'*Europe* a tant de peine à se civiliser. La Grece avoit eu moins d'obstacles à se
policer. Les Grecs sentoient le besoin des loix,
parce qu'ils étoient pauvres : les Européens ne
le sentent pas parce qu'ils sont riches. La barbarie des nouveaux peuples de l'Europe, est
bien différente de celle des anciens peuples de la

Grece. Ils conservent long-temps leur caractère sauvage. Après Charlemagne, ils s'abandonnent à de nouveaux désordres. Un instinct brutal les conduit dans toutes leurs entreprises. Injustices & parjures, ils n'ont aucune idée de justice. Ils ne connoissent pas les devoirs de nation à nation, ni même ceux de citoyen à citoyen. Quelle sorte d'égalité contribue au bonheur d'une nation. Il y a une inégalité odieuse qui la ruine. La plus pernicieuse est celle a qui été produite par le gouvernement féodal & par les ordres religieux. Il y a une noblesse qui ne détruit pas l'égalité. Opinion absurde de nos ancêtres, qui ont imaginé que la terre fait le noble. Cette noblesse est le principe d'une inégalité odieuse. Les peuples qui ont envahi l'occident, deviennent plus féroces qu'ils ne l'étoient. Bien loin de s'instruire par l'expérience, ils répetent les mêmes fautes. Chez toutes les nations les grands sont encore plus féroces que les autres. Le luxe les polit sans les civiliser, & sans les policer. En quoi diffèrent ces trois expressions. Vices des siécles polis. Lorsque ces temps de corruption sont arrivés, il faut se tenir à l'écart pour être heureux ; & se faire des amis éclairés & vertueux. Les peuples de l'Europe sont polis, avant d'avoir été civilisés & policés. La mollesse prépare des révolutions dans le gouvernement. La politesse des 12, 13
& 14.

& 14e. *siecles étoit encore bien grossiere. Lors-*
que les Grecs & les Romains s'amollissoient, on
pouvoit au moins réclamer les anciennes mœurs.
Mais les Européens qui n'ont jamais été ver-
tueux, s'abandonnent brutalement à la mollesse,
sans pouvoir regretter le passé. Confusion où se
trouvoit l'Europe. Les peuples deviennent la
proie des souverains. Ces siecles corrompus of-
frent de grandes leçons aux princes. Les grands
hommes qu'ils ont produits, prouvent qu'un
prince peut être grand dans les temps les plus
difficiles. L'Allemagne & l'Angletterre nous
prouvent le danger des entreprises au loin.
Toute l'histoire nous apprend qu'on est foible au
dehors lorsqu'on divise pour être puissant au de-
dans. Elle nous fait voir les calamités que pro-
duit une ambition sans regles. Les querelles du
sacerdoce & de l'empire nous montrent les limites
des deux puissances. En considérant les abus
qui ne sont plus, on apprend à remédier à ceux
qui restent.

LIVRE HUITIEME.

Des Lettres dans le moyen âge.

CHAPITRE I.

Comment les Arabes ont cultivé les sciences.

Pag. 353.

Ignorance des Arabes vers les temps de Mahomet. Ils cherchent à s'instruire sous les Abassides. Le khalif Mamoun attire les savants fait des collections de livres & fait traduire les plus estimés. Les Arabes ont des écoles. Ils lisent les anciens dans de mauvaises traductions. Ils adoptent Aristote sans pouvoir l'entendre. Ils croient l'entendre & ils forment soixante-dix sectes différentes. A force de subtilités, ils concilient leur péripatétisme avec l'alcoran. Ils s'appliquent à la dialectique, à la médecine, à la géométrie & à l'astronomie. Ils ont nui aux progrès de l'esprit humain.

CHAPITRE II.

De l'état des lettres chez les Grecs depuis le
sixieme siecle jusqu'au quinzieme.

Pag. 361.

Progrès de l'ignorance dans les sixieme &
septieme siecles. De toutes les sectes d'Alexan-
drie, le platonisme conserve seul quelques secta-
teurs. La dialectique d'Aristote est adoptée par
les catholiques. Abus de cette méthode. Ruine
des lettres chez les Grecs dans le huitieme siecle.
Léon l'Isaurien y contribue. Dans le neuvieme
& dans le dixieme siecles, les sciences font quel-
ques progrès parmi les Grecs.

CHAPITRE III.

De l'état des Lettres en occident depuis le
sixieme siecle jusqu'à Charlemagne.

Pag. 366.

Ruines des écoles en occident. Impuissance où
étoient les peuples de cultiver les lettres. On
croyoit à l'astrologie judiciaire. Mais parce que

C 2

les Chrétiens avoient les aſtrologues en horreur, ils proſcrivirent toutes les ſciences. Le pape S. Grégoire croyoit les études profanes contraires à la religion. Ruine de la bibliothéque du temple d'Apollon Palatin. L'autorité de S. Grégoire a dû être funeſte aux lettres. Il n'y avoit plus que des compilateurs & des copiſtes ignorants. Les écrivains eccléſiaſtiques n'étoient pas plus éclairés. L'ignorance eſt à ſon comble dans le huitieme ſiecle.

CHAPITRE IV.

De l'état des Lettres en occident depuis Charlemagne juſqu'à la fin du onzieme ſiecle.

Pag. 374

Les grands hommes ſe forment tout ſeuls. Ignorance de Charlemagne. Il apprend à écrire. Alcuin ſon précepteur. Soin de Charlemagne pour relever les anciennes écoles. Il en fonde de nouvelles. Mais on n'étoit pas capable de remonter aux meilleures ſources. On ſuivoit au haʒard de nouveaux guides. Un des meilleurs eût été S. Auguſtin. Les nouvelles écoles étoient trop mauvaiſes pour diſſiper l'ignorance. On ne s'y faiſoit que des idées vagues des choſes qu'on croyoit enſeigner. Cours d'étude. Point de livres

classiques Il ne sortoit des écoles peu fréquentées
que de mauvais chantres & de méchants dialecticiens. Dans le neuvieme siecle, les écoles tombent encore. Pourquoi ? La manie de la dialectique y multiplie les disputes & les erreurs. Le
platonisme s'y introduit avec toutes ses absurdités. Sur la fin du neuvieme siecle, Alfred protége les lettres en Angleterre. Malgré la protection des Othons le dixieme siecle est le plus
ignorant, comme le plus corrompu, & on proscrit les sciences, pare qu'on pense qu'elles corrompent les mœurs. Dans le onzieme, l'abus des
indulgences, & les prétentions du sacerdoce entretiennent l'ignorance qui leur est favorable. Cependant les abus qu'on veut défendre font cultiver la dialectique.

CHAPITRE V.

Des lettres en occident pendant le douzieme
& le treizieme siecles.

Pag. 591.

Les théologiens abusent de la dialectique. Cet
abus leur donne de la célébrité, & les conduit
aux honneurs. Les uns croient suivre Aristote,
les autres St. Augustin. Il en naît des questions
C. 3.

CHAPITRE VI.

Des Lettres en occident dans les quatorzieme & quinzieme siecles.

Pag. 410.

Comment les circonstances ont fait oublier aux moines l'esprit de leur premiere institution. Comment sans projets d'ambition ils deviennent ambitieux. Ils entretiennent l'ignorance parce qu'ils sont ignorants , & parce qu'il est dangereux pour eux qu'on s'éclaire. D'ailleurs ils devoient leur célébrité aux futilités qu'ils enseignoient. Comment le péripatétisme étoit devenu la secte dominante. Rome ordonne l'étude des livres d'Ariftote dont elle avoit défendu la lecture. Chacun le commente & il se forme plusieurs sectes de péripatétisme. Occam qui avoit écrit pour Philippe le Bel & pour Louis de Baviere renouvelle la secte des nominaux. Les nominaux font persécutés. Les meilleurs esprits s'élevoient inutilement contre les écoles. Quelques-uns commencent à faire de meilleures études. On commence à cultiver l'éloquence & la poësie. Il importe de connoître les erreurs & leurs causes. Comment les opinions les plus absurdes se soutiennent pendant des siecles , & gouvernent le monde. C'est une leçon pour les princes.

C 4

CHAPITRE VII.

De la fcholaftique, &, par occafion, de la
maniere d'enfeigner les arts & les fciences.

Pag. 411.

Les changements, qu'a effuyés la fcholaftique, font qu'on a de la peine à s'en faire une
idée. Le trivium & quadrivium étoient tombés
lorfque le péripatétifme introduifit un nouveau
cours d'étude. On commence à écrire en langues
vulgaires. Mais fans goût & fans regles. Par
conféquent on ne pouvoit parler que fort mal latin. La grammaire, la rhétorique & la poëfie
gâtoient le jugement. On en étoit plus incapable d'apprendre l'art de raifonner. On ne favoit
comment fe conduire pour acquérir des connoiffances, ni même par où commencer. Ne pouvant donc raifonner fur des idées, on raifonna
fur des mots & on fit des fyllogifmes. La métaphyfique tout auffi abfurde fut remplie d'abftrac-
tions mal faites, qu'on prenoit pour des effences. Cette métaphyfique prenoit le nom de phyfique, & rendoit raifon de tout, parce qu'on ne
favoit pas raifonner. Les meilleurs efprits obéif-
foient à ce torrent d'abfurdités ou même le faifoient croître. La morale & la politique n'étoient

pas mieux traitées. *Vraie source des principes
de la morale. Les scholastiques la cherchoient
dans Aristote qu'ils n'entendoient pas & multiplioient les questions sans les résoudre. Il n'y
eut plus que des probabilités en morale. Abus
qui en naîtront. Quel devoit être l'objet de la
politique. On étoit incapable de le connoître.
Les scholastiques cherchent la politique dans
Aristote. Ils subtilisent en défendant mal les
meilleurs droits. Ils se faisoient de fausses idées
du droit civil & canonique. Où ils puisoient les
principes du dernier. Combien ils raisonnoient
mal d'après l'écriture. Combien il étoit difficile
qu'on fît de meilleures études. Les esprits les
mieux intentionnés étoient trop ignorants pour
les réformer. La cour de Rome, qui s'étoit arrogé l'inspection sur les universités, ne vouloit
point de réforme. Pour bien étudier il auroit
fallu commencer par où les scholastiques finissoient. Observer avant de se faire des principes
généraux. Etudier d'abord la physique; puis
la métaphysique; ensuite l'art de raisonner; enfin
l'art de parler. En effet, il faut bien parler &
bien raisonner avant d'en apprendre les regles.
L'histoire de l'esprit humain prouve qu'il n'y a
pas d'ordre plus propre à l'instruction. Les scholastiques divisoient trop les objets de nos connoissances. En Grece on cultivoit à la fois tous
les arts & toutes les sciences. Les étudier tout-
à-fait séparément c'est nuire au progrès de l'es-*

prit. *Voilà pourquoi nous n'avons que de mau-vais livres élémentaires. Il y a donc des études qu'on ne doit pas féparer, quoiqu'elles paroif-fent avoir des objets différents. Mais on s'eft obftiné à divifer fans fin. De forte qu'on ne trouve nulle part des chofes qu'il faut étudier en même temps. Les meilleurs efprits fubjugués par les préjugés, ne remontent pas à la fource de cet abus.*

LIVRE NEUVIEME.

De l'Italie.

CHAPITRE I.

Des principales caufes des troubles de l'Italie.

'Pag. 449.

*L'*Italie plus troublée qu'aucune autre province. *L'amour de la liberté y caufoit des défordres. L'ambition des papes en caufoit de plus grands. Les Lombards aboliffent la royauté, & créent trente ducs. Ils rétabliffent des rois, qui regnent parmi les troubles. Longin avoit créé des ducs. Premiere caufe des troubles de l'Italie. La puiffan-ce des papes commence avec les troubles. Pepin &*

Charlemagne accroissent cette puissance. Elle s'accroît encore par la foiblesse de leurs successeurs. Après la déposition de Charles le Gros, les troubles sont plus grands que jamais : & les papes sont continuellement entraînés d'un parti dans un autre. Othon I fait respecter sa puissance & la laisse à ses successeurs. Cependant le calme n'étoit jamais que passager. Le clergé élevé par les Othons devient ennemi des empereurs. Dans ces circonstances les empereurs ont de nouveaux ennemis dans les Normands qui s'établissent en Italie. Circonstances favorables à l'ambition de Grégoire VII. L'audace de ce pape fait une révolution dans les esprits. Combien alors il étoit difficile aux deux Frédérics de défendre les droits de l'empire. Les factions Guelfes & Gibelines augmentent les désordres. Après Conrad IV, temps d'anarchie favorable aux usurpations. Il se forme des confédérations, & des villes pensent à se gouverner.

CHAPITRE II.

Confidérations générales fur ce qui fait la force ou la foiblesse d'une république.

Pag. 461.

L'égalité est le fondement d'une bonne république. Inégalité odieuse & destructive. Il y a une pauvreté, qui contribue à la prospérité des états. L'opulence est ruineuse, lorsqu'elle est le fruit de l'avidité. Elle produit le luxe : qui consiste moins dans l'usage des richesses, que dans un travers de l'imagination. Maux que produit le luxe. C'est en observant les mauvais gouvernements qu'on en peut imaginer de meilleurs. L'ambition peut être utile ou nuisible à l'état. Ambition utile. Ambition nuisible. L'égalité fait les bonnes mœurs. Les bonnes mœurs font les bonnes républiques.

CHAPITRE III.

Idée générale des républiques d'Italie.

Pag. 471.

Il ne pouvoit pas se former des républiques dans le royaume de Naples. Il étoit difficile qu'il s'en formât dans la Lombardie. L'état ecclésiastique étoit exposé à tous les désordres, que causoit l'ambition peu raisonnée des papes. Il devoit s'y former des principautés. Il s'y forma des républiques pendant la résidence des papes à Avignon. C'est en Toscane qu'il devoit se former des républiques. Mais elles devoient être continuellement agitées. Elles vouloient être li-

tres, fans favoir ce qui conftitue la liberté. L'é-
gulité eft le fondement du gouvernement républicain. Les Romains n'ont été puiffants, que parce
qu'ils tendoient à l'égalité. Les Italiens n'ont
jamais connu l'égalité. Le gouvernement féodal,
& les richeffes apportées par le commerce, en
avoient effacé toute idée. Il n'en reftoit aucune
trace dans les provinces où il y avoit beaucoup de
gentils-hommes. Dans la Tofcane où il y en a
moins, il fe forme des républiques ; mais elles
font troublées parce qu'il y refte encore des gentils-hommes. Elles font toutes commerçantes.
Elles n'ont que des troupes mercenaires. Combien il leur en coûte pour fe défendre. Le commerce fufcite entre elles des guerres ruineufes.
Elles fe ruinent même avec des fuccès. L'argent
eft pour elles le nerf de la guerre. Elles ont dès
leur établiffement tous les vices des républiques
corrompues. Pourquoi les républiques de Suiffe
& d'Allemagne étoient moins mal conftituées.

CHAPITRE IV.

De Venife & de Genes.

Pag. 484.

Commencement de Venife fous la protection des
Padouans. Gouvernement des douze tribuns. Pe-

Conquêtes des Vénitiens en Italie. Les succès de ces républicains n'ont rien de surprenant. Ils etoient ruineux pour leur commerce. Ils ne les devoient qu'à la foiblesse des autres peuples de l'Europe.

CHAPITRE V.

Des révolutions de Florence.

Pag. 504.

L'histoire de Florence est intéressante. Les Florentins sont long-temps avant de prendre part aux querelles du sacerdoce & de l'empire. Commencements des dissentions. Faction des Buondelmonti & faction des Uberti. Les Uberti sont protégés par Frédéric II. Ils prennent le nom de Gibelins, & les Buondelmonti celui de Guelfes. A la mort de Frédéric ces deux factions se réconcilient pour donner la liberté à Florence. Douze anciens ont le gouvernement de la république. Coutume singuliere des Florentins. Leurs progrès dans dix ans de calme & de liberté. Mais le peuple rallume l'esprit de faction en se jetant dans le parti des Guelfes. Conduite de Benoît XII & de Frédéric II pour entretenir cet esprit. Les Gibelins sont chassés. Ceux-ci appellés à Parme en chassent les Gibelins. Ils sont

CHAPI.

CHAPITRE VI.

Confidérations fur les caufes des diffentions de Florence.

Pag. 527.

Lors de la fondation de Rome , on penfoit que tous les citoyens devoient jouir des mêmes droits. On penfoit bien différemment lorfque Florence tenta de fe gouverner en république. Les patriciens ne pouvoient pas imaginer de fe fortifier dans des châteaux : ni les plébéiens de prendre les armes contre les patriciens. Ceux-ci cédoient avec efpérance de recouvrer ; & les plébéiens ne fongeoient pas à les dépouiller de toute autorité. Il y avoit donc toujours des moyens de conciliation pour réunir les deux partis contre l'ennemi. La politique des Romains , pour contenir les peuples conquis , eft un effet des circonftances où ils fe font trouvés. A Florence , au contraire, les citadins devoient tout tenter pour dépouiller les nobles. Il ne pouvoit y avoir aucuns moyens de conciliation. Les factions devoient fe multiplier , & livrer la patrie à l'étranger. Florence ne pouvoit employer la même politique avec les villes conquifes. Elle eft au contraire

Tom. XII. d

dans la néceſſité d'acheter des amis & des al-
liés. Les commencements des républiques de
Rome & de Florence arrêtoient ce qui devoit
arriver à l'une & à l'autre.

CHAPITRE VII.

Continuation des Révolutions de Florence.

Pag. 536.

Jean Viſconti fait la guerre aux Floren-
tins. Différents partis qui couroient l'Italie.
Les Albizi & les Ricci forment deux faƈtions
ennemies. Ce qui donne lieu à l'avertiſſement.
Abus qu'on en fait. On y remédie. Les abus
recommencent avec plus de déſordres. Cinquan-
te-ſix perſonnes nommées pour réformer le gou-
vernement. Différentes guerres. Le pape ex-
communie les Florentins qu'il n'a pu vaincre.
Les deux faƈtions méditent leur ruine. Silveſtro
Medicis eſt fait gonfalonier. Il arme le peuple
pour faire paſſer une loi. Déſordres que cauſe
la populace armée. Elle obtient que perſonne
ne ſera averti comme Gibelih. Elle ſe ſaiſit
de toute l'autorité. Elle diſpoſe de tout avec
caprice. Michel de Lando, gonfalonier ſe fait
reſpeƈter. La populace eſt excluc des magiſtra-
tures ; mais les petits artiſans y ont la plus
grande part. Autant de faƈtions que de claſſes
de citoyens. Après bien de troubles la premiere
claſſe prévaut. Guerre des Florentins avec Ga-

léas *Visconti*. *Véri Medicis médiateur entre*
la seigneurie & les petits artisans. Les Floren-
tins ont la guerre avec Philippe, fils de Galéas
Visconti, & avec Ladiflas. Les impôts qu'il a
fallu mettre soulevent le peuple. Jean Medicis
n'approuve pas qu'on rende l'autorité aux nobles
pour l'enlever aux petits artisans. Sa condui-
te pour appaiser le peuple qui se souleve contre
les impôts mal répartis. Côme son fils est banni.
Il est rappellé. A la tête des nomini di balìa
il est maître de la république. Les partisans de
Côme, jaloux de son autorité, font cesser la
commission. Mais se voyant moins considérés
qu'auparavant, ils l'invitent à reprendre l'au-
torité. La chose souffroit des difficultés que Cô-
me ne se presse pas de lever. La commission est
rétablie, & Côme en est le chef. Neroni engage
Pierre, fils de Côme, dans des démarches qui
alienent les esprits. Conjuration contre Pierre.
Elle est découverte, & l'autorité de Pierre en est
plus assurée. Mais il ne peut point apporter de
remedes aux abus. Thomas Sodérini conserve
l'autorité aux deux fils de Pierre. Conjuration
contre Laurent & Julien. Julien est assassiné. Lau-
rent gouverne avec gloire. Jugement de Machia-
vel sur la maniere dont les Italiens faisoient la
guerre.

CHAPITRE VIII.

Comment en réfléchiffant fur nous-mêmes, nous pouvons nous rendre raifon des temps où les arts & les fciences fe font renouvellés.

Pag. 562.

Les écoles tombent après Charlemagne. On eft ignorant & on ne fent pas le befoin de s'inftruire. En occupant notre enfance de frivolités on nous expofe à refter enfants toute notre vie. Il faut faire fentir aux enfants le befoin d'exercer les facultés du corps. Il faut leur apprendre à fe fervir eux-mêmes. Il faut à plus forte raifon leur faire un befoin d'exercer les facultés de l'ame. Les inftruire comme en jouant : & leur faire un befoin de s'occuper pour écarter l'ennui. C'eft déja favoir beaucoup que favoir s'occuper. Alors on prend du goût pour des études qui fans cela feroient rebutantes. L'étude de l'hiftoire doit faire fentir le befoin des vertus & des talents. Plus on fent ce befoin, plus on s'intéreffe aux grands hommes. Les connoiffances naiffent & fe développent dans tout un peuple comme dans chaque particulier. L'ordre de nos befoins détermine le choix de nos études. La méthode accélere ou ralentit le progrès de nos connoiffances. L'ordre le plus parfait eft celui qui développe le

mieux les facultés de l'ame. En lifant les poë-
tes, un enfant apprend à fon infu l'art de rai-
fonner. C'eft que le goût eft de toutes les fa-
cultés de l'ame la premiere qu'il faut dévelop-
per.

CHAPITRE IX.

De l'état des arts & des fciences en Italie, de
   puis le dixieme fiecle jufqu'à la fin du
   quinzieme.

Pag. 574.

Pourquoi les écoles étoient tombées dans les
neuvieme & dixieme fiecles. La réputation des
Arabes donne la curiofité de s'inftruire. La con-
fidération qu'on accorde aux lettres augmente
cette curiofité. L'école de Salerne devient la plus
célebre. On s'applique particuliéremeut à la.dia-
lectique & à la fcolaftique ; à la médecine ; à la
jurifprudence, & aux queftions qu'élevent les
querelles du facerdoce & de l'empire. Mais ni
l'objet des études ni la méthode ne permettoient
d'acquérir de vraies connoiffances. Les Arabes
qu'on étudioit, n'ont fait que mettre des entra-
ves au génie. Les lettres ne pouvoient pas naître
dans les écoles. Elles devoient naître chez le
peuple qui le premier auroit du goût. Les Pro-
vençaux après bien des révolutions', s'enrichif-
fent par le commerce & cultivent la poëfie. Ils

répandent le goût chez d'autres peuples & principalement parmi les grands. Les lettres font protégées à Naples. Mais quoique cette ville devienne tous les jours plus floriffante, la bonne
poëfie n'y devoit pas naître. Pendant long-
temps les Vénitiens ne cultivent que le commerce.
Ils n'ont pour loix que des ufages introduits par
les circonftances. Ils connoiffent l'abus de la
multitude des loix & en ont peu. Nulle part la
juftice n'étoit mieux adminiftrée. Leurs loix cependant n'étoient pas affez fimples puifqu'ils
avoient befoin de jurifconfultes. Ils étudient la
jurifprudence, & n'en font pas plus inftruits.
Les Italiens enrichis par le commerce,
cultivent les arts. Ils commencent à avoir de
hiftoriens. Les letres dans des circonftances,
où elles paroiffoient devoir faire des progrès,
étoient retardées par la protection accordée aux
mauvaifes études. La Tofcane en devoit être le
berceau. A Florence les factions mêmes devoient
contribuer à la naiffance des arts. Dante. Pétrarque. Bocace. Ceux qui les premiers ont du
goût, le communiquent rapidement. Il paffe
auffitôt d'un genre dans un autre. La prife de
Conftantinople, bien loin de porter le goût en
Italie, a retardé le progrès des lettres

FIN de la Table, *du* Tom. XII.

INTRODUCTION
A L'ÉTUDE DE L'HISTOIRE.

HISTOIRE MODERNE.

LIVRE CINQUIEME.

CHAPITRE PREMIER.

De l'Allemagne & de l'Italie jusqu'à Rodolphe de Habsbourg empereur, & jusqu'à Charles d'Anjou roi de Sicile.

HENRI VI, qui avoit été couronné du vivant de son pere, fut reconnu empereur, aussitôt qu'on eut appris la mort de Frédéric. Guillaume II, roi de Sicile, venoit

Tom. XII.   A

1190
Henri VI
empereur ac-
quiert le Ro-
yaume de M-

cile.

aussi de mourir ; & ce royaume étoit divisé entre plusieurs concurrents, qui prétendoient à la couronne. Tancrede, du sang des princes Normands, parce qu'il étoit fils naturel de Roger, l'emporta d'abord sur les prétendants qui s'étoient élevés en Sicile : mais il lui restoit à se défendre contre l'empereur, qui se préparoit à faire valoir les droits de Constance sa femme. Henri ayant échoué dans une premiere tentative, revint avec de plus grandes forces, & conquit ce royaume sur Guillaume

1194

1197

III, fils de Tancrede. Ce prince mourut peu d'années après : s'il eut quelques bonnes qualités, il fut cruel & perfide : sa conduite avec Richard suffiroit pour ternir la mémoire d'un plus grand homme.

Sa conduite avec Richard.

Le roi d'Angleterre ayant été jeté par la tempête sur la côte de Venise, entreprit d'achever son voyage par terre, & eut l'imprudence de passer par les états du duc d'Autriche, qu'il avoit offensé en Palestine. Il fut arrêté & livré à l'empereur, qui eut la lâcheté de le tenir dans les fers, & de lui vendre chér la liberté.

Philippe est chargé de gouverner l'empire pendant l'enfance de son neveu Frédéric II.

Frédéric, fils de Henri, avoit été élu roi des Romains ; & comme il étoit encore dans l'enfance, les Allemands confierent le gouvernement de l'empire à Philippe de Suabe, duc d'Alsace, frere du dernier empereur. D'un autre côté, Constance conserva la Sicile à son

fils, y maintint la tranquillité pendant un an
qu'elle la gouverna, & laiſſa en mourant Frédéric, & le royaume ſous la tutele du pape
Innocent III.

Mais en Sicile & en Allemagne, les grands
ne ſongeoient qu'à profiter de la jeuneſſe du
prince; & Innocent méditoit la ruine de la
maiſon de Suabe, dont la puiſſance l'enve-
loppoit de toutes parts, & qu'il regardoit comme l'ennemie du ſaint ſiége.

Pluſieurs factions déchiroient la Sicile.
les miniſtres & les généraux défunis prenoient
les armes ſous divers prétextes. Gautier, comte
de Brienne, qui avoit épouſé une fille de Tancrede, entreprit de ſoutenir ſes prétentions à
la tête d'une armée: le pape, qui protegéoit
celui-ci, prononçoit des excommunications contre ceux qui refuſoient de reconnoître ſa tutele;
& pendant qu'il entretenoit ces troubles, il
en produiſoit encore de plus grands en Allemagne.

Son deſſein étant de faire paſſer l'empire
dans une autre maiſon, il excita les peuples à
la révolte, il les délia du ſerment fait au prince Frédéric, & il réuſſit à former un parti,
qui élut Othon, duc de Saxe: toute l'Allemagne fut en armes pendant pluſieurs années.

Philippe, excommunié, eut d'abord des
revers, & il fut réduit à la derniere extrémité:

Innocent III
qui médite la
ruine de la
maiſon de
Suabe,

fomente les
troubles en
Sicile,

& enſuite en
Allemagne,
où il fait élire
Othon.

Othon fuit
en Angleterre.

mais il se releva, & eut de si grands succès, qu'Othon fut contraint de céder & de s'enfuir en Angleterre.

Philippe qui s'assure l'Empire le reconnoît pour son successeur.

Ce vainqueur, pour s'assurer l'empire, récompensa ceux qui lui avoient été attachés, gagna par des faveurs les partisans de son ennemi, mit le pape dans ses intérêts, en cédant au saint siege le duché de Spolete & la Marche d'Ancone, & se réconcilia avec Othon, à qui il donna sa fille Béatrix, & qu'il reconnut pour son successeur à l'empire. Il fut assassiné l'année suivante.

1208

Innocent se flatte que le regne d'Othon sera favorable aux prétentions du saint siege.

Le pape avoit profité de ces guerres civiles pour établir sa souveraineté dans plusieurs villes d'Italie; il voulut encore profiter des commencements du regne d'Othon, pour s'assurer de nouveaux droits; comptant sur la reconnoissance de ce prince, & sur l'intérêt qu'il avoit alors de ménager le saint siege. Dans cette vue, il projeta de le lier par des serments; & comme la cérémonie du couronnement en fournissoit l'occasion, il offrit de le couronner, s'il vouloit passer en Italie.

S'étant trompé, il excommunie Othon, & les Allemands élisent Frédéric II.

Othon fut donc couronné; & sans trop considérer les conséquences, il prononça un serment tel que le pape le desiroit. Dans l'article qui concernoit le patrimoine de S. Pierre, & par lequel il promettoit de conserver à l'église de Rome tous les domaines qu'elle possédoir, on avoit compris les terres de la comtesse Mathilde, & plusieurs autres qui appartenoient à l'empire. Ce fut aussi une des premieres choses dont l'empereur se repentit; & il ne songea plus qu'à saisir un prétexte, pour rompre avec le pape. Il se présenta bientôt à l'occasion d'une dispute, survenue entre les Romains & les soldats Allemands: car il exigea des satisfactions; & mécontent de celles qu'on lui fit, il entreprit de recouvrer par les armes tout ce qu'il avoit cédé; disant que ses premiers serments étoient de conserver les droits de l'empire. Alors le pape, qui pendant dix ans avoit employé des excommunications pour l'élever sur le trône, employa de pareilles excommunications pour l'en faire descendre; & l'archevêque de Mayence, qui les publia par son ordre, indiqua une diete, où Frédéric roi de Sicile fut élu empereur.

Othon se hâta de retourner en Allemagne, où s'étant trouvé assez puissant pour réduire & punir les rebelles, il arma contre Philippe Auguste pour le roi d'Angleterre, son oncle. On dit que son armée étoit de deux cents mille hommes. Cependant Frédéric arriva; & il se faisoit reconnoître, lorsque Othon se faisoit battre à Bovines. Cette défaite assura l'empire au roi de Sicile, & mit son ennemi hors d'état de faire de nouveaux efforts.

Othon défait à Bovines, ne peut plus recouvrer l'empire.

1214

pour le recouvrer. Othon mourut peu d'années après.

Frédéric fut couronné à Aix-la-Chapelle,
en 1215, & en même temps, il fit vœu d'aller
à la Terre Sainte, comme pour rendre cette
cérémonie plus solemnelle, & se concilier plus
sûrement la cour de Rome. Le fanatisme étoit
tel alors, qu'un prince qui auroit montré de
l'éloignement pour se croiser, auroit à peine
paru catholique. Un empereur eût été plus
suspect qu'un autre : comme son absence pouvoit être favorable aux prétentions des papes,
ils desiroient de le voir partir pour la Terre
Sainte, parce qu'ils desiroient de l'éloigner.
Frédéric sentoit combien cela étoit vrai sur-
tout pour lui. Son pere & sa mere lui avoient
laissé de grands états : à la mort de Philippe,
son oncle, il avoit hérité du duché de Suabe,
de celui de Rotenbourg, & de plusieurs
autres domaines : en un mot, il étoit le plus
puissant monarque de l'Europe. Les papes
devoient donc appréhender qu'il n'eût que trop
de moyens pour faire valoir les droits de l'empire sur l'Italie. Il lui importoit donc de
paroître ne songer d'abord qu'à la Terre
Sainte.

Il y avoit long-temps que les querelles
du sacerdoce & de l'empire avoient formé en
Allemagne les factions Guelfes & Gibelines :
la premiere étoit déclarée pour le saint siege,

& la seconde étoit toujours attachée au parti
des empereurs. Ces deux noms de factions
passerent en Italie, & les deux partis, qui la
divisoient déja, n'en furent que plus animés:
car en pareil cas, les noms sont toujours quelque chose.

Toutes les villes d'ailleurs étoient divisées.
Les unes vouloient être indépendantes : d'autres restoient encore sous la domination de
l'empereur ; & plusieurs formoient des ligues
sous la protection des papes, qu'elles craignoient moins que Frédéric, & qui avoient
avec elles les mêmes intérêts. Mais aucune ne
jouissoit d'un état assuré; parce que les factions
Guelfes & Gibelines prévaloient tour-à-tour
dans chacune, & causoient des révolutions
continuelles. Ainsi dans tous les coins de l'I-
talie, on étoit en armes, ou au moment d'y
être. Le désordre n'étoit pas moins grand en
Allemagne, où l'on voyoit de toutes parts des
tyrans, toujours en guerre, se faire un droit
du brigandage.

Frédéric, après avoir réglé les affaires d'Allemagne, passa les Alpes, reçut la couronne
des mains d'Honorius III, successeur d'Innocent, & fit des promesses au saint siege comme ses prédécesseurs. Cependant le pape entretenoit la division, pour avoir moins à redouter un prince si puissant ; & les ordres de
l'empereur étoient mal exécutés dans les villes

Désordres par-tout.

où le parti des Guelfes prévaloit. Frédéric
diffimula d'abord, parce que les défordres du
royaume de Sicile lui donnoient affez d'occupation.

Deux freres du feu pape Innocent avoient
excité un foulèvement dans ce royaume. L'empereur les chaffa avec quelques évèques, qui
avoient eu part à la fédition, & il nomma aux
fieges vacants. Honorius, qui accueillit les
rebelles, exigea qu'ils fuffent rétablis; reprochant à Frédéric d'avoir ofé porter la main fur
le fanctuaire, & prétendant que c'étoit au faint
fiege feul à prendre connoiffance des injures
dont il pouvoit fe plaindre. S'il fut facile à
l'empereur de prouver qu'il ufoit de fes droits,
il étoit auffi facile au pape d'abufer des fiens;
mais l'efpérance de voir bientôt partir Frédéric
pour la Terre Sainte, fufpendit les excommunications.

1222
Frédéric n'
acquiert par
un mariage
des droits fur
le royaume de
Jérufalem.
Sur ces entrefaites, on propofa à Frédéric,
alors veuf, d'époufer Yolande, fille unique de
Jean de Brienne, & de feue Marie reine de
Jérufalem. Il fe laiffa perfuader, regardant
comme une dot folide, des droits fur un royaume qu'il falloit conquérir. Le pape ne
manqua pas d'applaudir à un mariage, qui
concouroit fi bien avec fes vues.

C'eft une chofe bien étonnante, que dans
un temps où il étoit fi difficile d'être vérita-

blement souverain quelque part, on eût l'ambition de l'être dans des royaumes auſſi ſéparés: Il eſt vrai que Frédéric, par ſa conduite ſage & active, pouvoit être à la fois en Paleſtine, en Sicile & en Allemagne : il fera plus ſans combattre, que toute l'Europe armée.

Cependant il ne ſe hâtoit pas de partir, qu'il n'eût aſſuré la tranquillité de la Sicile. Honorius, qui ne ceſſoit de le preſſer, eut le temps de mourir. Grégoire IX monta ſur le ſaint ſiege, & le preſſa encore. Il s'embarqua, mais l'état de ſa ſanté ne lui ayant pas permis de ſupporter la mer, il fut obligé de revenir à Brindes, après trois jours de navigation. Le pape l'excommunia, comme ayant pris un faux prétexte pour ne pas accomplir ſon vœu. Frédéric ſe rembarqua l'année ſuivante, & acheva ſon voyage. Grégoire l'excommunia encore, parce que ce prince, diſoit-il, étoit parti avant d'obtenir l'abſolution des premieres cenſures. Il écrivit même au patriarche de Jéruſalem, pour défendre de communiquer avec Frédéric. Combien de croiſés ont échoué avec des indulgences ! Et cet excommunié va réuſſir.

Il arrive en Paleſtine avec deux excommunications de Grégoire IX.

Saladin étoit mort en 1193 ; & ſon empire que ſon frere, ſes fils & pluſieurs gouverneurs de provinces ſe partagerent, fut troublé par des guerres civiles, dont les Chrétiens,

Il y avoit eu après la mort de Saladin une quatrieme croiſade en

1195. toujours de plus en plus divifés, ne profiterent pas.

En 1195 à la follicitation de Céleftin III, qui faifoit prêcher une quatrieme croifade, l'empereur Henri VI avoit pris la croix, avec beaucoup de feigneurs & d'évêques Allemands. L'armée fut tres nombreufe: mais ce prince en emplòya une partie contre les Normands du royaume de Sicile, & il envoya le refte en Paleftine fans y aller lui-même. Ces Allemands n'eurent pas de grands fuccès. Ils repartirent auffitôt qu'ils eurent appris la mort de Henri VI, & ils laifferent la Paleftine dans l'état où ils l'avoient trouvée: ils ne revinrent pas eux-mêmes dans celui où ils étoient partis.

Il y en avoit eu une cinquieme en 1202. La retraite des Allemands excita le zele d'Innocent III, qui venoit de monter fur la chaire de S. Pierre. On prêcha une cinquieme croifade; parmi les prédicateurs, Foulques, curé de Néuilly, eut des fuccès dignes d'un S. Bernard. Les Vénitiens équiperent des vaiffeaux pour le tranfport de tous les croifés. Plufieurs chefs néanmoins s'embarquerent à

1202. Marfeille avec leurs troupes; impatients d'arriver en Paleftine, où ils périrent par la pefte & par les armes des Mahométans.

Une partie des croifés s'étoit en- Ceux qui fe rendirent à Venife, ne pouvant pas payer aux Vénitiens la fomme dont on étoit convenu, paroiffoient déterminés à s'en retourner; lorſque le doge Dandolo eut gagée au ſervice des Vénitiens. l'adreſſe d'en employer la plus grande partie contre les Chrétiens de Zara, qui s'étoient fouſtraits à ſa république. Il leur promit qu'après cette guerre, il leur fourniroit des vaiſſeaux pour les indulgences de la Paleſtine : & cette guerre ayant engagé dans une autre, on ne ſongea plus aux indulgences.

Le regne d'Iſaac l'Ange, dont j'ai eu occaſion de parler, n'avoit été qu'une ſuite de révoltes, occaſionnées par la foibleſſe & la timidité de ce prince; & Alexis l'Ange, ſon frere, lui avoit enlevé la couronne en 1195. Mais comme il n'étoit pas moins lâche, il défendit mal l'empire contre les Bulgares. Il ſe rendit tributaire de Henri VI, pour éviter la guerre, & devint ſi mépriſable, que le jeune Alexis, fils d'Iſaac, put ſe flatter de rétablir ſon pere ſur le trône. Il s'adreſſa aux croiſés, qui le proclamerent lui-même empereur à Durazzo, le conduiſirent à Conſtantinople, chaſſerent l'uſurpateur; & le peuple, ayant tiré Iſaac de ſa priſon, lui rendit l'empire.

Ils avoient enſuite rétabli le jeune Alexis ſur le trône de Conſtantinople.

L'empereur rétabli fut fort étonné d'apprendre que ſon fils avoit promis aux croiſés de leur fournir des vivres pendant un an, de leur donner deux cents mille marcs d'argent, d'entretenir pendant un an la flotte des Vénitiens, d'accompagner les croiſés avec autant de troupes qu'il pourroit, de rendre au pape l'obéiſſance que les empereurs catholiques lui avoient rendue, d'employer tout ſon pouvoir pour réunir les égliſes d'orient & d'occident, enfin d'entretenir pendant ſa vie dans la Terre Sainte cinq cents chevaliers. Il ratifia le traité, en déclarant qu'il ne paroiſſoit pas poſſible de remplir toutes ces conditions.

Le jeune Alexis, dans la néceſſité de gagner au moins du temps, propoſa aux croiſés de reſter un an ſur les terres de l'empire, promettant de fournir à leur entretien. Ils accepterent cette propoſition, & lui donnerent même encore des ſecours contre ſon oncle, qui s'étoit fortifié dans Andrinople.

Cependant quelques croiſés, ayant par leurs brigandages ſoulevé le peuple contre eux, arment & mettent le feu à la ville. L'incendie dura huit jours. Au milieu de ces déſordres, Alexis, à qui on reprochoit d'avoir attiré ces étrangers, eſt aſſaſſiné, & un nommé Murtzulphe prend la pourpre.

Le légat & les évêques, qui juſqu'alors avoient déſapprouvé ce qui avoit été fait, parce qu'on avoit agi ſans attendre le conſentement du pape, déclarerent qu'il falloit pourſuivre l'uſurpateur, & promirent aux croiſés qu'ils trouveroient dans l'empire les mêmes indulgences, que dans la Terre Sainte, s'ils pouvoient le ſoumettre au ſaint ſiege.

Conftantinople fut prife, pillée, faccagée, confumée en partie : les églifes même ne furent pas refpectées.

Les croifés partagerent entre eux un butin immenfe, & procéderent à l'élection d'un empereur. Le choix tomba fur Baudouin, comte de Flandre, qui inveftit Boniface, marquis de Montferrat, du royaume de Theffalonique, & qui vendit l'île de Candie aux Vénitiens. Mais il fut arrêté que Baudouin n'auroit que la quatrieme partie de Conftantinople & de l'empire, & que les trois autres quarts feroient également partagés entre les Vénitiens & les François. On ne vit plus que des troubles. Il s'éleva des fouverains de toutes parts. Baudouin, pris par le roi des Bulgares, que les Grecs avoient appellés, perdit la vie, & Henri fon frere lui fut donné pour fucceffeur. Cependant il y avoit encore un empereur à Trébifonde, un autre à Nicée, un autre en Paphlagonie : mais il fuffit de montrer les commencements de ces troubles. Revenons aux croifades, puifque l'hiftoire de Frédéric II le demande.

Une multitude d'enfants Allemands & François prit la croix, perfuadés que Dieu les deftinoit à délivrer la Terre Sainte. Une partie périt en chemin, & les autres furent vendus en Egypte par les marchands, qui s'éroient chargés de les passer en Palestine. Voilà le premier effet des prédications que fit faire Innocent III, dans le temps que Frédéric recouvroit l'empire d'Allemagne.

Et toutes les nations chrétiennes avoient envoyé des armées en Palestine.

Cependant cette nouvelle croisade entraîna une multitude étonnante de personnes de toutes nations. Les armées qui ne cessoient de se succéder, arriverent toujours à propos l'une après l'autre, pour réparer les pertes qu'on venoit de faire ; & les croisés se soutinrent jusqu'à l'arrivée de la derniere armée, qui ne pouvoit pas être réparée. Les plus grands efforts tomberent sur l'Egypte. On prit Damiette après dix-huit mois de siege. On ne peut pas dire ce que cette conquête coûta : mais il fallut bientôt l'abandonner pour sauver le peu qui restoit de tant de croisés. Un moine Espagnol, cardinal & légat, avoit voulu commander, fondé sur ce que cette guerre étoit entreprise par les ordres du pape. Le saint siege approuva ces prétentions ridicules. Les troupes marcherent sous le moine général, & ce fut la principale cause des malheureux succès de cette expédition : tel étoit l'état des choses, lorsqu'en 1222 Jean de Brienne vint en Europe pour obtenir de nouveaux secours, & donna sa fille à Frédéric. Ce roi étoit un cadet de Champagne, que Philippe Auguste avoit envoyé en Judée, pour épouser l'héritiere du royaume de Jérusalem.

Frédéric ne conduisit en Palestine que très-
peu de monde, & cependant il n'y trouva que
dix mille hommes, les Hospitaliers, les Templiers, & les chevaliers Teutoniques. Ce
dernier ordre avoit été créé en faveur des Allemands, peu de temps après la troisieme croisade : il deviendra très puissant.

Frédéric II a-
voit mené peu
de monde en
Palestine.

Le patriarche & le clergé refuserent de
communiquer avec l'empereur : les Templiers
& les Hospitaliers déclarerent qu'ils ne pouvoient pas obéir à un prince excommunié; &
les chevaliers Teutoniques parurent seuls lui
être soumis. Pour réunir tous ces esprits divisés, il imagina de donner ses ordres au nom
de Dieu & de la chrétienté, sans se nommer
lui-même; & ce tempérament lui réussit.

Moyens dont
il se sert pour
se faire obéir.

Il vouloit moins faire la guerre que négocier; & il paroît qu'il avoit déja pris secrétement ses mesures d'avance. Cependant il n'é-
toit pas facile de réussir, parce que le sultan
d'Egypte vouloit profiter de la situation, où
il le voyoit embarrassé : mais le sultan lui-
même n'étoit pas sans embarras.

Les divisions des princes Musulmans, qui
ne cessoient de se faire la guerre, favoriserent
les projets de Frédéric : il en sut si bien tirer
avantage, qu'il conclut une treve de dix ans, &
qu'on lui céda Jérusalem, Bethléem, Nazareth,
Thoron, Sidon, & les villages par où ces lieux

Il recouvre
les saints
lieux.

communiquoient lés uns aux autres : on lui permit même de fortifier ces places ; de son côté, il consentit que les Mahométans conservassent le temple de Jérusalem, pour y faire les exercices de leur religion.

Par ce traité, il recouvroit les saints lieux, sans avoir répandu une goutte de sang. Le patriarche néanmoins y refusa son consentement, & jeta un interdit sur toutes les églises de Jérusalem. L'empereur fit cependant son entrée dans cette ville ; & comme aucun prêtre ne se présenta pour faire la cérémonie du couronnement, il entra dans la principale église, & se couronna lui même en présence des Allemands qui l'accompagnoient.

Il se hâta de revenir en Italie, où sa présence étoit nécessaire. Grégoire IX avoit porté la guerre dans la Pouille ; il avoit levé une armée, qu'il nommoit la milice de Jésus-Christ ; il avoit excité à la révolte tous les peuples de Lombardie ; il avoit sollicité tous les souverains à prendre les armes contre l'empereur ; & Jean de Brienne avoit pris le commandement des troupes du pape contre son propre gendre, portant son ambition jusqu'à vouloir enlever l'empire à Frédéric.

Les princes de l'Europe ne se prêterent point aux sollicitations de Grégoire. Mais toute l'Italie fut en combustion. Ce fut alors qu'éclaqu'éclaterent plus que jamais les factions des Guelfes & des Gibelins: on se battoit en même temps par-tout. Le fanatisme, que les excommunications précédoient, traînoit après lui la perfidie, la cruauté, & des horreurs de toute espece. Le pape, qui causoit tous ces désordres en Italie, prétendit cependant que le traité, fait par l'empereur en Palestine, étoit préjudiciable aux Chrétiens. Il excommunia de nouveau ce prince; il délia tous ses sujets du serment de fidélité; son légat convoqua une diete en Allemagne; il y parla contre Frédéric, sans aucune retenue; en un mot, Grégoire ne négligea rien pour faire élire un autre empereur.

Les grands hommes subjuguent jusqu'aux préjugés de leur siecle. Si nous avons vu des princes plier sous des excommunications injustes, ce n'étoit pas seulement parce que les peuples étoient superstitieux; c'étoit, sur-tout, parce que les princes eux-mêmes étoient ignorants ou foibles: Frédéric n'étoit ni l'un ni l'autre. Il savoit choisir ses ministres, il savoit leur communiquer ses lumieres: il faisoit penser l'Europe. Le légat, avec toutes ses intrigues, ne souleva les Allemands que contre le pape: le clergé même resta fidele.

Frédéric fait échouer tous les projets de Grégoire.

Ces mauvais succès déterminerent Grégoire à la paix: il en fit même les premieres avances. Il voyoit que ses intrigues tour-

Grégoire est forcé à demander la paix.

noient contre lui-même. On se soulevoit à
Rome, il n'y étoit plus en sûreté, & il fut
même bientôt obligé d'en sortir. Tel étoit
le sort des papes : ils prétendoient disposer des
royaumes ; & ils troubloient l'Europe, sans
pouvoir s'assurer à eux-mêmes un seul village.

Jean de Brienne, général de Grégoire,
étoit plus heureux : car par une suite de révolutions qu'on ne voit que dans des temps de
troubles, il venoit d'être élu empereur de
Constantinople. Il est vrai que cet empire se
bornoit presque à cette seule capitale ; & que
trois autres souverains se disoient encore empereurs, l'un à Nicée, l'autre à Trébisonde,
& un autre à Thessalonique.

La paix ayant été faite, Frédéric ne s'occupa que des moyens de rétablir la tranquillité. Il y réussissoit, lorsque son fils Henri,
qu'il avoit eu de son premier mariage, &
qu'il avoit fait couronner roi des Romains, se
souleva, & entraîna dans sa révolte plusieurs
seigneurs Allemands & plusieurs villes de
Lombardie : mais tout se soumit à l'approche
de Frédéric : il déposa son fils dans une diete tenue à Mayence, & il le condamna à une
prison perpétuelle.

Les Lombards cependant formoient une
ligue puissante. En vain l'empereur tenta de
les réduire par la voie des négociations : il fallut enfin prendre les armes. La victoire célé-

bre de Cortenuova, qu'il remporta fur les
Milanois, jeta la terreur, & toutes les villes
fe foumirent, à la réferve de Milan, de Bologne, de Plaifance & de Faenza.

Comme la treve, qu'il avoit faite avec le
foudan d'Egypte, alloit expirer, le pape fe
propofa de prêcher une nouvelle croifade, &
de donner fur-tout, la croix à Frédéric ; moins
fans doute pour fecourir la Terre Sainte, que
pour occuper par-tout ailleurs qu'en Lombardie le courage de l'empereur. Il ne vouloit
que l'éloigner : mais une nouvelle treve de
dix ans, que ce prince fit avec le foudan,
para ce coup.

Seconde tre-
ve de dix ans
avec le fou-
dan d'Egypte.

Un autre fujet de querelle s'éleve entre le
pape & l'empereur, Gregoire prétendant que
la Sardaigne étoit un fief du faint fiege, &
Frédéric foutenant que cette île devoit relever
de l'empire. On arme. L'empereur, excommunié, entre fur les terres du faint fiege. Le
pape publie une croifade contre ce prince : car
enfin il falloit bien qu'on fe croifât pour la
défenfe du patrimoine de S. Pierre, comme
pour la conquête de la Paleftine. Mais les
croifés fi fouvent malheureux contre les infideles mêmes, ne font pas plus heureux contre
un prince chrétien tel que Frédéric ; & Grégoire en conçoit un chagrin dont il meurt.

Grégoire prê-
che une croi-
fade contre
Frédéric.

Céleftin IV, qui lui fuccéda, ne fit que
paffer. Le faint fiege fut enfuite vacant pen-

1241
Innocent IV.

qui avoit été dans les intérêts de Frédéric, l'excommunie lorſqu'il eſt pape, & allume la guerre de plus en plus.

dant vingt mois. Enfin on élut Innocent IV, qui avoit toujours paru dans les intérêts de Frédéric. On s'attendoit donc à voir la concorde renaître entre l'égliſe & l'einpire. On en faiſoit déja compliment à ce prince: il prévit qu'il perdoit un ami.

En effet, Innocent marcha ſur les traces de Grégoire. Contraint de quitter l'Italie, il ſe refugia à Lyon, & il y tint un concile, dans lequel il cita Frédéric, l'excommunia & le dépoſa: il ſollicita les Allemands à nommer un autre empereur ; & quelques évêques élurent un landgrave de Thuringe, qu'on appella le roi des prêtres. Cette plaiſanterie, qui faiſoit voir que les yeux commençoient à s'ouvrir, étoit d'un mauvais augure pour les papes. Cependant la guerre, qui s'alluma plus que jamais, continua juſqu'à la mort de Frédéric arrivée en 1250. Il eut ſur la fin de ſa vie quelques revers. Malgré les troubles dont ſon regne fut agité, il embellit les villes de ſon royaume de Sicile, il en bâtit, il fonda des univerſités, & il fit fleurir les lettres.

Etat de l'empire & de l'Italie après la mort de Frédéric.

Depuis la mort de ce prince juſqu'en 1273, que Rodolphe de Habsbourg fut élevé à l'empire, l'Allemagne, ſans chef, ou ſous des princes ſans autorité, fut livrée à tous les déſordres de l'anarchie. Ce fut alors que pluſieurs villes formerent des aſſociations pour ſe défendre contre les tyrans, dont elles

étoient environnées. Déja quelques-unes,
profitant des guerres civiles, étoient devenues
des républiques presque indépendantes. Elles
avoient secoué le joug des seigneurs particuliers, en se mettant sous la protection des empereurs, & l'on voit que Henri IV & ses successeurs leur ont accordé de grands privileges,
pour s'assurer les secours qu'ils en retiroient.

Dans l'intervalle, depuis 1250 jusqu'en
1273, l'empire fut trop foible pour faire valoir des droits sur l'Italie. Ces circonstances
étoient favorables à la liberté : il se forma donc
plusieurs républiques ; mais les guerres qui s'é-
levoient au dedans & au dehors, ne leur permettoient pas de s'établir solidement : il en
coûtoit bien du sang pour être libre, & on ne
l'étoit pas.

La Sicile ne fut pas moins agitée. Les papes y porterent la guerre, persuadés que le
royaume d'un prince déposé dans un concile
ne pouvoit appartenir qu'au saint siege. Ils ex-
communierent Mainfroi, fils naturel de Frédéric II : ils armerent contre lui des croisés :
enfin ne pouvant conquérir ce royaume pour
eux, ils l'offrirent à des princes étrangers ;
d'abord au frere de Henri III, roi d'Angleterre, & ensuite à Charles d'Anjou, frere de
Louis IX, roi de France.

Charles accepta, & conquit ce royaume
en 1266 sur Mainfroi, qui perdit la bataille

deux Siciles.
& la vie. Deux ans après ayant fait prisonnier Conradin, petit-fils de Frédéric, il lui fit trancher la tête. Charles étoit pourtant l'usurpateur. La maison de Suabe s'éteignit avec Conradin : c'est ainsi que le frere du plus saint des rois fut l'instrument de l'injuste ambition des papes.

1268

CHAPITRE II.

De la France & de l'Angleterre pendant le regne de Philippe Auguste.

Pendant l'abfence de Richard, il s'éleva des troubles en Angleterre, & Jean fon frere, furnommé *Sans-terre*, profitant de ces circonftances, fe mêla peu-à-peu de l'adminiftration, & tenta de fe frayer une route au trône. Son parti cependant étoit encore trop foible, lorfque Richard, qui arriva après une abfence de quatre ans, fut reçu avec les acclamations dont le peuple n'eft jamais avare envers un prince courageux. Ce roi intéreffoit par fes malheurs: fon imprudence ne paroiffoit que le défaut d'une ame généreufe, & on ne penfoit à fa prifon que pour détefter Henri VI. Ayant trouvé les efprits ainfi difpofés, il foumit bientôt tous ceux qui lui avoient été contraires. Il cita Jean qui s'étoit retiré en France; & il le fit déclarer déchu du droit de fuccéder à la couronne.

Richard fe hâta de faire la guerre à Philippe Auguste, qui s'étoit oppofé à fa délivrance,

Retour de Richard en Angleterre.

1194

Il fait la guerre à Phi-

B 4

Ippe jufqu'à
fa mort.

& qui avoit favoiifé les projets de Jean. Les
fuccès furent variés, & les hoftilités, quelquefois fufpendues, durerent jufqu'en 1199,
que Richard mourut. Ce prince laiffa par
teftament fes états à Jean fon frere, avec qui
il s'étoit réconcilié.

Jean fans-
terre lui fuc-
cede au préju-
dice d'Arthur
dont Philippe
prend les in-
térêts.

Ce teftament étoit pour Jean un titre bien
foible. Un autre prince paroiffoit en avoir
un plus fort; c'étoit Arthur, duc de Bretagne;
car il étoit fils de Geoffroi, frere aîné de Jean.
Mais on doutoit fi, en pareil cas, le fils pouvoit repréfenter fon pere; il n'y avoit point
de loi précife, & l'on pouvoit apporter des
exemples pour & contre. Ces queftions,
qu'il appartiendroit aux peuples de décider,
font toujours un fujet de guerre. Quoiqu'il
en foit, Jean fut reconnu en Angleterre & en
Normandie: mais le Poitou, la Touraine,
le Maine & l'Anjou fe déclarerent en faveur
d'Arthur; & Philippe Augufte prit les armes
pour ce prince, ou plutôt pour faifir l'occafion
d'enlever quelques provinces au roi Jean.

Divorce de
Philippe qui
fait fa paix
avec Jean, &
qui abandonne
ne Arthur.

Philippe avoit répudié Ingelburge, princeffe de Danemarck, fous prétexte de parenté;
& il avoit époufé Marie, ou Agnès, fille du
duc de Méranie. Le roi de Danemarck porte
fes plaintes au pape; & bientôt des légats viennent en France, prennent connoiffance de ce
divorce, tiennent des conciles, & jettent des

interdits fur le royaume : mais Philippe fut
toujours faire refpecter fon autorité. Enfin en
1200, lors de la guerre avec l'Angleterre, voulant mettre fin à tous ces troubles, il confentit à reprendre Ingelburge : il fe prêta même
à la paix, à laquelle le légat le follicitoir, de
forte qu'Arthur fut abandonné, & Jean prit
poffeffion des provinces, qui s'étoient données
au duc de Bretagne. Innocent III, qui trou-
bloit alors l'Allemagne & l'Italie, avoir jugé
cette paix néceffaire pour favorifer la croifade
qu'il faifoit prêcher.

La paix ne dura pas. Quelques factieux
ayant excité un foulevement en Normandie,
Jean les cita à fon tribunal. Ils refuferent de
comparoître, prétendant n'avoir d'autre juge
que le roi de France : Philippe les prit fous fa
protection & arma. Alors Arthur, jugeant
cette conjoncture favorable à fes prétentions,
fe mit à la tête des Poitevins qui venoient de
fe foulever ; mais battu & fait prifonnier, il
perdit bientôt la vie, par les ordres, ou felon
quelques-uns, par la main même de fon oncle.

*La guerre re-
commence, &
Arthur perd
la vie.*

Conftance, mere d'Arthur, demanda juftice à Philippe, qui cita Jean comme fon
vaffal, pour répondre fur le crime dont il étoit
accufé. Le roi d'Angleterre n'ayant pas comparu, la cour des pairs le condamna, comme

*Jean eft accu-
fé de l'avoir
fait mourir &
fes fiefs font
confifqués.*

convaincu de parricide, & déclara tous les
fiefs qu'il possédoit en France, confisqués à
la couronne.

Cet arrêt eût été ridicule, s'il n'eût pas
été soutenu par les armes: mais Philippe n'eut
que des succès. Il conquit rapidement la
Normandie, le Maine, l'Anjou, la Torai-
ne, le Poitou. Il y avoit alors deux cents
quatre-vingt-douze ans, que la Normandie
avoit été cédée à Raoul.

Cet événement, qui est l'époque de la
ruine de l'anarchie féodale, exige que nous
fassions quelques réflexions sur les causes, qui
l'ont préparé. D'ailleurs après tant de troubles, de désordres & de guerres, il est temps
de nous délasser: nous n'aurons que trop occasion de nous fatiguer encore.

La cour des
pairs, ou le
parlement, ne
devoit être
composée que
des vassaux
immédiats.

Dans les principes du gouvernement féodal, on ne pouvoir être jugé que par ses pairs.
Le parlement, c'est ainsi qu'on nomma dans
le treizieme fiecle la cour des assises du roi,
devoit donc n'être composé que des vassaux,
qui relevoient immédiatement de la couronne.
Il falloit en exclure les barons du duc de
France, ceux du comte de Paris & ceux du
comte d'Orléans: car ne pouvant juger leurs
supérieurs, ils ne devoient être admis que dans
les assises des seigneuries dont ils relevoient.
En un mot, les rois de France auroient dû-

avoir autant de cours féodales, qu'ils avoient de seigneuries différentes.

Mais les Capétiens, négligeant les titres de duc & de comte, ne prirent que celui de roi ; de sorte que la royauté enveloppa toutes les autres dignités, & on s'accoutuma peu-à-peu à ne voir plus qu'elle dans la personne des Capétiens. Or, dès qu'on eut confondu le comte de Paris avec le roi de France, on confondit bientôt les vassaux du comte avec ceux du roi ; & le parlement, parce qu'on le nommoit la cour du roi, parut être la cour des pairs, quels que fussent les seigneurs qui le composoient. Les grands vassaux, qui avoient toujours reconnu la cour du roi comme leur tribunal, continuerent donc de la regarder comme telle ; & ne remarquant pas que ce n'étoit plus la cour des pairs, ils reconnurent leurs inférieurs pour juges. L'abus d'une expression occasionna leur méprise. Je vous ai fait voir l'influence du langage sur les opinions ; je pourrois tout aussi facilement vous faire voir son influence sur les révolutions des peuples : les siecles que nous venons de parcourir en fourniroient plus d'un exemple. Heureusement l'abus des mots va dans cette occasion produire un bien ; mais c'est peu pour tout le mal qu'il a causé dans d'autres, & qu'il causera encore.

Comment les arriere-vassaux y eurent entrée.

Dans l'origine, la cour du roi veilloit aux
intérêts des grands vaſſaux, puiſqu'eux ſeuls
y avoient entrée. Ce ne fut plus la même
choſe, quand elle ſe trouva compoſée de ſeigneurs de tout ordre. Alors les membres de
ce tribunal furent pour la plupart dévoués
au roi; & jaloux des vaſſaux immédiats,
juſqu'auxquels ils ne pouvoient s'élever, ils
ne travaillerent qu'à les faire deſcendre.

Le parlement qui s'étoit compoſé peu-à-
peu de vaſſaux de tout ordre, ayant profité
de la mépriſe où l'on étoit tombé, & ayant
pris la place de la cour des pairs, ſe trouva
autoriſé par l'uſage, avant qu'on eût ouvert
les yeux. Alors il n'étoit plus temps de ſe
ſouſtraire à ce tribunal. Il eût fallu au moins
que les grands vaſſaux réunis euſſent agi de
concert pour corriger un abus, qui leur étoit
ſi contraire: c'eſt ce dont ils n'étoient pas
capables. Les plus puiſſants croyant n'avoir
rien à craindre, ne prirent aucune précaution,
& dédaignerent de venir dans une cour où ils
ſe ſeroient confondus avec leurs inférieurs.
Le parlement profita de leur abſence pour
étendre ſon autorité; & en ſoumettant les
vaſſaux foibles qu'on lui abandonnoit, il acquit des droits ſur les plus puiſſants.

Les ſeigneurs François n'avoient pas aſſez
de prudence, pour prévoir la révolution dont

ils étoient menacés : tout sembloit les en dif- François à cette occasion traire, & porter ailleurs leur attention. Toujours occupés ou de guerres particulieres, ou d'entreprises sur leurs vassaux, ou de croisades, ils ne voyoient pas que le parlement, sans être la cour des pairs, en usurpoit insensiblement toute l'autorité ; & ils sembloient n'aller en Palestine que pour laisser un champ plus libre à cette cour de justice. A leur retour, ils trouvoient leurs états si ruinés, que quand ils auroient connu tous leurs privileges, ils se seroient sentis trop foibles pour les revendiquer.

Pendant que les seigneurs étoient si peu Les officiers du roi étoient membres du parlement qui jugea Jean sans terre. attentifs à leurs vrais intérêts, le roi faisoit prendre à son parlement la forme qu'il jugeoit à propos ; il y convoquoit les seigneurs dont il étoit le plus sûr ; il y faisoit entrer son chancelier, son chambellan, son bouteillier & son connétable.

Ainsi les officiers même du roi devinrent les juges des grands vassaux. Cependant cette innovation se faisoit sans qu'on s'apperçût d'aucun changement, & le parlement ne paroissoit être que ce qu'il avoit toujours été. L'autorité de cette cour étoit si grande sous Philippe Auguste, qu'on y appelloit des justices féodales des seigneurs immédiats, & qu'ils y étoient cités eux-mêmes par leurs feudataires. Ils ne confervoient donc plus qu'une appatence de jurifdiction. Voilà le parlement qui jugea le roi d'Angleterre; & fon arrêt, éxécuté fur le plus grand vaffal, conftata fes droits fur tous les autres.

Ce jugement étoit injufte. Cependant ce jugement étoit injufte. Si Jean Sans-terre eût été coupable envers le roi, la confifcation de fes domaines auroit été légitime: mais il ne l'étoit qu'envers fon vaffal, & en pareil cas; les coutumes féodales ne le pouvoient condamner qu'à perdre la fuzeraineté fur la Bretagne, qui étoit un fief du duché de Normandie.

Les grands vaffaux contre leurs propres intérêts l'approuvent, ou du moins n'empêchent pas qu'il ne foit exécuté. On s'aveugla. Les grands vaffaux ne virent ni l'injuftice de ce jugement, ni les conféquences dont il étoit pour eux; & l'ignorance contribua moins à cet aveuglement, que le mépris & la haine qu'on avoit conçus pour le roi d'Angleterre.

Toute la France vit avec plaifir l'humiliation d'un prince fans vertus & fans talents: les grands vaffaux fe livrerent avec paffion aux vues de Philippe: ils lui donnerent des fecours; ou du moins ils ne s'oppoferent pas à fes deffeins. Ainfi fut executé un arrêt, qui n'eût été qu'une fauffe démarche, fi les vaffaux de la couronne avoient fu réfléchir fur leurs intérêts communs. Cet événement vous fait voir dans Philippe ce que peut un prince qui se fait estimer, & dans Jean, ce que devient un prince qui se rend méprisable.

Si Richard eût été à la place de Jean Sans-terre, Philippe auroit échoué, ou plutôt il eût été assez sage pour ne pas compromettre son parlement. En effet, Richard jouissoit d'une grande considération : il étoit généralement aimé ; & d'ailleurs il avoit assez de lumieres pour dessiller les yeux à tous les vassaux, & pour les entraîner dans son parti.

Il n'en eût pas été ainsi, si Richard eût été à la place de Jean Sans-terre.

Si les meilleurs gouvernements ne peuvent pas toujours subsister, celui des fiefs devoit à plus forte raison se détruire. Il se ruinoit par ses vices. Déja fort affoibli avant Philippe Auguste, il s'affoiblit encore davantage sous son regne ; recherchons en toutes les causes.

Le gouvernement féodal s'affoiblit parce que les seigneurs vendent à des villes le droit de se défendre.

Les seigneurs appauvris par la guerre, ou par le défaut d'économie, se virent enfin sans ressource, quand ils eurent achevé la ruine de leurs sujets. Alors ils se firent une espece de droit de la piraterie, les uns par esprit de brigandage, les autres par représailles. On mettoit même les voyageurs à contribution, ou pour parler plus exactement, on les voloit : enfin il n'y avoit de sureté nulle part, & le désordre étoit général ; lors-

que des seigneurs céderent ou vendirent à
des villes de leurs domaines qu'ils ne pouvoient défendre, le droit de se défendre elles-
mêmes. L'empereur Henri IV en donna le
premier exemple en Allemagne, vers la fin
du onzieme siecle; & Louis le Gros, qui
suivit cet exemple au commencement du
douzieme, le donna aux seigneurs de son
royaume.

Alors com-
mence le gou-
vernement
municipal. Plusieurs villes devinrent des especes de
républiques gouvernées par des magistrats,
qui prirent le nom de consuls, de maires,
d'échevins, &c. Toutes n'obtinrent pas les
mêmes privileges, mais elles en acquirent
plus ou moins, suivant les traités qu'elles
firent avec leurs seigneurs; & ceux dont elles jouirent sont ce qu'on nomme droits de
communes on de communauté. C'est ainsi
que le gouvernement municipal naquit des
excès de l'anarchie.

'» Les bourgeois se partagerent en com-
» pagnies de milice, formerent des corps ré-
» guliers, se disciplinerent sous des chefs
» qu'ils avoient choisis, furent les maîtres
» des fortifications de leur ville, & se gar-
» derent eux-mêmes. Les communes, en
» un mot, acquirent le droit de guerre,
» non pas simplement parce qu'elles étoient
» armées, & que le droit naturel autorise
» à re-

„ à repouffer la violence par la force ; mais
„ parce que les feigneurs leur céderent à cet
„ égard leur propre autorité, & leur per-
„ mirent expreffément de demander, par la
„ voie des armes, la réparation des injures
„ ou des torts qu'on leur feroit. (*)

Les villes commencerent donc à fortir
d'efclavage, & les feigneurs devinrent plus
puiffants par la ceffion même qu'ils firent
d'une partie de leur autorité : car ils trouverent dans les communes des fecours plus
prompts & plus furs que dans leurs vaffaux.
Des bourgeois, occupés de leurs familles &
de leurs métiers, n'ont pas de plus grand
intérêt que de ménager un protecteur qui
ne les vexe point ; & pour les rendre infideles à leurs engagemens, il faudroit être
injufte à leur égard. Auffi remarque-t-on
que l'établiffement des communes rendit les
empereurs d'Allemagne & les rois de France
moins dépendants de leurs vaffaux. Il produifit encore un autre avantage, c'eft qu'il
mit un frein à la piraterie des petits feigneurs ; car il falloit être puiffant pour piller impunément fur le territoire de ces villes : enfin il rendit les guerres moins fréquentes, parce qu'il les rendit plus difficiles,

Les villes qui fe gouvernent font un frein au briganda-ge, & rendent les rois moins dépendants de leurs vef-faux.

***

(*) Obfervations fur l'hiftoire de France.

précifément dans un temps où les feigneurs
devenoient plus foibles. Il y en avoit peu
qui euffent affez de troupes, ou qui puffent
les conferver affez long-temps fous leurs ordres, pour faire le fiege d'une ville défendue par des fortifications & par des citoyens. Les troupes des communes ne pouvoient même manquer de devenir les meilleures : car des hommes qui défendent leur
liberté, ont tout un autre courage que des
brigands.

De nouvelles communes fe forment à l'e-xemple des premieres.

Les premieres communes répandirent un
nouvel efprit; le peuple fentit qu'il pouvoit
fortir de l'oppreffion, & il ofa penfer à devenir libre, ou du moins à diminuer le
joug de la tyrannie. On vit alors plufieurs
villes fe former encore en communes. Les
unes traiterent de leur liberté, d'autres profitant de la foibleffe de leurs feigneurs, fe
dirent libres, fe fortifierent, élurent des magiftrats, & recouvrerent des droits que la
violence feule avoit ufurpés, & que la nature revendique toujours. Quand le feigneur
entreprit d'attaquer les privileges qu'elles
s'arrogeoient, elles lui demanderent fes titres, fermerent leurs portes, & armerent.
Le gouvernement municipal paroiffoit s'établir par-tout fur les ruines de l'anarchie
féodale.

Si les feigneurs avoient été plus éclairés, ils auroient refpecté la liberté de ces nouveaux citoyens ; & ils s'en feroient faits des fujets fideles, prêts à les fecourir de leurs richeffes & de leurs forces. Mais ils voulurent être encore tyrans, & ils acheverent de détruire leur puiffance.

La plupart de ceux qui traiterent avec leurs villes, ne cédérent que par un vil intérêt. Ils avoient vendu des droits; ils voulurent les reprendre, pour les vendre encore. De-là naquit la défiance entre les communes & les feigneurs. Les villes ne voulurent plus traiter que fous la garantie d'un protecteur puiffant, & elles s'accoutumerent peu-à-peu à regarder ce protecteur comme leur maître, & à ne voir que des ennemis dans leurs feigneurs.

Cette révolution, qui n'avoit fait que des progrès lents avant le regne de Philippe Augufte, éclata lorfque ce prince eut dépouillé Jean Sans-terre. C'eft alors que les communes rechercherent à l'envi la protection d'un roi, qui étoit affez puiffant pour les défendre, & qui avoit le même intérêt qu'elles à l'abaiffement des feigneurs.

Philippe devint donc le garant des traités qu'elles firent avec leurs feigneurs, & il en retira plufieurs avantages. Premierement ce fut

Les villes trompées par les feigneurs ne veulent traiter que fous la garantie d'un protecteur puiffant.

Philippe Augufte devient ce protecteur.

Avantages qu'il en retire.

C 2

un titre pour lui de prendre connoiſſance de
ce qui ſe paſſoit dans les terres de ſes vaſſaux, & de ſe mêler du gouvernement de
leurs communes. En ſecond lieu, il trouva
ces républiques toujours diſpoſées en ſa faveur, & prêtes à s'armer pour lui contre
des ſeigneurs, dont elles connoiſſoient trop
la tyrannie pour ne les pas redouter. Enfin
il en reçut des ſecours en argent, parce
qu'elles conſentirent à lui payer un tribut
pour s'aſſurer ſa protection. Alors il eut
des troupes à ſa ſolde. Il ne fut donc plus,
comme ſes prédeceſſeurs & comme ſes vaſſaux, dans le cas de ſe voir ſans armée
d'un moment à l'autre.

*Il affermit ſon
autorité parce
qu'il n'en a-
buſe pas.* Les grands vaſſaux commencerent à ménager un ſouverain, plus puiſſant qu'aucun
d'eux en particulier. Cependant s'ils s'étoient
réunis, ils auroient pu détruire une autorité
encore mal affermie : ils auroient pu du moins
en ſuſpendre les progrès. Philippe, qui le
ſentit, eut l'adreſſe de ne pas abuſer de ſa
puiſſance, ſachant que les hommes ſe révol-
tent moins contre l'autorité que contre l'a-
bus qu'on en fait. Les ſeigneurs ne ſongerent donc pas à ſe concerter entre eux pour
ſe précautionner contre l'avenir, parce que
s'ils commençoient à être ſous le joug, ils
n'en ſentoient pas encore le poids.

Telle étoit la puissance de Philippe Auguste, lorsqu'Innocent III paroissoit vouloir exterminer tous les Chrétiens. Ils alloient par troupes se faire égorger dans la Palestine : ils achevoient dans la Thrace la ruine de l'empire d'orient : toute l'Italie & toute l'Allemagne étoient en armes : dans le nord on continuoit de prêcher les idolâtres avec des soldats pour missionnaires. Ce n'étoit pas assez : ce pape vouloit encore faire couler des flots de sang en France & en Angleterre ; & pour cela, i publia deux croisades avec force indulgences, l'une contre Jean, & l'autre contre les Albigeois. Sans doute, que si l'Espagne eût été tranquille, il n'eût pas manqué d'y susciter des guerres.

Innocent III abuse de la sienne pour armer toute la chrétienté.

Le pape avoit été pris pour juge entre quelques évêques d'Angleterre & les moines de S. Augustin, qui se disputoient le droit d'élire l'archevêque de Cantorberi. Il jugea en faveur des moines : cependant il cassa deux élections qui avoient été faites ; & il nomma de son autorité le cardinal Langton. Le roi refusa d'agréer ce prélat, se plaignant d'une entreprise qui attaquoit les droits de la couronne. Innocent répondit que ce n'étoit pas à lui de nommer aux grands bénéfices ; qu'il devoit recevoir ceux que l'église avoit choisis, & que s'il n'obéissoit pas, il mettroit son royaume en interdit, l'excom-

Il offre l'Angleterre à Philippe.

munieroit, & délieroit ſes ſujets du ſerment de fidélité. Des menaces il paſſa aux effets; il publia une croiſade ; & il envoya un légat à Philippe Auguſte, pour l'inviter à ſe ſaiſir de la couronne d'Angleterre.

Jean fait hommage au ſaint ſiege.

Pendant que le roi de France armoit, le légat ſe rendit à Douvres, où il trouva Jean Sans-terre. Ce prince lâche ſe ſoumit à tout ce qu'on exigea de lui, juſqu'à faire hommage au ſaint ſiege. En préſence des ſeigneurs & du peuple, il mit ſa couronne aux pieds du légat, qui ne la lui rendit qu'après l'avoir gardée cinq jours.

Le légat défend à Philippe de penſer à l'Angleterre.

Le légat de retour en France, déclara à Philippe qu'il ne devoit plus ſonger à l'Angleterre, parce que ce royaume étoit un fief de l'égliſe de Rome. Philippe, ſurpris d'un tel diſcours, employa ſes forces contre le comte de Flandre allié de Jean ; & il ſe rendit maître de pluſieurs places, pendant que Louis, ſon fils, défendoit l'Anjou contre le roi d'Angleterre, qui avoit débarqué à la Rochelle.

Bataille de Bovines. 1214

Ce fut alors qu'Othon vint au ſecours de Jean, ſon oncle. Quoique Philippe n'eût que cinquante mille hommes, & , que par conſéquent, il fût bien inférieur à ſes ennemis, il ne craignit point de préſenter la bataille. L'action fut vive. Il ſe vit enveloppé d'un gros d'ennemis, exposé à mille traits, renversé de son cheval : mais il remporta une victoire complete.

Les mauvais succès de Jean enhardirent les barons d'Angleterre à se soulever. Ce roi bientôt abandonné, fut réduit à recevoir la loi de ses sujets ; & il signa deux chartes contraires aux prérogatives de sa couronne. Dans cette extrémité, il eut recours au pape son seignèur, le priant de déclarer nul un engagement contracté sans son aveu.

Jean est forcé à signer deux chartes.

Le pape, qui n'ignoroit pas la protection qu'on doit à ses vassaux, annulla ces chartes, & menaça les barons des censures de l'église, s'ils continuoient d'en exiger l'exécution. Bien loin d'obéir, ils offrirent la couronne à Louis, & ce prince partit.

Le pape les déclare nulles & les Anglois offrent la couronne à Louis.

Philippe, qui craignoit de se brouiller avec la cour de Rome, avoit feint de s'opposer au départ de son fils : mais Innocent qui ne s'y méprit pas, excommunia & Louis & Philippe.

Philippe & Louis sont excommuniés.

Louis étoit maître des principales villes, & il avoit été proclamé à Londres, lorsque Jean mourut. La haine des Anglois ne passa pas sur Henri son fils, âgé de huit à dix ans : ils s'intéressèrent au contraire pour ce jeune prince. Tout changea, & Louis fut contraint de repasser la mer. Venons à la croisade contre les Albigeois.

Les Anglois conservent la couronne à Henri III.

C 4

Les Albigeois.

Les Albigeois étoient, dit-on, des espe-ces de Manichéens, & on leur reprochoit bien des fortes d'erreurs. Ils s'étoient ré-pandus en grand nombre dans le Lan-guedoc, la Provence, le Dauphiné & l'Arragon. Il falloit, sans doute, travailler à les convertir : mais ce n'étoit pas avec des croisades. Dans le quatrieme siecle, les Itha-ciens furent séparés de l'église, pour avoir condamné à mort les Prifcillianiftes. Alors bien loin d'employer de pareils moyens, on ne se hâtoit pas même de donner le baptê-me à ceux qui le demandoient ; mais lorf-que l'ignorance eut imaginé les croisades, on ne prit plus tant de précautions : on pré-para les converfions par les armes ; & c'eft après une bataille qu'on baptifoit les idolâ-tres, qui se convertiffoient par la feule crain-te d'être encore battus.

Raimond comte de Toulouse fe foumet en apparence.

Raimond, comte de Toulouse, dont un des ayeux s'étoit croifé pour la Terre Sainte, défendoit les Albigeois fes fujets ; de forte que la croifade eut autant pour objet de le dépouiller de fes états, que d'extirper l'hé-réfie & les hérétiques. Il fentit le coup qui le menaçoit ; & pour le parer, il se foumit en apparence à tout ce qu'on exigea de lui ; c'eft-à-dire, qu'il promit d'exterminer tous les Albigeois.

Il étoit difficile qu'un souverain remplît un pareil engagement. On se méfia de lui : il ne put plus dissimuler, il prit les armes, il appella à son secours le roi d'Arragon, & ce prince ayant perdu la bataille & la vie, les croisés firent de nouveaux progrès ; ils étendirent même leurs conquêtes jusques sur des seigneurs, qui n'avoient rien à démêler avec les Albigeois. Alors des conciles déposerent Raimond : ils donnerent ses états à Simon de Monfort, chef des croisés ; & ils en conserverent seulement une partie pour le jeune Raimond, fils du comte de Toulouse. Philippe Auguste envoya des troupes contre les Albigeois ; Louis, son fils, marcha lui-même : mais il me suffit de remarquer ici que cette guerre dura depuis 1209 jusqu'en 1228.

Des conciles donnent ses états à Simon de Montfort, chef des croisés.

Philippe Auguste mourut en 1223 dans la cinquante-huitieme année de son âge & dans la quarante-troisieme de son regne. Ce prince a jeté les fondemens de la grandeur des Capétiens, qui jusqu'à lui avoient toujours été foibles, parce qu'ils n'avoient pas ses talents. Il réunit à la couronne, non seulement, la Normandie, le Maine, l'Anjou, la Touraine, le Poitou, mais encore l'Auvergne, l'Artois, la Picardie, & plusieurs autres domaines. Si Richard eut plus de brillant à la guerre, ou peut-être plus de

La grandeur des Capétiens commence à Philippe Auguste.

bonheur, Philippe joignoit au courage & à la gloire des armes une conduite fage & foutenue. Il fut s'agrandir fans donner d'ombrage, & il fit refpecter fa puiffance encore mal affermie. Je ne lui reproche pas la guerre qu'il fit aux Albigeois : ce reproche romberoit plus fur fon fiecle que fur lui.

CHAPITRE III.

De la France sous Louis VIII & sous S. Louis, & de l'Angleterre sous Henri III.

Louis VIII fut sacré & couronné quelques jours après la mort de son pere. Je le remarque pour vous faire observer que le regne de Philippe Auguste est l'époque, où il n'étoit plus nécessaire qu'un roi de France prît la précaution de faire couronner son fils de son vivant.

Sacre & couronnement de Louis VIII.

Henri III ayant demandé la restitution des provinces enlevées à Jean Sans-terre, Louis déclara qu'elles avoient été légitimement confisquées, & cherchant à faire des reproches au roi d'Angleterre, il se plaignit de ce qu'il n'avoit pas assisté à son sacre, auquel il auroit dû se trouver, comme duc de Guienne. Mais il ne s'appercevoit pas qu'il tomboit dans une contradiction, dont les Anglois auroient pu tirer avantage. En

Il fait la guerre à Henri III.

effet , puifque l'arrêt du parlement avoit con-
fifqué la Guienne , comme les autres provinces ; reconnoître que Henri en étoit encore le duc , c'étoit ne pas lui en contefter
la poffeffion légitime , & , par conféquent,
avouer fes droits fur les provinces mêmes
qui lui avoient été enlevées. Quoi qu'il en

1214
1226

foit, la guerre commença ; & après quelques fuccès alternatifs , elle fut terminée par
une treve. Alors le roi de France marcha

Il la termine
& marche
contre les Al-
bigeois.

contre les Albigeois , prit Avignon , & foumit tout le Languedoc ; Amauri de Montfort, fils de Simon, lui ayant cédé fes droits
fur le comté de Touloufe. Louis mourut en
Auvergne , lorfqu'il revenoit à Paris. Quoique le peu qu'il a regné ne permette pas de
le juger, on a lieu de croire que l'autorité
ne fe feroit pas dégradée entre fes mains.
J'en juge , fur-tout, par la tranquillité dont la
France jouit pendant fon regne : car on ne
s'apperçut pas qu'elle changeoit de maître.
Cependant fi Louis eût été feulement foup-
çonné de foibleffe, les feigneurs n'auroient
pas manqué d'exciter des troubles.

1226
La Jurifdic-
tion des ap-
pels acheve
de s'etablir.

Au contraire , c'eft fous lui que l'ufage
d'appeller à la cour féodale du roi, acheva
de s'établir, & devint une loi que les grands
vaffaux même commençoient à reconnoître,
quoiqu'elle dégradât leurs juftices.

Le parlement conferva la forme qu'il avoit prife fous Philippe Augufte, malgré les vaffaux de la couronne, qui voulurent en exclure le chancelier, le bouteillier, le connétable, & le chambellan du roi.

Il s'introduifit encore pendant ce regne un autre ufage, qui n'étoit pas moins favorable à l'autorité royale. Lorfqu'un feigneur fe croyoit menacé d'une guerre, qu'il ne fe fentoit pas capable de foutenir, ce qui devoit arriver fouvent, il s'adreffoit à fon fuzerain, & citant à fa juftice celui qui lui donnoit des fujets de crainte, il en exigeoit un *affurement*, c'eft-à-dire, affurance qu'il ne lui feroit fait aucun tort. Si dans la fuite quelque différent furvenoit entre eux, ils s'en remettoient l'un & l'autre à la juftice du feigneur qui avoit garanti l'acte d'*affurement*. On voit que par-là le roi devenoit infenfiblement le protecteur des feigneurs foibles, comme il l'étoit déja des communes; & qu'en même temps il fe rendoit juge des prétentions des feigneurs les plus puiffants.

L'affurement s'introduifit.

Ce n'étoit pas l'amour de l'ordre, qui produifoit des changements auffi avantageux au bien public qu'à l'agrandiffement des rois: c'étoit plutôt la foibleffe de la plupart des feigneurs. De pareils ufages ne pouvoient

Avec quelle circonfpection les rois devoient ufer de leur autorité.

donc pas être encore bien reconnus : il falloit du temps pour les accréditer, & fur-
tout, de la circonfpection & de la fermeté
dans les fouverains. Trop de foibleffe de
leur part, ou des entreprifes trop précipi-
tées auroient enhardi ou foulevé les efprits,
& le défordre auroit recommencé.

3. Louis avoit
toutes les qua-
lités néceffai-
res aux temps
où il regnoit. Heureufement la France eut un roi doué
de toutes les qualités néceffaires dans des
circonftances auffi délicates, & qui joignant
au talent de regner une vertu éminente, fit
refpecter fa puiffance par la vénération qu'il
infpira pour lui-même. Tel fut S. Louis,
fils aîné de Louis VIII. Après les temps
malheureux que nous avons parcourus, Monfeigneur, ne fentez vous pas dans votre
ame le defir d'étudier ce beau regne ? Je ne
vous en donnerai cependant qu'une efquiffe,
& je vous laifferai beaucoup à defirer. Vous
regretterez que Louis n'ait pas regné dans
de meilleurs temps : car s'il étoit grand lui-
même, fon fiecle, encore barbare, a répandu
des taches fur fon regne.

1226
Blanche a la
régence. Louis avoit à peine douze ans, lorfqu'il
monta fur le trône. Blanche, fa mere, fille d'Alphonfe IX roi de Caftille, prit les
rênes du gouvernement. Le dernier roi l'a-
voit nommée régente, & avoit fait un bon
choix.

Les feigneurs jugerent l'autorité affoiblie dès qu'ils la virent entre les mains d'une femme étrangere & d'un enfant : ils fe tromperent. La régente, avertie de leurs complots, ne leur laiffa pas le temps de réunir leurs forces. Elle fe hâta d'armer, & marcha avec fon fils contre Thibault, comte de Champagne, qui dans fa furprife n'eut de reffource qu'en la clémence du roi. C'étoit un des chefs de la ligue : il en reftoit encore deux, Pierre de Dreux, comte de Bretagne, furnommé Mauclerc, & Hugues de Lufignan, comte de la Marche. L'armée paffa la Loire ; ils furent cités & ils fe foumirent. C'eft ainfi que la régente, par fa promptitude, déconcerta leurs projets. Le frere du roi d'Angleterre, Richard, qui étoit à Bordeaux, tenta vainement de foulever d'autres feigneurs, il fut contraint lui-même de demander une treve. La reine s'attacha les principaux vaffaux ; elle renouvella un traité d'alliance, que le dernier roi avoit fait avec Frédéric II ; & elle fit échouer une ligue, dont le projet étoit de faire paffer la régence au comte de Boulogne, oncle du roi.

La reine, follicitée par le pape, reprit enfuite la guerre contre les Albigeois, dont la ruine avoit été fufpendue par la mort de Louis VIII. Le jeune Raimond, qui avoit fuccédé à fon pere & qui avoit

Elle déconcerte toutes les ligues qui fe forment.

Fin de la guerre des Albigeois.

mis Amauri de Montfort dans la nécessité de céder au roi toutes ses prétentions, succomba sous les armes de la France, & subit la loi. Blanche & Grégoire IX se partagerent ses dépouilles: Louis prit possession d'une partie de ses domaines: le comtat Venaissin fut destiné pour augmenter le patrimoine de S. Pierre: on n'accorda même à Raimond que l'usufruit de ce qu'on voulut lui laisser, & il fut réglé qu'après lui le comté de Toulouse passeroit dans la maison de France. Ce prince promit d'exterminer les hérétiques, d'aller à la Terre Sainte, & de donner à plusieurs églises des sommes considérables. Enfin il fit amende honorable, pieds nus, en chemise, & reçut l'absolution.

L'inquisition. Cependant on continua la guerre contre les Albigeois, mais d'une maniere plus sourde. Elle se faisoit par un tribunal chargé de rechercher & de poursuivre les hérétiques: cette croisade toujours subsistante est ce qu'on nomme l'inquisition. Elle passa dans la suite en Italie & en Espagne, où elle est encore; mais elle a été bannie de France, & les Allemands n'en ont jamais voulu.

Blanche dissipe de nouvelles ligues. Malgré l'activité & la prudence de la reine, on s'imaginoit toujours que son gouvernement devoit être foible, & la France n'étoit n'étoit plus tranquille. Ou les seigneurs se faisoient la guerre, ou ils formoient des ligues contre le roi ; & l'anarchie sembloit se reproduire.

Les factieux, après avoir engagé le comte de Boulogne dans leur parti, entrerent sur les terres du comte de Champagne, sous différents prétextes ; mais, dans le vrai, pour se venger d'avoir été abandonnés, ou pour le forcer à revenir à eux. Louis marcha : car la reine, moins jalouse de gouverner que de former un roi, montroit par-tout son fils, & le faisoit toujours agir. L'armée des rebelles fut dissipée par la fermeté du jeune prince.

Cependant la régente, qui négocioit au milieu des troubles, profita des divisions pour faire reconnoître son fils duc de Guienne, par une partie des seigneurs d'au-de-là de la Loire. Mais le comte de Bretagne ne se soumettoit pas : enhardi par les secours qu'il pouvoit tirer d'Angleterre, il faisoit souvent renaître les troubles.

Henri III, avare, dissipateur, sans talents & sans vertus, s'abandonnoit à des ministres qui se culbutoient tour-à-tour, & qui abusant de l'autorité, rendoient leur maître tout-à-la fois odieux & méprisable. Il avoit irrité les barons, en leur enlevant plusieurs

Caractère de Henri III.

places, & en révoquant les deux chartes du roi Jean, qu'il avoit juré d'obferver ; & après avoir offenfé fes vaffaux, qu'il auroit dû ménager, il entreprit cependant de recouvrer les provinces que Philippe avoient enlevées à fon pere. C'eft ainfi que ce prince foible, cédant aux confeils différents de fes favoris, concertoit fes démarches, & formoit des entreprifes qu'il fe mettoit hors d'état de foutenir.

1210
Ses entreprifes mal concertées.

Il débarque à S. Malo : le comte de Bretagne lui livre fes principales places : des feigneurs Normands, déclarés pour lui, l'invitent à fe tranfporter en Normandie : l'Anjou, dégarni de troupes, lui offre une conquête facile. Mais on n'imagineroit pas qu'il eût venu pour faire la guerre. Pendant qu'il donne des fêtes à Nantes, Louis eft à la tête de fes troupes, fait des fieges, prend des places & vient infulter le roi d'Angleterre, que rien n'arrache à fes plaifirs.

La régente profite des fautes de ce prince.

Cette inaction de Henri contint les plus rebelles, qui n'attendoient que le moment où ils pourroient fe déclarer. La régente, qui en fut profiter, ramena les uns par la crainte, les autres par des graces ; & elle négocia fi heureufement, que leur faifant oublier jufqu'à leurs querelles particulieres, elle les réconcilia entre eux, & les réunit tous pour la défenfe du roi. Quant à Henri, il fit un voyage en Gafcogne: il y reçut les hommages de fes fujets; & après avoir contribué à rétablir la paix en France, il repaffa la mer, comme pour exciter des troubles en Angleterre.

Les évêques de France s'arrogeoient alors la même autorité dans leurs diocefes, que les papes ufurpoient fur toute la chrétienté; fi on attaquoit leurs prétentions les moins fondées, ils jetoient des interdits, des excommunications; & toujours armés de leurs cenfures, ils crioient contre l'irréligion des officiers du roi, qui s'oppofoient à leurs entreprifes. Ces moyens leur avoient fouvent réuffi. S. Louis, car ce roi mérita ce nom de bonne heure, S. Louis, dis-je, fut diftinguer dans les miniftres de l'autel le caractère, qu'il devoit refpecter, & les paffions qu'il devoit réprimer. Bien loin donc de tolérer l'abus des cenfures, il punit, par la faifie du temporel, les évêques qui les employoient pour conferver ce temporel même: de forte que devenues dès lors contraires à leurs vues intéreffées, elles devinrent auffi plus rares.

La treve, qui avoit terminé la derniere guerre étoit fur le point de finir, & le comte de Bretagne avoit recommencé les hoftili-

S. Louis réprime l'abus que les évêques faifoient des cenfures.

Révolte du comte de Bretagne qui inutilement

tés, comptant toujours fur Henri. Mais la

compte fur Henri III.

conduite de ce roi ne se démentoit point : s'il ne renonçoit pas à ses premiers desseins sur la France, il ne cessoit pas non plus d'a-liéner les barons Anglois, qui faisoient tou-te sa force. Dans la vue d'abattre leur puis-sance, il attira les Poitevins, auxquels il don-na les gouvernements & les principales pla-ces. Les barons révoltés, refuserent de ve-nir à un parlement qu'il convoqua, & mê-me ils le menacerent de lui ôter la couronne, s'il ne renvoyoit pas les étrangers. Heureuse-ment pour Henri, ils ne furent pas s'accor-der, & leurs dissentions leur devinrent fu-nestes. Pendant ces troubles, il ne fut pas possible de porter la guerre en France; & le comte de Bretagne, qui ne fut pas sou-tenu, fut contraint de faire la paix.

Traitement que lui fait S. Louis.

Il méritoit de perdre ses états & la vie même pour s'être révolté contre son seigneur : il osa néanmoins compter sur la clémence du roi. En effet, Louis, touché de le voir à ses pieds, la corde au cou, lui rendit ses domaines; il consentit même à les laisser passer au fils, qui n'étoit pas coupable des crimes du pere : mais ce ne fut qu'à condition qu'après la mort de cet héritier, la Bretagne seroit réunie à la couronne. C'est ainsi que le roi, mêlant par un sage tempérament la clémence & la sévérité, s'atrachoit ceux - mêmes qu'il puniffoit, & contenoit les feigneurs, que trop d'indulgence furoit enhardis à lui manquer.

Toujours compatiffant, mais fans foiblef-fe, autant il aimoit à fe relâcher de fes droits, quand il le pouvoit fans inconvénient, autant il les foutenoit avec fermeté, quand on vouloit abufer de fa clémence. Les vaffaux, qui avoient eu occafion de traiter avec le roi, ne pouvoient pas s'allier avec les étrangers, fans avoir obtenu fon agrément: car c'eft une claufe que Louis, ainfi que Philippe Augufte, n'avoit jamais oubliée. Cependant Simon, comte de Ponthieu, arrêta le mariage de fa fille, fon héritiere, avec le roi d'Angleterre. Henri l'avoit déja époufée par procureur, & le pape lui-même s'étoit mêlé de cette alliance. Il n'eût pas été prudent de permettre qu'un ennemi de la France pût encore acquérir des droits fur de nouvelles provinces; c'étoit donc le cas de forcer le comte à fe fouvenir des engagements qu'il avoit contractés avec fon feigneur; c'eft ce que fit Louis, en fe préparant à confifquer toutes les terres de ce vaffal. Le mariage fut rompu.

Louis ayant vingt-un ans accomplis, & fe trouvant majeur, la reine fe démit de la régence: cependant elle n'eut pas moins de

Ce roi empê-che le maria-ge de l'héri-tiere de Pon-thieu avec Henri III.

1236
Majorité de Louis.

D 5

part dans le gouvernement, parce que le
roi ne cessa pas de prendre les conseils d'une
mere, qui lui avoit donné des leçons.

Il soumet
Thibault,
comte de
Champagne.

Il y avoit deux ans que Thibault, comte de Champagne, avoit hérité du royaume
de Navarre. Ce prince naturellement inquiet
prenoit & quittoit les armes avec beaucoup
de légéreté : une couronne de plus ne fit
qu'augmenter son inquiétude. Il redemanda
les comtés des Chartres, de Blois, de San-
cerre, & d'autres fiefs qu'il avoit vendus
au roi, & qu'il prétendoit n'avoir qu'engagés. Il entreprit même de soutenir ses prétentions avec une armée, se croyant assez
puissant pour n'avoir besoin que d'un prétexte : il fut bientôt obligé de se soumettre
à Louis. Thibault est fort connu par ses
chansons : en effet, il étoit bon poëte pour
son temps & pour un prince. Il aimoit, sur-
tout, à chanter la régente, son héroïne ;
& il fit pour elle des vers galants, lors même qu'il venoit de conclure un traité, par
lequel il avoit été forcé d'abandonner plusieurs places, & condamné à s'absenter de
France pour sept ans. Il alla dans la Terre
Sainte chercher de l'exercice à son inquiétude : il n'y trouva que cela. Son absence &
celle de plusieurs autres seigneurs, qui le
suivirent, assura la tranquillité en France,

fans porter le trouble parmi les Mufulmans:
ils ne firent rien de mémorable.

Louis par fa fageffe & par fa fermeté
avoit fait rentrer tous les vaffaux dans le devoir, & faifoit regner la paix ; lorfque les
démêlés de Grégoire IX & de Frédéric II
troubloient l'Italie & l'Allemagne. Il ne
tint pas au pape que la France n'armât pour
lui; il le fouhaitoit ; & il y auroit réuffi,
fi le roi eût été moins jufte ou moins éclairé. Nous avons dépofé Frédéric, écrivit-il
à Louis, & nous avons donné l'empire à
Robert, comte d'Artois, votre frere.

Le roi fit en fon nom, & au nom des
feigneurs qu'il avoit confultés, une réponfe
dont la fubftance étoit: » Nous fommes furpris
que le pape ait eu la témérité de dépofer
l'empereur. Quand ce prince auroit mérité
d'être dépofé, il ne pouvoit l'être que par
un concile général. Nous n'ignorons pas
que le pape eft fon plus grand ennemi, &
nous fommes bien éloignés de voir en lui
le même zele pour la religion : car pendant
que Frédéric s'expofoit au péril de la mer &
de la guerre pour le fervice de Jéfus-Chrift,
le pape profitoit de fon abfence pour le dépouiller de fes états. Il lui importe peu de
faire couler le fang, pourvu qu'il fatisfaffe
fa vengeance. Il ne veut foumettre l'empe-

Grégoire of-
fre l'empire
au frere de.
Louis.

Refus de
Louis.

D 4

reur, que pour fubjuguer enfuite tous les princes ; & fes offres font moins l'effet de fon affection pour nous que de fa haine contre Frédéric. Nous nous informerons cependant des fentiments de l'empereur fur la foi: s'il eft orthodoxe, pourquoi lui ferions nous la guerre ? mais s'il ne l'eft pas, nous la lui ferons à outrance, comme nous la ferions au pape même ».

Vous voyez qu'on regardoit alors comme des vérités conftantes, qu'on doit employer les armes contre les hérétiques; & qu'un concile général peut dépofer les fouverains. Il falloit que ces préjugés fuffent bien enracinés pour entraîner S. Louis même.

Le roi cependant ne négligeoit rien pour réconcilier l'empereur & le pape: mais tous fes efforts furent inutiles. Une ligue, qui fe forma fur ces entrefaites, fournit à fon activité & à fon courage des fuccès plus heureux & p'us affurés.

Cette ligue étoit l'ouvrage d'Ifabeau reine d'Angleterre, qui depuis la mort du roi Jean fon mari, avoit époufé le comte de la Marche. Souffrant avec peine l'hommage que fon nouveau mari rendoit au comte de Poiriers, frere du roi de France, cette princeffe lui perfuada de fe révolter. Henri III, toujours inconfidéré, entra dans les vues de sa mere, & se flatta de faire des conquêtes en France, quoiqu'il ménageât trop peu les Anglois, pour en tirer assez de secours. Enfin les comtes de Toulouse & de Provence armerent encore sous différens prétextes, & se préparerent à réunir leurs forces à celles du roi d'Angleterre & du comte de la Marche : mais cette guerre finit par deux victoires que Louis remporta ; je dis qu'il remporta lui-même, l'une au pont de Taillebourg & l'autre sous les murs de Saintes. Henri repassa en Angleterre & les rebelles se soumirent aux conditions que le roi leur imposa.

1242

Louis fut alors plus puissant qu'aucun de ses prédécesseurs ne l'avoit été, & il le montra en abolissant un usage, qui pouvoit souvent être la source des troubles. Plusieurs seigneurs avoient tout-à-la fois des fiefs en France & en Angleterre, & lorsque la guerre s'élevoit entre ces deux royaumes, la coutume étoit de se déclarer pour celui où l'on avoit des domaines plus considérables. C'étoit déja là un sujet à contestation, & quelquefois, par conséquent, un prétexte pour se révolter, sans pouvoir être accusé de félonie. Il est vrai cependant qu'on remettoit au prince dont on abandonnoit le parti tous les fiefs qui en relevoient ; & il les gardoit tout le temps de la guerre ; mais c'étoient des pla-

Il oblige ses vassaux à n'avoir pas d'autre suzerain que lui.

ces, dont il n'étoit jamais bien sûr, & qui occupoient des troupes qu'on auroit pu employer ailleurs. Un autre inconvénient encore plus grand, c'est que de pareils vassaux avoient souvent d'autres intérêts que ceux du roi, entretenoient des intelligences avec son ennemi, & en pouvoient favoriser les entreprises; le roi les assembla donc & leur ordonnant de renoncer aux fiefs qu'ils avoient en France, ou à ceux qu'ils avoient en Angleterre, il leur déclara qu'il ne vouloit pas que ses vassaux eussent d'autres seigneurs que lui: tous se soumirent à cette loi.

1243

C'étoit alors qu'Innocent IV tentoit de dépouiller Frédéric par des excommunications, & que contraint lui-même de s'enfuir, il avoit bien de la peine à trouver un asyle quelque part. Les papes étoient des hôtes incommodes, & ils commençoient même à être à charge au clergé de toute la chrétienté; parce que s'étant peu-à-peu accoutumés à regarder comme un tribut les secours qu'ils en avoient retirés, ils chargeoient à toute occasion les bénéfices d'impositions arbitraires. Les droits qu'ils s'arrogeoient sur les biens de toutes les églises, ne pouvoient manquer de produire tôt ou tard une révolution. D'un côté, il étoit naturel qu'ils abusassent de plus en plus de la facilité qu'ils avoient à se faire tous les jours de plus grands

L'abus des censures commençoit à les faire moins respecter.

revenus ; & de l'autre , il étoit naturel encore que l'avarice éclairât fur l'injuftice de leurs
prétentions & fur la témérité de leurs entreprifes. On commençoit même à parler
des excommunications avec un ton moins
férieux. » Vous favez , mes freres, dit un
curé de Paris en publiant celle qui avoit été
prononcée contre Frédéric , vous favez que
j'ai reçu ordre de publier l'excommunication
fulminée par le pape contre Frédéric empereur, & de le faire au fon des cloches &
tous les cierges de mon églife étant allumés :
j'en ignore la caufe , & je fais feulement qu'il
y a entre ces deux puiffances de grands différents & une haine irréconciliable. Je fais
auffi qu'un des deux a tort , mais je ne fais
qui l'a des deux. C'eft pourquoi de toute
ma puiffance , j'excommunie & je déclare
excommunié celui qui fait injure à l'autre ,
& j'abfous celui qui fouffre l'injuftice , d'où
naiffent tant de maux dans la chrétienté.»
L'empereur fit des préfents à ce curé & le
pape le mit en pénitence. Je conjecture
que la fermeté avec laquelle Louis s'oppofoit à l'abus des cenfures, avoit préparé les
efprits à voir, fans fe fcandalifer, le peu de
refpect du curé pour les ordres d'Innocent
IV.

Le chapitre général de l'ordre de Cîteaux
devoit fe tenir au mois de feptembre ; & le

roi, qui confidéroit beaucoup ces religieux, avoit promis de s'y trouver. Le pape, qui en fut averti, écrivit aux abbés une lettre étudiée, dans laquelle il les prioit inftamment de conjurer le roi à genoux & à mains jointes, d'accorder fa protection au pape contre Frédéric, qu'il nommoit fils de Satan. Faites, difoit-il, que le roi me reçoive dans fon royaume, comme Alexandre III y fut reçu contre la perfécution de Frédéric I, & S. Thomas de Cantorberi contre celle de Henri II, roi d'Angleterre.

Le roi vint en effet à Cîteaux, entra dans le chapitre, s'affit, & auffitôt cinq cents moines tomberent à fes pieds, gémiffant avec larmes, pendant que l'abbé portoit la parole. Louis les voyant à genoux, fe mit auffi à genoux, lui-même, & leur dit qu'il défendroit l'églife de Rome, autant que fon honneur le permettroit, & qu'il recevroit volontiers le pape pendant fon exil, fi les barons le lui confeilloient: ajoutant qu'un roi de France ne pouvoit fe difpenfer de fuivre leurs avis. L'avis des barons fut de ne le pas recevoir.

Le pape ayant effuyé un pareil refus du roi d'Arragon, imagina de fe faire preffer par Henri, d'honorer l'Angleterre de fa préfence. Pour cet effet, quelques cardinaux écrivirent à

ce prince comme de leur propre mouvement:
»Nous vous donnons, en amis, un conseil
» utile & honorable. C'eft d'envoyer au pa-
» pe une ambaffade, pour le prier de vouloir
» bien honorer de fa préfence le royaume d'An-
» gleterre, auquel il a un droit particulier; &
» nous ferons notre poffible pour le faire con-
» defcendre à votre priere. Ce vous feroit
» une gloire immortelle que le fouverain pon-
» tife vint en perfonne en Angleterre, ce qui
» n'eft jamais arrivé que nous fachions; & nous
» nous fouvenons avec plaifir de lui avoir oui
» dire qu'il feroit empreffé de voir les délices
» de Weftminfter, & les richeffes de Lon-
» dres. » Le roi d'Angleterre reçut agréable-
ment cette propofition, & auroit facilement
donné dans le piége, fi des perfonnes fages ne
l'en avoient détourné, en difant: » C'eft déja
» trop que nous foyons infectés des ufures &
» des fimonies des Romains, fans que le pape
» vienne ici lui-même piller les biens de l'é-
» glife & du royaume. »

Je rapporte ces circonftances d'aprés l'abbé
Fleuri. Elles font voir dans les efprits une
difpofition, qui préparoit la décadence d'une
autorité portée au de-là de fes bornes légiti-
mes. En effet, plus les papes n'avoient, pour
toute politique, qu'une ambition fans regle,
plus les peuples devoient faire d'efforts pour
fecouer un joug, qui devenoit tous les jours

plus pesant ; & les armes spirituelles, si mal à propos employées, devoient insensiblement s'emousser.

Mot du pape sur ces refus. On prétend que le pape, apprenant le refus que lui fit le roi de France, dit dans sa colere : il faut venir à bout de l'empereur, ou nous accommoder avec lui ; & quand nous aurons écrasé ou adouci ce dragon, nous foulerons aux pieds sans crainte tous ces petits serpents.

Il se retire à Lyon. Innocent, refusé de toutes parts, choisit Lyon pour sa résidence. Cette ville n'appartenoit alors ni au roi ni à l'empereur. Elle avoit été un fief de l'empire ; mais les archevêques pendant les guerres, s'en étoient approprié la souveraineté.

1244 Louis dans une maladie demande la croix. Cependant le roi fut attaqué d'une maladie, qui fit craindre pour ses jours. L'alarme fut générale, & faisoit voir combien il étoit aimé ; lorsqu'il sortit enfin d'une léthargie profonde, & demanda la croix à l'évêque de Paris. La reine mere, effrayée du vœu qu'il formoit, fit tout ce qu'elle put alors & dans la suite pour le détourner de ce dessein : mais Louis crut avoir contracté un engagement, dont rien ne le pouvoit dispenser.

Piété de S. Louis. La piété de S. Louis ne consistoit pas dans des pratiques, qu'on suit par routine & par désœuvrement : souvent après s'être fait

une habitude d'aller tous les jours à certai-
nes heures aux pieds des autels, les princes
ne continuent d'y aller, que parce que ces
heures deviendroient des moments vuides ,
pendant lesquels ils ne fauroient plus à quoi
s'occuper; & les exercices de religion femblent
n'être pour eux qu'une fuite de cette étiquette,
qui les importune, & qui leur eft cependant
néceffaire.

La vie de S. Louis étoit une occupation
& une prière continuelle, parce qu'il connoiffoit fes devoirs, qu'il y facrifioit tous fes
moments, & qu'il les favoit remplir. Il
prioit, lorfque s'humiliant fouvent devant
le roi des rois, il demandoit au ciel les talents & les vertus, dont il ignoroit feul que
le ciel l'avoit déja comblé : mais il prioit encore, lorfqu'à la tête d'une armée, il donnoit
à fes foldats l'exemple du courage; lorfqu'af-
fis au pied d'un arbre , dans le bois de Vincen-
nes, il rendoit la juftice à fes fujets ; lorfque
dans fon confeil, occupé des affaires qui s'y
traitoient, il ouvroit les avis les plus fages;
lorfqu'en refpectant le caractère des eccléfiaftiques, il mettoit de juftes bornes à leur puiffance ; lorfqu'après s'être exercé dans les plus
grandes auftérités, il paroiffoit au milieu de
la cour avec cette gaité, qui eft le caractère
d'une belle ame; en un mot, toujours roi,
toujours chrétien, toujours faint, il étoit le

modèle de cette piété, dont la lecture du pere Maffillon vous donne des leçons tous les carêmes.

Il est triste qu'il n'ait pas refléchi sur l'injustice des croisades.

Il n'y avoit par-tout que des abus, lorsqu'il monta sur le trône. Il en détruisit un grand nombre: il en corrigea même, sur lesquels il semble qu'un prince pieux devoit naturellement s'aveugler. Ce fut un grand malheur pour la France, qu'étant auffi supérieur à son siecle par ses lumieres & par ses vertus, il ne réfléchit pas sur les inconvénients & sur l'injustice des croisades.

Il se préparoit à cette malheureuse expédition lorsqu'Innocent dépofoit Frédéric.

Pendant qu'il s'occupoit du voyage de la Terre Sainte, Innocent dépofoit Frédéric dans le concile de Lyon, & allumoit de nouveau la guerre en Europe. En vain ce prince offroit par ses ambaffadeurs de restituer tout ce qu'il avoit enlevé au faint fiege, de réparer tous les dommages qu'il avoit caufés, de faire tous fes efforts pour réunir l'églife Grecque à l'églife Romaine, & de marcher contre les infidéles pour rétablir le royaume de Jérufalem. Le pape répondit qu'il ne comptoit point fur fes promeffes; & comme on lui offroit pour garants le roi de France & le roi d'Angleterre, il les refufa de peur que l'églife n'eût trois ennemis au lieu d'un. C'eft ainfi que tout-à-la fois, juge & partie, il rejetoit tout moyen de conciliation. Louis qui tenta fans fuccès de ramener ce pontife à

des

des fentimens plus apoftoliques, eut la fageſſe
de ne ſe mêler de ce grand différent que comme médiateur. Si vous voulez connoître
plus à fond tout ce qui concerne cette guerre
entre le facerdoce & l'empire, l'excellent &
judicieux abbé Fleuri ne vous laiſſera rien à
defirer.

Le roi, ayant aſſuré la tranquillité dans ſon
royaume, & confié la régence à la reine ſa
mere, partit pour la Terre Sainte avec Marguerite ſa femme, ſes freres Robert, Alphonſe, Charles, & quantité de ſeigneurs.
Pour fournir aux frais de cette guerre, on
taxa le clergé à payer le dixieme de ſon revenu. Cet impôt, qui déplut beaucoup aux
eccléſiaſtiques, ne diminua pas peu le zele
qu'ils avoient montré juſqu'alors pour les
croiſades, & qui s'étoit fur-tout entretenu,
parce qu'elles leur procuroient ſouvent l'occaſion d'acheter des terres à bon marché. Il
faut donc eſpérer qu'ils ceſſeront de prêcher
une guerre, dont ils commencent à faire les
frais fans en tirer aucun avantage; & que l'avarice fera ce que la raiſon ne pouvoit faire.
Le pape qui faiſoit lever cet impôt, voulut
par la même occaſion en faire lever un autre pour lui-même. Le roi ne le ſouffrit pas.
Mais voyons quel étoit alors l'état de la Paleſtine.

La taxe, qu'il
mit à cette occaſion ſur les
eccléſiaſtiques
devoit diminuer leur zele
pour les croiſades.

Tom. XII. E

Il y avoit eu de grandes révolutions en
Asie. Au nord-est de la Perse est le Koras-
san , qui en est séparé par un vaste désert. Ce
pays avoit passé successivement sous la domination des rois de Perse , des Arabes , & des
Turcs Seljoucides; lorsqu'à la fin du onzieme
siecle, un esclave Turc, nommé Cothbed-
din Mohammed , y fonda la dynastie des Ka-
rismiens que nous nommons Carismins. Dans
le cours du douzieme, ses descendants con-
quirent tout le pays des Turcs Seljoucides,
c'est-à-dire, des sultans de Perse, du Ker-
man , d'Iconium , ou de l'Asie mineure,
d'Alep , & de Damas; ils porterent leurs armes bien avant dans la Tartarie, & ils paroif-
soient devoir soumettre jusqu'aux contrées
orientales les plus éloignées, lorsqu'Alaeddin
Mohammed , sixieme sultan de Carisme,
succomba sous un nouveau conquérant, &
laissa un fils, dont la mort mit fin quelque
temps après , en 1231, à la dynastie des Carismins.

Ces vastes pays, d'où sont sortis les Huns
& les Turcs, reproduisent sans cesse des gé-
nérations d'hommes robustes , qui comme
des torrents, se répandent par intervalles sur le
reste de la terre. Endurcis à la fatigue , accoutumés aux nourritures les plus grossiéres,
les déserts, qui les séparent des nations poli-
cées, ne sont pas des digues capables de les

arrêter; ce font feulement des barrieres que
les arts ne fauroient franchir. Cette fource
ne tarit point: fi elle s'affoiblit par fes irrup-
tions, elle fe renouvelle tôt ou tard, pour
fe précipiter encore avec violence. C'eft
alors qu'une horde groffie de plufieurs autres,
fond tout-à-coup fur les terres cultivées, &
dévafte tous les pays qu'elle inonde.

Sur la fin du douzieme fiecle & au commencement du treizieme, Temougin, chef
d'une de ces hordes, qu'on nomme Moguls
ou Mogols, vainquit les hordes qui erroient
autour de lui, & les ayant raffemblées, prit le
titre de Ganghiz-kan, que nous prononçons
Gengifcan. Il foumit la Tartarie, une partie
de la Chine, pénétra dans l'Inde, dans la
Perfe, & pouffa fes conquêtes jufques fur
l'Euphrate. Maître de ce vafte empire, tous
fes fuccès fe bornoient à fe rendre redoutable
au nord de ces montagnes & de ces déferts,
qui partagent l'Afie du couchant au levant,
& à regner au midi fur des nations qu'il avoit
ruinées.

Conquêtes de Temougin ou Gengis-kan.

Il mourut en 1226, laiffant quatre fils
qui avoient en part à fes conquêtes, & qui
les partagerent. Un de fes petits fils, nommé
Batoucan, porta les armes jufques dans la
Hongrie. Un autre, nommé Houlagou,
paffa l'Euphrate, foumit une partie de la Na-
tolie, autrement l'Afie mineure, & détruifit

Un de fes fils avoit détruit l'empire des khalifs & ce- lui des Affaf- fins.

E 2

l'empire des khalifes, & celui des Ismaéliens ou Assassins, établis en Perse & en Syrie. Ceux-ci avoient un chef, connu sous le nom du *Vieux de la Montagne.* Leur religion, fondée en même temps que leur empire, & depuis près d'un siecle, leur inspiroit une obéissance si aveugle pour leur souverain, qu'ils se donnoient la mort au moindre signe qu'ils en recevoient; & comme ils ne craignoient point de perdre la vie, ils alloient au milieu d'une cour étrangere assassiner un roi, dont leur maître étoit mécontent. Houlagou extermina les assassins de Perse peu après la croisade de S. Louis, & ceux de Syrie acheverent d'être détruits en 1271 par le sultan d'Egypte.

Les Carismins chassés par les Mogols, s'étoient rendus maîtres de la Palestine.

Les Carismins vaincus, fuyant devant les Mogols, se répandirent dans la Syrie, & dans la Palestine vers l'an 1244. Ils égorgerent indistinctement tout ce qu'ils trouverent dans Jérusalem, Turcs, Chrétiens, Juifs, femmes, enfants. Les Chrétiens ayant réuni leurs forces à celles du sultan de Damas, furent entiérement défaits. Il ne leur resta plus qu'Antioche, Tyr, Tripoli, Sidon, Ptolémaïs; & ils s'affoiblissoient encore par leurs divisions. C'étoit donc proprement les Carismins qui regnoient en Palestine, lorsque S. Louis crut devoir faire de nouveaux efforts pour recouvrer Jérusalem.

Cependant les croifés convinrent de porter
la guerre en Egypte. Ils arriverent à la vue
de Damiette : la côte étoit défendue par une
flotte & par une armée de terre : mais tout céde au courage de Louis, qui s'élance dans la
mer : l'épouvante se répand jusques dans la
ville : les habitants l'abandonnent : le roi en
est maître.

Je voudrois pouvoir m'arrêter là ; car si le
héros qui conduisoit cette entreprise intéresse
à toutes les circonstances, il est triste de nous
trouver déja à la fin des succès. Passons rapidement sur les désastres. Louis vit son armée
de soixante mille hommes diminuer par les
combats & se détruire par les maladies. Il
vit l'un de ses freres, Robert, comte d'Artois, tomber sous les coups de l'ennemi : enfin
il se vit lui-même prisonnier avec ses deux autres freres. Mais ces malheurs bien loin de
l'abattre, firent éclater davantage son courage
& sa piété ; grand dans sa captivité, il se fit
admirer des Chrétiens & respecter des Musulmans.

Damiette fut le prix de la rançon du roi.
On donna huit-cents mille besans d'or pour
les autres prisonniers : il fut pourvu à la sureté des malades & des effets, que les Chrétiens avoient en Egypte ; en un mot, après
avoir fait un traité aussi avantageux, que les
circonstances le permettoient, Louis conduisit

Prise de Da
miette.

1248

Malheurs &
captivité de S.
Louis.

Après un peu-
moins de qua-
tre ans de sé-
jour en Palese
tine, il revient
en France.

E 3

les débris de son armée à Ptolémaïs. Il donna tous ses soins à mettre en état de défense les places, que les Chrétiens conservoient encore en Palestine; il s'y arrêta près de quatre ans, & ne revint en France qu'en 1254, un peu plus d'un an après la mort de la reine Blanche, arrivée en 1252.

Puissance de S. Louis fondée sur une politique éclairée & sur une justice exacte.

La puissance de S. Louis étoit si bien affermie, que pendant seize ans qu'il regna encore, elle fut toujours respectée, non seulement par ses vassaux, mais encore par les nations étrangeres: puissance d'autant plus glorieuse, qu'elle étoit l'ouvrage de ses vertus: elle devoit donc s'accroître encore; & elle s'accrut, mais pour le bonheur de la France. Il est curieux de voir ce prince s'agrandir tous les jours en alliant la politique & la justice, autant du moins que ces deux choses peuvent s'allier. Ce phénomene, peut-être unique dans l'histoire, mérite bien d'être observé.

Comment les barons avoient ruiné les justices de leurs vassaux.

Les barons avoient augmenté leurs prérogatives, par les mêmes moyens que Philippe Auguste & Louis VIII; c'est-à-dire, en établissant dans leurs terres la jurisprudence des appels & des assurements. Ayant ruiné par-la les justices de leurs vassaux, ils devinrent les seuls juges; & mettant leur volonté à la place des loix, ils s'arrogerent les droits les plus étendus. Un nouvel usage concourut encore à l'accroissement de leur puissance.

Une baronie paſſoit toute entiere au fils aîné, tandis que les terres, qui en relevoient, Comment leurs vaſſaux s'étoient affoiblis par des partages de famille. ſe partageoient pour faire des apanages à tous les enfants. Le baron conſervoit donc toujours toutes ſes forces, & au contraire ſes vaſſaux devénoient foibles en ſe multipliant. Cependant lorſque les freres reſtoient unis, les cadets ne refuſoient pas de rendre hommage à leur aîné, pour les démembrements qu'ils poſſédoient; la ſeigneurie continuoit en quelque ſorte d'être encore une, & s'affoibliſſoit peu par les partages : c'eſt l'uſage qui s'obſervoit originairement. Mais la jalouſie ayant diviſé les freres, les cadets ne voulurent pas relever de leur aîné, & préférerent de dépendre immédiatement du ſuzerain, qui ne manqua pas de leur être favorable. Cette coutume devint contagieuſe, & bientôt établie par-tout, quoiqu'avec quelque variété, elle diminua inſenſiblement la puiſſance des vaſſaux, & augmenta, par conſéquent, celle des barons.

Il vint donc un temps où un baron put Tyrannie que les barons exerçoient ſur leurs vaſſaux. tout ce qu'il vouloit. Sous le regne de S. Louis, il ſe ſaiſiſſoit du château de ſon vaſſal, en ſuppoſant qu'il en avoit beſoin pour la guerre, ou pour la défenſe du pays. Il ſe faiſoit céder un domaine, qui étoit à ſa bienſéance, pour un autre qu'il donnoit en échange. Il ne permettoit point d'aliéner un fief en tout ou en partie, ou plûtôt il en faisoit payer la permission ; imaginant de nouveaux droits , qu'on nomma droits *de rachat de lots & ventes*. S'il armoit son fils chevalier, s'il marioit sa fille, s'il bâtissoit un château, il mettoit une imposition sur les habitants des fiefs qui relevoient de lui. Sous pretexte d'accorder sa protection aux mineurs , il s'approprioit la jouissance de leurs terres.

Comment les usages qu'ils avoient intro-duits contri-buent à l'ac-croissement de l'autorité royale.

Mais ces usurpations hâtoient une révolution avantageuse au gouvernement : car c'étoit un titre pour contraindre les barons à recon-noître dans le roi la même autorité, qu'ils s'arrogeoient sur leurs vassaux. Ils ne pou-voient pas réclamer contre les entreprises de leur suzerain , puisqu'elles étoient conformes aux usages reçus, qu'ils avoient eux-mêmes accrédités. Ce titre étoit, sur-tout, bien fort entre les mains de S. Louis, parce qu'il ne s'en ser-voit pas comme eux, pour établir la tyrannie, mais seulement pour détruire les abus. En effet, il en usa avec tant de modération & tant de sagesse, qu'on ne songea pas à le lui con-tester.

S. Louis affoiblit les barons en en-courageant l'usage de partager une baronie entre plusieurs fre-res.

Tout tendoit donc à l'accroissement des prérogatives royales , lorsque quelques baro-nies commencerent à se partager entre plu-sieurs freres, comme les fiefs d'un ordre infé-rieur. S. Louis, qui savoit profiter de tout ce qui lui étoit avantageux, quand il le pouvoit

avec juſtice, autoriſa cette nouveauté; il l'encouragea même, en déclarant que les por-
tions détachées d'une baronie par des partages
de famille, ſeroient elles-mêmes autant de
baronies. Alors un pere eut la petite vanité
de laiſſer après lui autant de barons qu'il laiſ-
ſoit de fils; & peu-à-peu la puiſſance des barons s'affoiblit de la même maniere, qu'ils
avoient eux-mêmes affoibli celle de leurs vaſſaux.

Cependant les barons, quoique moins
puiſſants, continuoient d'exercer la même tyrannie, pendant que le roi, dont l'autorité
croiſſoit, continuoit toujours d'être juſte. On
devoit donc naturellement chercher les moyens de ſe ſouſtraire aux barons, pour ſe mettre ſous la protection de S. Louis; & ce monarque pouvoit, ſans être accuſé d'uſurpa-
tion, accorder ſa protection aux foibles: il
étoit même de ſon équité d'empécher, de
tout ſon pouvoir, les injuſtices & les violences. Les opprimés furent donc défen-
dus par des *lettres de ſauve-garde*, qui les au-
toriſoient à ne plus reconnoître la juriſdiction
de leur ſeigneur, & l'uſage de ces lettres donna tous les jours de nouveaux ſujets au roi
dans les terres de ſes barons. Il arriva bientôt que ceux qui vouloient décliner la juſtice
de leurs ſeigneurs, déclaroient être ſous la
ſauve-garde du roi; & dès-lors, leurs juges na-
turels étoient obligés de ſuſpendre la procé-

Il donne des lettres de ſauve garde aux opprimés.

dure, jufqu'à ce qu'ils euffent prouvé la fauffeté de cette allégation. C'étoit un abus;
mais il ne retomboit que fur les feigneurs, &,
par conféquent, il tendoit à détruire l'anarchie féodale.

Il abolit les
duels judi-
ciaires.
Rien n'étoit plus abfurde que les duels
judiciaires, c'eft à-dire, l'ufage où l'on étoit
de prouver fon droit en combattant contre fa
partie; & ce qui mettoit le comble à l'abfur-
dité, c'eft qu'on appelloit au combat fon juge
même, lorfqu'on ne vouloit pas fe foumettre
à fon jugement. Deux préjugés avoient introduit cet ufage: l'un eft l'opinion où étoit la
nobleffe, qu'un gentilhomme, fait pour fe
battre, doit regarder au-deffous de lui de foutenir, comme un bourgeois, fes droits par
des chartes, des témoins ou d'autres titres;
l'autre eft une ignorance fuperftitieufe, qui
faifoit penfer que la providence ne pouvoit
manquer de fe déclarer pour la caufe jufte &
de faire un miracle en faveur d'un gentil-
homme qui avoit raifon.

Pour attaquer de pareils préjugés, il falloit un prince dont la piété fut reconnue.
Tout autre que S. Louis eût été un objet de
fcandale pour fon fiecle; puifqu'il eût paru fe
méfier de la providence. On peut même
conjecturer que ce faint roi fentit la difficulté de les détruire; puifque ce n'eft qu'après

avoir déja regné trente-quatre ans, qu'il entreprit de les combattre. C'eſt en 1260 qu'il abolit par un édit les jugements qui ſe donnoient ſur la preuve du duel. Cette abolition ne regarda même que les terres de ſon domaine; parce que dans une choſe de cette eſpece, il n'eût pas été prudent de ſe donner pour légiſlateur dans les terres des autres. Cependant la ſageſſe de Louis éclaira les eſprits moins prévenus ; & bientôt pluſieurs ſeigneurs abolirent à ſon exemple les duels judiciaires. D'autres loix, qu'il fit pour détruire d'autres abus, furent auſſi imitées; & cela produiſit des effets qui hâterent l'agrandiſſement de l'autorité royale.

Vous concevez que la juſtice du roi étoit celle où il y avoir le moins d'abus : car lors même que les ſeigneurs vouloient introduire les mêmes réglements dans les leurs, ils n'étoient pas toujours aſſez puiſſants pour faire, comme S. Louis, reſpecter leurs ordres. Les foibles qui, dans des temps de vexation, ſont les premiers à ſentir le beſoin de la juſtice, étoient donc intéreſſés à porter leurs cauſes devant les tribunaux du roi. Ils devoient, par conſéquent, accréditer de plus en plus les appels, déja introduits ſous les deux regnes précédents ; & il falloit que S. Louis, en acquérant le droit de réformer les jugements des juſtices des ſeigneurs, acquit en-

Comment la juriſprudence des appels tendoit à le rendre ſeul légiſlateur.

core celui de leur prescrire la maniere dont elles devoient juger : il falloit, en un mot, qu'il devint le seul législateur.

Comment il détourne les seigneurs de s'opposer à cette jurispru dence.

Quoiqu'on ne remarque pas que les seigneurs aient en général été assez éclairés pour voir ces conséquences, il y en avoit cependant qui s'opposoient quelquefois à cet usage. Or, Louis fit un réglement, par lequel il condamnoit à une amende envers le premier juge, les parties qui seroient déboutées de leur appel. Dès-lors les seigneurs se désisterent de leurs oppositions ; parce que se flattant que les appellants seroient déboutés, ils compterent sur les amendes. Ils furent ainsi les dupes de leur avarice. Sur quoi je vous prie d'observer comment Louis, en faisant une loi très-équitable, paroît tendre un piége aux seigneurs, ou même leur en tend un, dans lequel ils donnent ; & comment il assure tous les jours mieux ses droits.

Comment on s'accoutume à penser qu'il a le droit de proposer des loix à tout le royaume.

Louis VIII avoit donné des réglements, mais c'étoient proprement des conventions qu'il avoit faites dans ses assises, conjointement avec ses prélats, ses comtes & ses barons ; &, par conséquent, ces réglements n'avoient force de loi, que dans ses terres, & dans celles des seigneurs qui les avoient faits avec lui. S. Louis suivit cet exemple dans les premieres années de son regne : mais comme

fes ordonnances corrigeoient des abus criants
dont tout le monde avoit à fe plaindre, elles
furent peu-à-peu adoptées par les feigneurs
mêmes, qui n'y avoient point eu de part. Le
roi parut alors donner des loix à tout le royaume. On fe fit infenfiblement une habitude de
penfer qu'il en pouvoit propofer, qu'il pouvoit
confeiller d'y obéir; & fi on ne reconnut pas qu'il
eût de droit une puiffance légiflative auffi étendue, on ne lui en contefta pas l'exercice, & il
l'eut au moins de fait. De-là, à être légiflateur,
il n'y a pas loin. Il ufa plus librement de ce
pouvoir, à mefure qu'il lui fut moins contefté,
& il trouva tous les jours moins d'oppofition,
parce que fa vertu, qui fe montroit tous les
jours davantage, étoit un garant de la juftice
de fes démarches.

Ce n'eft pas affez qu'il y ait des loix; il
faut encore une autorité qui les défende, &
qui les faffe refpecter. Or, cette autorité fe
trouvoit entre les mains de S. Louis: nul autre prince n'étoit auffi puiffant. On s'accoutuma donc à le regarder comme le vrai protecteur des coutumes dans toute l'étendue du
royaume. On dit en conféquence qu'il avoit
droit de punir les feigneurs, qui les laiffoient
violer dans leurs terres. On ajouta qu'il pouvoit les réformer au befoin, & on conclut
qu'il étoit *fouverain par deffus tous*.

Et à le regar-
der comme le
protecteur des
coutumes.

En réprimant les abus & en protégeant les opprimés, il accroît sa puissance.

Voilà la politique avec laquelle ce prince, sachant saisir les circonstances, s'est élevé à un degré de puissance, où il ne seroit point parvenu, s'il eût eu moins de vertus, ou moins de lumieres. On n'étoit point en garde contre une politique aussi nouvelle : elle soumit tout. Les barons céderent les premiers : bientôt les grands vassaux de la couronne cedérent encore. Leurs propres barons chercherent contre leur tyrannie un protecteur dans un roi dont la justice étoit connue. On leur enleva d'abord les droits, dont ils étoient moins jaloux. On les attaqua ensuite sur d'autres, & il leur échappoit tous les jours quelque partie de leur souveraineté. Quelquefois même S. Louis ne se fit pas un scrupule de les forcer à l'obéissance ; & c'étoit avec raison, puisque toutes ses entreprises n'avoient pour objet que de mettre par-tout la justice à la place des abus.

Moyens qu'il emploie pour empêcher les guerres particulieres des seigneurs.

Les guerres que les plus petits seigneurs se faisoient pour les moindres sujets, étoient un fléau qui désoloit continuellement les provinces. Plusieurs conciles avoient essayé d'en arrêter du moins en partie les effets, en ordonnant des suspensions d'armes pour un certain nombre de jours, aux principales fêtes de l'année. La crainte des excommunications faisoit donc quelquefois suspendre les hostilités : mais on se préparoit pour les recommen-

cer bientôt avec une nouvelle fureur. S. Louis
les réprima avec plus de succès.

Il ordonna que quand il s'éléveroit une
guerre entre deux seigneurs, les parents qui
craindroient d'y être enveloppés , auroient
quarante jours pour se procurer des *assure-*
ments, une treve , ou une paix; & que ceux
qui les attaqueroient dans cet intervalle, seroient condamnés comme traîtres. Il donna
même à ceux qui possédoient des terres en
baronie , le droit d'obliger les parties belligé-
rantes à une treve ou à un assurement. Cette
ordonnance , qui commençoit à mettre un
frein à ces désordres, ayant été reçue avec ap-
plaudissement , le roi en donna l'année suivante une autre, par laquelle il défendit absolu-
ment toutes les guerres particulieres. C'est
ainsi que ne hâtant rien, & fondant les esprits,
il parvenoit enfin à porter les derniers coups
aux abus qu'il vouloit détruire. Il fut obéi
par le plus grand nombre des seigneurs : on
peut même conjecturer que les grands vassaux
respecterent ses ordres, parce qu'ils respec-
toient le roi qui les donnoit. Mais ce respect
suspendoit les hostilités , sans en détruire la
cause, & nous les verrons recommencer après
le regne de S. Louis.

Il sembleroit d'abord qu'il étoit plus difficile d'empêcher ces guerres que d'abolir les
duels judiciaires: mais on se tromperoit, si l'on

1256

en jugeoit ainſi : car le préjugé avoit en quelque ſorte intéreſſé la providence à la defenſe
de ces duels. Auſſi voyons-nous que l'édit,
qui les défend eſt poſtérieur aux deux ordonnances dont je viens de parler. S. Louis ſe
conduiſant toujours avec la même précaution,
ne faiſoit une démarche, que lorſqu'il s'étoit
frayé le chemin par une démarche antérieure.

Ce prince, qui ne s'occupoit pas moins des
moyens d'entretenir la paix avec ſes voiſins,
que de rétablir la tranquillité dans ſes états,
fit deux traités, l'un en 1258 avec le roi d'Arragon & l'autre en 1259 avec le roi d'Angleterre.

Traité de S. Louis avec le roi d'Arragon

Par le premier, Louis céde à Jacques I,
roi d'Arragon, les droits qu'il avoit ſur Barcelone, ſur le Rouſſillon & ſur d'autres domaines éloignés; & Jacques lui céde les prétentions qu'il pouvoit avoir par mariage, ou
par d'autres titres, ſur les comtés de Languedoc & de Provence, arriere-fiefs de la couronne. Ce traité étoit avantageux aux deux
rois; parce qu'en s'abandonnant mutuellement
des droits, qu'il leur étoit difficile de faire
valoir, ils prévenoient bien des guerres.

Les barons d'Angleterre régient la for-me du gou-vernement.

Pluſieurs cauſes produiſoient alors des troubles en Angleterre : 1°. les ſubſides que Henri
III demandoit continuellement au parlement
& les prodigalités qu'il en faiſoit, au lieu de
les employer à leur deſtination : 2°. pluſieurs
moyens

moyens dont il fe fervoit pour forcer les peuples à lui donner de l'argent : 3°. les nouvelles impofitions que le pape mettoit fur le
clergé, & que le roi autorifoit : 4°. enfin la
faveur dont les Poitevins continuoient de jouir.
Les chofes vinrent au point que les barons
conçurent le projet de réformer le gouvernement, & en 1258, le parlement d'Oxford
en régla la forme. Après avoir nommé vingt-
quatre commiffaires, on arrêta que le roi
confirmeroit la grande charte, qu'il avoit tant
de fois jurée fans aucun effet; qu'on donneroit la charge de grand jufticier à un homme
capable & intégre, qui adminiftreroit la juftice aux pauvres comme aux riches, fans aucune diftinction; que le grand chancelier, le
grand tréforier, les juges & autres officiers
ou miniftres publics feroient choifis tous les
ans par les vingt-quatre commiffaires; que
la garde des châteaux & de toutes les places
fortes feroit remife à leur difcrétion, & qu'ils
en chargeroient des perfonnes de confiance
& affectionnées à l'état; que ce feroit un crime capital, pour quelque perfonne que ce
fût, de quelque rang qu'elle pût être, de s'oppofer directement ou indirectement à ce qui feroit ordonné par les vingt-quatre; & que le parlement s'affembleroit trois fois l'année, afin de
faire les ftatuts qui feroient néceffaires pour le

Tom. XII. F

bien du royaume. Le roi fut contraint d'approuver ces réglements, qui le dépouilloient
de toute son autorité.

Ils traitent avec S. Louis des provinces qui étoient en sujet de guer-re entre les deux couron-nes. Comme les droits de Henri sur plusieurs
provinces de France étoient des sujets de
guerre, &, par conséquent, des prétextes pour
exiger des subsides; les barons songerent ensuite eux-mêmes à négocier avec S. Louis,
pour assurer la paix entre les deux couronnes.
Le roi de France restitua le Limousin, le
Querci, le Périgord, & l'Agenois, à condition que le roi d'Angleterre en feroit hommage, & prendroit séance parmi les pairs, comme duc de Guienne; & Henri renonça pour
lui & pour ses successeurs à tous ses droits sur
la Normandie, le Maine, l'Anjou, la Touraine, le Poitou. Ce traité fut signé par Henri,
par les barons d'Angleterre & par tous ceux
dont la garantie fut jugée necessaire.

Troubles en Angleterre. Cependant la division se mit parmi les
barons d'Angleterre. Les vingt-quatre com-
missaires perdirent leur autorité; & le roi,
ayant recouvré la sienne, se fit relever par le
pape du serment qu'il avoit fait de ne rien
entreprendre contre les statuts d'Oxford. Le
calme parut regner quelque temps: mais
bientôt les barons se révolterent, & le roi,
trop foible pour les soumettre, fut contraint
de leur faire des propositions.

Voici un beau moment pour S. Louis.
Les barons, Monfeigneur, le prirent pour
juge entre Henri & eux. Il jugea: mais quoique capables de rendre juftice à la vertu de ce
faint roi, ils chercherent bientôt les moyens
d'éluder un jugement, qui ne leur étoit pas
favorable. Ils reprirent donc les armes & fe
rendirent encore maîtres du gouvernement.
Alors ils fongerent à s'appuyer des peuples,
afin de mieux affermir leur puiffance. Dans
cette vue ils forcerent le roi d'établir dans
chaque province des magiftrats, qu'on nomma confervateurs, parce qu'ils étoient deftinés à conferver les privileges du peuple; &
on l'obligea encore d'enjoindre aux confervateurs de nommer quatre chevaliers de chaque
province, pour repréfenter les provinces dans
le parlement, qui fe tint peu de temps après.
Voilà l'époque où les communes eurent entrée
dans le parlement d'Angleterre : jufqu'alors
il n'avoit été compofé que des barons & des
prélats.

Cependant Henri étoit prifonnier, & les
chefs de la révolte entretenoient encore des
troubles par leur divifion, lorfque Edouard,
fils de Henri, ayant foumis les rebelles, rendit la liberté & le trône à fon pere.

Quand on confidere les troubles de l'Angleterre, on a lieu de croire que S. Louis auroit pu enlever tout ce que Henri poffédoit en

S. Louis eft
pris pour ju-
ge.
1264

Entrée des
communes au
parlement.

1264

Fin des trou-
bles d'Angle-
terre.

1267

Sageffe de S.
Louis dans le
traité qu'il

France : on le lui conseilloit, *& cet avis étoit
le meilleur*, dit le pere Daniel, *selon les loix
de la bonne politique.* C'étoit le plus mauvais,
si l'objet de la bonne politique est de s'assurer ce qu'on a acquis, & de maintenir la
tranquillité publique, en n'entreprenant rien
que de juste. Si ce n'étoit pas là l'idée que
cet écrivain se faisoit de la politique, ce fut
celle que s'en fit S. Louis. Il étoit trop équi-
table pour penser que la force doit être la regle des souverains ; & il étoit trop prudent pour ne pas voir, qu'en prenant tout ce
qu'il pouvoit prendre, il ne s'assuroit rien,
puisqu'il pouvoit dans d'autres temps se trouver le plus foible. Il ne s'agissoit donc pas
d'envahir toutes les provinces, que Henri ne
pouvoit pas défendre : mais il étoit plus sage,
comme plus juste, de s'assurer celles que ce
roi consentoit à céder. Or, S. Louis compta
avec raison pour quelque chose la renonciation de Henri & la garantie des barons d'Angleterre ; puisque dès-lors ses droits sur la
Normandie, le Maine, &c. cessoient d'être
équivoques. Il tarissoit d'ailleurs la source
d'une guerre, qui après avoir fait le malheur
des deux peuples, pouvoit être funeste à ses
successeurs, comme à ceux de Henri ; enfin il
en retiroit encore un grand avantage, car le
roi d'Angleterre reconnut les appels. Or, dès
qu'un vassal aussi puissant soumettoit ses jus-

tices à celles du roi de France, les autres,
entraînés par cet exemple, ne pouvoient
manquer de renoncer enfin à l'indépendauce
de leurs tribunaux. S. Louis gagna donc
beaucoup, en ne s'écartant point de la justice. Voilà les traités les plus glorieux, Monseigneur; & il seroit bien à souhaiter que les
rois fussent toujours assez sages pour n'en faire
jamais que de semblables.

Pour achever de développer tout ce qui a
contribué à l'accroissement de la puissance
royale, il faut examiner les changements que
S. Louis a faits dans l'administration de la
justice.

Les Capétiens avoient établi dans les différentes parties de leurs domaines des prévôts,
qui percevoient leurs revenus, commandoient
la milice, & rendoient la justice en leur nom.
Philippe Auguste créa des baillis, pour avoir
inspection sur eux; & comme des prévôts on
appelloit aux baillis, on appelloit aussi des
baillis au roi : mais la jurisdiction de ces magistrats étoit renfermée dans les domaines de
la couronne.

S. Louis ayant soumis aux appels toutes
les justices des seigneurs, étendit la jurisdiction de ses baillis sur toutes les provinces du
royaume; & ce fut à leur tribunal qu'on appella des jugements rendus dans les justices
seigneuriales. Ces magistrats, devenus par là

Jurisdiction des magistrats du roi avant S. Louis.

Comment sous S. Louis cette jurisdiction s'étend sur toutes les provinces.

F 3

plus puissants, s'appliquerent à se faire tous
les jours de nouveaux droits, en empiétant
peu-à peu sur les privileges & sur les prétentions des vassaux. Ils faisoient à l'envi
des tentatives à cet effet, & si un d'eux reus-
sissoit, son exemple devenoit un titre pour les
autres. Ils imaginerent même des cas royaux,
c'est-à-dire, des cas privilégiés, dont les justices royales pouvoient seules prendre connoissance. Mais comme ils se gardoient bien de
les déterminer, c'étoit un prétexte pour attirer insensiblement toutes les affaires à leurs tribunaux : le nombre des cas royaux augmentoit tous les jours.

Les seigneurs, dont les justices se dégra-
doient, se plaignirent des entreprises des baillis. Leurs plaintes redoublerent, sur-tout, sous
les regnes suivants. Sans doute que S. Louis
y eut égard, quand elles furent fondées : mais
souvent ils ne se plaignoient, que parce qu'on
réprimoit des abus qui leur étoient chers.

Le clergé se plaignit aussi. Il engagea
même le pape dans ses intérêts ; car on a des
lettres que Clement IV écrivit en 1265 &
dans lesquelles après avoir beaucoup loué le
zele & la piété du roi, il se plaint que les
baillis n'ont pas assez d'égard pour les privileges des ecclésiastiques. Je ne sais pas ce
que le roi répondit : mais il est certain, que
lorsqu'il s'agissoit de corriger des abus, aucune

confidération ne le pouvoit faire changer. Or, le clergé donnoit fouvent à fes abus le nom de privilege.

Nous voyons un grand exemple de la fermeté de ce prince, dans un article d'une ordonnance qu'il donna en 1268, & qui porte le nom de Pragmatique Sanction. Le voici: *Défendons expreſſément de lever & recueillir les exactions, charges & impoſitions confidérables d'argent, miſes par la cour de Rome ſur l'égliſe de notre royaume, par lesquelles notre dit royaume a été melheureuſement ruiné; ſi ce n'eſt pour des cauſes juſtes & raiſonnables, & dans le cas d'une néceſſité urgente & inévitable, & de notre exprès conſentement, & de celui de l'égliſe de notre royaume.* Une pareille ordonnance eût attiré les cenſures de Rome ſur tout autre prince: mais c'eût été les décréditer que d'en faire uſage contre un roi auſſi vertueux & auſſi faint. Quelques-uns, ſur des raiſons peu ſolides, ont regardé cette pragmatique comme une piece ſuppoſée. C'eſt qu'ils voient avec peine que S. Louis a été contraire à des prétentions, qu'ils voudroient encore défendre.

On ne peut pas réfléchir ſur le bien que le roi faiſoit dans ſes états, qu'on ne regrette le temps où il en avoit été abſent. Cependant il prit encore la croix: il y eut un homme aſſez ſage pour dire, qu'on n'avoit pu lui inf-

pirer ce deffein, fans pécher mortellemens.
C'eft Joinville, qui nous a laiffé une vie de
S. Louis. Vous voyez que l'on commençoit
à blâmer ces guerres pieufes. Cette derniere
croifade laiffa la France dans un grand épuifement.

Ce fut en 1270 que S. Louis partit pour
accomplir fon vœu. Mais au lieu d'aller en
Egypte ou en Paleftine, il fit voile vers Tunis, fe flattant, dit-on, de convertir le roi
qui regnoit dans cette partie de l'Afrique.
Ce qu'il y a de vrai, c'eft que Charles d'Anjou, roi de Sicile, avoit des raifons d'intérêts pour porter la guerre de ce côté.

1270 La maladie fe mit dans le camp. S. Louis
en fut attaqué lui-même, & mourut auprès
des ruines de Carthage en héros & en faint.
Il étoit âgé de cinquante-cinq ans & quatre
mois, & en avoit regné quarante-trois, neuf
mois & dix-huit jours. Je ne m'arrête pas
à faire fon éloge: fes actions le louent mieux
que tous les panégyriques qu'on a faits de lui;
& cependant on en a fait beaucoup. Je remarquerai feulement que ce prince fi éclairé,
fi courageux, fi ferme, lorfqu'il s'agiffoit du
bien public, étoit fur toute autre chofe d'une
fimplicité à faire croire que tout le monde
étoit fait pour le conduire. Henri III mourut
deux ans après.

Cette croisade a été la derniere. La plupart des seigneurs étoient ruinés: le clergé se dégoûtoit d'une guerre dont il partageoit les frais, & il n'y avoit plus que les papes qui s'y intéressoient encore, parce que c'étoit une occasion de mettre des impositions sur les ecclésiastiques. Mais ils tenterent en vain de réveiller un zele aveugle qui avoit duré trop long-temps.

CHAPITRE IV.

*Confidérations fur l'état de l'Allema-
gne , de l'Angleterre , de la France
& de l'Italie vers la fin du treizieme fiecle.*

Après avoir vu les défordres fe répandre dans
toute l'Europe, & fe porter à leur comble,
nous fommes enfin arrivés à des temps, où les
peuples femblent faire des efforts, pour établir une meilleure forme de gouvernement.
Arrêtons-nous pour confidérer comment les
mêmes caufes produifent des effets différents
fuivant la variété des circonftances.

*Ignorance
& préjugés des
Barbares qui
s'établiffent
en occident.*

Les barbares crurent que les royaumes fe
gouvernoient comme des hordes errantes. Ils
avoient été dans l'ufage de s'affembler pour
partager le butin, ou pour convenir de quel
côté ils porteroient les armes ; parce que
chacun d'eux avoit droit de dire fon avis, &
qu'aucun chef n'avoit affez d'autorité pour
commander en maître. Quand ils fe furent

fixés dans leurs conquêtes, ils continuerent
de s'aſſembler ; mais ſans diſcerner la nouveauté des circonſtances où ils ſe trouvoient,
& ſans ſe douter des meſures qu'il convenoit
de prendre. Cependant de nouveaux intérêts
diviſoient les eſprits, & apportoient de nouveaux déſordres dans les aſſemblées. Il ne
faut donc pas s'étonner, ſi de pareils peuples
ſe conduiſent au haſard ; ſi ſans loix, ſans
idée même de juſtice, ils ne connoiſſent que
des coutumes, auxquelles ils s'attachent par
préjugé, ou dont ils changent ſouvent à leur
inſu ; ſi, en un mot, ils ſe précipitent continuellement d'un abus dans un autre.

Charlemagne donna le premier une forme ſage & réguliere aux aſſemblées, & jeta
les fondements d'un empire puiſſant : mais
ſon génie avoit fait une ſorte de violence
aux mœurs de tant de peuples barbares. Ils
revinrent à leur caractère, dès qu'il ne fut
plus ; & de nouveaux déſordres naquirent
des changements mêmes, que ce grand
homme avoit faits dans le gouvernement.

Déſordres qui naiſſent du gouverne-ment établi par Charle-magne.

Nous trouvons les cauſes de ces déſordres dans la grande puiſſance à laquelle il
il éleva le clergé, & dans les bénéfices, qui
furent l'origine du gouvernement féodal.
J'ai tâché de vous faire ſuivre les progrès de
tant d'abus. Vous avez vu les entrepriſes

des eccléfiaftiques fous Louis le Débonnaire.
N'ofant le dépofer, ils le condamnerent à
la pénitence publique ; & c'étoit, dans les
préjugés du neuvieme fiecle, le dépofer indirectement. Voilà leur premier attentat fur
celui qu'ils avoient déclaré l'oint du Seigneur. Encore quelques - uns de cette efpece, & on ne conteftera plus aux conciles le
droit de dépofer les rois. Le pape même,
comme chef de l'églife, s'arrogera la pléni-
tude de cette puiffance.

L'anarchie
commence
fous fes fuc-
ceffeurs.
La foibleffe des fucceffeurs de Charlemagne enhardit les feigneurs laïques, comme
elle avoit enhardi le clergé. Les provinces
devinrent la proie d'une multitude de petits
tyrans, & l'anarchie produifit peu-à-peu le
gouvernement monftrueux des fiefs ; lorfque
les affemblées, qui auroient pu être une
barriere aux défordres, eurent tout-à-fait
ceffé.

Les affem-
blées de la na-
tion ceffent
en France feu-
lement.
Tant que les rois fe crurent affez puiffants pour fe faire obéir, ils voulurent jouir
de l'autorité fans partage, & ils convoquerent plus rarement la nation. Alors il n'y
eut plus le même lien entre les parties; l'intérêt particulier prit la place de l'intérêt général ; & les feigneurs ne fongerent qu'à fe
rendre chacun indépendants. Lorfque dans
la fuite le fouverain fut réduit à leur demander des fecours, ils dédaignerent de ve-

nir à des assemblées, où on avoit besoin d'eux, & où ils ne sentoient pas le besoin de se trouver. C'est ainsi que l'usage d'assembler les grands s'abolit en France, sous la fin de la race Carlovingienne : cet usage, au contraire, subsistoit encore en Angleterre, en Allemagne, & en Espagne, parce que les souverains n'y avoient jamais été assez puissants, pour croire pouvoir se passer des secours de la noblesse. Si dans ces contrées la nation ne s'assembloit pas toujours, pour élire les souverains ; il falloit au moins qu'ils prissent la précaution de se faire reconnoître par les grands de l'état ; & cette précaution tenoit les rois dans une sorte de dépendance, & maintenoit quelque ordre parmi les grands. En un mot, la nation continuoit de faire un corps, plus ou moins régulier, tant que le monarque avoit besoin de réunir en sa faveur le plus grand nombre des suffrages.

Vous avez vu le gouvernement féodal commencer en France ; j'ajoute qu'il ne pouvoit pas commencer ailleurs. Il falloit pour le produire une anarchie, telle que celle où la France tomba sous le descendants de Charlemagne : il falloit que les grands du royaume, cessant de s'assembler, cherchassent séparément à se rendre indépendants du souverain, & que s'élevant à l'envi, ils entreprissent continuellement les uns sur les autres.

Le gouvernement féodal devoit naître en France.

C'eſt de ces combats, que devoient naître enfin des devoirs reſpectifs entre les ſuzerains & les vaſſaux ; devoirs dont les bénéfices avoient déja donné quelque idée, & qui conſtituent proprement le gouvernement féodal.

Pendant que cette anarchie regnoit dans l'empire François, les royaumes d'Eſpagne & d'Angleterre étoient expoſés à des troubles continuels ; mais quels que fuſſent ces déſordres, les grands continuoient dans les uns & les autres de faire un corps, que le monarque étoit forcé de ménager. Dans les temps même de diſſentions ou de guerres civiles, il y avoit encore un intérêt commun, qui entraînoit les différents partis, & qui ne permettoit pas aux ſeigneurs de s'iſoler, & de ſe faire chacun ſéparément des ſouverainerés particulieres, en ſe rendant indépendants, & en acquérant des droits plus ou moins étendus. En un mot, le gouvernement féodal ne pouvoit naître que d'une diſſolution générale de toutes les parties de la monarchie. Or, cette diſſolution ne ſe trouve qu'en France ſous les derniers Carlovingiens.

Erreur ſur l'origine du gouvernement féodal.

Quelques-uns rapportent aux Lombards l'inſtitution des fiefs. C'eſt une mépriſe où ils ſont tombés, parce que voyant d'un côté que les Lombards ont établi des ducs en Italie, & trouvant de l'autre des ducs

dans le gouvernement féodal, ils ont cru
voir le gouvernement par-tout où ils ont
vu des ducs.

Ceux qui croient reconnoître les fiefs
dans les bénéfices, que les Romains donnoient à leurs foldats, ou dans les terres
qu'ils cédoient à de nouvelles nations, confondent des chofes encore plus différentes.
Il ne faudroit pas non plus chercher les fiefs
dans les ufages que les Barbares fuivoient,
avant d'avoir conquis l'empire d'occident.
Si c'en étoit-là l'origine, on en trouveroit par tout où les Barbares fe font
établis, & dès les premiers temps de
leur établiffement. Tout ce qu'on pourroit
dire, c'eft que les ufages qu'ils ont apportés,
& ceux qu'ils ont trouvés dans l'empire, ont
contribué à former le gouvernement féodal,
lorfque l'anarchie a fait naître les circonftances, qui feules pouvoient le produire.

Ce gouvernement ne pouvoit manquer
de paffer de France, où il s'étoit formé,
en Angleterre & en Efpagne, où les défordres préparoient à le recevoir. Les François
l'y établirent, comme ils l'ont établi depuis
dans la Paleftine & dans l'empire d'orient.
Guillaume le Conquérant changea tout en
Angleterre : il abolit les loix du pays, il y
introduifit celles de Normandie, & il dé-
pouilla les vaincus pour donner des fiefs aux

De France ce gouverne-
ment paffe dans les ro-
yaumes voi-
fins.

Normands ; perſuadé qu'il aſſuroit ſa conquête, lorſqu'il la partageoit avec des vaſſaux, qui avoient eu part à ſa victoire & qui
avoient les mêmes intérêts que lui. Au commencement du douzieme ſiecle, le comte
Henri, fils d'un duc de Bourgogne, & de-
ſcendant de Hugues Capet, étoit maître d'une
partie du Portugal ; & Raimond Bérenger,
comte de Barcelone, ſouverain de la Cata-
logne, de Montpellier, du comté de Provence, gouvernoit encore l'Arragon. Il
n'eſt donc pas difficile de comprendre comment le gouvernement féodal s'eſt établi en
Eſpagne. Au reſte, il ne faudroit pas ſup-
poſer que ce gouvernement ait abſolument
été le même par-tout où il s'eſt répandu :
car il étoit de ſa nature ſujet à bien des va-
riétés. L'uniformité ne peut pas ſe trouver
avec les déſordres de l'anarchie. C'eſt cette confuſion qui eſt cauſe qu'on a tant de
peine à fixer l'époque du gouvernement féodal, & qu'on croit le voir dans les pays
où il n'étoit pas encore établi. Auſſi ne
ſerois-je pas étonné qu'on l'imaginât plus
ancien en Angleterre & en Eſpagne que
nous ne le ſuppoſons. Mais au reſte, il importe bien moins d'en marquer l'époque,
que d'en connoître les vices.

Ce gouvernement étoit moins vicieux en
Allemagne qu'en Angleterre, & moins en
Angle-

Il étoit moins
vicieux en Al-

Angleterre qu'en France; il eſt facile d'en appercevoir la raiſon.

L'Allemagne avoit toujours été mieux gouvernée que la France. Louis le Germanique, par exemple, faiſoit reſpecter ſon autorité, pendant que Charles le Chauve ſe rendoit tous les jours plus mépriſable. Auſſi quoique les déſordres aient été grands en Allemagne, ils ne ſont jamais parvenus au point de diſſoudre entiérement toutes les parties du corps politique. La révolution qui rendit l'empire électif prévint cette anarchie; parce que les aſſemblées, devenues plus néceſſaires que jamais, entretinrent toujours quelque union, & accoutumerent à conſulter l'intérêt commun. C'eſt dans les dietes qu'on jugeoit les différens, qui s'élevoient dans l'empire. Elles ſe tenoient avec plus ou moins d'ordre, ſuivant les circonſtances : mais elles tendoient toujours à repréſenter la nation.

Ainſi le corps Germanique ſubſiſtoit, malgré les violentes ſecouſſes qui l'ébranloient quelquefois. Les empereurs, trop foibles pour en abolir les privileges, pouvoient au moins les protéger, & leur intérêt même leur en faiſoit une loi. Si renouçant à l'Italie, & à tous les titres des Céſars, ils s'étoient renfermés dans l'Allemagne, ils auroient pu mettre leur politique à

Tom. XII. G

diviser pour commander; & peut être qu'une monarchie héréditaire se seroit élevée sur les ruines d'une multitude de princes qui tendoient à se détruire mutuellement. Mais ils aspiroient toujours au titre d'empereur: ils vouloient ou conserver l'Italie, ou la conquérir de nouveau. Voilà la source de ces guerres qui ont été funestes à tant de peuples & que l'ambition des papes rendit plus funestes encore.

Cependant ces guerres ont été favorables aux princes d'Allemagne. Comme l'empereur ne pouvoit sans leur secours être puissant en Italie, il n'eût pas été prudent à lui d'entretenir ou de semer la division parmi eux. Il falloit au contraire qu'il s'occupât continuellement des moyens de les réunir, & de faire prendre au corps politique une forme tous les jours plus réguliere. C'est à quoi travaillerent avec succès les princes de la maison de Saxe, & c'est ce qui est cause que le gouvernement féodal n'a pas eu en Allemagne les mêmes vices qu'en France.

Causes de ces vices en Angleterre.

Il a été plus vicieux en Angleterre qu'en Allemagne, & il devoit l'être. La Normandie & d'autres provinces de France étoient pour les rois d'Angleterre ce qu'étoit l'Italie pour les empereurs. Il semble donc au premier coup d'œil, que les souverains devoient de part & d'autre tenir naturelle-

ment la même conduite. Puisque le roi
d'Angleterre, pour porter la guerre en France, étoit dans la nécessité de convoquer son
parlement, & d'en obtenir des subsides, il
auroit dû ménager le corps des barons, respecter leurs privileges, & se contenter de
ceux qu'on ne lui contestoit pas. Avec de
la prudence, il se seroit assuré leurs secours,
auroit conservé ses provinces, & acquis tous
les jours plus d'autorité en Angleterre. Cela n'arriva pas, parce que les princes qui
ont gouverné ce royaume, n'ont pas été en
général aussi habiles que les empereurs; &
encore parce que les circonstances ne leur
ont pas toujours permis de suivre une politique aussi sage.

En Allemagne les droits à l'empire n'é-
toient pas équivoques, puisque l'élection
seule faisoit l'empereur, Il n'en étoit pas de
même en Angleterre, où la couronne qui
paroissoit tout-à la fois héréditaire & élec-
tive, multiplioit les prétendants, & par conséquent les troubles. Après la mort de
Guillaume le conquérant, Guillaume II
monte sur le trône au préjudice de Robert son aîné, & a pour successeur Henri
son cadet. Henri meurt. Etienne usurpe
la couronne sur Mathilde, mais ne pouvant
la conserver dans sa famille, il la laisse à
Henri, fils de cette princesse. Enfin si Ri-

chard I, fils de ce dernier, à des talents
qui le font respecter, le trône est ensuite
occupé pendant plus de soixante - dix ans
par deux rois méprisables à tous égards,
Jean Sans-terre & Henri III.

D'un côté les barons, en donnant la
couronne à des princes à qui elle n'appartenoit pas, saisissoient l'occasion de faire confirmer leurs privileges, ou d'en acquérir de
nouveaux; & de l'autre, les usurpateurs accordoient tout dans des conjonctures où ils
ne pouvoient encore rien refuser, mais il ne
se pressoient pas d'exécuter leurs promesses.
Jaloux d'une puissance qui leur donnoit des
entraves, ils ne songeoient qu'à l'abattre;
& à peine se croyoient ils assurés sur le trône, qu'ils attaquoient les privileges même
qu'ils avoient accordés.

Dès-lors les chartes ne peuvent être
qu'un sujet de dissention entre les barons &
le souverain, les droits ne sauroient se fixer : on entreprend de part & d'autre au de-
là de ce qu'on doit; & les troubles qui
renaissent à chaque instant ne permettent pas
de donner au gouvernement une forme assurée. Il y avoit donc un vice en Angleterre,
qui n'étoit pas en Allemagne ; & ce vice
provenoit de ce qu'au lieu de régler la suc-
cession au trône, on donnoit la couronne à
celui dont on pouvoit obtenir des conditions

plus avantageufes. Voilà la caufe de la foibleffe des rois d'Angleterre : auffi peu maîtres chez eux, devoient ils être redoutables au dehors ? Vous prévoyez que les prétentions & les troubles continueront dans ce royaume, jufqu'à ce que le fouverain ait fubjugué la nation, ou que la nation ait mis le fouverain dans l'impuiffance d'attaquer les privileges qu'elle aura obtenus.

En France les grands avoient ceffé de faire un corps, depuis qu'ils ne s'affembloient plus. Les défordres y étoient plus grands qu'en Allemagne & qu'en Angleterre ; puifque l'anarchie avoit éffacé toute idée de bien commun, & produit des tyrans de toutes parts. Mais ces défordres mêmes devinrent favorables à l'accroiffement de la puiffance royale.

La fituation des Capétiens étoit toute différente de celle des empereurs & de celle des rois d'Angleterre. Comme ils n'avoient confervé de prétention fur aucunes provinces étrangeres, ils n'avoient pas befoin de chercher des forces dans la réunion de leurs vaffaux. Plus, au contraire, ils les voyoient divifés, plus ils pouvoient fe flatter de les foumettre les uns par les autres, & leur autorité devoit croître au milieu des abus qui fe multiplioient.

G 2

Long-temps foibles, ils furent long-temps
fans rien entreprendre, ils ne parurent que
vouloir fe maintenir, & ils ne donnerent de l'ombrage, ni par leur ambition
ni par leur talents. Les feigneurs s'accoutumerent donc à ne les plus craindre. Occupés de leurs guerres particulieres, ils regarderent moins la royauté comme une puiffance, que comme un vain titre. Ils ne pré-
virent rien, & ne prirent aucune précaution.

Cependant un prince affez habile pour
faifir les circonftances, devoit accroître fon
autorité; parce qu'il n'y avoit pas en France,
comme en Allemagne & en Angleterre, un
corps qui pût s'oppofer à fes entreprifes; &
parce que d'ailleurs l'anarchie faifoit defirer
une puiffance capable de protéger ceux qui
gémiffoient fous l'oppreffion. C'eft ainfi
qu'en France, où les difcordes étoient plus
grandes, l'ordre devoit par cette raifon fe rétablir plutôt qu'en Angleterre & qu'en Allemagne. Philippe Augufte commença cet ouvrage: Louis VIII fut au moins le foutenir; & S. Louis, qui l'avança confidérable-
ment, laiffa à fes fucceffeurs le pouvoir de
l'achever.

Ce gouverne-
ment produit
les plus
grands defor-
dres en Italie.
L'état de l'Italie étoit encore pire que
celui de la France; parce qu'il ne pouvoit pas
s'y former une puiffance capable de réprimer
l'anarchie: l'ambition des papes s'y oppofoit.

Dans l'impuiſſance de la ſoumettre eux-mêmes, ils l'ont livrée aux tyrans qu'elle a pro-
duits, ou aux étrangers qu'ils y ont appellés; & ils l'ont réduite à un état de ſoibleſ-
ſe, d'où elle ne s'eſt pas relevée.

La tyrannie ſe détruit par elle-même. Tous
les ſouverains, qui ne connoiſſent aucune regle, ne travaillent qu'à leur ruine. Il faut
qu'ils deviennent enfin auſſi mépriſables qu'ils
étoient odieux, & que le peuple oſe ſonger
aux moyens de ſortir de l'oppreſſion. C'eſt une
révolution, qui eſt arrivée par-tout, preſque
en même temps; mais avec des différences,
parce que les circonſtances n'étoient pas les
mêmes par-tout. En Allemagne & en France
les communes contribuent à l'accroiſſement
de la puiſſance du ſouverain, qui les prend
ſous ſa protection. En Angleterre c'eſt tout
le contraire, parce que les barons leur donnent entrée au parlement, afin de trouver
en elles un appui contre les rois. Enfin en
Italie où il n'y à ni corps ni ſouverains, qui
les puiſſent protéger, elles commencent à
former des républiques indépendantes.

Comment
les gouverne-
meurs pren-
nent une meil-
leure forme.

Tel étoit à la fin du treizieme ſiecle l'é-
tat des choſes dans les principales parties de
l'Europe. C'eſt l'époque où le chaos, produit & entretenu par tant de troubles, tend
à ſe débrouiller. Le gouvernement féodal

G 4

se détruit, ou prend une meilleure forme; le clergé, souvent contenu, du moins en France, perd une partie de son autorité; & le peuple, qui commence à sortir de son abrutissement, se fait compter pour quelque chose.

Etat déplorable de Constantinople. Constantinople étoit dans une situation tous les jours plus déplorable. Les Grecs l'avoient reprise sur les Latins en 1261, & Michel Paléologue, qui en avoit fait la conquête, laissa cet empire en 1282 à son fils Andronic Paléologue. Celui-ci, comptant que le ciel ne pouvoit manquer de prendre sous sa protection un prince aussi pieux que lui, & le défendre d'une maniere toute particuliere, ruina la marine comme une chose inutile, & qui ne causoit que de la dépense: mais le ciel permit que les Pirates vinssent impunément jusqu'aux portes de Constantinople.

Ces superstitions grossieres étoient alors en général le partage des Grecs. Pour terminer un schisme, qui duroit depuis quelque temps, les deux partis convinrent d'écrire de part & d'autre leurs raisons, & de jeter ensuite les deux écrits au feu, persuadés que Dieu déclareroit la vérité, en garantissant l'un ou l'autre des flammes. Les deux écrits furent brûlés, & le schisme continua.

On trouva par hasard dans l'église de Ste Sophie un écrit, qui causa les plus grandes inquiétudes, & sur lequel on délibéra comme sur l'affaire la plus importante. Cet écrit n'étoit cependant qu'une excommunication, qu'un patriarche déposé avoit prononcée secrétement contre l'empereur, & contre ceux dont il croyoit avoir à se plaindre. Ces traits suffisent pour faire voir que l'ignorance étoit aussi grande en orient qu'en occident, & je ne crois pas devoir entrer dans de plus grands détails.

Les François qui regnerent à Constantinople depuis 1204, jusqu'en 1261, sont Baudouin comte de Flandre, Henri son frere, Pierre de Courtenai, comte d'Auxerre, petit-fils de Louis VI, dit le Gros ; Robert de Courtenai fils de Pierre, Jean de Brienne, & Baudouin frere de Robert de Courtenai. Pendant cinquante-sept ans que ces princes regnerent dans ce foible empire, Constantinople perdit le commerce, qui l'avoit soutenue auparavant. Elle acheva de se ruiner, & les Grecs conçurent une si grande haine pour les Latins, qu'ils devinrent tout-à-fait irréconciliables. Andronic Paléologue gagna l'affection du peuple, en renonçant aux démarches que son pere avoit faites pour la réunion des deux églises.

En effet, Michel, qui n'étoit pas sans mérite, s'étoit rendu odieux par ce projet de réunion. On le regardoit comme un excommunié, comme un infidele. Les moines crioient par-tout qu'il ne méritoit pas la sépulture; & Andronic, n'osant le faire enterrer avec cérémonie, se contenta de le faire couvrir d'un peu de terre pendant la nuit.

LIVRE SIXIEME.

CHAPITRE PREMIER.

De l'Allemagne, de l'Angleterre, de la France & de l'Italie pendant les regnes de Rodolphe de Habsbourg, de Philippe le Hardi & de Charles d'Anjou.

LORSQUE nous nous sommes arrêtés pour considérer l'état de l'Europe, S. Louis, & Henri III étoient morts, Charles d'Anjou étoit roi de Naples & de Sicile, & Rodolphe de Habsbourg avoit été élu empereur.

Philippe III succéde à S. Louis.

Philippe III, dit le Hardi, fils de S. Louis, après avoir remporté quelques avantages sur les Maures, fit un traité de paix

1271 avec le roi de Tunis, & revint en France.

Edouard I à Henri III.

Edouard I qui avoit accompagné S. Louis, étoit encore en Sicile, lorſqu'il apprit la mort de Henri, ſon pere. Les ſeigneurs, ſans attendre ſon retour, s'aſſemblerent, le reconnurent & lui prêterent ſerment de fidélité. On eſt étonné de cette ſoumiſſion, quand on ſonge à leurs révoltes ſous le dernier regne: mais elle fut l'effet de la réputation qu'Edouard avoit acquiſe. Les princes, Monſeigneur, ont de l'autorité ſur leurs ſujets à proportion qu'ils en ſont conſidérés. L'hiſtoire de France & d'Angleterre en fournit bien des preuves. Edouard revint en 1274 dans ſes états, & il fut reçu avec les plus grandes marques d'amour & de reſpect.

Rodolphe de Habsbourg élu empereur.

Afin d'être plus indépendants, les ſeigneurs d'Allemagne avoient choiſi pour empereur un prince dont les états étoient peu conſidérables. Rodolphe avoit été grand maître d'hôtel d'Ottocare, roi de Boheme: mais il avoit du courage, & il jeta les fondements d'une maiſon qui deviendra floriſſante.

Objet de ce chapitre.

Je vais, dans ce chapitre & dans les ſuivants, vous faire jeter un coup d'œil ſur les principaux événements, que fourniſſent l'Allemagne, la France, l'Angleterre & l'Italie. J'aurai auſſi occaſion de parler de l'Eſ-

pagne dont les intérêts commencent à se
mêler avec ceux des autres puissances. Mon
objet est de vous montrer l'ensemble d'une
histoire générale, que je n'ai pas dessein de
faire ; & je n'entrerai dans les détails sur
chaque royaume, qu'autant que je le croirai
nécessaire, pour vous faire saisir le fil des
événements , & pour vous préparer à
l'étude de l'histoire moderne.

Le premier soin de Rodolphe fut de réprimer les désordres, qui étoient une suite
des troubles précédents. Il eut besoin d'autant d'adresse que de courage , parce que ses
propres états le rendoient peu puissant ; &
que l'empire dont les revenus avoient été
pillés, ne lui fournissoit guere que des
soldats. Il réussit pourtant à rétablir la paix
& la sûreté.

Rodolphe ré-
tablit la sureté.

Ottocare refusant de le reconnoître , Rodolphe, qui fut ménager les autres princes
de l'empire, le fit déclarer rebelle dans une
diete tenue à Augsbourg : on le condamna
même à être dépouillé du duché d'Autriche,
de la Stirie, de la Carniole & de la Carinthie qu'il avoit envahis.

Il fait décla-
rer rebelle Ot-
tocare roi de
Boheme.

Le roi de Boheme persista dans le refus
de rendre hommage à Rodolphe, disant qu'il
ne lui devoit rien, puisqu'il lui avoit payé
les gages. Cette réponse insultante ne fut

pas foutenue par des fuccès : Ottocare perdit la vie dans une bataille.

L'empereur gagna ſi bien l'affection des Autrichiens & des Stiriens, qu'ils demandèrent un duc de ſa maiſon. Il avoit tout préparé pour les amener là, & pour ne point trouver d'oppoſition de la part des princes de l'empire. Ainſi du conſentement des états aſſemblés à Augsbourg, il inveſtit Albert, ſon fils aîné, de l'Autriche, de la Stirie, de la Carinthie & de la Carniole; & il inveſtit encore du comté de Suabe Rodolphe, un autre de ſes fils.

Occupé du gouvernement de l'empire & de l'agrandiſſement de ſa maiſon, il ne cherca point à faire valoir ſes droits ſur l'Italie. Au lieu d'armer contre les villes qui refuſoient de le reconnoître, il leur vendit les priviléges & les immunités dont elles étoient jalouſes. Lucques acheta ſa liberté douze mille écus : Florence, Genes & Bologne ne l'achetèrent chacune que ſix mille. Cette conduite fit paſſer Rodolphe pour un prince qui faiſoit argent de tout, & flétrit ſa réputation. Cependant pouvoit-on ſe rappeller les guerres précédentes, & ne pas trouver ces ſortes de marchés avantageux tout-à-la fois à l'Allemegne & à l'Italie? Le pape Nicolas III profita des diſpoſitions où étoit l'empereur & fit avec ce prince un trai té, qui fut tout à l'avantage du faint fiege. Rodolphe mourut dans la dix-huitieme année de fon regne. L'agrandiffement de fa maifon & l'ordre rétabli dans l'Allemagne font voir que, s'il n'avoit pas de grands états quand il parvint à l'empire, il avoit au moins des talents.

1299

Pendant cet intervalle que nous venons de parcourir en Allemagne, Edouard travailloit avec fon parlement au bonheur de fes peuples & il réuniffoit à fa couronne le pays de Galles. Il en avoit fait la conquère fur Léolyn, qui avoit fait des courfes fur fes états & qui ne ceffoit d'exciter les mécontents d'Angleterre. Les Gallois étoient un refte des anciens Bretons : ils n'avoient point encore fubi le joug des Anglois ; & ils fe maintenoient dans l'indépendance depuis plus de huit cents ans.

Sageffe d'Edouard I.

En France Philippe III, dit le Hardi, jouiffoit de tous les droits, qui fous fes prédéceffeurs étoient devenus des prérogatives de la couronne, & il fe les confirmoit tous les jours par l'ufage. Il exerçoit le droit de reffort fur les juftices des plus grands vaffaux : il avoit feul celui d'établir de nouveaux marchés dans les bourgs & des communes dans les villes ; il régloit de fon autorité ce qui concernoit les ponts, les chauffées, & tout ce qui intéreffoit le public ; en

Autorité de Philippe III.

un mot, il avoit la police générale du royaume. Après quelques guerres peu importantes, une révolution, arrivée en Sicile en
1282, lui fit prendre les armes contre Pierre III, roi d'Arragon.

Puissance de
Charles roi de
Naples.

Charles, maître de la Sicile, de la Pouille, de la Calabre, des comtés de Provence, du Maine, d'Anjou, de l'île de Corfou
& de celle de Malte, avoit encore à sa disposition toutes les villes Guelfes d'Italie ;
& Marie, fille du prince d'Antioche, lui
avoit cédé tous ses droits sur la principauté
d'Antioche & sur le royaume de Jérusalem.
Il avoit embelli Naples, où il faisoit sa résidence, à l'exemple de Frédéric II : il tenoit sur pied un nombre considérable de
troupes ; & ses ports étoient remplis de vaisseaux. Charles paroissoit donc puissant : mais
il ne l'étoit pas, si la puissance d'un prince
se mesure sur ses vertus & sur ses talents.
Celui-ci, pour vouloir acquérir encore, va
bientôt perdre une partie de ce qu'il a.

Ses projets &
ceux de Jean
de Procida.

Il se préparoit, non-seulement, à la conquête du royaume de Jérusalem : il formoit encore le projet de faire la guerre à Michel
Paléologue & de remettre sur le trône de
Constantinople Baudouin, qui lui abandonnoit la Morée, plusieurs îles & la troisieme
partie de tout ce qui seroit conquis sur
l'empereur Grec. Mais Jean de Procida,
citoyen

citoyen de Salerne, dont les biens avoient été confifqués lorfque Charles monta fur le trône, & qui s'étoit retiré en Arragon, forma lui-même un autre projet; ce fut de mettre fur la tête de Pierre III, roi d'Arragon, la couronne de Naples & de Sicile. Pierre, au refte, avoit des prétentions, qui pouvoient paroître des droits : car il avoit époufé Conftance, qui étant fille de Mainfroi & coufine de Conradin, fe regardoit comme héritiere de la maifon de Suabe. Jean de Procida, allant continuellement de Sicile en Arragon & à Conftantinople, prépara les efprits à la révolte, & ménagea une ligue entre Michel Paléologue & Pierre III : le premier fournit l'argent néceffaire, & le fecond arma fous prétexte de porter la guerre en Afrique.

Le roi de Naples étoit un vaffal trop puiffant pour les papes, qui prétendoient à tout, & à qui on conteftoit quelquefois jufqu'au moindre village du patrimoine de S. Pierre. Un pareil fuzerain n'étoit pas fait pour être toujours refpecté. Nicolas III entra donc dans les vues de Jean de Procida, & donna un nouveau titre à Pierre d'Arragon, en lui offrant l'inveftiture du royaume de Naples & de Sicile. Telle étoit la fituation des papes; trop foibles pour tenir leur vaffal dans la dépendance, ils tranfportoient

Le pape Nicolas III entre dans les vues de Jean de Procida.

Tom. XII. H

cette couroune d'un Allemand à un François,
& d'un François à un Espagnol; comme
s'ils euffent voulu chercher dans toutes les
nations un prince, qui fut tout-à-la fois
foumis & puiffant. Mais ils ne faifoient
qu'expofer ce malheureux pays à de nouvelles calamités.

Vêpres Si-
ciliennes.　Charles, qui avoit indifpofé contre lui
Nicolas, fe rendit encore odieux à fes fujers,
qu'il ne ceffoit de vexer. Voilà quelles font
les caufes connues de la révolution, qui arriva le jour de pâques de l'année 1181, &
qu'on nomme les Vêpres Siciliennes; parce
que le maffacre des François commença lorfque le peuple alloit à Vêpres. Si l'on en
croit la plûpart des hiftoriens, les François
auront été égorgés en même temps dans toute la Sicile; & cette confpiration, qui fe
tramoit depuis plus de deux ans, n'aura
éclaté qu'au moment précis, quoique le peuple de cette île & beaucoup d'étrangers fuffent dans le fecret.

Charles aban-
donne la Sici-
le à Pierre d'-
Arragon.　Quoi qu'il en foit, Pierre, qui avoit
tout préparé pour fon entreprife, faifit cette
conjon_ure pour l'exécuter. Tout lui fut
favorable. Les Siciliens le reçurent avec de
grandes acclamations; & Charles, qui étoit
en Sicile, fut obligé d'abandonner cette île,
& de fe retirer en Calabre. De la forte, la
Sicile & la Pouille formerent deux royau-

mes féparés , dont l'un refta à la maifon
d'Arragon & l'autre à la maifon d'Anjou.

Cependant Nicolas étoit mort quelque
temps auparavant , & le nouveau pape Martin IV , ayant embraffé les intérêts de Charles, excommunia Pierre, fit prêcher une
croifade contre lui , & donna les royaumes
de Valence & d'Arragon à Charles de Valois, fecond fils de Philippe le Hardi.

Martin IV excommunie Pierre, & donne à Charles de Valois les royaumes de Valence & d'Arragon.

Charles d'Anjou n'eut que des revers
jufqu'à fa mort , qui arriva au commencement de l'année 1285. Il laiffa le royaume de Naples à fon fils Charles II , prince
de Salerne , qui étoit alors prifonnier de
guerre.

Mort de Charles I roi de Naples. 1285

Pierre, fe voyant affuré de la Sicile par
la mort de Charles d'Anjou, & par la dé-
tention du prince de Salerne, porta toutes fes
forces en Arragon, où le roi de France étoit
entré, mais il fut défait & mourut des fuites de fes bleffures. La même année 1285,
fes fils Alphonfe & Jacques lui fuccéderent;
le premier fur le trône d'Arragon , & le fecond fur celui de Sicile.

De Pierre d'Arragon.

Cependant les fuccès des François ne fe
foutinrent pas; ils furent au contraire fuivis
de grandes pertes, & Philippe le Hardi,
contraint de repaffer les Pyrénées, tomba
malade à Perpignan, où il mourut.

De Philippe le Hardi.

Charles II est
reconnu roi
de Naples.

Tant de morts arrivées la même année
mirent les nouveaux souverains dans la nécessité de négocier. Le traité ne rétablit
pas la paix, mais le prince de Salerne recouvra la liberté; & Naples eut en lui un
souverain qui se fit aimer. Il est connu
sous le nom de Charles II, dit le Boiteux.

CHAPITRE II.

Des principaux états de l'Europe pen-
dant le pontificat de Boniface VIII.

Au mois de juillet 1294 Pierre de Mourron fut élu pape, & prit le nom de Céles-
tin V. C'étoit un homme simple, qui,
dit l'abbé Fleuri, prenoit aisément ses pen-
sées pour des inspirations, ses songes pour
des révélations, & tout ce qui lui paroif-
soit extraordinaire pour des miracles. Il
menoit la vie la plus austère dans un her-
mitage où il s'étoit retiré ; & où plusieurs
disciples s'étant venus joindre à lui, formerent un nouvel ordre religieux, qui prit de
leur fondateur le nom de Célestins. Il dut
le pontificat à la réputation de sa sainteté :
les cardinaux, dit encore l'abbé Fleuri, se
sentirent comme inspirés d'élire Pierre de
Mourron.

Cependant ils se repentirent bientôt de
leur choix, & quelques-uns lui persuaderent
de renoncer au pontificat, l'assurant qu'il ne

Pierre de
Mourron, Cé-
lestin V, élu
pape.
1294

Il abdique,
& Benoit Ca-
iétan, Bonifa-
ce, VIII, lui

H 3

pouvoir le conserver en sûreté de confcience.
En effet, fans expérience, fans lumieres,
& livré à tous ceux qui l'approchoient, il
étoit tour-à-fait incapable de gouverner l'églife. Il abdiqua quelques mois après, & on
elut en fa place Benoît Caïétan, qui avoit
contribué plus qu'aucun autre à lui faire
prendre ce parti.

Mauvais rai-
fonnement de
ceux qui pen-
foient qu'un
pape ne peut
pas fe démet-
tre.

Il n'y avoit point encore eu de pape qui
fe fût démis, comme il n'y en a point eu depuis; & parce que les hommes ne raifon-
nent communément que d'après des exemples,
c'étoit une grande queftion, de favoir fi un
pape peut fe démettre. Car fi d'un côté, l'on
reconnoiffoit qu'un ecclefiaftique peut renoncer à fa dignité avec le confentement de fon
fupérieur, l'on reconnoiffoit auffi, d'un autre côté, qu'un pape n'a point de fupérieur:
il faut convenir que cela étoit bien embar-
raffant.

Boniface VIII, c'eft le nom que prit
Benoît Caïétan, craignant que Céleftin n'eût
la fimplicité de fe croire encore pape, & de
juger que fon abdication étoit nulle, parce
qu'elle n'avoit pas été autorifée par un fupérieur, fit enfermer ce faint homme dans un lieu
fi étroit, qu'il pouvoit à peine s'y coucher,
& fi mal fain qu'il falloit continuellement
changer ceux qui le fervoient, parce qu'ils
y tomboient malades. Céleftin y mourut
lui - même treize mois après.

Boniface forma le projet de soumettre toutes les puissances au saint siege : mais il étoit bien foible en Italie, où les Gibelins formoient un parti puissant, au milieu même du patrimoine de S. Pierre. Il étoit encore foible au dehors : car si les armes spirituelles paroissoient redoutables à proportion qu'on en étoit plus éloigné, elles s'affoiblissoient tous les jours, à mesure qu'on en faisoit un usage plus fréquent. Il ne fit qu'augmenter les troubles, & donner occasion d'ouvrir les yeux sur l'abus, que les papes faisoient de leur autorité. C'est ce que nous comprendrons en examinant sa conduite avec les différents princes de l'Europe.

Boniface VIII est trop foible pour les projets qu'il médite.

En 1290, Alexandre III, roi d'Ecosse, étant mort sans enfants ; les Ecossois, qui vouloient éviter une guerre civile, choisirent Edouard pour juge entre les prétendants à la couronne. Ce prince décida en faveur de Jean Bailleul, & saisit cette occasion pour faire reconnoître par les Ecossois même, que l'Ecosse étoit un fief mouvant de la couronne d'Angleterre. Devenu par-là souverain de ce royaume, il fit sentir tout le poids de son joug ; de sorte que Bailleul ne songea qu'aux moyens de sortir d'esclavage.

Troubles en Ecosse.

Sur ces entrefaites, la guerre s'étant élevée entre la France & l'Angleterre, Bailleul

Guerre entre la France &

s'allia de Philippe le Bel , fils de Philippe
le Hardi , & Edouard s'allia d'Adolphe de
Naſſau , ſucceſſeur de Rodolphe. Boniface
voulut envain contraindre d'autorité ces princes à mettre bas les armes. Il eſt vrai que
ſes légats ne firent pas un voyage abſolument inutile , car ils tirerent beaucoup d'argent des religieux d'Angleterre : mais ils ne
réuſſirent pas à rétablir la paix. Edouard
ayant conquis l'Ecoſſe , pendant que le roi
de France lui enlevoit la Guienne , paſſa la
mer pour joindre ſes forces à celles du comte de Flandre. Alors les Ecoſſois ſe ſoule-
verent , Philippe eut de nouveaux ſuccès,
Edouard fut forcé à demander une ſuſpenſion
d'armes , & on fit une treve de deux ans.

Le comte de Flandre, que Philippe vouloit punir comme vaſſal rebelle , ayant appellé au pape , Boniface ſe porta pour juge,
& envoya l'évêque de Meaux ſon légat , pour
ſommer le roi à comparoître devant le tribunal du ſaint ſiege. Philippe, auſſi étonné
qu'un de ſes ſujets ſe fût chargé de cette
commiſſion , qu'indigné de cette entrepriſe
du pape , répondit que ſa cour des pairs avoit
ſeule le droit de juger de ces ſortes de différents, & qu'il n'avoit d'autre ſupérieur que
Dieu. Cette tentative de Boniface n'eut
pas d'autre ſuite. Bien loin de la ſoutenir,
il ne ſongea pour lors qu'à ménager le roi

de France, afin de pouvoir accabler plus fûrement les ennemis qu'il avoit en Italie.

Il avoit été Gibelin, quand il n'étoit encore que particulier ; & en devenant pape, il devint l'ennemi d'un parti qui avoit toujours été contraire au faint fiege. Il tenta tout pour ruiner, fur-tout, les Colonnes, qui étoient de tous les Gibelins les plus animés & les plus puiffants.

Les Colonnes ne lui permettent pas de foutenir cette tentative.

Les Colonnes de leur côté ne gardoient aucun ménagement. Ils ne nommoient Boniface que Benoît Caïetan ; ils refufoient de le reconnoître pour pape ; ils prétendoient que la renonciation de Céleftin étoit nulle, & parce qu'un pape n'a point de fupérieur, & parce qu'elle lui avoit été arrachée par furprife & par fraude : enfin ils ajoutoient qu'il y avoit bien des raifons de nullité dans l'élection même de Benoît, & ils demandoient qu'on tînt un concile général pour juger cette queftion. Cette difpute caufoit de grands troubles en Italie.

Cependant Boniface étoit encore occupé des affaires de Sicile, & il étoit entré dans les intérêts de Charles le Boiteux, qui l'avoit élevé fur le faint fiege.

Frédéric eft couronné roi de Sicile, lorfque Jacques fon frere cede cette ile à Charles le Boiteux.

En 1291 Jacques étoit monté fur le trône d'Arragon après la mort d'Alphonfe, fon frere. Boniface le fomma de tenir le traité,

par lequel Alphonse avoit promis de restituer la Sicile à Charles le Boiteux; le menaçant, s'il désobéissoit, de lui ôter les royaumes d'Arragon & de Valence. Jacques,
qui se voyoit encore menacé des armes de
la France, fut enfin contraint de céder, &
donna en 1294 sa renonciation à la Sicile.
Mais Frédéric, son frere, qui commandoit
pour lui dans cette île, refusa de la rendre,
& fut couronné roi par les Siciliens. Tel
étoit l'état de l'Italie vers l'année 1297.

En Allema-
gne Adolphe
est déposé &
Albert d'Au-
triche est élu.
Alors se préparoit une révolution en Allemagne. Pendant qu'Adolphe de Nassau
étoit occupé à secourir le roi d'Angleterre
contre le roi de France, une puissante ligue
se forma tout-à-coup, le déposa, & donna
l'empire au duc d'Autriche, Albert, fils de
Rodolphe. Adolphe, ayant marché contre
son ennemi, perdit la bataille & la vie; &
Albert, sans concurrent, fut proclamé empereur dans une diete tenue à Francfort.

Troubles en
Danemarck.
En 1286, Eric VII roi de Danemarck
avoit été assassiné, & les conjurés avoient encore attenté à la vie d'Eric VIII, son fils &
son successeur. Quelques-uns furent punis,
d'autres se retirerent en Norwege, & quelques années après, l'archevêque de Lunden
fut mis en prison, comme suspect d'entretenir des intelligences avec eux: mais il s'é-

chappa en 1297 , & vint à Rome folliciter
le pape contre fon fouverain.

La mort de Ladislas IV, roi de Hongrie,
fut auffi 'une occafion de troubles pour ce royaume. Marie , fœur. de Ladislas & femme
de Charles le Boiteux , fe porta pour héritiere de fon frere, & céda fes droits à Charles-
Martel , fon fils. Ce prince fut couronné
à Naples par les légats de Nicolas IV : il fe
forma même un parti en fa faveur en Hongrie. Cependant il ne prit pas poffeffion de
ce royaume ; car André le Vénitien, parent
du dernier roi , étant fur les lieux , fe fit reconnoître , & en conferva une partie. Ces
deux concurrents moururent la même année
1301. Charles - Robert fuccéda aux droits
de Charles - Martel , fon pere , & fut
foutenu par Boniface ; & les Hongrois donnerent la couronne au fils de Venceslas, roi
de Boheme. Voyons actuellement comment
le pape va fe mêler dans toutes les affaires
de l'Europe. Je ne fuivrai pas l'ordre des
temps ; car ce ne feroit pas l'ordre de la
clarté.

Il écrivit à fon légat en Hongrie : *Le pon-* Prétentions
tife romain, établi de Dieu fur les rois & fur de Boniface
les royaumes, fouverain chef de la hiérarchie fur la Hongrie
dans l'églife militante, & tenant le premier
rang fur tous les mortels, juge tranquillement
de deffus fon trône, & diffipe tous les maux

par son regard. A ces mots ne diroit-on pas que Boniface a le délire, & ne voit-on pas combien il compte sur l'ignorance & sur la stupidité des peuples ?

En conséquence de la souveraineté universelle qu'il s'attribue, il décide que Venceslas, fils de Venceslas roi de Boheme, n'a aucun droit sur le royaume de Hongrie, & qu'il n'avoit pas pu l'accepter des Hongrois mêmes sans l'agrément du saint siege. Il prétend qu'Etienne, qui en avoit été le premier roi chrétien, l'avoit donné à l'église romaine ; & qu'au lieu d'en prendre la couronne de son autorité, il l'avoit voulu recevoir du vicaire de Jésus-Christ.

Il écrivit à Venceslas, que pour rendre justice à tout le monde, il se proposoit de le citer à son tribunal lui, son fils, la reine Marie & Charles-Robert. En effet, il les cita l'année suivante, & le roi de Hongrie n'ayant pas comparu non plus que son pere, il le déclara contumace, décida que le royaume de Hongrie ne pouvoit être électif, & l'adjugea à Marie & à Charles-Robert. Cette sentence ne servit d'abord qu'à fomenter la guerre civile.

Sur la Pologue.

Le pape fit encore de grands reproches à Venceslas, sur ce que prince prenoit le titre de roi de Pologne ; & il le menaça des pei-

nes spirituelles & temporelles s'il ne le quittoit pas; suppofant comme notoire, que la
Pologne appartenoit au faint fiege. Cependant
après bien des troubles, les Hongrois reconnurent Charles-Robert.

Boniface avoir les mêmes prétentions fur
l'Ecoffe. Car lorfqu'Edouard en eut fait la
conquête, il écrivit à ce prince : *Vous devez
favoir que le royaume d'Écoffe a appartenu
anciennement de plein droit à l'églife romaine,
& lui appartient encore*; & croyant avoir affez prouvé fon prétendu droit, en difant que
perfonne n'en doute, il ordonna au roi d'Angleterre de retirer d'Ecoffe fous fes officiers.
Il tentoit ainfi des démarches, au hafard de
les abandonner, fi elles ne réuffiffoient pas.
Celle là fut abandonnée.

Sur l'Ecoffe.

Quant au roi de Danemarck, Boniface
jugea qu'il avoit offenfé la majefté divine,
méprifé le faint fiege & bléffé la liberté eccléfiaftique. En conféquence, il l'excommunia, mit fon royaume en interdit, & le condamna à payer neuf mille marcs d'argent à
l'archevêque de Lunden. Un légat vint en
Danemarck, pour faire exécuter cette fen-
tence; & menaça le roi de le dépofer & de
donner fon royaume à un autre, s'il refufoit
de fe foumettre au faint fiege. Cette affaire
troubla le Danemarck pendant plufieurs années.

Il fomente les troubles en Dane-marck.

Ses préten-
tions sur l'em-
pire d'Alle-
magne.

Boniface entreprenoit de gouverner l'Allemagne avec la même autorité. C'est à nous, écrivit-il aux trois électeurs ecclésiastiques, qu'appartient le droit d'examiner la personne de celui qui est élu roi des Romains, de le sacrer, de le couronner, ou de le rejeter, s'il est indigne. C'est pourquoi nous vous ordonnons de dénoncer dans les lieux où vous jugerez expédient, qu'Albert, qui se prétend roi des Romains, comparoisse devant nous, dans six mois, par ses envoyés suffisamment autorisés & munis des pieces justificatives de ses droits, pour se purger, s'il le peut, du crime de leze-majesté commis contre le roi Adolphe, & de l'excommunication qu'il a encourue, en persécutant le saint siege & les autres églises, & pour faire sur tous ces points ce que nous lui prescrirons. Autrement nous défendrons étroitement aux électeurs & à tous les sujets de l'empire de le reconnoître pour roi des Romains ; nous les déchargerons du serment de fidélité, & nous procéderons contre lui & ses partisans avec les armes spirituelles & temporelles, comme nous le jugerons à propos.

Les trois électeurs ecclésiastiques entreprirent d'exécuter les ordres du pape : mais Albert réprima leur audace, & les fit rentrer dans le devoir.

Cette hauteur avec laquelle Boniface traite les rois, peut faire juger de sa conduite
avec les Colonnes: il publia plusieurs bulles
contre eux; il les déclara incapables de toutes
charges eccléfiastiques ou féculieres, infa-
mes, schismatiques, hérétiques, excommuniés; & fit prêcher une croisade contre eux
avec les mêmes indulgences que pour la
Terre Sainte. Les Colonnes, quoiqu'alliés
de Frédéric roi de Sicile, fuccomberent fous
les armes de Boniface. Le pape se rendit
maître de toutes leurs places: il ruina entiérement Palestrine, qui en étoit la principale; & ils furent réduits à fe retirer en Sicile ou en France. Cette guerre fut terminée en 1299.

Les Colonnes fuccombent.

Auparavant, en 1296, le pape voyant qu'E-
douard, Adolphe & Philippe continuoient
la guerre, bien loin d'obéir à ses ordres, &
de foumettre leurs différents à fon tribunal,
donna la bulle *Clericis laicos*, pour leur enlever les fecours qu'ils retiroient du clergé.
Il défendit donc à tous les gens d'églife de
fournir de l'argent aux princes, foit par maniere de prêt, de don gratuit, de fubfide,
ou à quelque autre titre que ce fût, fans la permiffion du faint fiege; excommuniant les rois,
les princes & les magistrats qui en exigeroient
d'eux, tous ceux qui feroient chargés d'en
faire la levée, & les eccléfiastiques mêmes

Bulle *Clericis laicos*.

qui auroient la condefcendance de fe prêter à ce prétendu abus. Il difoit que les fouverains n'ont aucun droit fur la perfonne ni fur les biens des eccléfiaftiques; & que la puiffance qu'ils ufurpoient, étoit un effet, de la haine ancienne des laïques pour les clercs. Cependant cette averfion, comme le remarque l'abbé Fleuri, ne remontoit pas à une fi grande antiquité; puifque pendant les cinq ou fix premiers fiecles le clergé s'attiroit le refpect & l'affection de tout le le monde par fa conduite charitable & défintéreffée.

Auffitôt que cette bulle eut été publiée, Philippe le Bel rendit une ordonnance, par laquelle il défendoit de tranfporter hors du royaume de l'argent monnoyé ou non monnoyé & autres chofes de prix; c'étoit tarir une des fources des revenus du faint fiege.

Ordonnance de Philippe le Bel.

Le pape répondit par une nouvelle bulle, où après s'être arrogé la puiffance la plus étendue fur tous les fideles, il déclare que fi la défenfe du tranfport d'argent hors du royaume s'étend jufqu'aux eccléfiaftiques, c'eft une entreprife téméraire, infenfée, & qui mérite l'excommunication. Il ajoute enfuite que la défenfe qu'il a faite lui-même eft conforme aux canons; que néanmoins il ne prétend pas priver le roi de tous les fubfides

Bulle du pape contre cette ordonnance.

des que le clergé peut lui donner; mais feulement qu'il n'en peut rien exiger qu'avec le confentement du faint fiege; & qu'au refte, le faint fiege ne refufera jamais aux rois de France les fecours que les befoins de l'état rendront néceffaires.

On voit par la réponfe de Philippe, que l'on commençoit à réfléchir fur les préroga- *Cette bulle*
tives de la royauté & fur les limites des *la France con-*
deux puiffances. Les yeux s'ouvroient enfin; *prifes de Bo-*
& c'eft une obligation qu'on avoit à Bonifa- *niface.*
ce, dont les entreprifes devoient, à cet égard, hâter les progrès de la raifon. On murmuroit dans toute la France contre lui. Le peuple démandoit pourquoi les clercs, jouiffant des privileges des citoyens, ne partageroient pas les charges de l'état : s'il étoit plus convenable qu'ils dépenfaffent leur argent en habits, en feftins, en bouffons, que de payer à Céfar ce qui appartient à Céfar : fi avant qu'il y eût des clercs, il n'y avoit pas des rois & des fujets; & fi les fujets en devenant clercs, ceffoient d'être fujets & d'être foumis aux loix & aux charges. Les feigneurs montroient leur mécontentement avec encore plus de chaleur: car fi le peuple fe flattoit de pouvoir être foulagé, lorfque les clercs porteroient une partie des impofitions; les feigneurs voyoient avec plus de certitude, qu'ils feroient moins riches, lorfque les clercs

ne payeroient rien. Enfin le clergé, qui gémissoit lui-même sous le despotisme de la cour de Rome, mêloit ses plaintes à celles de toute la nation; & il ne faut pas s'en étonner; car s'il y avoit quelques bulles, qui l'exemptoient de payer des subsides au roi & aux seigneurs, il y en avoit beaucoup plus, qui le forçoient d'en payer au saint siege. Dans ce temps-là même, il arriva deux légats, chargés de lever de l'argent sur les ecclésiastiques, avec pouvoir d'excommunier Philippe, s'il s'y opposoit. Ils apportoient aussi une bulle, par laquelle le pape ordonnoit une continuation de treve au roi d'Angleterre & au roi de France: car il se portoit toujours pour juge du différent de ces souverains, fondé sur ce qu'un des deux commettoit un péché en continuant la guerre, puisqu'un des deux avoit tort.

Jusqu'alors les papes avoient toujours ménagé quelques puissances; ils se conduisoient au moins de maniere à s'assurer des vassaux contre le suzerain. Boniface, moins adroit, attaque en même temps le roi & les seigneurs; il offense le peuple, jaloux des exemptions qu'il accorde au clergé; il mécontente le clergé même, qu'il charge d'impôts: en un mot, il souleve la nation entiere, il force tous les sujets à n'avoir d'autres intérêts que ceux du roi: au moins ce pontife là n'étoit pas politique.

Les légats, témoins du cri de la France, eurent la fageffe de fufpendre les excommu- nications, & le pape lui-même fut contraint de céder. Il fe plaignoit qu'on eût mal in- terprété fa bulle; & il l'interpréta lui-mê- me, en donnant une autre bulle, qui difoit tout le contraire. Car il déclara qu'il n'avoit pas entendu défendre les dons ou prêts vo- lontaires, faits par le clergé au roi ou aux feigneurs; ni les fervices ou redevances dont les eccléfiaftiques étoient chargés à caufe de leurs fiefs; & il reconnut que le roi pou- voit demander au clergé un fubfide & le recevoir, fans même confulter le faint fiege.

Boniface don- ne une bulle contradictoi- re.

Cette nouvelle bulle parut en 1297, c'eft-à-dire, dans un temps où Boniface avoit befoin des fecours de la France contre les Colonnes & contre Frédéric, roi de Sicile. Charles, comte de Valois & frere de Philippe le Bel, fut chargé de conduire les troupes deftinées à cette guerre. Albert regnoit alors en Allemagne. Mais Boniface, qui ne vouloit pas le reconnoître, crut que s'il ne pouvoit pas exercer le droit, qu'il s'arrogeoit, de créer un empereur, il pouvoit au moins nommer en Italie un vicaire de l'empire, & Charles de Valois accepta ce titre. C'eft ainfi que les princes François, dans le temps même qu'ils réfiftoient au pape, l'autorifoient dans fes en-

Il nomme vi- caire de l'em- pire Charles de Valois.

I 2

treprifes fur les princes étrangers. Tant il
eft vrai qu'ils fe conduifoient moins par principes que par intérêt : mais c'étoit un intérêt
mal entendu. Les papes n'auróient pas tenté
d'ôter des couronnes, fi aucun prince n'avoit
voulu en recevoir d'eux.

Il le recon-
noît pour em-
pereur d'o-
rient.

Boniface fit époufer au comte de Valois
Catherine de Courtenai, petite-fille de Baudouin, que Michel Paléologue avoit détrôné.
En conféquence de ce mariage, il le reconnut pour empereur d'orient & il lui accorda
des décimes extraordinaires fur tous les biens
eccléfiaftiques de France, d'Angleterre, d'I-
talie, de Sicile, de Sardaigne, de Corfe, de
la principauté d'Achaïe, du duché d'Athènes
& des îles voifines.

Charles de
Valois échoue
dans fes pro-
jets, & fe fait
méprifer.

Ce comte fit des préparatifs pour faire valoir fes droits fur l'empire de Conftantinople.
Il fe rendit à Florence, où le pape l'envoya
avec le titre de pacificateur de la Tofcane, &
où il ne fit qu'entretenir les factions & les
troubles. Peu de temps après, il tourna fes
armes, avec auffi peu de fuccès, contre Frédéric. Son deffein étoit de faire rentrer la
Sicile fous la domination de Charles le Boiteux, qui promettoit de l'aider de toutes fes
forces à la conquête de Conftantinople : mais
il fut contraint de faire un traité, par lequel
Frédéric refta maître de la Sicile, avec le titre

de roi de Trinacrie. En un mot, Charles de
Valois ne fut heureux, ni fage dans fes entreprifes ; *tanto che vituperato, con perdita di
molti fuoi, ritornò in Francia,* dit Machiavel. Il laiffa aux héritiers de fa femme le
vain titre d'empereur d'orient : titre avec lequel ils formerent toujours de grands projets,
& n'entreprirent jamais rien. Quant à Charles le Boiteux, il employa le refte de fon regne à rendre florissants la ville & le royaume
de Naples.

Pendant que Charles de Valois entroit
dans toutes les vues de Boniface, ce pape reprenoit fes premieres démarches avec la France. Ne pardonnant point à Philippe d'avoir
donné retraite aux Colonnes, & de reconnoître Albert pour roi des Romains, il publia en
1300 une nouvelle bulle, par laquelle il ré-
tractoit l'interprétation qu'il avoit donnée de
la bulle *Clericis laicos* ; difant que cette interprétation avoit été une grace, & qu'il pouvoit révoquer fes graces, comme il pouvoit
les accorder.

Il y avoit en France un évêque de Pa-
miers, infolent, intriguant & rebelle. Boniface le choifit pour fon légat, & le chargea de fes ordres. Il s'agiffoit entre autres
chofes d'engager le roi à fe croifer pour la
Terre Sainte. On s'attendoit, fans doute, à

L 3

*Boniface ré-
tracte la bulle
contradictoi-
re à la bulle
Clericis laicos*

*Audace in
folente de l'é-
vêque de Pa-
miers.*

un refus, & c'eft ce qu'on demandoit : car le pape fe croyoit en droit de févir contre un prince, qui refufoit fes armes à l'eglife. L'évêque eut l'audace de dire à Philippe, que la conduite qu'il tenoit depuis long-temps, méritoit des peines qu'on n'avoit que trop différées; & qu'il verroit bientôt fon royaume en interdit, & fa perfonne frappée d'anathême & d'excommunication. Enfin il foutint les prétentions des papes, dont il fe difoit le fujet, & leur puiffance temporelle fur tous les fouverains.

Un pareil attentat méritoit fans doute d'être puni. Déterminé à faire le procès à ce fujet rebelle, le roi le fit mettre en prifon, & il nomma des commiffaires pour le juger. Il fallut néanmoins ufer de ménagemens, & & avoir la condefcendance de le remettre entre les mains de fon métropolitain, l'archevêque de Narbonne. La puiffance du clergé étoit telle, que le fouverain ne pouvoit pas, fans imprudence, févir de fa feule autorité, contre un de fes membres.

Le pape réclama, & ce fut le fujet de plufieurs bulles. Il fe dit établi fur les rois & fur les royaumes, avec plein pouvoir d'arracher, de détruire, de diffiper & d'édifier. » Mon cher fils, écrivoit-il à Philippe, ne » vous laiffez pas perfuader ce qu'on veut vous

» faire croire, que vous n'avez point de fupé-
» rieur fur la terre, & que vous n'êtes point
» foumis au chef de la hiérarchie eccléfiafti-
» que : c'est être infenfé que de penfer de la
» forte, & celui qui s'obftine à demeurer dans
» cette erreur, cesse d'être fidele, & n'eft plus
» dans le bercail de fon pafteur ». Par d'autres bulles, il ordonna aux évêques, aux chapitres & aux univerfités de fe rendre à Rome,
afin de délibérer fur les réformes à faire en
France, & il fomma le confeffeur du roi de
venir lui rendre compte de fa conduite & de
celle de fon pénitent.

Mais les états ayant été affemblés, l'indépendance de la couronne fut généralement
reconnue. Le roi renouvella la défenfe de
porter de l'argent hors du royaume : il défendit à tous les fujets de fortir de France,
fans fa permiffion ; & Guillaume de Nogaret
préfenta une requête, dans laquelle il déclara
Boniface intrus, & convaincu de fimonie,
d'héréfie & de plufieurs autres crimes.

Les feigneurs écrivirent enfuite aux cardinaux, pour les affurer de l'intention où ils
étoient de défendre le roi contre les entreprifes
du pape. Le clergé écrivit la même chofe à
Boniface même, quoiqu'avec des termes plus
ménagés. Enfin le tiers-état fit auffi connoître
par une lettre, qu'il étoit dans les mêmes difpofitions.

Les états pren-
nent la défen-
fe de Philippe
le Bel.

I 4

Boniface tient un concile contre les princes.

Alors le pape tint à Rome un concile, dans lequel il éclata contre Philippe le Bel; & il donna une bulle par laquelle il déclara que ceux qui prétendent que la puissance temporelle ne dépend pas de la puissance spirituelle, sont Manichéens, puisqu'ils admettent deux principes. C'est ainsi qu'il abusoit des termes.

Il cherche un appui dans Albert qu'il reconnoît.

Cependant il ne comptoit pas assez sur la force de ses mauvais raisonnements, pour négliger de se fortifier par quelque autre voie. Il crut qu'Albert pouvoit être favorable à ses desseins; & dès lors cet usurpateur, cet homme indigne du trône devint à ses yeux un souverain légitime. Il le reconnut pour tel par une bulle datée du 30 avril 1303. Albert, qui auroit pu se prévaloir du besoin que le pape avoit de le ménager, acheta cette bulle par les soumissions les plus basses. Il reconnut que l'empire romain avoit été transféré par le saint siege, des Grecs aux Allemands, en la personne de Charlemagne; que le droit d'élire le roi des Romains, destiné à être empereur, avoit été accordé par le saint siege à certains princes ecclésiastiques & séculiers; & que les rois & les empereurs reçoivent du saint siege la puissance du glaive matériel: enfin il promit de défendre les droits du saint siege contre tous ses ennemis, quels qu'ils fussent, rois ou autres souverains; de ne faire

avec eux aucune alliance, & de leur déclarer
la guerre, fi le pape l'ordonnoit.   Cependant
malgré ces engagements, il vécut toujours en
parfaite intelligence avec Philippe. Ce prince facrifioit l'empire à fes intérêts particuliers.
Il n'étoit occupé que de l'agrandiffement de
fa maifon ; & pour procurer des établiffe-
ments à fes fils, il ne craignoit pas de commettre des injuftices.   Elles lui coûterent enfin la vie : car il fut affaffiné quelques années
après.

1308

Si le pape trouvoit peu d'obftacles en
Allemagne, il en trouvoit tous les jours de
plus grands en France.   Dans une affemblée
que Philippe tint le 13 Juin 1303, Guillaume du Pleffis préfenta une requête, qui contenoit vingt-fept articles d'accufation contre
Boniface ; & il offrit de les prouver dans un
concile général, dont il demanda la convocation, & auquel il appella de toutes les
procédures que Boniface avoit faites, ou pouvoit faire.   Tous ceux qui compofoient cette
affemblée, fans en excepter les eccléfiaftiques,
adhérerent à la convocation du concile & à
l'appel.   Depuis ce jour jufqu'au mois de feptembre inclufivement, le roi obtint plus de
fept cents actes d'adhéfion. Les univerfités,
les communautés des villes, les évêques, les
chapitres, les cathédrales, les collegiales, les
abbés, les ordres religieux, & même les fre-

Appel en
France au fu-
tur concile gé-
néral contre
les entreprifes
de Boniface.

ros mendiants, presque tout le monde appella.

Erreur où l'on étoit encore.

Par cet appel, on reconnoissoit donc que les conciles sont les juges des rois; reste des préjugés établis dons les siecles précédents. Mais on commençoit au moins à se douter, que les papes sont soumis aux conciles généraux, & c'étoit déja quelque chose.

Boniface fulmine des bulles, est arrêté & meurt.

Boniface fulmina des bulles contre le roi, contre les universités, & contre tous ceux qui adhéroient à l'appel; & les choses en étoient-là lorsqu'il fut arrêté dans Anagnie par Nogaret, Sciarra Colonne & quelques autres, que Philippe avoit chargés de l'enlever. On pilla son palais, on le mit en prison, on l'insulta même sans égard pour son caractère. Cependant les habitants d'Anagnie, qui s'intéressoient à ce pontife, parce qu'il étoit né parmi eux, armerent, chafferent les François, lui rendirent la liberté, & le conduisirent à Rome. Il y mourut peu de jours après, le 11 octobre 1303. Lorsqu'il fut arrêté, il devoit publier une bulle, dans laquelle il disoit que, comme vicaire de Jésus-Christ, il avoit le pouvoir de gouverner les rois avec une verge de fer, & de les briser comme des vaisseaux de terre. Il la finissoit en disant que Philippe avoit manifestement encouru les excommunications,

portées par plusieurs canons. Ses vassaux &
tous ses sujets y étoient déliés du serment de
fidélité ; & nous défendons, ajoutoit-il, de
lui obéir, & de lui rendre aucun service.

On doit à ce pape l'institution du jubilé.
En 1300 il se répandit un bruit à Rome que
tous ceux qui visiteroient l'église de S. Pierre
cette année, gagneroient une indulgence pléniere de tous leurs péchés, & que chaque centieme année avoit cette vertu. Aussitôt tout le
peuple fut en mouvement, & il y eut un concours prodigieux à S. Pierre. Boniface, qui
observoit cette dévotion, fit faire des recherches pour en découvrir l'antiquité : on feuilleta
bien des livres, on en lut même, & cependant
on ne trouvoit rien qui pût l'autoriser, lorsque
heureusement, un vieillard, qui disoit avoir
cent sept ans, se souvint qu'un siecle auparavant son pere étoit venu à Rome, & avoit
gagné les indulgences, en visitant l'église de
S. Pierre. Alors d'autres vieillards se rappel-
lerent qu'en effet l'an 1200 ils avoient vu des
pélerins venir à cette église. A ces causes
donc & d'après ces informations, le pape, de
l'avis des cardinaux, fit dresser une bulle pour
confirmer l'opinion où l'on étoit, & pour
assurer une indulgence pléniere à tous ceux
qui, bien repentants & bien confessés, visiteroient respectueusement les églises de S.

Institution
du jubilé.

Pierre & de S. Paul chaque centieme année.
On assure que pendant le cours de 1400, il
y eut continuellement à Rome deux cents
mille pélerins étrangers. Le tréfor de l'église
se groffit de leurs offrandes, & les Romains
s'enrichirent par le débit de leurs denrées.

CHAPITRE III.

Des principaux états de l'Europe depuis la mort de Boniface VIII jusqu'à celle de Philippe le Bel.

Benoit XI, succeſſeur de Boniface, voulant ſincérement rétablir la paix, révoqua les bulles qui avoient cauſé les troubles, & annulla juſqu'aux ſentences portées contre les Colonnes. Malheureuſement il n'occupa le ſaint ſiege que huit mois, & les cardinaux diviſés le laiſſerent vaquer pendant onze, ou à peu près.

Pontificat de Benoît XI.

La Flandre étoit alors le théâtre de la guerre. Lorſque Edouard fut forcé de ſe retirer, il abandonna le comte de Flandre, qui, croyant pouvoir compter ſur la clémence du roi de France, vint ſe jeter à ſes pieds. Mais Philippe le fit mettre en priſon, & réunit le comté de Flandre à la couronne, déclarant que ce prince avoit mérité par ſa félonie la confiſcation de ſon domaine.

Guerre de Flandre.

Cette entreprise avoit été suivie de plusieurs révoltes, lorsque Gui, un des fils du comte de Flandre, vint au secours des révoltés avec quelques troupes Allemandes. Les François furent défaits à Courtrai: mais en 1304 Philippe remporta une victoire complete. Par le traité de paix, qui se fit l'année suivante, il demeura maître de la Flandre en deça de la Lippe, & il rendit tout le reste à Robert, fils aîné du comte de Flandre, qui étoit mort dans sa prison. Peu auparavant il avoit rendu la Guienne au roi d'Angleterre.

Élection de Clément V. Cependant les cardinaux, las d'être renfermés dans le conclave, étoient enfin convenus d'un moyen de conciliation. La faction, attachée à la mémoire de Boniface, voulant un pape qui entrât dans ses vues, ou qui du moins n'y fût pas contraire, nomma trois sujets, & laissa le choix d'un des trois à la faction qui vouloit un pontife favorable aux Colonnes & au roi de France.

Par cet accord Philippe, se trouvant maître de choisir entre les trois sujets présentés, donna la préférence à l'archevêque de Bordeaux, & ce fut à condition, 1°. qu'il le réconcilieroit avec l'église; 2°. qu'il révoqueroit toutes les censures fulminées contre lui; 3°. qu'il lui accorderoit les décimes de son royaume pendant cinq ans; 4°. qu'il annulleroit tout ce que Boniface avoit fait, &

qu'il flétriroit la mémoire de ce pontife; 5°.
qu'il rétabliroit dans la dignité de cardinal &
dans leur premiere fortune Jacques & Pierre
Colonne. Enfin il demanda encore une fixie-c
me chofe, qu'il fe réferva d'expliquer en
temps & lieu. L'archevêque promit tout,
& jura fur le corps de Jéfus-Chrift de tenir fa
promeffe. Cette convention ne rendoit pas
fon élection bien canonique, & faifoit voir
d'ailleurs que Philippe avoit encore bien des
préjugés. Avoit-il befoin d'être réconcilié
avec l'églife ? Avoit il befoin que les cenfures de Boniface fuffent révoquées ? Avoit-il
befoin de la protection du pape pour lever
les décimes dans fon royaume ? Mais c'étoit
les erreurs de fon fiecle.

Clément V, c'eft le nom que prit le nou- Extorfions de
veau pape, tranfporta le fiege pontifical à Car- ce pontife.
pentras, au grand mécontentement des cardi-
naux Italiens, qui reconnurent avoir été trompés. Le clergé de France n'étoit pas plus content du féjour que le pape faifoit dans ce royaume. Car il fe voyoit tous les jours chargé de nouveaux impôts. Clément extorquoit
de toutes les églifes des fommes confidérables, pendant qu'il oublioit l'Italie, & qu'il
abandonnoit le patrimoine de S. Pierre à qui
le vouloit piller. Il s'appropria la premiere
année des revenus de tous les bénéfices, qui
vaqueroient en Angleterre dans le cours de

deux ans, évêchés, abbayes, prieurés, pré-
bendes, cures & jufqu'aux moindres bénéfices. De pareilles extorfions, étant devenues des droits avec le temps, font aujourd'-
hui ce qu'on nomme des annates.

Clément fatisfit Philippe le Bel fur toutes les promeffes qu'il lui avoit faites: il n'y
eut que la condamnation de Boniface, qu'il
entreprit d'empêcher, fans paroître néanmoins
vouloir manquer à fes engagements. Le roi,
qui la pourfuivoit avec chaleur, demandoit
qu'on tînt à ce fujet un concile général; &
le pape qui prenoit différents prétextes pour
éloigner le jugement d'une affaire fcandaleu-
fe, y mit tant de retardement, que Philippe
enfin fe défifta. Ce prince crut fans doute la
mémoire de Boniface affez flétrie par toutes
les procédures, qu'on faifoit contre lui depuis
plufieurs années. Les efprits fe trouvant donc

refroidis, le concile général, tenu à Vienne,
déclara que Boniface n'avoit point été hérétique; & il y eut deux chevaliers Catalans qui
offrirent de le prouver par le combat. On
ne parla point d'ailleurs des autres crimes,
dont ce pape avoit été accufé.

C'eft dans ce même concile que l'ordre
des Templiers fut pour jamais profcrit & abo-
li. On accufoit ces moines guerriers de
bien des crimes, on les pourfuivoit depuis
plufieurs années, & on les avoit fait arrêter en
1307.

1307. Cependant étoient-ils en effet coupables de toutes les horreurs qu'on leur imputoit? ou leurs richesses avoient-elles excité la jalousie & l'avidité de leurs ennemis? C'est une question assez problématique. Mais il nous suffit de savoir qu'il y a eu des Templiers, & qu'il n'y en a plus.

En Angleterre, en France & ailleurs les biens des Templiers furent donnés aux Hospitaliers de S. Jean de Jérusalem, aujourd'hui les chevaliers de Malte. En Allemagne, on leur permit de passer dans l'ordre Teutonique ou dans celui de S. Jean. En Arragon, il fallut leur faire la guerre pour les détruire: mais ils ne furent traités nulle part aussi inhumainement qu'en France. Philippe eut part à leur dépouille, & le pape ne s'oublia pas.

Vers le même temps la ville de Lyon fut réunie à la couronne. Depuis plusieurs siecles, détachée du royaume de France, elle avoit fait partie successivement du royaume d'Arles, de celui de Bourgogne, de l'empire, & elle étoit enfin tombée sous la puissance temporelle de l'archevêque. Cependant comme ce souverain ecclésiastique ne jouissoit que d'une autorité contestée, les rois de France avoient eu souvent occasion de se porter pour médiateurs entre l'archevêque & les bourgeois. Par là, ils acquirent insensiblement des droits

Lyon est réuni à la couronne.

fur cette ville ; & en 1292, Philippe le Bel
avoit pris les habitants fous fa fauve-garde.
L'archevêque, protégé par le faint fiege, conferva néanmoins la fouveraineté jufqu'au pontificat de Clément V. Les chofes ayant
changé de face fous un pape dévoué à la
France , il fouleva les bourgeois, lorfqu'il
voulut rentrer par la force dans les droits
dont il avoit joui. Alors les troupes du roi
marcherent, & l'archevêque fut contraint de
céder la jurifdiction temporelle fur la ville,
fur le château de S. Juft & fur leurs appar-
tenances ; fe la réfervant feulement fur le château de Pierre-encife, avec le droit de battre
monnoie & d'avoir des troupes de pied &
de cheval dans la ville. On lui accordoit ces
troupes pour les guerres particulieres qu'il
pouvoit avoir avec des feigneurs voifins.

Edouard I obtint de Clément V la permiffion de violer les chartes & de mettre des décimes fur le clergé.

En Angleterre, Edouard fongeoit aux moyens d'étendre fon autorité. Il fe fit difpenfer par Clément du ferment qu'il avoit fait
au fujet des chartes : car les papes croyoient
toujours leur pouvoir au deffus des engagements les plus facrés. Il obtint de ce pontife des décimes fur le clergé, & il lui en
envoya la moitié ; achetant de lui la permiffion de mettre des impofitions fur les biens
des eccléfiaftiques , & reconnoiffant qu'il
n'en pouvoit pas mettre fans l'aveu du faint
fiege. Il eût été plus fage de fe priver d'un

pareil secours : mais alors les souverains n'en savoient pas davantage.

Le parlement ne vouloit pas qu'Edouard abandonnât au pape la moitié des décimes. Ce prince n'y eut aucun égard ; & il paroissoit se disposer à mépriser les loix de la nation, lorsque l'Ecolse soulevée lui donna d'autres soins. Cette guerre l'occupa jusqu'en 1307, qu'il mourut. Son fils, Edouard II, fit la paix avec la France. Ce prince, livré à ses favoris, regna parmi les troubles, reçut la loi de son parlement, fut déposé, mis en prison, & périt dans les tourments en 1327. J'anticipe sur ce regne, qui ne mérite pas de plus grands détails.

Le despotisme échoue tôt ou tard. Lorsqu'en 1308 Albert reçut la mort pour prix de ses injustices, il marchoit contre les Suisses, que la dureté de son gouvernement avoit soulevés. Trois cantons, Ury, Schweitz & & Underwald, commencerent une confédération, dans laquelle de nouveaux cantons entrerent bientôt ; parce que les empereurs furent assez aveugles, pour rendre le joug d'autant plus pesant, qu'on le souffroit avec plus d'impatience.

Quelques historiens prétendent qu'après la mort d'Albert, Philippe le Bel eût des vues sur l'empire, ou qu'il voulut au moins faire élire son frere, Charles de Valois. Il com-

muniqua , dit-on , son dessein à Clément;
qui , feignant de l'approuver & d'y vouloir
concourir, écrivit secrétement aux électeurs,
pour les inviter à prévenir les demarches du
roi de France , & à proclamer au plus tôt
Henri comte de Luxembourg. Si Philippe
s'ouvrit à ce pontife , il commit une grande
imprudence: car il devoit bien présumer que
les papes, qui regardoient alors l'empire comme un fief de l'église , ne voudroient pas
pour feudataire un prince puissant, qui avoit
résisté si fortement à Boniface. Il devoit déja
craindre assez de résistance de la part des princes Allemands , dont l'intérêt n'étoit pas de
choisir un chef capable de leur donner la loi.
Quoi qu'il en soit, Henri de Luxembourg
fut élu & couronné à Aix-la-Chapelle sous
le nom d'Henri VII.

1309

Henri VII
passe les Al-
pes.

Comme les anciennes factions subsistoient
toujours en Italie, Henri voulut profiter des
troubles qu'elles y causoient; & comptant rentrer dans les droits que ses prédécesseurs
avoient perdus, il passa les Alpes en 1311. Il
paroît que Clément , à qui cette entreprise
donna de l'inquiétude, engagea Robert, roi
de Naples , & fils de Charles le Boiteux, à
traverser l'empereur de tout son pouvoir. Au
lieu de se rendre lui-même à Rome pour le
couronner, comme il l'avoit promis , il en
donna la commission à cinq cardinaux par une

bulle, qui commençoit ainsi : » Jésus-Christ,
» le roi des rois, a donné une telle puissance
» à son église, que les royaumes lui appar-
» tiennent ; qu'elle peut élever les plus grands
» princes, & que les empereurs & les rois
» doivent lui obéir & la servir. »

Cependant Henri & les Gibelins faisoient
la guerre aux Guelfes & à Robert. Clément
écrivit donc aux cardinaux, d'ordonner au
moins une treve à ces deux princes, ajoutant
que puisqu'ils étoient engagés à l'église par
serment de fidélité, ils devoient être les plus
disposés à la défendre, & que le souverain
pontife pouvoit les obliger à mettre bas les
armes.

Henri, jugeant à ce langage que Clément le regardoit comme vassal du saint siege, consulta des jurisconsultes, qui démon-
trerent le peu de fondement des prétentions
du pape. Il protesta donc, il fit plus : car il
déclara criminel de leze-majesté Robert, dont
il se prétendoit le suzerain. Clément de son
côté prit la défense du roi de Naples, en excommuniant quiconque attaqueroit ce prince.
Ainsi la guerre s'allumoit, & elle alloit causer de nouveaux maux lorsque Henri VII mourut en Toscane, l'an 1313.

Le pape publia deux bulles contre la mémoire de cet empereur. Il y soutenoit ses
prétentions, il se donnoit pour successeur à

Il proteste contre les prétentions de Clément.

1313

Bulles de ce pape contre la mémoire de

K 3

l'empire pendant la vacance du trône: il caſſoit la ſentence portée contre Robert, & il le faiſoit vicaire de l'empire en Italie. Clément qui tenoit depuis quelque temps ſa cour à Avignon, pouvoit plus impunément s'arroger toute autorité ſur les princes, parce que cette ville appartenoit au roi de Naples. Plus de quatre ans auparavant, il avoit publié une bulle terrible contre les Vénitiens, qui avoient enlevé Ferrare à la maiſon d'Eſte. Ce n'eſt pas qu'il voulût prendre les intérêts de cette maiſon : il prétendoit, au contraire, que cette ville appartenoit au ſaint ſiege. Une croiſade qu'il fit prêcher, & les ſuccès du cardinal Arnaud de Pelegrue, ſon général, réaliſerent ſes prétentions. Il mourut au mois d'avril

1314, & Philippe ne lui ſurvécut que de quelque mois.

CHAPITRE IV.

*Du gouvernement de France sous Phi-
lippe le Bel.*

Lorsque le duel judiciaire étoit reçu dans les tribunaux, le plus ignorant magistrat étoit un juge compétent: car il n'étoit pas bien difficile de déclarer vainqueur le champion qui avoit vaincu. Mais les lumieres devinrent nécessaires, quand S. Louis eut proscrit cette maniere absurde de rendre la justice. Il fallut entendre des témoins, consulter des titres, connoître les coutumes, pénétrer l'esprit des loix : en un mot, il fallut de l'étude & du raisonnement.

Les seigneurs les plus instruits savoient à peine signer leur nom. Ils continuerent néanmoins de siéger dans les tribunaux & dans le parlement; & on les nomma *Conseillers jugeurs*, par ce qu'ils avoient seuls le droit d'opiner & de faire les arrêts.

Mais comme on ne peut pas juger sans être instruit, ce fut une nécessité d'admettre

Lumieres nécessaires aux magistrats depuis le regne de S. Louis.

Ignorance des conseillers jugeurs.

Elle force à créer des con

K 4

dans les cours de justice des conseillers rapporteurs ; c'est-à-dire, des hommes chargés de faire le rapport des affaires, & de suppléer à l'ignorance des juges. On les prit dans la bourgeoisie & dans le bas clergé. Ils savoient lire, ils savoient écrire : ils avoient quelque routine de la procédure, qui se suivoit dans les tribunaux ecclésiastiques ; & on les nommoit *légistes*, parce qu'ils étoient censés savoir les loix. Voilà le changement qui se fit dans l'administration de la justice, sous le regne de Philippe le Bel.

Ces conseillers rapporteurs n'avoient point de voix : mais il est aisé de comprendre qu'ils dictoient les arrêts, & que, par conséquent, ils étoient les vrais juges. Ils ne tarderent donc pas à se rendre maîtres du parlement, & ils donnerent naissance à cet ordre de citoyens, que nous nommons la *robe*.

Les seigneurs n'eurent pas de peine à leur abandonner l'administration de la justice : trop ignorants pour la rendre par eux-mêmes, ils regarderent au dessous de leur courage une fonction qui demandoit des lumieres. La roture des magistrats, qui prenoient leur place, avilit de plus en plus à leurs yeux la profession la plus noble ; & ils crurent se dédommager de leurs pertes par le mépris. De là est venu un préjugé qui subsiste encore. Je dis un pré-

[marginal note:] seillers rapporteurs.

[marginal note:] Ceux-ci se rendent maîtres du parlement.

jugé : car fi l'on juge de la nobleffe d'une profeffion par la néceffité dont elle eft , & par
les connoiffances qu'elle demande , l'épée
ne peut pas fe prétendre plus noble que la
robe. L'épée d'ailleurs n'a-t-elle pas perdu
de fa confidération , &, par conféquent, de fa
nobleffe , en perdant l'adminiftration de la
juftice.

Quoi qu'il en foit , les feigneurs furent
fi aveugles , qu'ils dédaignerent de nommer
les légiftes , qui devoient les repréfenter &
juger en leur nom. Ils en laifferent le choix
au roi, qui, n'ouvrant le parlement qu'à des
hommes à lui , acquit tous les jours plus
d'autorité.

L'aveugle-
ment des fei-
gneurs laiffe
au roi le
choix des lé-
giftes.

A la tenue de chaque parlement, le roi en
nommoit les magiftrats. Les gens de robe
ne fongeoient donc qu'à plaire au prince, qui
feul les pouvoit employer ; & ils s'appliquoient
à dégrader la nobleffe , dont le mépris les of-
fenfoit. Il s'agiffoit cependant de fe faire des
principes pour étendre les prérogatives royales aux dépens de celles des feigneurs ; & voici comment ils fe conduifirent.

Ils avoient lu la bible. Voyant donc que
le titre de roi étoit commun à David & aux
Capétiens , ils conclurent de ce feul mot, que
les Capétiens devoient jouir en France des
mêmes droits dont David avoit joui en Ju-

Sur quels
principes les
nouveaux ma-
giftrats éten-
dent les pré-
rogatives ro-
yales.

dée; comme si chaque nation n'avoit pas ses loix , & que l'une ne puisse pas limiter l'autorité de son chef, parce qu'une autre accorde au sien une autorité plus étendue.

Ils avoient encore lu le code Justinien, que S. Louis avoit fait traduire. Ils jugerent donc des droits des rois de France d'après ceux des empereurs du bas empire; quoiqu'alors ils ne pussent pas s'appuyer sur la ressemblance des titres.

Puissance législative des empereurs Romains.

Vous avez vu quelle étoit la puissance d'Auguste & comment elle se forma. Ce n'étoit pas co prince qui faisoit les loix : c'étoit le sénat ou le conseil qu'Auguste avoit choisi, & dont le sénat autorisoit les décrets. Avant Dioclétien, nous ne voyons pas qu'aucun empereur se soit arrogé ouvertement la puissance législative : ils la partageoient seulement par la grande influence qu'ils avoient sur les délibérations. Tout changea lorsque Constantin parvint à l'empire. Les empereurs, sans égard pour les droits du sénat, firent les loix & les firent seuls. Alors elles se multiplierent plus que jamais, & l'empire fut aussi toujours plus mal gouverné.

Cette puissance est mieux dans le premier corps de la nation, que

En effet, lorsque la nation ou le premier corps de la nation fait les loix, elles suivent d'ordinaire toujours le même esprit; elles sont l'effet des circonstances qui en font sentir le

befoin ; elles font plus refpéctées, parce que dans un def-
tout le monde en connoît mieux la néceflité. pote.
Mais lorfqu'un defpote fe plaçant fur fon
trône comme le feul organe de la juftice,
donne fon ignorance, fes caprices & fes paffions pour des loix, il n'y a plus de regle, &
le gouvernement change de forme à chaque
fouverain, ou même à chaque changement
de miniftre, de favori, de maîtreffe, de va-
let. Alors les abus naiffent continuellement
des abus : les loix, qui fe font fans plan &
fans objet, fe multiplient au gré des intérêts
particuliers : comme les intérêts, elles fe con-
tredifent, fe confondent, s'oublient, ou fe
reproduifent. Elles fe prêtent donc à toute
forte d'interprétation : fans force contre le citoyen puiffant, elles oppriment le foible avec
une apparence de juftice ; la jurifprudence même fe fait un art de les éluder.

Comparez, Monfeigneur, le fort des
peuples & des fouverains dans le bas empire,
avec le fort des peuples & des fouverains fous
Augufte, Vefpafien, Titus, Nerva, Trajan,
Adrien, Antonin, Marc-Aurele. Voilà d'un
côté des empereurs, qui affectent le defpotifme ; & de l'autre des empereurs, qui ne fe
croient que les magiftrats de la république.
Suppofez donc qu'étant fouverain quelque
part, on vous propofe d'établir vous-même
vos droits, & de choifir entre ceux auxquels

Augufte s'eft borné, & ceux que Conftantin à tranfmis à fes fucceffeurs. Balancerez vous ?

Ce n'eft pas que je prétende que les rois n'aient pas en France d'autres droits, que ceux qu'Augufte avoit à Rome. Si je penfois ainfi, je raifonnerois auffi mal que ceux que je combats. L'hiftoire des Capétiens vous apprendra que les prérogatives royales ne fe font pas établies de la même maniere que les prérogatives des empereurs. Cependant quelque différence qu'il y ait entre les unes & les autres, le confentement de la nation les rend également refpectables & facrées. Mais fi un roi de France ne vouloit être qu'un Trajan, qu'un Antonin, qu'un Marc-Aurele, le blâmeriez vous, Monfeigneur ? Voyez donc vous même ce que vous voulez être à Parme, fi jamais vous y regnez. Je reviens au parlement.

Raifonnement des gens de robe fur les prérogatives royales.

Les gens de robe, confidérant les rois de France comme autant de Davids, ou comme autant d'empereurs du bas empire, diftinguerent dans leur perfonne le roi & le feigneur fuzerain. Ils reconnurent que comme fuzerains ils n'avoient d'autorité que fur leurs vaffaux; & ils dirent que, comme rois, ils avoient fur les feigneurs la même autorité que fur les fujets de leurs propres domaines. Cette pré-

tention étoit évidemment contraire aux droits
féodaux ; mais perſonne ne les ſavoit défendre. Ils eurent donc toute liberté de raiſonner conſéquemment à ce principe. Ainſi ils
regarderent comme impropres, abuſives, ou
figurées toutes les expreſſions, dont on s'étoit
ſervi juſqu'alors, en parlant de la ſouveraineté
d'un ſeigneur. Ils conclurent qu'en France,
le roi étoit ſeul proprement ſouverain, qu'il
ne pouvoit pas y en avoir d'autre, & qu'il
n'avoit pu perdre aucune de ſes prérogatives,
parce qu'elles conſtituent l'eſſence de la royauté. En conſéquence, ils ne virent que des
uſurpations dans les droits des ſeigneurs, &
que des rebelles dans ceux qui les défendoient.
Ils les attaquerent donc ; les ſuccès qu'ils eurent furent des titres pour les attaquer encore ;
& ils ſe firent une loi de n'avoir point égard aux
droits que les ſeigneurs s'arrogeoient. Cependant on auroit eu de la peine à prouver
par l'hiſtoire, que tous les ſeigneurs euſſent
uſurpé ſur les Capétiens ; puiſqu'ils étoient
ſouverains chez eux, avant que les Capétiens
fuſſent rois.

Vous voyez que l'intérêt du prince étoit
l'unique regle des entrepriſes des gens de robe.
Cette regle n'a point d'inconvénient, lorſque
le roi eſt aſſez éclairé pour ſentir que ſon intérêt n'eſt autre que celui de la nation. Mais
ſi ces deux intérêts ſe ſéparent, elle tend évi-

Philippe le
Bel n'abuſe
pas de l'auto-
rité, que le
parlement lui
attribue.

derinment à produire le defpotifme. Elle ne
le produifit pas cependant, parce que les
vaffaux puiffants y mettoient de trop grands
obftacles, & qu'il ne fut pas au pouvoir de
Philippe le Bel d'ufer brufquement de toute
l'autorité, que les gens de robe lui attribuoient:
dans la néceffité de fe conduire à cet égard
avec beaucoup de circonfpection, quoique devenu légiflateur, il ofoit à peine faire des
loix.

Bon effet des fauffes maximes du parlement. On commence prefque toujours mal. Il ne
faut donc pas s'étonner fi les gens de robe fe
font d'abord fait de faux principes, fur-tout
dans un fiecle d'ignorance. Si avant eux,
on avoit contefté à la royauté les prérogatives les plus effentielles, il étoit naturel qu'ils
fe jetaffent dans une autre extrémité, & qu'ils
dépouillaffent la nation même, pour attri-
buer aux rois des droits fans bornes. Il falloit que le temps, éclairant les efprits, les
ramenât peu-à-peu dans ce jufte milieu, où
les rois font aimer leur autorité, parce qu'ils
la limitent eux-mêmes, en refpectant les loix
de l'état. Cependant les fauffes maximes,
que j'ai rapportées, firent un bien que la verité peut-être n'auroit pas pu faire: elles contribuerent à détruire le gouvernement féodal.

Mauvaife po- litique de Phi- Pour accréditer les nouvelles maximes &
accroître, par conféquent, l'autorité royale, il

fuffifoit que le prince ne montrât fa puiffance, que pour combattre les abus : il falloit, qu'en même temps que les magiſtrats entreprenoient de l'établir ſeul ſouverain, il prouvât par ſa conduite, que le bonheur de la France demandoit qu'en effet il n'y en eût pas d'autre: en un mot, il ne falloit qu'être juſte. Il eſt triſte de voir Philippe le Bel, avec de l'eſprit, du courage & de la fermeté, ſe conduire d'après une politique toute différente. Ambitieux, avare, diſſimulé, infidele, il crut s'enrichir en ruinant le peuple, & devenir plus puiſſant en diviſant tous les ordres de l'état, & les affoibliſſant les uns par les autres.

Vous comprenez néanmoins que ſi un ſouverain, qui ruine ſon peuple, paroît s'enrichir pour un moment, il tarit en effet pour l'avenir la ſource de ſes richeſſes. Vous concevez encore qu'il ſera bien foible au dehors, lorſqu'il ne ſera puiſſant au-dedans, que parce qu'il aura diviſé tous les ordres. Rien n'eſt plus ſimple dans la théorie que ces réflexions, rien n'eſt plus trivial même; le ſens commun les dicte. Mais rien n'eſt plus rare dans la pratique. Philippe le Bel en eſt un exemple.

L'or & l'argent ſont des marchandiſes, qu'on a choiſies pour faciliter l'échange de toutes les autres ; & on en a fait des monnoies, dont la valeur dépend du poids & du titre; c'est à dire, de la quantité d'or & d'argent fin qu'elles contiennent.

Anciennement la livre d'argent pesoit 12 onces. En France, sous la première race, une livre d'argent pesoit en effet une livre, c'est-à-dire, douze onces; & comme on la divisoit en vingt pieces, qu'en nommoit sous, vingt sous étoient encore la même chose qu'une livre pesant.

Ce qui assure la valeur des especes. Il faut que chaque piece de monnoie ait une marque qui en désigne le titre & le poids. Il faut encore que chaque citoyen puisse compter sur celui qui veille à la fabrique des especes. Le droit de battre monnoie appartient donc uniquement au souverain; parce qu'on présume qu'il ne veut pas tromper, qu'il ne le peut pas même, s'il consulte ses intérêts; & que d'ailleurs en supposant le contraire, on ne sait plus en pareil cas à qui donner sa confiance.

Fraudes des souverains qui battoient monnoie. Or, supposons que le souverain s'étant fait apporter les vieilles especes pour en fabriquer de nouvelles, fasse quarante sous avec douze onces d'argent; & qu'ensuite sous prétexte qu'on est dans l'usage de compter vingt sous pour une livre, il rende vingt sous des nouvelles especes pour vingt sous des vieilles, il est évident qu'il ne rend que la moitié de ce qu'on lui a donné. Voilà donc un moyen bien

bien commode pour mettre tout-à-coup dans
fes coffres la moitié de l'argent de fon royaume; & pour vous faire comprendre jufqu'où
cet abus a été porté, il fuffit de remarquer
que vingt fous, qui pefoient autrefois douze
onces, ne pefent pas aujourd'hui la fixieme
partie d'une once.

Tel eft le pouvoir des mots. Parce que
vingt fous & douze onces ont été appellés une
livre, il faut qu'une livre fe trouve encore
dans telle partie de métal dont il a plu de faire vingt fous. Ainfi le monde fe gouverne
par des fophifmes : on vole le peuple en fureté de confcience : & l'altération des monnoies, au lieu de paffer pour une fraude, eft
regardée comme le grand art des finances.
C'eft ainfi qu'on a penfé pendant plufieurs
fiecles.

Il y avoit déja eu quelques abus dans les
monnoies fur la fin de la premiere race. Ils
s'accrurent fous la feconde, où chaque feigneur eut le droit de battre monnoie dans fes
terres. Le grand art des finances étoit tout-
à-fait à leur portée.

*Ces fraudes fe font multi-
pliées fous la feconde race.*

Les feigneurs avoient un droit de feigneu-
riage, qui confiftoit à retenir la fixieme partie des matieres qu'on portoit à leur monnoie.
le peuple, victime de la variation continuelle
des efpeces, confentit à leur en payer un fe-

cond, qu'on nomma *monnéage*; & ils s'engagerent de leur côté à n'y faire plus de changement: mais, malgré cette convention, ils en firent encore, & fous le regne de S. Louis, le marc, c'eft à-dire, huit onces, valoit deux livres feize fous.

S. Louis a fait des réglemens pour rétablir les monnoies. S. Louis étoit trop éclairé, pour fuivre en cela l'exemple de fes prédécefleurs. Il fit au contraire des réglemens pour rétablir la monnoie; & on les trouva fi fages, que lorfque dans la fuite elle fut affoiblie, on demandoit toujours qu'elle fût remife dans l'état où ce faint roi l'avoit laiflée.

Philippe le Bel les altere & les change à plufieurs reprifes. C'eft conformément à ces réglemens, que Philippe le Bel, les premieres années de fon regne, fit fabriquer les efpeces qui eurent cours. Mais bientôt il les altéra; & depuis 1295 jufqu'en 1306, il fit plufieurs changemens dans la monnoie. En 1301 & en 1305 on faifoit huit livres dix fous avec un marc d'argent dont au commencement de fon regne on n'avoit fait que deux livres quinze fous fix deniers; & un denier de l'ancienne monnoie en valut trois de la nouvelle. Les efpeces n'avoient donc plus par le poids que le tiers de la valeur, qui leur étoit atcribuée par le roi.

En 1306 il fit faire une monnoie auffi forte que celle de S. Louis: mais il laiffa fub-

fifter la foible & ne fe mit point en peine de
proportionner l'une à l'autre. Ce fut la
fource de beaucoup de défordres : car ceux qui
devoient, vouloient payer en monnoie foible ;
& ceux à qui il étoit dû, vouloient être payés
en monnoie forte. Cela occafionna même une
grande fédition à Paris.

Le roi affoiblit encore la monnoie en 1310.
Il rétablit enfuite la monnoie forte en 1313, &
il ne la laiffa fubfifter que jufqu'au mois d'août
1314. On peut juger combien ces variations
caufoient de dommages ; puifqu'en 1303 le
clergé offrit au roi les deux vingtiemes du revenu de tous les bénéfices, s'il vouloit s'engager pour lui & pour fes fucceffeurs à ne
plus affoiblir les monnoies à moins d'une néceffité indifpenfable dont les feigneurs & les
prélats du royaume feroient juges. Cette propofition ne fut pas acceptée.

Lorfqu'en 1301 & 1305 la livre, réduite
au tiers de fa valeur, étoit cependant encore
comptée pour une livre, les feigneurs ne tiroient plus qu'un tiers des droits, qu'ils levoient en argent fur leurs fujets, & par cela
feul ils fe trouvoient ruinés. Mais le peuple,
qui payoit les deux tiers moins, fe ruinoit
auffi. Car chacun étoit payé à fon tour dans
les mêmes efpeces ; & par la circulation de
l'argent, il fe trouvoit enfin que tout le

*Mauvais ef-
fets de ces va-
riations.*

L 2

monde avoit perdu.   Il falloit encore que le
roi perdît auffi, comme les autres : car les revenus en argent qu'il tiroit de fes domaines
ou des impofitions, diminuoient néceffairement des deux tiers; puifqu'on ne pouvoit le
payer qu'avec les monnoies auxquelles il avoit
donné cours.   Enfin le grand gain qu'il y
avoit à contrefaire ces monnoies affoiblies,
produifit au dedans & au dehors du royaume
quantité de faux-monnoyeurs, qui remplif-
foient la France de mauvaifes efpeces & en
enlevoient toutes les bonnes.   Philippe voulant au moins empêcher des fraudes dont il
ne retiroit pas le profit, engagea Clément V
à publier contre les faux-monnoyeurs une bulle
d'excommunication.   Mais pouvoit-il fe flatter qu'on refpecteroit des cenfures qu'il méprifoit lui même ? Il continua donc d'y avoir
des faux-monnoyeurs, & tout concourut à
la ruine du royaume.

Le titre & le poids des efpeces eft une
chofe arbitraire.   Pourvu qu'on n'y faffe pas
de changement, elles fe mettent d'elles mêmes en proportion avec les denrées; & on
fait le commerce avec une monnoie foible,
comme avec une monnoie forte.   Au contraire, lorfque la valeur des efpeces hauffe &
baiffe tour-à-tour, cette proportion ne peut
plus s'établir.   Dans la crainte d'être trompé,
chacun veut vendre cher, chacun veut ache-

ter bon marché: le commerce ne fe fait plus,
& cette ceſſation acheve la ruine de tout le
monde. Voilà ce qui arriva ſous Philippe le
Bel. Par conſequent, ſi ce prince fit du mal,
en répandant une monnoie foible ; il en fit
encore, lorſqu'il répandit une monnoie
forte.

Lorſque j'ai recueilli d'un champ, que
je cultive, les denrées néceſſaires à ma conſommation, le ſurplus des productions m'eſt
inutile, ſi je ne puis pas l'échanger contre les
denrées qui me manquent. Je ne me croirai
donc pas plus riche pour avoir ce ſurplus ;
je ne travaillerai donc pas à me le procurer;
je laiſſerai donc en friche une partie de mon
champ. En effet, que m'importe d'avoir
dans mes greniers une quantité de bléd, que je
ne pourrai ni conſommer ni échanger ? Mais
lorſqu'après avoir prélevé le bléd néceſſaire à
ma conſommation, je puis, en échangeant ce
qui me reſte, acquérir d'autres denrées & des
commodités de toute eſpece ; c'eſt alors ſeulement que ce ſurplus devient une richeſſe pour
moi, c'eſt alors qu'il m'eſt avantageux de recueillir la plus grande quantité de bléd, & de
donner tous mes ſoins à la culture de mon
champ. Le pouvoir d'échanger rend donc richeſſe ce qui, ſans ce pouvoir, ne ſeroit qu'un
ſuperflu inutile. Voilà comment le commerce
nous enrichit : il ne produit pas les richeſ-

fes , mais il rend richeffe ce qui, fans lui,
feroit inutile &, par conféquent, de nulle
valeur.

Si on fait des chemins, fi on conftruit
des ponts, fi on creufé des canaux, fi on
rend les rivieres navigables; c'eft afin que le
tranfport des marchandifes foit plus facile &
moins difpendieux, c'eft afin qu'une quantité
de denrées, qui feroit inutile dans le lieu
qui l'a produite, devienne par l'échange une
richeffe, en paffant dans le lieu qui ne la produit pas. Le commerce ne nous enrichit donc
qu'à proportion que les échanges fe font avec
plus de facilité; & fi l'on ôte tous les moyens
d'échanger, il ne peut plus y avoir de richeffe.

Or, l'argent monnoyé n'eft pas une richeffe : ce n'eft qu'un moyen de plus pour faciliter les échanges & pour rendre richeffe ce
qui ne feroit qu'un fuperflu inutile. Mais ce
n'eft un moyen, qu'autant que les efpeces ont
un prix fixe. Si ce prix varioit arbitrairement,
cette variation détruiroit la confiance : car je
ne vous donnerai pas ma marchandife pour un
écu, qui demain vaudra moins qu'aujourd'hui;
& vous ne me donnerez pas votre écu, fi vous
croyez qu'il vaudra davantage. Voilà donc
le commerce arrêté. Dès-lors ce qui étoit
auparavant une richeffe, deviendra un fuperflu

inutile. On ne songera donc plus à se procurer ce superflu. Le fabricant démontera
une partie de ses métiers: le laboureur lais-
sera une partie de ses champs en friche: la
misere se répandra donc dans les campagnes
& dans les villes. Les journaliers seront forcés à mendier, parce que les cultivateurs ne
les emploieront plus: les artisans abandonne-
ront une patrie, où faute de travail, ils ne
pourront plus gagner leur pain: des familles
entieres périront, parce qu'elles ne pourront
ni trouver dans le pays, ni chercher ailleurs
de quoi subsister. En un mot, la nation
s'appauvrira & se dépeuplera de jour en jour.
Comment donc le souverain pourroit-il ne
pas s'appauvrir lui - même? Telle est l'influence d'une administration qui gêne le commerce.

Cependant on se seroit mis à l'abri des
pertes, que causoit la variation des monnoies, si on eût compté par marcs & sans
égard pour la valeur chimérique des especes
courantes. Mais ce moyen n'étoit pas prati-
cable dans le commerce continuel des petites
denrées ; & lorsqu'on le tenta dans les con-
trats de vente & d'emprunt, Philippe, comme s'il eût juré la ruine de son peuple, ordonna de compter, suivant l'ancienne coutume, par livres, sous & deniers.

Défense qui augmente les effets de ces variations.

L 4

Si ce prince trouvoit une reſſource dans
l'affoibliſſement des monnoies, elle n'étoit
que paſſagere, puiſqu'il partageoit bientôt les
pertes. La ruine des ſeigneurs étoit l'avantage le plus réel, qu'il retiroit de cette miſéra-
ble politique: cependant c'étoit un moyen bien
étrange que de ruiner la France même, pour
ruiner les ſeigneurs François.

A l'exemple
de Philippe le
Bel les vaſ-
ſaux commet-
tent les mê-
mes abus.

Les déſordres étoient au comble : on murmuroit : mais le roi ne craignoit pas un ſoulé-
vement général ; parce que les grands vaſſaux
ſuivoient ſon exemple, & faiſoient les mêmes fraudes dans leurs terres. Les ſeigneurs
les plus puiſſants paroiſſoient avoir formé
une ligue, pour opprimer le reſte de la nation.

Adreſſe
de ce prince
pour leur en-
lever le droit
de battre
monnoie.

Philippe ſe condúiſit pourtant avec adreſſe, pendant que les autres ne daignoient
ſeulement pas pallier leur brigandage ; il publia que l'affoibliſſement des monnoies étoit
une ſuite des circonſtances où il ſe trouvoit. Il ſupplia ſes ſujets de recevoir avec
confiance les mauvaiſes eſpeces, auxquelles
il donnoit cours ; il promit de les retirer en
dédommageant, ceux qui les rapporteroient
& engagea à cette fin ſes domaines préſents
& à venir, & tous ſes revenus.

Il parut tenir ſa parole, lorſqu'en 1306
Il fit fabriquer des eſpeces à deux livres quin-

ze sous six deniers le marc. Le peuple qui à la premiere lueur, croit voir la fin de ses maux, fut assez dupe pour applaudir à la générosité du roi. Cependant Philippe prouva par sa conduite, qu'il avoit d'autres vues que de soulager la misere publique. En effet, à peine se vit-il assuré de la confiance de la nation, que sous prétexte d'empêcher les fraudes qu'il avoit faites lui-même, & qu'il devoit faire encore, il entreprit d'enlever à tous les seigneurs le droit de battre monnoie. Bientôt ses officiers firent dans chaque seigneurie l'essai des especes, qui s'y fabriquoient, pour reconnoître si elles étoient du poids & du titre dont elles devoient être. Il défendit ensuite aux prélats & aux barons d'en frapper jusqu'à nouvel ordre. Il ordonna à tous leurs officiers monétaires de se rendre dans ses monnoies sous prétexte qu'il avoit beaucoup d'especes à faire fabriquer. Il enjoignit au duc de Bourgogne de se conformer aux ordonnances qu'il avoit faites au sujet des monnoies; & des commissaires qu'il envoya dans le duché d'Aquitaine, s'y comporterent à cet égard avec toute l'autorité qu'il s'arrogeoit. Ainsi par la maniere dont il traitoit d'aussi grands vassaux, on peut juger combien il ménageoit peu les autres.

Les seigneurs se soumirent; parce qu'ils craignoient que leur résistance ne les exposât au foulévement de leurs fujets. En effet, le peuple s'imaginoit que Philippe fongeoit fincérement à remédier aux abus ; tandis qu'il vouloit jouir feul du droit de les commettre. Le droit que ce prince acquit par-là fur les monnoies feigneuriales, le rendit maître de la fortune des feigneurs. Il pouvoit les appauvrir, s'il changeoit encore le prix de l'argent, & il le changea.

Ses fuccef-feurs uferont de ce droit pour commettre les mêmes fautes.

L'exemple de Philippe le Bel auroit dû faire comprendre à fes fucceffeurs, qu'il n'y a rien de plus ruineux pour un état, que la variation des monnoies. Ils ne le comprendront pas cependant. Ils regarderont, au contraire, comme une grande reffource de pouvoir s'approprier une partie de l'argent de leurs fujets. Mais avec cette conduite ils tiendront la France dans un état de foibleffe, d'où elle aura bien de la peine à fortir. Philippe paroît avoir enfin reconnu lui-même les conféquences de cet abus: car peu avant fa mort, il fit des réglements pour y remédier; & il recommanda fort à fon fils le rétabliffement de la monnoie.

Philippe le Bel fomente les divifions des trois ordres.

Pendant que Philippe le Bel établiffoit fa puiffance fur la ruine des vaffaux, il fongeoit à profiter des divifions qui étoient entre les trois ordres, ou même à les fomenter afin de les affujettir les uns par les autres.

A force de tyrannie les feigneurs s'é-
toient rendus odieux au tiers état, qui étoit
déja dans l'ufage de fe mettre fous la protection du roi; & le clergé dont les biens excitoient l'envie du peuple, haïffoit les feigneurs laïques, & n'en étoit pas moins
haï.

Aucun des trois ordres ne connoiffoit fes
vrais intérêts. Le clergé feul formoit un corps,
parce qu'il s'affembloit quelquefois. Il pouvoit donc mieux concerter fes démarches.
Mais il fe trouvoit entre deux puiffances, qui
paroiffoient fe difputer fes dépouilles. Tantôt
il fe mettoit fous la protection des papes,
pour ne pas contribuer aux charges de l'état:
& d'autres fois il avoit recours à celle des
rois, pour fe fouftraire aux exactions de la
cour de Rome.

Situation em-
barraffante
du clergé.

Entre ces deux écueils également dangereux, il ne favoit comment diriger fa manœuvre; de forte qu'il échoua contre tous
deux à-la-fois, après avoir heurté tour-à-tour
contre l'un & contre l'autre: en un mot, il
fut en même temps la proie des rois & celle des papes: car vous avez vu que Clément
V accorda les décimes à Philippe le Bel;
& que Philippe fouffrit toutes les extorfions
de Clément. Dans de pareilles occafions
où il étoit fi difficile de prendre un bon

parti, le clergé se divisoit, & s'affoiblissoit encore lui-même.

Situation des
seigneurs. &
du tiers état.

Les seigneurs étoient dans la plus grande ignorance. Ils ne formoient pas un corps. Il ne pouvoit plus y avoir de concert parmi eux, depuis qu'ils avoient cessé de venir au parlement. En un mot, aucun intérêt commun n'éroit capable de les réunir: car chacun depuis long-temps ne connoissoit que le sien propre. Quant au tiers état, il ne se soutenoit que par la protection du roi.

Philippe le
Bel projette
d'assembler
les trois or-
dres, pour
vendre sa pro-
tection à tous,
sans l'accor-
der à aucun.

Philippe jugea qu'il n'en seroit pas de ces trois ordres, s'il les rassembloit, comme de la diete d'Allemagne ou du parlement d'Angleterre. Il vit qu'ils ne se rapprocheroient que pour se plaindre les uns des autres; qu'ils s'aigriroient de plus en plus; qu'ils se pousseroient à l'envi sous le joug; qu'en jouant lui-même le personnage de médiateur, il seroit sûr de plaire à deux, lorsqu'il en humilieroit un; que, par conséquent, il pourroit les humilier tour-à-tour; & qu'en offrant à tous sa protection, sans jamais l'accorder à aucun, il les mettroit dans la nécessité d'avoir pour lui des complaisances, c'est-à-dire, de lui accorder des subsides.

Ce projet lui
réussit.

Ce prince assembla donc les états généraux du royaume, & tout lui réussit, comme il l'avoit prévu. La nation entiere concourut, sans le savoir, à tous ses desseins.

Il obtint des dons gratuits ; il fut en état
d'avoir toujours fur pied une armée confidérable , & il éleva l'autorité royale à un degré de puiffance , qui ne pouvoit manquer
d'achever la ruine du gouvernement féodal.
Il eft évident que les barons alloient perdre
le droit de guerre , le feul qui leur fût
refté jufqu'alors. Mais vous verrez ailleurs
ces chofes expofées dans un plus grand détail (*) .

On ne peut pas nier qu'il n'y ait beaucoup d'adreffe dans la conduite de Philippe
le Bel. Mais , Monfeigneur , S. Louis dans
les mêmes circonftances eût fait de plus grandes chofes , & il eût été jufte. C'eft cependant la politique de Philippe qu'on fuivra
dans la fuite. Vous verrez la puiffance royale s'accroître , parce que les différents ordres fe détruiront mutuellement. Vous re-
marquerez qu'on aura pour maxime: *divifez
& vous commanderez* Cependant vous verrez combien le fouverain eft foible, lorfqu'il n'eft puiffant qu'en divifant fon peuple ; & l'événement vous fera voir fi c'eft
ainfi qu'on doit regner.

Philippe le Bel, par fon mariage avec
Jeanne de Navarre , réunit à la couronne le

La politique de ce prince eft injufte, & fera funefte à fes fucceffeurs

Réunion faite à la couronne

(*) Obfervations fur l'hiftoire de France.

royaume de Navarre & les comtés de Champagne & de Brie. Il rendit sédentaires à Paris le parlement, à Troyes les grands jours, & à Rouen l'échiquier; trois cours souveraines auxquelles ressortissoient les jurisdictions subalternes.

Cours souveraines rendues sédentaires.

CHAPITRE V.

Des principaux états de l'Europe depuis la mort de Philippe IV, dit le Bel, jusqu'à celle de Charles IV, dit le Bel.

A la mort de Philippe le Bel, tous les ordres de l'état & même toutes les provinces portoient avec impatience un joug qui s'étoit appesanti sur toute la nation. Le mécontentement étoit général : mais chacun se plaignoit séparément, suivant ses intérêts particuliers ; & il ne pouvoit y avoir d'accord entre le clergé, les seigneurs & le peuple, puisque toujours divisés, ils n'avoient jamais cessé de se nuire. Voilà ce qui maintint l'autorité royale. Il faut convenir qu'un souverain qui se rend odieux, a besoin de diviser les ordres de l'état.

Mécontentement général, mais sans effet.

Les regnes foibles & courts des trois fils de Philippe le Bel, qui monterent successivement sur le trône, étoient un temps bien favorable à une révolution. Si les trois or-

Pourquoi il a été sans effet.

dres avoient fu fe réunir, il leur auroit été
facile de mettre des bornes à la puissance
du monarque, & de recouvrer une partie de
leurs droits. Mais comme ils agissoient chacun séparément, ils ménaçoient plutôt de fe
soulever, qu'ils ne fe soulevoient; & parce
que dans cette position, ils fentoient leur
foiblesse, chacun d'eux saisissoit l'occasion de
traiter avec le roi; & ils fe foumettoient
tour-à-tour, souvent sur des promesses vagues, dont rien n'assuroit l'exécution. Si
les feigneurs, par exemple, demandent que
les baillis foient destitués, lorsqu'ils auront
entrepris quelque chose contre les coutumes
établies; le roi l'accorde, mais c'est en insé-
rant pour clause, que les coupables ne perdront pas leur emploi, s'ils ont agi de bonne foi, ou s'il veut leur faire grace. Il
n'accordoit donc rien. D'ailleurs il étoit bien
difficile de déterminer ce que c'étoit que les
coutumes établies, chez un peuple, où il n'y
avoit jamais rien eu de fixe, & où un feul
exemple tenoit souvent lieu de coutume &
de loi. Les feigneurs obtinrent encore comme une faveur, que le roi enverroit tous
les trois ans des commissaires dans les provinces, pour réformer les abus commis par
les baillis: ils ne prévoyoient pas que les réformateurs, étant officiers du roi, s'occupe-
roient uniquement des moyens d'accroître
l'autorité

l'autorité royale. Ainsi toutes leurs précautions tournoient contre eux-mêmes, tant ils étoient ignorants des droits qu'ils avoient eus, de ceux qu'ils conservoient encore, & de ceux qu'ils étoient menacés de perdre. Leur aveuglement fut le bonheur de la France: car avec plus de lumieres, ils auroient pu ramener tous les désordres du gouvernement féodal.

Une autre cause contribuoit à mettre les seigneurs assujettis dans l'impuissance de se relever. Les états généraux, établis par Philippe le Bel, avoient proprement partagé le royaume en deux parties: parce que les ducs de Bourgogne, d'Aquitaine, de Bretagne & le comte de Flandre, ayant négligé de se rendre à des assemblées, où ils n'étoient appellés que pour contribuer, s'accoutumerent à se regarder comme étrangers à la France, & la France les regarda bientôt comme ennemis. Ils auroient dû prévoir que la ruine des barons entraîneroit tôt ou tard la leur. Il étoit donc de leur intérêt de les protéger, &, par conséquent, de se rendre aux états. En tenant une conduite différente, ils s'exempterent, à la vérité, de porter les charges, mais ils aigrirent contre eux les barons qu'ils abandonnoient. Ils croyoient, sans-doute, avoir gagné beaucoup, parce qu'ils n'avoient pas été assujettis comme les

Division qui tend à la ruine des vassaux

autres, & que le roi ne confervoit fur eux que les droits de fuzerain : cependant ce fuzerain devenoit bien redoutable, puifqu'il étoit monarque dans toute le refte du royaume, & qu'il n'y trouvoit qu'une foible réfiftance à fes ordres. Tel a été l'état de la France fous les fils de Philippe le Bel.

1314
Regne de
Louis X.

Louis X, dit Hutin, ayant fuccédé à fon pere, appaifa les mécontents en faifant des promeffes aux grands qui revenoient à lui, & en facrifiant à la haine publique Enguerrand de Marigni, qui avoit été miniftre de fon pere, & qui fut pendu pour des crimes qu'il n'avoit pas commis. Ce prince enfuite furchargea le peuple d'impôts, vendit les offices de judicature, leva des décimes fur le clergé & força les ferfs de fes terres à racheter leur liberté: ce font les moyens qu'il imagina pour fournir aux frais de la guerre qu'il vouloit faire au comte de Flandre. Il fit en effet, cette guerre, mais fans fuccès. Il mourut la feconde année de fon regne. Un édit par lequel il déclara que le droit de battre monnoie n'appartenoit qu'à lui, fait voir combien Philippe le Bel avoit enhardi fes fucceffeurs à dépouiller les barons.

A l'exemple
de Louis X les
feigneurs ven-
dent la liberté
à leurs ferfs.

Les feigneurs, avides de faifir toutes les occafions de faire de l'argent, vendirent, à l'exemple de Louis Hutin, la liberté à leurs ferfs. Les ferfs différoient des efclaves, en

te qu'ils avoient ou pouvoient avoir des terres ou d'autres biens en propre : mais ils
étoient attachés à la glebe, comme on s'ex-
primoit alors, c'eft-à-dire, qu'ils ne pouvoient
point fortir du domaine de leur feigneur, qui
exerçoit fur eux une puiffance arbitraire.
Vous jugerez par-là qu'en général leur fujé-
tion étoit dure ; & que cependant elle n'étoit
pas la même par-tout.

Les feigneurs en affranchiffant les ferfs
de leurs terres, firent par avarice une fauffe
démarche : car ces hommes, qu'ils avoient
vexés jufqu'alors, devoient devenir leurs ennemis, en devenant libres, & chercher, par
conféquent, dans la puiffance du roi une protection contre eux.

C'étoit une fauffe démar-che de leur part.

A la mort de Louis, Philippe le Long,
fon frere & fon héritier, étoit à Lyon, où
il avoit eu bien de la peine à raffembler les
cardinaux, & où il n'en avoit pas moins à
les accorder fur le choix d'un pape. Depuis
deux ans & trois mois que Clément étoit
mort, on ne lui avoit pas encore donné un
fucceffeur. Les cardinaux s'étoient d'abord
affemblés à Carpentras, fans pouvoir s'accorder ; parce que les Gafcons & les Italiens
vouloient chacun un pape de leur nation.
Mais le peuple, las de la longueur du conclave, imagina pour le faire finir, de mettre le feu au lieu où il fe tenoit, & les

Difficultés qui avoient em-pêché de don-ner un fuccef-feur à Clé-ment V.

cardinaux se disperserent. Sans les précau‑
tions que prirent Philippe le Bel & Louis
Hutin, il y auroit eu, sans doute, un schis‑
me. Enfin Philippe le long mit les cardi‑
naux dans la nécessité de terminer : car il
les enferma dans le couvent des freres prê‑
cheurs de Lyon ; & il donna ordre de ne
les point laisser sortir, qu'ils n'eussent élu
un pape.

Une assem‑
blée déclare
que la couron‑
ne de France
ne peut passer
aux filles.
Il eut lui-même d'autres contestations au
sujet de la couronne, à laquelle Jeanne,
fille de Louis, prétendoit avoir droit; car je
ne parle pas de Jean I, dont la reine dou‑
airiere accoucha, & qui ne vécut que huit
jours. Les prétentions de Jeanne ayant été
examinées dans une assemblée, il fut décidé
que la loi salique exclut les femmes du trône.
On n'avoit pas eu occasion depuis Hugues
Capet d'agiter de pareilles questions, parce
que la couronne avoit toujours passé en ligne
directe de pere en fils.

Les vassaux
abusent du
droit de bat‑
tre monnoie.
L'édit, par lequel Louis Hutin s'étoit at‑
tribué à lui seul le droit de battre monnoie,
trouva tant de résistance, que ce prince avoit
été obligé de se borner à prescrire aux ba‑
rons le poids, le titre & la marque des espe‑
ces qu'ils fabriqueroient. Mais bien loin
d'observer ses réglements, ils avoient affoibli
les monnoies, ils avoient même contrefait
celles du roi ; & la fortune des particuliers

troit à la difcrétion de ces tyrans aveugles,
qui ruinoient leurs fujets fans fonger qu'ils fe
ruinoient eux-mêmes par contre-coup.

Philippe le Long, voulant arrêter ce défordre, envoya des commiffaires dans toutes
les provinces pour examiner la conduite des
feigneurs, & pour les forcer à fe conformer
aux réglements. Le roi d'Angleterre ne fut
pas exempt de cette recherche : car on faifit
à Bordeaux & dans toute la Guienne fes coins
& les efpeces qu'il faifoit fabriquer.

Philippe V
s'attribue
l'infpection
fur leurs mon-
noies.

Un prince qui commandoit ainfi, n'étoit
pas bien loin d'enlever aux barons le droit
de battre monnoie: mais pour y trouver
moins d'obftacles, il crut devoir traiter avec
les plus puiffants. Il acheta donc de Charles,
fon oncle, comte de Valois, les monnoies
de Chartres & d'Anjou ; & de Louis de Cler-
mont, feigneur de Bourbon, celles de Cler-
mont & du Bourbonnois. Il projetoit d'établir dans toute la France un feul poids, une
feule mefure, une feule monnoie: projets
qui s'évanouirent avec lui: fa mort précipi-
tée ne lui permit pas d'en effayer l'exécution.

Il achete les
monnoies de
quelques-uns

Philippe avoit pris des mefures qui le
mettoient en état de tout ofer. Il avoit rempli le royaume de fes fauve-gardes: il s'étoit
attaché des familles roturieres, qu'il avoit
ennoblies par de fimples lettres. Les bour-

Ses précau-
tions pour ac-
croître fon au-
torité.

geois ne pouvoient plus armer que pour lui, parce qu'il leur avoit fait dépofer leurs armes dans des arfenaux ; & elles ne devoient leur être rendues que pour marcher fous les ordres des capitaines qu'il avoit mis dans les villes principales. Enfin il avoit placé dans chaque bailliage un capitaine général, qui, étant à la tête des milices, tenoit les feigneurs dans la foumiffion. Ce dernier établiffement avoit encore l'avantage de diminuer la puiffance des baillis qui pouvoient s'être rendus fufpects ; parce que jufqu'alors ils avoient réuni la juftice, les finances & la guerre.

Plufieurs feigneurs vendent leurs monoies à Charles IV, qui répare les fautes de fon pere.

1322

Sous le regne de Charles IV, dit le Bel, qui fuccéda à Philippe IV, fon frere, plufieurs feigneurs vendirent le droit qu'ils avoient de battre monnoie ; jugeant que le roi étoit affez puiffant, pour le leur enlever tôt ou tard : ainfi leur avarice hâta une révolution qui paroiffoit avantageufe. Je dis, *qui paroiffoit* ; car il eût fallu que les rois n'euffent pas commis eux-mêmes les abus qu'ils reprochoient aux barons. Or, Charles le Bel affoiblit les monnoies, pour fournir aux frais de la guerre de Guienne contre le roi d'Angleterre.

Cet expédient fi ruineux fera encore une reffource pour fes fucceffeurs ; & vous êtes étonné, fans doute, de l'aveuglement de tous ces rois. C'eſt l'effet de leur ignorance, Monſeigneur : c'eſt qu'incapables de connoître par eux-mêmes leurs vrais intérêts, ils ſe livrent à des miniſtres qui partageant les dépouilles des ſujets, ne ſe mettent pas en peine des pertes que fera bientôt leur maître. C'eſt aſſez pour leur juſtification, qu'ils ne faſſent que les fautes qu'on a faites avant eux. Car lorſqu'il s'agit d'adminiſtration publique, il ſemble que l'exemple ſuffiſe pour autoriſer les abus.

En 1325, Charles le Bel porta ſes vues ſur l'empire : mais ſes petites intrigues furent ſans ſuccès ; elles me fourniſſent ſeulement une tranſition, pour paſſer aux affaires d'Allemagne & d'Italie.

Charles IV ambitionne l'empire.

Après un interregne d'environ quatorze mois, les électeurs partagés donnerent en 1314 deux ſucceſſeurs à Henri VII, Louis, duc de Baviere, & Frédéric, duc d'Autriche. La guerre que ſe firent ces deux concurrents, agita non-ſeulement toute l'Allemagne : elle alluma encore les factions en Italie ; les Gibelins & le roi de Sicile s'étant déclarés pour Louis, tandis que les Guelfes & le roi de Naples prenoient le parti de Frédéric. Jean XXII, ſucceſſeur de Clément V, voyoit ces troubles d'Avignon, où il tenoit ſa cour. Il ne ſe déclaroit encore ouvertement pour aucun des deux empereurs : mais il penchoit

Troubles à l'occaſion de l'élection de deux empereurs, Louis de Baviere & Frédéric d'Autriche.

M 4

pour Frédéric dont il étoit plus ménagé, &
dont les Guelfes avoient épousé les intérêts.
Cette guerre dura huit ans, & fut terminée
par la défaite de Frédéric, qui fut fait prisonnier.

Alors le pape déclara l'empire vacant, somma Louis de se soumettre au saint siege, défendit de reconnoître ce prince pour roi
des Romains, & raisonna comme ses prédécesseurs, en pareil cas. Mais une diete, tenue à Nuremberg, n'eut pas de peine à ré-
futer des raisonnements, qui devenoient bien
foibles, depuis que les lumieres commençoient à se répandre. Les Allemands suivirent l'exemple que les François leur avoient
donné; ils appellerent au futur concile général.

Le pape publia des bulles, fulmina des
excommunications; & une nouvelle diete
l'accusa de troubler l'empire, d'attenter sur
les droits des princes, de piller les églises & d'enseigner une doctrine hérétique.

Les armes spirituelles n'étant pas suffisan-
tes, Jean leva des troupes avec des indulgences plénieres. Elle marcherent contre les
Gibelins, elles furent défaites, & la guerre
ne pouvoit plus se continuer sans argent. Le
clergé de France en fournit : car le pape
ayant accordé les décimes au roi, obtint la
permission de lever une taxe sur les églises.

Elle fut si exorbitante, qu'elle emporta presque le revenu d'un année de tous les bénéfices. Ce fut dans cette conjoncture que
Charles, à la follicitation du pape, négocia
inutilement pour se faire élire roi des Romains.

Cependant le parti des Gibelins prévaloit en Italie, les Romains avoient chassé
de leur ville les partisans du pape, & Louis
V, profitant de ces circonstances, avoit passé les Alpes. Ayant été couronné à Milan
roi d'Italie, il vint à Rome, où il fut reçu
au milieu des acclamations du peuple, &
couronné empereur.

Louis est re-
çu à Rome
aux acclama-
tions du peu-
ple.

1327

Il y avoit déja quelque temps que les
Romains avoient invité Jean à venir faire sa
résidence à Rome, & l'avoient menacé, sur
son refus, d'élire un autre pape. Ils demanderent donc à l'empereur qu'il leur fut
permis de procéder à cette élection, & ce
prince y consentit sans peine, irrité d'ailleurs
contre Jean, qui ne cessoit de publier des
bulles, où il le traitoit d'hérétique & d'excommunié.

Les Romains
lui deman-
dent la per-
mission d'éli-
re un autre
pape.

Il fit une loi, par laquelle le pape, qui
seroit élu, ne pourroit résider ailleurs qu'à
Rome ; & seroit déchu du pontificat s'il s'é-
loignoit plus de trois journées, & s'il de-
meuroit plus de trois mois absent. Ce fut
sans doute, une condescendance qu'il voulut

Nicolas V an-
tipape.

avoir pour le peuple Romain : car un empereur n'avoit point intérêt que les papes réfi-
daffent à Rome, & il eût été avantageux
pour toute la chrétienté, qu'ils n'euffent jamais remis le pied en Italie. Il dépofa enfuite dans une affemblée Jacques de Cahors.
C'eft ainfi qu'il nommoit Jean XXII. Il le
condamna même à mort, comme convaincu d'héréfie & de crime de leze-majefté.
Enfin il fit élire Pierre Rainalluci de Corba-
rio, de l'ordre des freres mineurs. Cet antipape prit le nom de Nicolas V.

Je vais vous arrêter un moment fur les
héréfies qu'on attribuoit à Jean XXII ; car
elles vous feront connoître la frivolité des
queftions dont on s'occupoit alors. Mais il
faut reprendre les chofes de plus haut.

Inconvé-
nients recon-
nus de la mul-
titude des or-
dres religieux
En 1215 le concile de Latran défendit
de fonder de nouveaux ordres religieux ; &
dès le quatrieme fiecle, les abus qui pouvoient naître de leur multitude étoient fi con-
nus, que S. Bafile, quoique fondateur de monaftères, penfoit qu'on ne devoit pas fouffrir
dans un même lieu deux communautés différentes, ni même deux maifons d'une même congrégation. En effet, tous les
ordres font autant de petites républiques, qui ayant des intérêts différents, fe-
ment leurs divifions dans l'églife & dans l'é-
tat ; & qui méconnoiffant toute autorité ;

lorſque leurs prétentions ſont menacées, ſe ſoulevent aiſément contre les princes, contre les évêques & contre les papes mêmes. Il ne falloit que réfléchir légérement ſur le cœur humain, pour prévoir, que de ces inconvénients devoient naître de pareilles inſtitutions; & l'hiſtoire ne prouve que trop qu'on auroit bien prévu. J'y renvoie, & au diſcours de l'abbé Fleuri ſur les ordres religieux.

Malgré la défenſe du concile de Latran, les communautés religieuſes ſe multiplierent plus que jamais. Bientôt on vit paroître les freres mendiants, nommés freres prêcheurs & freres mineurs; les premiers fondés par S. Dominique, & les ſeconds par S. François.

Inſtitutions des ordres mendiants.

Sans préjudice de la ſainteté de ces deux fondateurs, on peut ſe défier de leurs lumieres, dit l'abbé Fleuri. Ils crurent que leur regle étoit l'évangile même, parce qu'ils prirent à la lettre ces paroles : *ne poſſédez ni or, ni argent;* & ils conclurent qu'il falloit être pauvre & mendier. Leurs diſciples mêmes s'imaginerent atteindre à une plus haute perfection, en renonçant au travail, que ces ſaints leur avoient recommandé. Ils voulurent ne vivre que d'aumônes, & ils regarderent la mendicité comme l'état le plus ſaint. Ainſi s'établirent des ordres, qui devinrent à charge aux peuples déja trop foulés.

Subtilités des freres mineurs qui donnent au faint siege la propriété des chofes qu'ils confomment.

On fubtilifa fur cette pauvreté, jufques-là que les freres mineurs penferent qu'ils n'avoient pas la propriété de leur pain, lorfqu'ils le mangeoient, ou même lorfqu'ils l'avoient mangé. Ils jugerent que la vie évangélique, que Jefus-Chrift & les apôtres avoient fuivie, confiftoit dans cette defappropriation entiere: en conféquence, ils donnerent généreufement au faint fiege la propriété de toutes les chofes qu'ils confommoient par l'ufage; fans fonger que fi les papes acceptoient ce don, ils s'écarteroient eux-mêmes de la vie évangélique. Ils l'accepterent cependant, & plufieurs donnerent des bulles, par lefquelles ils déciderent, que les freres mineurs n'avoient pas la propriété des chofes qu'ils confommoient.

Jean XXII ne veut point de cette propriété & condamne les fubtilités de ces moines.

On en étoit là lorfque Jean XXII fut élevé au pontificat. Ce pape, ne trouvant aucun profit pour lui dans cette propriété, jugea avec raifon qu'il étoit ridicule en pareil cas de diftinguer la propriété de l'ufage; que fi ces freres vouloient réellement renoncer à toute propriété, ils feroient obligés d'aller nuds, de n'avoir ni feu ni lieu, de mourir de faim; & que leur intention n'étant pas que le faint fiege profitât des chofes dont ils ufoient eux-mêmes, leur pauvreté abfolue n'étoit qu'une illufion. En conféquence, il donna deux décrétales, dans lefquelles il con-

damna les opinions de ces moines : il décida
que ni Jéfus-Chrift, ni les apôtres n'avoient
jamais fongé à cette pauvreté chimérique, &
que c'étoit une héréfie de foutenir que Jéfus-
Chrift n'avoit pas eu de propriété fur les chofes dont il avoit eu l'ufage. Mais les freres
mineurs, s'obftinant dans leurs fubtilités, foutinrent que ce qu'ils confommoient ne leur
appartenoit pas; que c'étoit la vraie doctrine
de l'évangile, & que le pape qui la condamnoit, étoit un hérétique.

Ces moines, qui ne vouloient point du
pain qu'ils mangeoient, avoient formé un
grand fchifme fur les habits qu'ils ufoient,
comme s'ils avoient été à eux. Les uns qui,
comme plus rigides, fe faifoient appeller les
freres fpirituels, portoient un petit capuchon
pointu, une robe étroite & courte, & d'une
très-groffe étoffe ; tandis que les autres, qu'on
nommoit freres de communauté, portoient
fcandaleufement un grand capuchon, une
robe large, longue, & d'une étoffe moins
groffiere. Nicolas IV & Clément V tenterent
inutilement de réunir ces moines divifés fur
la grande queftion de la forme, du volume
& de la qualité de leur vêtement. Il ne firent
que les aigrir de plus en plus, & les freres
fpirituels fe féparerent tout à-fait des autres.

Ce fchifme eût ceffé bien vîte, fi l'on
eût voulu ne pas s'appercevoir comment tous

La forme d'un
capuchon de-
vient pour ces
moines le fu-
jet d'un fchif-
me.

* Jean XXII
donne une

ces moines étoient habillés: car l'attention du public donne de l'importance aux choses les plus frivoles. Je suis étonné que la cour de Rome avec toute sa politique, n'ait pas eu occasion de découvrir cette vérité triviale. Les papes ne savoient-ils pas qu'ils n'auroient jamais eu de cour, si on n'avoit jamais donné à eux que l'attention qu'ils méritoient comme chefs de l'église? Pourquoi donc Nicolas IV & Clément V traitent-ils sérieusement une question de cette nature? pourquoi Jean XXII, à leur exemple, publie-t-il une bulle contre les freres spirituels? pourquoi leur ordonne-t-il de quitter leur capuchon pointu, & leur habit court? Il arriva ce qui devoit arriver: ces freres dirent que leur capuchon & leur habit étoient leur regle; que leur regle leur tenoit lieu d'évangile; que, par conséquent, vouloir faire un changement à leur capuchon & à leur habit, c'étoit enseigner une doctrine contraire à la foi; & ils prêcherent qu'il ne falloit pas obéir au pape.

Alors l'affaire devint sérieuse : il eût été indécent que la puissance des papes, si terrible pour les couronnes, se fût émoussée contre les capuchons. L'inquisiteur eut donc ordre de poursuivre les rebelles, & cet inquisiteur étoit un frere de communauté. Quatre freres spirituels furent saisis : ils persisterent dans leur désobéissance. Ces malheureux qu'il falloit enfermer aux petites-maisons, c'est-à-dire, dans leur couvent, furent condamnés au feu, comme hérétiques & exécutés à Marseille en 1318.

Martyrs de leur robe, ils passerent pour martyrs de la foi aux yeux de leurs confreres, qui se déchaînerent sans retenue contre Jean XXII : ils publierent qu'il n'étoit pas pape, qu'il étoit le précurseur de l'Antechrist, l'Antechrist même ; que l'église de Rome étoit la synagogue de satan. Enfin ils annoncerent hautement qu'ils étoient prêts à souffrir la mort pour la défense de ce qu'ils appelloient la vérité ; & quelques uns furent assez fous pour se présenter au martyre. C'est ainsi que les freres mineurs se souleverent contre le saint siege, eux qui dans les commencements en avoient été les plus zélés défenseurs, & avoient soutenu & prêché partout les prétentions des papes. Si la bulle sur les habits n'en aliéna qu'une partie, les décrétales sur la propriété les révolterent presque tous. Ils se mirent en Allemagne sous la protection de Louis V, & ce sont eux qui donnerent à ce prince la liste des erreurs de Jean XXII. Vous pouvez juger par-là ce que c'étoit que ces prétendues hérésies qu'on imputoit à ce pontife. On lui faisoit, par exemple, un crime d'avoir dit que Jesus-Christ a eu quelque chose en propre, & on

Déchaînement des freres mineurs contre Jean XXII.

l'accufoit d'être ennemi de la pauvreté évangelique. Mais il n'eft pas néceffaire d'entrer dans de plus grands détails à ce fujet.

Le fchifme, caufé par l'élection d'un antipape, dura peu: car en 1330 Nicolas faifi, conduit à Avignon & livré à Jean XXII, reconnut fa faute & fe foumit. Quant à la fuite des démêlés entre le facerdoce & l'empire, nous en parlerons, après avoir vu ce qui va fe paffer en France, où Charles le Bel étoit mort au commencement de 1328.

CHAPL

CHAPITRE VI.

*De l'état de la France sous les regnes
de Philippe de Valois, de Jean II,
de Charles V ; & de l'Angleterre
sous celui d'Edouard III.*

Toute l'Europe est divisée. Il n'y a encore de loix nulle part : il n'y a pas même
de puissance capable de faire respecter aucune
coutume. Le clergé, la noblesse, le peuple
& le souverain, par-tout ennemis, cédent
tour-à-tour aux circonstances ; & vous devez
prévoir qu'il arrivera encore de grands désordres, avant que les états de l'Europe puis-
sent prendre une meilleure forme de gouvernement.

Charles le Bel ayant laissé sa femme en-
ceinte, deux concurrens prétendirent à la
régence du royaume. L'un étoit Edouard III,
fils & successeur d'Edouard qui avoit été déposé, & qui étoit mort l'année précédente
1327. Il se fondoit sur ce qu'étant fils d'I-

*Désordre gé-
néral en Euro-
pe.*

*A la mort de
Charles le Bel,
deux concur-
rens à la cou-
ronne de Fran-
ce.*

1328

Tom. XII. N

fabelle, fille de Philippe le Bel, il avoit, comme plus proche parent, plus de droit que perfonne à la couronne de France: L'autre étoit Philippe de Valois, fils de Charles comté de Valois, frere de Philippe le Bel, &, qui par conféquent, étoit dans un degré plus éloigné, mais qui tiroit fon droit par les mâles.

Philippe de Valois eft reconnu. La régence fut donnée à Philippe; & la reine ayant accouché d'une fille, il fut reconnu roi à l'exclufion d'Edouard. La loi falique fut encore citée, comme elle l'avoit été après la mort de Louis Hutin.

La loi falique n'étoit qu'une coutume introduite par les circonftances. Ce n'eft pas qu'il y eût alors une loi écrite, par laquelle les filles fuffent formellement exclues du trône; c'eft qu'elles n'avoient jamais eu occafion d'y monter. Or, parce que parmi les François un exemple faifoit loi, ils crurent qu'une chofe n'étoit fans exemple, que parce que la loi l'avoit défendue.

Cette loi falique n'étoit donc qu'une coutume immémoriale : coutume que la force auroit pu changer, fi les circonftances l'avoient permis, & il ne falloit qu'un exemple. C'eft ce que nous voyons être arrivé dans la fucceffion aux fiefs; car tantôt les filles y étoient appellées & tantôt elles en étoient exclues.

Philippe le long & Philippe de Valois ont été aſſez puiſſants pour défendre les droits que la coutume leur donnoit. Il en coûtera cher à leurs ſucceſſeurs pour les conſerver : mais enfin la loi ſalique ne ſera plus ſujette à aucune conteſtation ; & ce ſera un bonheur pour la France. L'hiſtoire des autres royaumes fait voir, que les droits des filles à la couronne ſont la ſource de bien des maux.

Avantages de cette loi, lorſqu'elle ne ſera plus conteſtée.

Edouard étoit dans ſa ſeizieme année. Quoique le parlement eût nommé les régents qui devoient gouverner, Iſabelle ſa mere s'étoit ſaiſie de toute l'autorité. Les paſſions de cette femme avoient été une des principales cauſes des troubles de l'Angleterre & des malheurs du dernier roi. Elles cauſerent encore des déſordres juſqu'en 1331, qu'Edouard ouvrant les yeux ſur les crimes de ſa mere, la fit enfermer dans le château de Riſing. Il prit alors les rênes du gouvernement, & il gagna l'affection des peuples, qu'Iſabelle avoit aliénés.

Les troubles continuent en Angleterre pendant les premieres années d'Edouard III.

Edouard, dans les premieres années d'un regne auſſi troublé, ne pouvant faire valoir les prétentions, qu'il formoit ſur la France, avoit rendu hommage à Philippe pour la Guienne ; & diſſimulant ſes deſſeins ſans y renoncer, il avoit fait alliance avec le duc de Brabant & avec pluſieurs autres ſeigneurs.

C'eſt pourquoi ce prince paroît d'abord renoncer à ſes prétentions ſur la France.

N 2

En attendant une conjoncture qu'il pût faisir, il arma contre l'Ecoffe, pour fe relever d'un traité honteux que fa mere avoit fait.

Philippe de Valois rend la Navarre à Jeanne fille de Louis Hutin.

Philippe le Long & Charles le Bel avoient confervé le royaume de Navarre, ou du moins l'avoient gouverné comme régents, pendant la minorité de Jeanne, fille de Louis Hutin ; Philippe de Valois, dès la premiere année de fon regne, rendit à cette princeffe la couronne qui lui appartenoit. Par-là, le comte d'Evreux, qui l'avoit époufée, devint roi de Navarre.

Confeil qu'il donne au comte de Flandre.

La même année il prit les armes pour le comte de Flandre, contre les Flamands qui s'étoient foulevés. Il les foumit, & après avoir repréfenté au comte que fa conduite pouvoit avoir donné lieu à la révolte, il lui confeilla de mieux gouverner fon peuple. Ces premieres démarches annonçoient un prince jufte, & prévenoient favorablement pour la fuite de fon regne.

Entreprife des magiftrats fur les juftices eccléfiaftiques.

Vous avez vu comment fe font etablis les tribunaux eccléfiaftiques, & comment, à l'ombre de l'ignorance & de l'anarchie, le clergé fous différents prétextes, attirant à lui toutes les caufes, ufurpoit continuellement fur les juges laïques. Cependant le différent entre Philippe le Bel & Boniface VIII avoit commencé de faire ouvrir les yeux. Puifqu'on avoit ofé réfifter au pape, il n'étoit pas

naturel que les magistrats abandonnaſ-
ſent la juriſdiction temporelle aux évêques. Déja Philippe le Long avoit donné
une ordonnance par laquelle il excluoit tous
les prélats du parlement; diſant qu'il ſe faiſoit conſcience de les empêcher de vaquer au
gouvernement de leur égliſe. Il eſt vrai, que
par une contradiction où les princes tombent
quelquefois, il conſerva dans ſon conſeil
ceux qui s'y trouvoient; & que pluſieurs
prirent encore ſéance au parlement. Mais
les magiſtrats & les baillis, plus conſéquents
continuoient de former des entrepriſes ſur les
juſtices eccléſiaſtiques. On ne parloit que
des violences qu'ils commettoient, & des
excommunications mépriſées que les évêques
fulminoient contre eux.

Philippe de Valois, voulant faire ceſſer
ce ſcandale, convoqua, dès la premiere année de ſon regne, les évêques & les officiers
de juſtice, pour entendre les plaintes qui ſe
faiſoient de part & d'autre, & terminer, s'il
étoit poſſible, cette grande conteſtation. Pierre de Cugnieres, chevalier & conſeiller du
roi, expoſa dans ſoixante-ſix articles, les abus,
que commettoient les tribunaux eccléſiaſtiques; & débita ſur les deux puiſſances des
lieux communs, qui ne prouvoient pas grand-
choſe. L'archevêque de Sens & l'évêque d'Autun répondirent pour le clergé, après avoir

Aſſemblée
de magiſtrats
& d'évêques
pour terminer
ce différent.

N 3

protesté qu'ils ne prétendoient pas soumettre
les droits de l'église à aucun tribunal, & qu'ils
parleroient seulement pour éclairer la conscien-
du roi. Ayant ainsi supposé ce qui étoit en
question, ils parlerent long-temps sur ce dont
il ne s'agissoit pas, & ils prouverent que les
deux jurisdictions ne sont pas incompatibles,
quoique le point, qu'on agitoit, fût de savoir
à quel titre ils prétendoient avoir une jurisdiction temporelle. Étoit-ce comme seigneurs?
ils l'avoient de droit dans leurs terres. Étoit-
ce comme évêques? ils l'avoient de fait, puisqu'ils l'exerçoient dans leurs dioceses. Mais
la nation leur avoit-elle accordé cette puissance, ou l'avoient-ils usurpée? étoit-ce un droit
qu'il falloit respecter, ou un abus que le souverain devoit réprimer? C'est ce que le clergé n'examinoit pas: il prétendoit que la jurisdiction temporelle lui appartenoit de droit
divin, comme la jurisdiction spirituelle. Il
le prouvoit par des maximes & par des usages, que les préjugés ne permettoient presque plus d'examiner; & il le prouvoit encore
par des écrits, auxquels l'ignorance avoit
donné de la célébrité, & dont elle avoit fait
des livres classiques.

Le décret de
Gratien.

Tel est entre autres un ouvrage, qui parut vers le milieu du douzieme siecle, & qui
avoit pour titre : *La concorde des canons dif-*
cordants, ou le décret. Gratien, religieux

bénédictin, auteur de cet ouvrage, l'avoit fait
pour établir ou même pour étendre les prétentions de la cour de Rome & des eccléfiaftiques. Il vouloit prouver que le pape eft
au deffus des canons, que les clercs ne fauroient être foumis au jugement des laïques,
&c. Il s'appuyoit fur les fauffes décrétales,
fur des citations infideles, fur de mauvais
raifonnemens; & il comptoit fans doute encore fur l'ignorance de fon fiecle, ainfi que
fur l'intérêt des eccléfiaftiques qui paffoient
pour favans, & dont le fuffrage pouvoit, par
conféquent, faire la fortune d'un livre. Il
ne fe trompoit pas; fon décret eut le plus
grand fuccès: il fut enfeigné dans les écoles:
il fut commenté par des canoniftes: & les papes lui durent une partie de l'autorité, qu'ils
ont exercée dans le treizieme fiecle & dans
les fuivants.

L'évêque d'Autun, qui avoit profeffé le
droit à Montpellier, paffoit pour un des
grands canoniftes de l'églife. Il avoit fans
doute étudié le décret, & il raifonna comme
Gratien. Des paffages de l'écriture mal in-
terprétés, & la double puiffance des prêtres
de l'ancienne loi, étoient les principes d'où
le clergé concluoit que fes immunités & toute
fon autorité étoient de droit divin. Une raifon de bienféance venoit à l'appui: une grande partie de nos revenus confifte, difoient les

*Mauvais rai-
fonnemens
des évêques.*

prélats, dans les émoluments de nos justices.
Nous ferions donc ruinés, si l'on nous ôtoit
nos tribunaux. Le royaume n'auroit donc
plus que de pauvres évêques. Il perdroit donc
un de ses plus grands avantages : car peut-on
douter que l'éclat d'un clergé riche ne contribue à la splendeur du royaume ? Mais ce
raisonnement ne prouvoit pas que les richesses des ecclésiastiques sont de droit divin : il
prouvoit seulement que les évêques du quatorzieme siecle ne pensoient pas comme les
apôtres.

Pour termi-
ner ces con-
testations, il
auroit fallu
remonter aux
six premiers
siecles.

Pour décider cette question, il auroit fallu remonter d'abord aux six premiers siecles
de l'église : on auroit vu quels étoient alors
les véritables droits du clergé. En étudiant
ensuite les siecles postérieurs, on auroit dé-
couvert, sans doute, des privileges & des biens
qu'il avoit acquis par des voies justes, qui lui
appartenoient moins comme clergé, que comme corps de citoyens, &, que par conséquent,
il pouvoit conserver. On auroit aussi reconnu des usurpations ou des concessions ar-
rachées à l'ignorance des peuples & des rois.

Les scrupules
de Philippe
de Valois don-
nent l'avanta-
ge au clergé.

Philippe de Valois ne savoit pas l'histoire. Personne dans ces temps de ténebres n'é-
toit en état de l'éclairer. Il fut effrayé : con-
fondant, comme les évêques, les intérêts
spirituels de la religion avec les intérêts tempo-

rels de fes miniftres, il crut qu'on attaquoit
la religion même. Accoutumé, fans doute,
à fe croire un David, il n'eut pas de peine
à penfer que les évêques étoient des Moyfe,
des Aaron, ou des Samuel. Il ne foutint
donc pas les magiftrats. Il femble pourtant
qu'il auroit voulu ne pas décider: il avoit de
la peine à donner une réponfe pofitive: mais
enfin le clergé fe retira vainqueur.

Cette victoire étoit un foible avantage:
elle préparoit, elle annonçoit même une défaite. Les magiftrats n'avoient pas porté leurs
regards fur les prétentions des prélats, pour
ceffer tout-à-coup les hoftilités. Ils continueront donc leurs entreprifes: ils s'applique-
ront à les tenter avec plus de fuccès: ils acquerront enfin des lumieres : & cependant
le clergé tenant toujours le langage des fiecles d'ignorance, parlera encore dans des fiecles éclairés, d'un droit divin, dont on ne
parloit point dans les fix premiers fiecles de
l'églife.

La France & l'Angleterre furent en paix
jufqu'en 1338 : mais la guerre fe préparoit depuis quelques années. Edouard fongeoit aux moyens d'augmenter le nombre de
fes alliés; lorfque les Flamands foulevés par
Jacques d'Artevelle, qu'on dit braffeur de
biere, fe déclarerent pour lui. Ils exigerent
feulement qu'en conféquence de fes préten-

Mais cette premiere attaque des magiftrats en préfage d'autres qui feront plus heureufes.

Edouard III prend le titre de roi de France & commence la guerre.

tions il prit le titre de roi de France ; jugeant que c'étoit un expédient pour se révolter, sans être rebelles.

Il bat les François à Créci. Cette guerre, interrompue par quelques treves, désola toute la France jusqu'à la mort de Philippe, arrivée en 1350. Ce prince en 1346 perdit la bataille de Créci, quoi qu'il eût près de cent mille hommes, & qu'Edouard n'en eût que quarante mille. Les environs de Paris furent ravagés par les Anglois, ainsi que tout le pays depuis l'extrémité de la basse Normandie jusqu'aux frontieres de Picardie. Ils ne firent pas de moindres maux dans le Poitou, dans la Saintonge & dans les autres provinces méridionales. On remarque qu'ils avoient de l'artillerie: on en faisoit déja quelque usage depuis peu d'années.

Les divisions, fomentées par Philippe le Bel, sont funestes à Philippe de Valois. On commence ici à voir sensiblement les effets de cette politique, par laquelle les rois croyoient se rendre puissants, en semant la division dans le royaume. Philippe de Valois put connoître toute sa foiblesse, lorsqu'il eut la guerre avec Edouard. Il ne trouva pas dans ses sujets cet accord & cette obéissance, qui font la force des armées. Il avoit plus de soldats: mais il n'osoit mettre un frein à leur insolence. La noblesse étoit encore plus intraitable. Chacun paroissoit penser à profiter des désordres: & la licence des troupes étoit un nouveau fléau pour le royaume. C'eft ainfi que le roi étoit mal fervi par ceux mêmes qui lui reftoient fideles. Combien n'eût-il pas été plus puiffant, fi fes prédécef-feurs avoient été capables de prendre pour modele la politique de S. Louis!

Pour fournir aux frais d'une guerre qu'il faifoit mal, & qu'il ne lui étoit peut-être pas poffible de bien faire, il accabla le peuple d'impôts: il en mit entre autres un fur le fel; il fit dire à Edouard, qui joua fur le mot, que Philippe de Valois étoit le véritable au-teur de la loi falique.

Philippe de Valois multi-plie les im-pôts.

L'affoibliffement des monnoies dont fes prédécèffeurs lui avoient donné l'exemple, fut encore fa grande reffource. Elles varie-rent beaucoup fous fon regne. Il s'attribua même à ce fujet le droit le plus arbitraire. *Nous ne pouvons croire*, dit-il, *dans une de fes ordonnances, ne préfumer, qu'aucun ne puiffe ne doive faire doute, qu'à nous & à no-tre majefté royale ne appartienne feulement, & pour le tout en notre royaume, tout le mé-tier, le fait, l'état, la provifion & toute l'or-donnance des monnoies; & de faire monnoyer telles monnoies, & de donner tel cours & pour tel prix, comme il nous plaît & bon nous femble, pour le bien & profit de nous, de notre dit royaume & de nos fujets.* On voit par cette confiance de Philippe de Va-

Il altere con-tinuellement les monnoies.

lois quels progrès avoient fait les entreprises formées par Philippe le Bel. Cependant
ce prince croyant devoir quelquefois cacher
ses fraudes, prenoit des mesures pour qu'on
ne s'apperçût pas qu'il altéroit le titre des
especes. Il exigeoit le secret de ceux qui travailloient dans ses monnoies, & il le leur
faisoit jurer sur l'évangile.

Edouard III s'applique à faire cesser les divisions.

L'Angleterre étoit mieux gouvernée que
la France : il n'y avoit pas la même division
parmi les ordres de l'état. Il est vrai qu'ils
se réunissoient d'ordinaire contre le souverain;
mais Edouard III étoit alors un grand roi;
remarquez que je dis *alors*. Il savoit se faire
aimer, il savoit se faire respecter. Il s'attachoit
sur-tout le parlement, dont il obtenoit des
subsides. Enfin il avoit l'art de maintenir les
prérogatives de la nation. Vous comprenez
donc qu'il ne pouvoit manquer d'avoir des
succès, en faisant la guerre à Philippe.

Sous Jean II, les monnoies varient encore plus que sous Philippe VI.

Les désordres s'accrurent sous Jean II, fils
de Philippe VI. Ce prince renchérit sur toutes les fautes de son pere, & il en fit de
nouvelles. Les abus sur les monnoies furent
si grands que les especes, haussant & bais-
sant alternativement, changeoient de prix
d'une semaine à l'autre, ou même plus souvent; & que le marc d'argent, qui, au commencement de son regne, valoit cinq livres
cinq sous, valut quelquefois jusqu'à cent deux

livres. On revenoit continuellement d'une monnoie forte, à une monnoie foible, & d'une monnoie foible à une monnoie forte. Souvent encore le roi honteux de ses fraudes, prenoit, comme son pere, des mesures pour les cacher.

Dès la premiere année de son regne, il avoit aliéné les grands, en faisant décapiter, sans observer aucune forme de procédure, le connétable Raoul, comte d'Eu & de Guignes, accusé d'intelligence avec les Anglois. Quelque temps après, il montra sa foiblesse, en pardonnant à Charles le Mauvais, roi de Navarre, l'assassinat de Charles d'Espagne de la Cerda, qu'il avoit fait connétable après l'exécution de Raoul. Il montra encore sa foiblesse, lorsque, soupçonnant le roi de Navarre de vouloir exciter des troubles, il s'en saisit par surprise, fit trancher la tête, encore sans aucune procédure, à quatre seigneurs qui se trouverent avec lui, & le fit ensuite conduire au Châtelet de Paris.

Jean II se rend odieux par des voies de fait & méprisable par sa foiblesse.

Il est vrai que Jean n'étoit pas assez puissant, pour s'assurer de pouvoir punir sans s'écarter des regles, un criminel tel que le roi de Navarre. Mais quand on ne peut pas se faire craindre, il faut gagner ceux qu'on craint. Les pardons, les surprises, & les voies de fait rendent tour-à-la fois méprisable & odieux. La conduite de Jean donna donc de nouveaux alliés au roi d'Angleterre.

La guerre avoit recommencé en 1355 dans un temps où le mécontentement général pouvoit cauſer des révoltes, ſi l'on mettoit de nouveaux impôts, ou ſi l'on touchoit aux monnoies. Cependant comme l'argent manquoit, le roi convoqua les états généraux, & leur repréſenta ſes beſoins.

Ces états, les plus nombreux qu'on eût encore vus, impoſerent une taxe pour entretenir trente mille gendarmes, outre les communes du royaume : mais à l'exemple du parlement d'Angleterre, ils entreprirent de régler le gouvernement. Ils arrêterent la nature des impôts, leur durée & le prix des eſpeces. Jean promit tout ce qu'on exigea de lui. Il jura, ſur-tout, pour lui & pour ſes ſucceſſeurs, de ne donner jamais cours qu'à une monnoie forte, de la conſerver ſans altération, de faire prêter le même ſerment à ſes fils, à ſon chancelier, aux gens de ſon conſeil, aux officiers de ſes monnoies, en un mot, à tous ceux qui avoient quelque part à l'adminiſtration. Il déclara même qu'il priveroit de leurs offices, ceux qui lui donneroient des conſeils contraires. Cependant, malgré cet engagement ſolemnel, il affoiblit les monnoies ſix mois après : ce qui fait voir que lorſque les états faiſoient des réglements, ils ne favoient, ou ne pouvoient pas prendre des mefures pour en aflurer l'exécution.

Avec une plus fage conduite la France auroit pu fe relever : car l'Angleterre commençoit à fe laffer de donner des fubfides, & d'ailleurs l'Ecoffe faifoit une diverfion. Il eft vrai qu'Edouard, qui continuoit d'être grand, trouvoit des reffources ; il en trouvoit fur-tout dans le prince de Galles fon fils, plus grand peut-être encore. Il le chargea de la guerre de France, pendant qu'il marchoit lui-même contre les Ecoffis.

Il eft fait prifonnier à Poitiers.

Jean, à la tête d'une armée quatre fois plus nombreufe, joignit le prince de Galles à Maupertuis, à deux lieues de Poitiers. Il pouvoit envelopper l'ennemi, l'affamer, & le forcer à fe rendre. Il l'attaqua, & il fut vaincu, fait prifonnier, & emmené à Londres.

Pendant la prifon du roi, Charles dauphin (*) gouverna d'abord avec le titre de lieutenant du royaume, & enfuite avec celui de régent. Quoiqu'il n'eût encore que dix-neuf ans, il avoit heureufement toute la prudence & toute la modération, que deman-

Charles dauphin convoque les états à Paris.

(*) Le Dauphiné & le comté de Viennois avoient été cédés à Philippe de Valois par Humbert II, dernier prince de la Tour du Pin. C'eft à Charles que les fils aînés de France commencerent à porter le titre de dauphins.

doient les circonstances où il se trouvoit. Sa première démarche fut de songer à se procurer les secours qui lui étoient nécessaires; & dans cette vue, il assembla les états à Paris.

1356
Il est trop heureux de les pouvoir rompre.

Ce n'étoit plus le temps où la politique pût tirer quelqu'avantage des divisions. Charles ne pouvoit pas, comme Philippe le Bel, offrir tour-à-tour sa protection aux différents ordres, afin de les gagner séparément & de les tromper tous ensemble. Les malheurs de la guerre décelerent tous les vices de cette misérable politique. Charles, sans autorité, se vit dans la dépendance de tous les partis, & se crut trop heureux de trouver un prétexte pour rompre les états. En effet ils ne furent qu'une assemblée de factieux, qui sous prétexte de réformer le gouvernement, excitoient de nouveaux troubles; respectant peu le dauphin, qui attendoit tout d'eux, & de qui ils n'attendoient rien.

Forcé à les rassembler, il ne peut plus les rompre.
1356

Les états se rassemblerent encore la même année. Le dauphin les convoqua malgré lui, & ne fut pas le maître de les rompre. Marcel, prévôt des marchands, commandoit dans Paris, & lui faisoit la loi.

Désordres par-tout.

Le désordre regnoit dans la capitale, où le peuple & la noblesse formoient deux partis toujours prêts à se soulever l'un contre l'autre. Les autres villes offroient à peu-près
les

les mêmes spectacles. Les campagnes étoient remplies de voleurs, qui marchoient par troupes sous différents chefs, & qui commettoient toute sorte de brigandages. Enfin les paysans, qui s'étoient d'abord armés pour leur défense, faisoient indistinctement la guerre à tous les partis, exerçoient les plus grandes cruautés, & paroissoient avoir juré d'exterminer la noblesse.

Sur ces entrefaites, le roi de Navarre, échappé de prison, vint à Paris se joindre aux mécontents; & Marcel forma le projet de l'élever sur le trône. Les troubles s'accrurent donc encore. Cependant ils finirent à Paris en 1358, le prévôt des marchands, qui en étoit l'auteur, ayant été tué par un bourgeois nommé Maillard.

Marcel, qui veut donner la couronne à Charles roi de Navarre, est tué.

On peut conjecturer que la guerre avoit épuisé les ressources du roi d'Angleterre: car au lieu de profiter de la situation malheureuse de la France, il avoit fait une treve de deux ans en 1357.

Treve de deux ans avec Edouard.

Dans des circonstances aussi critiques, le dauphin eut la sagesse de dissimuler les maux qu'il ne pouvoit empêcher. Il ne précipita rien, il attendit des conjonctures plus favorables, & il sut les saisir. Lorsque la treve avec l'Angleterre étoit sur sa fin, il fut assez heureux pour faire la paix avec le roi

Sage conduite du dauphin.

de Navarre, qui lui avoit déclaré la guerre d'abord après la mort de Marcel.

La guerre re-commence & la même année on négo-cie.
1359

Le roi d'Angleterre arma, & parut en France à la fin d'octobre. Le dauphin qui n'avoit pas assez de troupes pour tenir la campagne, se contenta de mettre des garnisons dans les places. Il attendoit que l'armée ennemie se consumât d'elle même. La chose arriva comme il l'avoit prévue. Les Anglois qui souffroient beaucoup des rigueurs de la saison, souffrirent encore plus de la disette, qu'ils trouverent dans un pays tout-à-fait ruiné; & Edouard qui craignit de trouver de trop grands obstacles à sa retraite, fut contraint d'entrer en négociation. La plupart des historiens attribuent son changement à un orage miraculeux, sans doute avec bien peu de fondement; en effet, qu'il y ait eu un orage, qu'un prince en soit effrayé, & qu'il croie que le ciel lui ordonne de cesser la guerre: tout cela se peut sans un miracle. Mais il seroit bien étonnant que l'intrépide Edouard eût été ce prince là.

Traité de Brétigni.
1360

Quoi qu'il en soit, par un traité signé à Brétigni près de Chartres, au mois de mai 1360, on céda au roi d'Angleterre en toute souveraineté, le Poitou, la Saintonge, la Rochelle, l'Agenois, le Périgord, le Limousin, le Querci, le Rouergue, l'Angoumois, les comtés de Bigorre & de Gaure, ceux de Ponthieu & de Guignes, la ville de Montreuil & Calais. De leur côté, Edouard & le prince de Galles renoncerent à leurs prétentions fur la couronne de France, & à leurs droits fur la Normandie, la Touraine, l'Anjou, & le Maine. Enfin la rançon du roi Jean fut fixée à trois millions d'écus d'or.

Jean étoit délivré : mais les défordres continuoient dans tout le royaume. Les brigands s'y multiplierent, & s'y enhardirent à un tel excès, qu'un d'eux ofa prendre le titre de roi de France. Sur ces entrefaites, on prêcha une croifade pour la Paleftine, & le roi prit la croix des mains du pape. Il ne lui manquoit plus que d'entreprendre cette guerre, pour achever la ruine de fes états ; & il s'y difpofoit, parce qu'il la regardoit comme un moyen propre à purger la France de tous les brigands : il auroit mieux valu ne les avoir pas fait naître, en gouvernant comme il avoit fait.

Dans ces temps de calamités Jean fe croife.

Cependant on fe plaignoit en France & en Angleterre, que les articles du traité de Brétigni n'étoient pas exécutés. Jean vouloit néanmoins remplir fes engagements : & lorfqu'on lui difoit que la néceffité où il avoit été de contracter, les rendoit nuls ; il répondit que quand la bonne foi feroit bannie de la terre, elle devroit fe trouver encore dans la bouche & dans le cœur des rois. Cette maxime eft auffi belle, qu'elle eft peu fuivie ;

Différents à l'occafion du traité de Brétigni.

O 2

& Jean lui-même avoit violé le sermens qu'il avoit fait de ne pas altérer les monnoies. Lorsque les rois ne sont pas justes, ces maximes ne sont que des mots dans leur bouche : Jean parloit comme S. Louis agissoit.

Jean passe en Angleterre pour les terminer. Il y mourut.

1364

La France & l'Angleterre étoient sur le point d'en venir à une rupture, lorsque Jean se rendit à Londres, pour terminer les différents qui s'élevoient. Il y mourut quelques mois après ; laissant à Philippe, son quatrieme fils, le duché de Bourgogne, qu'il avoit réuni à la couronne deux ans auparavant. La suite vous fera voir que cette disposition prépara un nouvel ennemi à la France.

L'esprit des états sous Jean II.

Les états n'ont jamais été plus fréquents, que pendant le regne de Jean II : il y en eut de généraux ou de provinciaux presque chaque année. Ils ne ressembloient pas à ce champ de mars, dont Charlemagne avoit été l'ame. Sans aucune vue du bien public, les François ne se rassembloient, que pour opposer des intérêts particuliers à des intérêts particuliers. Tout dégénéroit en factions, sous un prince foible qui ne savoit ni se passer des états, ni en tirer aucun avantage ; & l'autorité royale, en bute à tous les partis, s'affoiblissoit ; en les voyant cependant s'attaquer & se détruire les uns les autres.

Telle étoit la situation de la France, lorſque Charles V monta ſur le trône : tout y paroiſſoit déſeſperé : mais la conduite du régent vous répond de la ſageſſe du roi. En effet, ce prince ne fera ni les fautes de Philippe de Valois, ni celles de Jean II ; cependant Edouard ceſſera d'être un grand homme. Il négligera tout à fait les ſoins du gouvernement : il ſacrifiera tout à des favoris avides, dont il ſe laiſſera obſéder : il multipliera les impots : il aliénera ſes peuples. Enfin il ne trouvera plus de ſecours dans le prince de Galles dont la ſanté va s'altérer. Vous prévoyez donc que tout doit changer, & que la France à ſon tour aura des ſuccès.

Edouard ceſſe d'être grand.

Charles donna tous ſes ſoins à bien régler les monnoies. Il ſe fit une loi de ne les jamais altérer. Il remit l'ordre dans les finances ; & s'il leva des impôts, il prit les meſures les plus ſages, pour prévenir les murmures du peuple.

Charles V, ſe fait une loi de ne point altérer les monnoies.

Depuis 1341, la Bretagne étoit déchirée par une guerre civile, à laquelle les Anglois & les François avoient pris part, & qui pouvoit encore les armer de nouveau. Le comte de Blois, à qui Charles donnoit des ſecours ſous main, & le comte de Montfort qui en recevoit d'Edouard, prétendoient l'un & l'autre à ce duché : mais le premier ayant été tué dans un combat, Charles ſe hâta de donner à

Il aſſure la paix au dehors.

Montfort l'inveftiture de ce fief ; craignant
que ce feigneur ne voulut reconnoître le roi
d'Angleterre pour fuzerain, & ne fût l'occafion d'une guerre, qu'il vouloit prévenir. Il
fit auffi la paix avec le roi de Navarre, &
fut s'attacher ce prince, qui avoit fait tant
de mal à la France, & qui venoit de recommencer la guerre.

Brigands qui
infeftoient la
France.

Dès l'an 1365, Charles n'avoit plus d'ennemis au dehors, & il ne lui reftoit qu'à délivrer le royaume des brigands qui l'infeftoient.
On prétend qu'il y en avoit plus de trente
mille. Ils formoient différents corps, qui fe
réuniffoient au befoin, & ils étoient conduits par des chefs expérimentés. Il eût été
trifte d'être obligé de lever une armée contre cette canaille.

Charles V
fe propofe de
les armer pour
le comte de
Tranftamare
contre D. Pe-
dre, roi de
Caftille.

Don Pedre ou Pierre, furnommé le Cruel,
regnoit en Caftille ; & Henri, comte de Tranftamare, fon frere naturel, avoit foulevé la
nobleffe. Tous deux cherchoient à fe faire des
alliés, lorfque le pape déclara le roi légitime
indigne du trône, & donna la couronne au
prince rebelle. Le prince de Galles, qu'Edouard
III avoit fait duc de Guienne, la vouloit conferver à don Pedre, & pouvoit rendre nul
le jugement du pape. Il falloit donc d'autres
fecours au comte de Tranftamare. Il les trouva dans Charles V, qui fe déclara d'autant
plus volontiers pour lui, que le duc de Guien-

ne s'étoit déclaré pour don Pedre; & qui
d'ailleurs voulut faisir l'occasion de délivrer
la France des *compagnies*: c'est ainsi qu'on
nommoit les troupes de brigands.

Ces malheureux avoient été excommuniés
plusieurs fois, & cependant ils n'avoient pas
cessé de piller le royaume: on se flattoit qu'ils
feroient plus de cas des censures ecclesiasti-
ques, lorsqu'elles pourroient s'allier avec le
brigandage. C'est ainsi que pensa Bertrand du
Guesclin, qui se chargea de les engager à le
suivre en Castille. Il leur offrit l'absolution,
& il appuya sur la bonté du pays où il vouloit les conduire. *Si nous vaut mieux ainsi*
faire, disoit-il en finissant son discours, *&*
pour nos ames sauver, que de nous damner &
de nous donner au diable; car trop avons fait de
péchés & de maux, comme chacun peut savoir
en droit soi, & tous nous conviendra finir.
Vous voyez par-là dans quel esprit on entreprenoit cette guerre; & comment alors le
brigandage changeoit de nature d'un côté des
Pyrénées à l'autre.

Bertrand du Guesclin se charge de les conduire.

Les brigands voulurent l'absolution, dès
qu'on n'exigea plus d'eux qu'ils renonçassent
au brigandage; & qu'au contraire on leur
proposa de la mériter, en le continuant ailleurs qu'en France. Ils remirent donc au roi
les forteresses dont ils étoient maîtres, & ils
suivirent du Guesclin.

Les Compagnies consentent à suivre du Guesclin.

Ils prirent leur route par Avignon, afin d'obtenir l'absolution, chemin faisant, & de demander cent mille francs au pape, pour achever leur voyage. De ces deux choses, la seconde souffroit seule des difficultés, que du Guesclin leva. Il ne faut pas refuser, disoit-il, ces cent mille francs. Nous avons ici des gens qui se passeront sans peine de l'absolution, mais qui ne peuvent pas se passer d'argent. Nous tâchons de les faire gens de bien, malgré eux. Nous les menons en exil, afin qu'ils ne fassent plus de mal aux chrétiens. Nous ne les pouvons contenir sans argent, & il faut que le saint pere nous aide à les rendre plus dociles & à les conduire hors de ce royaume.

En passant par Avignon, elles demandent au pape l'absolution & cent mille francs.

En attendant que le pape voulût compter cent mille francs, pour concourir à rendre ces brigands gens de bien, malgré eux, ils couroient la campagne & ils dévastoient tous les environs d'Avignon : il fallut donc les satisfaire. Mais du Guesclin ayant su qu'on avoit levé cette somme sur les habitants, déclara qu'il vouloit qu'elle fût uniquement prise sur les biens du pape, des cardinaux & des autres ecclésiastiques ; & il fallut encore obéir. Le pape n'avoit pas prévu qu'il feroit une partie des frais de cette guerre.

Le pape est forcé à compter cent mille francs.

Du Guesclin, qui étoit un grand capitaine, étoit encore un des plus honnêtes

hommes de son siecle : on est donc étonné
du rôle qu'il joue à la tête de ces brigands.
Mais il ne songeoit qu'à les conduire hors
du royaume, soit pour en purger la France,
soit, comme il le dit, pour en faire des
gens de bien ; & pensant que le pape devoit
contribuer à une si bonne œuvre, il l'y força, parce qu'il crut devoir l'y forcer, Où
auroit-il pris des sentimens plus délicats ?
la loi du plus fort n'étoit-elle pas de temps
immémorial l'unique regle des gens de guerre ? & cette loi n'autorisoit-elle pas à tout,
lorsque l'intérêt de la religion paroissoit attaché au succès d'une entreprise ?

Le comte de Transtamare fut proclamé
roi de Castille: mais le prince de Galles, marchant au secours du roi détrôné, débaucha les
compagnies, qui vinrent le joindre, & gagna
la bataille de Navarette, que Transtamare
livra contre l'avis de du Guesclin. Ce capitaine y fut même fait prisonnier.

Henri de Transtamare, proclamé, est détrait par D. Pedre.

Don Pedre, rétabli sur le trône, ne remplit aucun de ses engagemens ; de sorte que
le prince de Galles l'abandonna & revint en
France, où les compagnies le suivirent. Alors
Transtamare releva son parti, vainquit don
Pedre, le fit prisonnier & le poignarda. Cependant le duc de Lencastre, un des fils d'E-
douard III, prétendit au royaume de Castille,
parce qu'il avoit épousé Constance, fille de la

Il le bat à son tour, le fait prisonnier & le poignarde.

Il conserve la couronne

don Pedre. Le roi de Portugal avoit aussi des prétentions, qu'il voulut faire valoir. Ceux d'Arragon & de Navarre profiterent des troubles pour s'emparer de ce qui étoit à leur bienséance, & ce fut là le sujet d'une longue guerre. Mais Henri de Transtamare conserva la couronne & la fit passer à ses descendants.

de Castille, malgré plusieurs prétendants.

Quoique les compagnies fussent revenues en France, elles n'étoient plus si redoutables, parce qu'elles étoient diminuées des trois quarts; & parce que Charles V prit les mesures les plus sages pour prévénir les désordres qu'elles pouvoient causer.

Charles V, qui veille à maintenir l'ordre, se fait aimer & respecter.

Charles avoit ramené la tranquillité dans son royaume. Il se trouvoit riche, sans fouler son peuple, par l'ordre qu'il avoit mis dans les finances, & l'on commençoit à respirer sous un roi qui se faisoit aimer & respecter. D'ailleurs la France n'avoit plus d'ennemis redoutables. L'esprit brouillon du roi de Navarre avoit de quoi s'occuper en Castille. Le prince de Galles étoit revenu d'Espagne avec une santé délabrée; & Edouard, livré à l'amour depuis quelques années, étoit tout entier à Alix Perrers, sa maîtresse.

Il fait choisir ceux à qui il donne sa confiance.

Vous pouvez donc prévoir de quel côté seront les avantages, s'il s'élève une nouvelle guerre entre l'Angleterre & la France. Considérons sur-tout que Charles fait choisir ceux qui méritent fa confiance. Il aura de bons miniftres, il aura de bons généraux ; & toujours maître de lui-même, il ne fera point de démarches, qu'il n'ait pris toutes les mefures pour s'affurer du fuccès. Le traité honteux de Brétigni fera donc effacé, s'il fe préfente une occafion de déclarer la guerre. Le roi l'attendoit; elle fe préfenta.

La guerre d'Efpagne avoit epuifé les finances du prince de Galles. Pour les réparer, il voulut mettre une nouvelle impofition fur fes fujets, & il fouleva plufieurs de fes vaffaux qui, déclarant cette entreprife contraire à leurs privileges, préfenterent contre lui leurs plaintes au roi de France.

Les fujets du prince de Galles portent contre lui leurs plaintes au roi.

Il eft certain que par le traité de Brétigni, Charles ne pouvoit pas fe porter pour juge dans ce différent; parce qu'il avoit renoncé à toute fuzeraineté fur les états qu'il avoit cédés au roi d'Angleterre. Mais de part & d'autre on fe plaignoit que ce traité avoit été violé en plufieurs points, & peut-être avoit-on raifon de part & d'autre.

On agita en France, fi ce traité devoit être confidéré comme nul ; & le roi fut un an fans paroître fe déclarer, parce qu'il ne vouloit fe déclarer qu'à propos. Enfin tout étant préparé, le prince de Galles fut cité, pour être jugé à la cour des pairs. Il répondit qu'il viendroit à la tête de foixante mille

Charles V, cite le prince de Galles à la cour des pairs.

1368

hommes: sa santé ne lui permit pas de faire une seule campagne.

La guerre commença; elle fut suivie de succès; & de nouvelles dispositions préparoient de nouveaux avantages, lorsqu'un arrêt de la cour des pairs déclara confisquées & réunies à la couronne toutes les terres qu'Edouard & le prince de Galles possédoient en France.

Charles n'avoit pas fait une démarche aussi hardie, sans avoir auparavant bien jugé des conjonctures, & pris toutes les précautions nécessaires pour la soutenir. Tout lui réussit donc encore; & les conquêtes furent rapides dans plusieurs provinces jusqu'en 1375, qu'on fit une treve.

Le prince de Galles étant mort l'année suivante, Edouard songeoit à faire une paix durable, lorsqu'il mourut lui-même. Ce roi malheureux fut abandonné de tout le monde dans sa maladie. Alix elle-même, qui écartoit de lui tout secours, lui enleva ce qu'il avoit de plus précieux, & se retira, lorsqu'il respiroit encore. Voilà souvent comment les princes sont aimés d'une maitresse, à laquelle ils sacrifient tout. Cependant on ne peut pas ne pas plaindre l'aveuglement d'Edouard, quand on compare ce qu'il est à la fin de son regne avec ce qu'il avoit été pendant un si grand nombre d'années. Sa valeur, sa prudence, sa grandeur d'ame, sa constance, sa générosité, son humanité, sa bienfaisance, son affabilité paroissoient concourir pour en faire un prince accompli : Alix rendit inutiles tant d'excellentes qualités.

La treve venoit de finir dans une circonstance d'autant plus favorable à la France, que l'Angleterre n'avoit pour roi qu'un enfant de onze ans, Richard II, fils du prince de Galles. Charles trouva même encore un secours dans le roi d'Ecosse, qui, quoique son allié, n'avoit pas encore osé se déclarer ouvertement, & qui pour lors fit une diversion. Il mit sur pied lui-même cinq armées. Une fut envoyée en Guienne, une autre en Auvergne, la troisieme en Bretagne, la quatrieme en Artois ; la cinquieme fut un corps de réserve, prêt à se porter par-tout ; & une flotte ravagea les côtes de l'Angleterre. Les Anglois, attaqués de toutes parts, n'éprouverent donc plus que des revers. Il ne leur restoit que Calais, Bordeaux & quelques autres places peu importantes, lorsque Charles V mourut. La même année étoit mort du Guesclin, après s'être fait la réputation la plus éclatante ; & avoir été comblé des graces d'un prince, qui savoit discerner les hommes de talents, & qui ne craignoit pas de les employer.

Nouveaux succès de Charles V. Sa mort.

1380

Nul roi n'a moins tiré l'épée que Charles, difoit Edouard, & cependant aucun n'a fait de plus grandes chofes, & ne pouvoit me donner plus d'embarras. En effet, c'eſt du fond de ſon cabinet, que Charles étoit l'ame de tous les bras qu'il faiſoit mouvoir. Toujours appliqué, quoique d'une ſanté fort mauvaiſe, il donnoit ſes ſoins à toutes les parties du gouvernement. Il régloit tout par lui-même ; & il préparoit ſes entrepriſes avec une prudence ſi ſinguliere, qu'il paroiſ-ſoit envoyer ſes généraux à des victoires aſ-ſurées. Sobre, économe, juſte, pieux, il s'intéreſſoit aux malheureux : il donnoit un libre accès aux hommes de mérite, il aimoit à montrer ſa généroſité, lorſqu'il s'agiſſoit de récompenſer la vertu. Que vous êtes heureux, lui diſoit un de ſes courtiſans : je ne le ſuis, répondit-il, que parce que je puis faire du bien. Vous jugez qu'avec cette façon de penſer, il ne faiſoit pas conſiſter la politique à ſemer la diviſion parmi les or-dres de l'état. Il défendit, au contraire, les guerres particulieres, que les ſeigneurs ſe fai-ſoient encore : il réunit tous ſes ſujets, en les attachant à ſa perſonne. Il ſut même ga-gner juſqu'aux compagnies de brigands, qui combattirent pour lui contre les Anglois. C'eſt ainſi qu'il tournoit à l'avantage de la France, ce qui, ſous un autre prince, en auroit

fait le malheur. Quand on réfléchit sur cette
conduite, on n'est pas étonné qu'en 1377 il
ait eu cinq armées & une flotte, lui qui pendant la prison de son pere ne pouvoit pas
mettre une troupe en campagne, & qui au
milieu des tumultes de Paris n'avoit pas seulement une garde pour sa personne : on lui
a donné le surnom de Sage. C'est lui qui
a fixé la majorité des rois de France à quatorze ans commencés. Son dessein étoit de
prévenir, autant qu'il est possible, les troubles trop ordinaires dans les temps de régence.

CHAPITRE VII.

De l'Allemagne depuis le différent de Louis V & de Jean XXII jusqu'en 1400.

JEAN XXII qui mourut en 1334, laissa dans le tréfor de l'églife d'Avignon la valeur de vingt-cinq millions de florins d'or. Ce fait est rapporté par un hiftorien contemporain fur le témoignage de fon frere qui étoit à portée d'en être inftruit. Jean auroit donc amaffé cette fomme dans le cours de fon pontificat ; c'eft à-dire, dans l'efpace de dix-huit ans; & s'il n'y a pas de l'exagération, on peut juger des revenus que les papes s'étoient faits. Ils exigeoient des tributs de l'Angleterre, de la Suede, du Danemarck, de la Norwege, de la Pologne, & de tous les états de la chrétienté : tributs qui étoient toujours bien payés, quand un pontife favoit faifir les circonftances, prendre des prétextes pour intéreffer la religion à fes entreprifes, & intimider les peuples par des excommunications.

Ils

Ils ne trouvoient alors nulle part moins d'obftacles qu'en France: car en accordant les décimes au roi, ils pouvoient mettre impunément telle taxe qu'ils vouloient fur le clergé. Il y avoit encore pour eux une autre
fource de richeffes.

Les papes s'étoient quelquefois réfervé la
difpofition de quelques bénéfices, fous prétexte des troubles qu'occafionnoient les élections; & ces exemples leur firent bientôt un
droit d'étendre la réferve fur de nouveaux
bénéfices. Clément V, ufa fur-tout de ce
droit, pour donner des évêchés à fes parents:
il y fut même autorifé par Philippe le Bel,
qui le voyant dans fes intérêts, jugea qu'il
difpoferoit lui-même des principaux fieges,
ou qu'il n'y verroit que des fujets qui lui
feroient agréables.

Jean XXII étoit trop entreprenant, pour
ne pas étendre encore ce droit. Il établit
la réferve de toutes les églifes collégiales de
la chrétienté, difant qu'il le faifoit pour ôter
les fimonies, d'où cependant, remarque l'abbé Fleuri, il tira un tréfor infini. De plus,
ajoute le même auteur, en vertu de la réferve, il ne confirma quafi jamais l'élection
d'aucun prélat: mais il promouvoit un évêque à un archevêché, & mettoit à fa place
un moindre évêque: de-là, il arrivoit fouvent

que la vacance d'un archevêché ou d'un pa-
triarchat produisoit six promotions ou davantage, & il en venoit de grandes sommes à
la chambre apostolique. Car le pape exigeoit
quelquefois la premiere année du revenu des
bénéfices, auxquels il nommoit; & il établis-
soit des taxes pour les secrétaires, qui expé-
dioient les provisions. C'est ainsi que Rome s'est arrogé des annates & autres droits
sur les bénéfices.

Ces réserves faisoient peu-à-peu passer d'u-
sage les élections canoniques. Le pape qui
disposoit de tout, pouvoit tout vendre : & il
augmentoit d'autant plus ses revenus, que
pour un bénéfice vacant, il en conféroit, par
le moyen des translations, tout autant qu'il
vouloit. Ces raisons, jointes au peu de dépense que Jean XXII faisoit pour sa personne, font comprendre comment il avoit pû
amasser un grand trésor.

Querelles du
facerdoce &
de l'empire
pendant le
pontificat de
Benoît XII.

Benoît XII, son successeur, parut d'a-
bord disposé à donner l'absolution à Louis
V. Cependant il tira cette affaire en longeur,
dans la crainte de déplaire à Philippe de
Valois. Ce prince voulant se venger de
l'empereur, qui avoit excité les Flamands à
la révolte, exhortoit le pape à ne pas se dé-
sister, & le menaçoit même, s'il se rendoit
à la demande de Louis. Il reconnoissoit donc

l'autorité que les papes s'arrogeoient fur les ▬▬▬
fouverains.

Louis, qui avoit été obligé de revenir en
Allemagne, & qui n'avoit eu qu'une domination paffagere en Italie, où les troubles
avoient recommencé, tenoit des dietes qui
portoient des décrets contre les bulles de Jean
XXII, & qui déclaroient que celui qui a
été élu roi des Romains par les princes électeurs, ou par la plus grande partie, même
en difcorde, n'a pas befoin de l'approbation,
de la confirmation, ni du confentement du
faint fiege, pour prendre le titre d'empereur,
ou pour prendre l'adminiftration des biens &
des droits de l'empire. Cependant il négocioit toujours pour obtenir fon abfolution,
lorfque Benoît mourut, laiffant les chofes ▬▬▬
dans l'état où il les avoit trouvées.   1342

Clément VI, qui lui fuccéda, dit que ▬▬▬
ceux qui avoient occupé le faint fiege jufqu'a- Clément VI
lors, n'avoient pas fu être papes. Pour lui, fait élire roi
il fut étendre fes droits de réferve, vivre des Romains,
dans le luxe, & foutnir toutes les préten- Charles, fils
tions de la cour de Rome. Je ne parlerai du roi de Bo-
pas des bulles qu'il publia contre Louis V : heme.
car ce feroit toujours répéter les mêmes chofes. Je remarquerai feulement que marchant
fur les traces de Jean XXII, il vint à bout
de faire élire roi des Romains, Charles,

marquis de Moravie, fils de Jean de Luxembourg, roi de Boheme, & petit-fils de
Henri VII. Ce prince avoit promis au pape que s'il étoit élu, il déclareroit nuls tous
les actes faits par Louis de Baviere ; qu'il
ne viendroit à Rome que le jour marqué
pour son couronnement, qu'il en sortiroit
le jour même, qu'il n'occuperoit aucune des
terres qui pouvoient appartenir à l'églife de
Rome ; & que même il n'entreroit fur aucune qu'avec la permiffion du faint fiege.

Alors des
troubles se
préparoient
dans le royau-
me de Na-
ples.
Pendant que le pape caufoit des troubles
en Allemagne, la mort de Robert, arrivée
en 1343, en préparoit d'autres dans le royaume de Naples. Il avoit marié Jeanne
fa petite-fille & fon héritiere au prince André, fils de Charles-Robert roi de Hongrie,
fon neveu. Il rendoit par ce mariage la couronne aux defcendants de fon frere aîné,
Charles-Martel, & il crut l'affurer dans fa
famille. Mais cette précaution, toute fage
qu'elle paroiffe, produifit un effet tout contraire. Nous en parlerons bientôt.

Après bien
des difficul-
tés, Charles
IV eft recon-
nu roi des
Romains.
1347
Charles de Luxembourg, n'étant foutenu
que par un parti très foible, fut défait, &
eût été hors d'état de former de nouvelles
tentatives, fi Louis V ne fût pas mort la
même année.

Cependant les princes qui étoient reftés
fideles au dernier empereur, offrirent l'em-

pire à Edouard III, qui le refufa. Ils élurent enfuite Frédéric, marquis de Mifnie,
& landgrave de Thuringe, qui fe défifta
pour une fomme confidérable qu'il reçut de
Charles. Ils élurent encore Gunther, comte de Schwartzbourg : mais ce prince étant
tombé malade peu de temps après, & fe
fentant près de fa fin, confentit à renoncer
à tous fes droits, moyennant vingt-deux mille marcs d'argent. Enfin Charles gagna les
électeurs, qui lui étoient oppofés, & fut
reconnu.

Après avoir employé quelques années à
rétablir l'ordre en Allemagne, il obtint d'Innocent VI, fucceffeur de Clément, la permiffion d'aller à Rome pour être couronné ;
& il fortit de cette ville le jour même de
fon couronnement, comme il l'avoit promis. Cette conduite foumife fit enfin ceffer
les guerres, qui s'étoient élevées entre le
facerdoce & l'empire.

1349

Ceffation des querelles du facerdoce & de l'empire. Elle eft funefte aux papes.

Alors les papes parurent avoir vaincu, &
fi Clément VI eût été vivant, il fe fût
fans-doute applaudi de fa victoire : mais l'a-
vantage n'en étoit que momentané, & devoit
même accélérer la chûte de l'autorité ufurpée par le faint fiege.

En effet, cette autorité n'étoit qu'une illufion, que les querelles du facerdoce & de

P 3

l'empire avoient entretenue ; parce qu'il est
naturel de juger d'une puissance, par la puissance qu'elle combat & qu'elle balance. L'il-
lusion devoit donc cesser avec les querelles.
Dès que les papes n'avoient plus un ennemi
dans l'empereur, ils perdoient nécessairement
de leur considération. L'opinion, qui les
avoit fait redouter, s'affoiblissoit insensiblement ; & les yeux, tous les jours moins fas-
cinés, se préparoient peu-à-peu à leur résister, ou même à les braver.

Désordres en Allemagne où tous les droits sont confondus. Charles IV, ayant repassé les Alpes,
trouva l'Allemagne fort agitée. L'ambition
d'une multitude de princes, parmi lesquels
les uns vouloient dominer, les autres ne vouloient pas céder, étoit une source intarissa-
ble de désordres. La coutume qui obéit à
la force, & qui, par conséquent, change souvent, n'avoit pas pu fixer les rangs parmi
ces princes ; & il s'étoit établi l'opinion d'u-
ne égalité chimérique, opinion que les guerres, auxquelles elle donnoit lieu, sembloient
devoir détruire, & que cependant elles ne
détruisoient pas. On ne savoit seulement
pas quels étoient les princes qui avoient seuls
droit de concourir à l'élection du roi des Romains. Tout avoit à cet égard varié suivant
les temps, & il n'y avoit rien de déterminé.

Charles voulant remédier à ces abus convoqua une diete. Elle fut composée des
électeurs, des comtes, des seigneurs, & des
députés des villes libres. C'est-là que fut
faite une constitution qu'on nomma *bulle
d'or*, & qui fixa le nombre des électeurs à
sept, régla leurs fonctions, leurs droits, leurs
privileges, la maniere dont l'élection du roi
des Romains devoit être faite ; & en général, tout ce qu'on jugea nécessaire pour mettre quelqu'ordre dans le gouvernement de
l'empire.

*Bulle d'or.
1356*

Les temps antérieurs à cette bulle n'offrent que de la confusion. Elle est proprement la premiere loi fondamentale du corps
Germanique ; & c'est l'époque à laquelle il
faut remonter, si l'on veut suivre le gouvernement d'Allemagne dans ses progrès jusqu'à présent : c'est pourquoi je vous la ferai
lire. Elle mérite encore d'être lue, parce
qu'elle fait connoître l'esprit du temps, les
usages & les désordres.

*Elle est la
premiere loi
fondamenta-
le du corps
Germanique.*

Voilà tout ce que Charles fit d'avantageux pour l'empire. Il le sacrifia d'ailleurs
à son avarice & à l'agrandissement du royaume de Boheme, son patrimoine. Il se
mit si peu en peine d'en défendre les droits
contre les papes, qu'il parut agir de concert avec eux, pour détruire les prérogatives
des empereurs.

*Charles IV sa-
crifie l'empire
à ses intérêts
& le sert sans
le savoir.*

P 4

Il négligea de même ſes droits ſur l'Italie ; & s'il y paſſa à la tête d'une armée, ce fut moins pour les faire valoir, que pour les vendre aux républiques & aux tyrans qui s'étoient fait des ſouverainetés. Il en revint avec les tréſors qu'il avoit amaſſés : il en employa une partie à faire élire roi des Romains ſon fils, Venceslas ; & il mourut peu de temps après.

Charles IV en ſe ſoumettant aux papes, a contribué, ſans le ſavoir, à leur abaiſſement : il a d'un autre côté travaillé à l'avantage de l'empire, en ſacrifiant à ſon intérêt les droits des empereurs. En effet, n'eût-il pas été à deſirer, que ſes prédéceſſeurs euſſent fait de plus grands ſacrifices encore ; & que ſe bornant à gouverner l'Allemagne, ils euſſent renoncé à l'Italie & à l'empire, qui n'étoit qu'un titre de plus ?

Venceslas avare, lâche, crapuleux, s'enivra, vendit les domaines de l'empire, & ne s'occupa point du gouvernement. Voyant les villes impériales, liguées contre les princes qui les opprimoient, il crut qu'il étoit de ſa politique de laiſſer faire les deux partis. Il fomenta même leurs diviſions, comptant qu'ils ſe détruiroient mutuellement, & qu'il en regneroit avec plus d'autorité. Bientôt il fut obligé de former une ligue lui-mê-

me; il en vit enfuite naître d'autres; & il 1400
finit par être dépofé.

Les guerres civiles de ce regne méritent
peu de nous arrêter : elles n'ont point eu d'influence fur le refte de l'Europe ; & il n'eft
pas néceffaire d'en favoir les détails, pour
continuer d'étudier l'hiftoire d'Allemagne.
Nous voilà donc débarraffés des empereurs
pour quelque temps.

LIVRE SEPTIEME.

CHAPITRE PREMIER.

*De l'églife & des principaux états de
l'Europe pendant le grand fchifme.*

Les défordres
à leur com-
ble produi-
fent quelque
bien.

Nous arrivons à des temps de troubles.
Est-ce que depuis plufieurs fiecles nous
avons vu autre chofe, me direz-vous? non,
Monfeigneur: mais c'eft que les troubles vont
être encore plus grands. Je ne vous les pré-
fenterai pas cependant dans tous les détails;
je ne les confidérerai que par rapport aux fuites qu'ils doivent avoir. Heureufement ils
produiront quelque bien, ce qui doit arriver
toutes les fois que les défordres font à leur
comble.

Robert, roi de Naples, prince sage & qui avoit rendu ses états florissants, nomma par son testament un conseil de régence, pour gouverner le royaume, jusqu'à ce que Jeanne, la petite-fille, âgée de seize ans, en eût vingt-cinq. Mais Clément VI déclara nulles toutes les dispositions de ce prince; défendit sous peine d'excommunication aux tuteurs d'exercer aucune autorité; & jugeant que le gouvernement de ce royaume n'appartenoit qu'à lui pendant la minorité de la reine, il y commit le cardinal Aiméric de Chastelus.

Clément VI déclare nulles les dispositions de Robert roi Naples.

Cependant un moine franciscain, nommé frere Robert, qui avoit été chargé de l'éducation d'André, vouloit usurper lui-même toute l'autorité, & il écartoit ceux qui pouvoient être un obstacle à ses desseins. Bientôt dans la crainte de succomber sous le parti qui se formoit contre lui, il trahit son maître; & il sollicita Louis roi d'Hongrie & frere aîné d'André, mari de Jeanne, à prendre possession du royaume de Naples, comme plus proche héritier de son grand-pere. Contre son attente, Louis refusa; il négocia même auprès du pape, pour faire donner l'investiture à son frere, non à titre de mari de Jeanne, mais comme héritier de Charles Martel. La négociation réussit, après avoir souffert cependant bien des difficultés.

Louis, roi de Hongrie; se refuse aux invitations qui lui sont faites, & fait investir son frere André.

André est étranglé.

Ces contestations diviserent les deux époux : chacun prétendit regner de son chef ; & il y eut à Naples deux cours & deux souverains. Du côté d'André étoient les Hongrois, qu'on regardoit comme des barbares ; & du côté de Jeanne étoient les princes du sang & les barons du royaume. André fut étranglé dans son palais.

1345

Jeanne I est accusée de ce meurtre.

Ce crime qui en devoit produire d'autres, fut la source des malheurs de Jeanne, & attira sur son royaume une longue suite de calamités. Elle n'avoit alors que dix-huit ans, & si elle a consenti à l'assassinat de son mari, ce qui n'a jamais été prouvé, elle étoit moins coupable que ceux qui l'entouroient, & qui abuserent de la foiblesse de son âge & de son sexe.

Comme il étoit de l'intérêt de ses ennemis qu'elle ne fût pas innocente, il lui fut difficile de se justifier. On indisposa les esprits contre elle, & elle se vit menacée des forces du roi de Hongrie, qui marchoit pour venger la mort de son frere.

Elle se retire en Provence avec Louis de Tarente qu'elle épouse.

Dans cette conjoncture, elle épousa Louis de Tarente, prince du sang & son proche parent. Mais ce nouveau roi qu'on avoit toujours regardé comme ennemi d'André, étoit trop suspect pour gagner l'affection des peuples. A l'approche de Louis de Hongrie, il fallut fuir ; & Jeanne se retira dans son comté de Provence, avec son nouvel époux.

Le roi de Hongrie se vengea sur tous ceux qu'il jugea coupables. Il semble même qu'il n'ait pas eu d'autre objet dans son expédition : car, quatre mois après, il s'en retourna dans ses états, sans avoir pris des mesures pour conserver le royaume de Naples.

Le roi de Hongrie venge la mort de son frere.

Cependant Jeanne plaidoit elle-même sa cause devant le pape, qui la déclara innocente. Ce jugement & encore plus la haine que les Napolitains avoient conçue contre les Hongrois, disposerent les esprits à la recevoir. Mais cette reine avoit besoin d'argent. Elle en demandoit au pape : & Clément VI n'en donnoit pas comme des absolutions.

Clément VI déclare Jeanne innocente.

Si Avignon appartenoit à Jeanne, les papes s'en étoient en quelque sorte rendus maîtres par la résidence qu'ils y faisoient depuis long-temps. Cette princesse crut donc faire un bon marché, en offrant de céder tous ses droits de souveraineté sur cette ville, moyennant quatre-vingt mille florins d'or ; & Clément VI n'en crut pas faire un mauvais, en acceptant cette souveraineté pour quatre-vingt mille florins ; sur-tout, si comme on le dit, il les promit & ne les paya pas. Le contrat

Il achete d'elle Avignon.

1348

passé fut approuvé & autorisé par Charles IV, qui consentit que les papes tinssent Avignon en franc-alleu. Le consentement de l'empereur étoit nécessaire, parce que le comté de Provence étoit alors un fief de l'empire.

Jeanne désigne Charles de Duras pour son héritier.

Jeanne comptant sur l'affection des Napolitains, s'embarqua avec l'argent qu'elle obtint de ses sujets de Provence, & remonta sur le trône après une guerre vive & sanglante. Louis son mari mourut en 1362, sans laisser de postérité. Elle épousa l'année suivante Jacques d'Arragon, infant de Majorque, dont elle n'eut point d'enfants, & qui mourut en 1365. Alors renonçant au mariage, elle désigna pour son héritier Charles de Duras, dernier prince de la maison d'Anjou à Naples.

Elle épouse en quatrieme noce Othon, duc de Brunswick.

Cependant quelques années après, de nouveaux troubles s'étant élevés, Jeanne croyant ne pouvoir soutenir seule le poids du gouvernement, crut devoir se marier pour la quatrieme fois, quoique âgée de quarante-six ans ; & elle épousa Othon, duc de Brunswick, prince de l'empire. Ce mariage donna de l'inquiétude à Charles de Duras, qui craignit de se voir frustré de la couronne.

Etat misérable du reste de

Telle étoit la situation des choses dans le royaume de Naples : mais le reste de l'Italie offroit encore de plus grands défordres. Là, une ville obéiffoit à un tyran, qui fe difoit duc, comte, ou marquis. Ailleurs c'étoit une république, remplie de diffentions. De côté & d'autre, on trouvoit des chefs de troupes, dont les armes & le fang fe vendoient à l'enchere; & par-tout la campagne étoit infeftée de brigands.

Le gouverne-
ment de Ro-
me étoit une
anarchie.

L'anarchie étoit encore plus grande dans Rome, où il y avoit peu de forces & beaucoup de prétentions. Le peuple, ne voyant pas qu'il n'avoit de Romain que le nom, avoit la manie de prétendre encore à l'empire de l'univers. La populace, la nobleffe & les prêtres, toujours divifés, faifoient prendre toujours de nouvelles formes au gouvernement. Des fénateurs, des patrices, des préfets, des confuls, & des tribuns fe fuccédoient tour-à-tour; & il n'y avoit proprement ni liberté ni maître. L'hiftoire d'un tribun de cette ville vous fera connoître à quel point de délire les efprits s'étoient portés.

En 1357 Nicolas Rienzi, fils d'un meûnier, fait tribun par acclamation du peuple, & chargé feul de toute l'autorité, donna une déclaration où il parloit ainfi : Nous, Nicolas, chevalier candidat du S. Efprit, févere & clément libérateur de Rome, zélateur de l'Italie, amateur de l'univers, & tribun auguste; voulant imiter la liberté des anciens princes Romains, faisons savoir à tous, que le peuple romain a reconnu, de l'avis de tous les sages, qu'il a encore la même autorité, puissance & jurisdiction dans tous l'univers qu'il a eue dès le commencement, & qu'il a révoqué tous les privileges donnés au préjudice de son autorité. Nous donc, pour ne pas paroître ingrat ou avare du don & de la grace du S. Esprit, & ne pas laisser dépérir plus long-temps les droits du peuple romain & de l'Italie, déclarons & prononçons que la ville de Rome est la capitale du monde & le fondement de toute la religion chrétienne, que toutes les villes & tous les peuples d'Italie sont libres & citoyens romains. Nous déclarons aussi que l'empire & l'élection de l'empereur appartiennent à Rome & à toute l'Italie : dénonçant à tous rois, princes & autres, qui prétendent droit à l'empire ou à l'élection de l'empereur, qu'ils aient à comparoître devant nous, & les autres officiers du pape & du peuple romain, en l'église de S. Jean de Latran, & ce dans la pentecôte prochaine, qui est le terme que nous leur donnons pour tout délai. De plus nous faisons citer nommément Louis, duc de Baviere, & Charles, roi de Boheme, qui

se

fe difent élus empereurs, & les cinq autres
électeurs.

D'après cette déclaration, vous jugez que ~~Autorité dont~~
Nicolas étoit un extravagant. Mais la mul- il jouit.
titude de Rome partageoit fa folie. Plufieurs
peuples d'Italie avoient fait alliance avec lui :
& fon autorité étoit fi reconnue, que Louis
de Hongrie cita Jeanne au tribunal de ce vi-
fionnaire. Ce tribun foumit tous les nobles
de Rome & des environs. Il fit arrêter ceux
qui donnoient retraite aux voleurs, & il
rétablit au moins la fureté pour quelque
temps.

Chaffé de Rome par une faction, il y ~~Comment il~~
rentra en 1359, & il y auroit joui de la la perd.
même puiffance, fi les Romains n'avoient
craint que Clément VI irrité n'eût révoqué
la bulle, par laquelle il avoit réduit à la cinquantieme année l'indulgence du jubilé, que
Boniface VIII avoit établi pour la centieme
(*). Nicolas ayant eu l'imprudence d'aller
en Boheme, il y fut arrêté, & Charles IV
l'envoya au pape.

(*) La bulle que Clément donna pour le jubilé, affuroit fur le champ la rémiffion des péchés & le ciel à quiconque mourroit en allant à Rome. Voici l'ordre qu'il donnoit aux anges : *Prorfus mandamus angelis paradifi, quate-*
nus animam illius a purgatorio penitus abfolutam in paradifi
gloriam introducant.

Tom. XII. Q

Le jubilé, réduit à la cinquantieme année par Clément VI, attire à Rome une multitude de pélerins.

Le jubilé produifit l'effet pour lequel les Romains l'avoient demandé : c'eſt-à-dire, qu'il laiſſa beaucoup d'argent dans leur ville. Les pélerins y vinrent en ſi grand nombre, que les jours où il y en avoit le moins, on en comptoit deux cents mille ; & que d'autres fois on eſtimoit qu'il y en avoit un million ou davantage.

Cette multitude apporte la difette.

Cette multitude laiſſa beaucoup d'argent en Italie, & cauſa auſſi beaucoup de diſette; parce que le gouvernement n'avoit pas pourvu à la ſubſiſtance de tant de bouches. De-là, naquirent de nouveaux deſordres ; les voleurs ſe multiplierent & il n'y eut plus de ſureté.

Les papes ne conſervent preſque rien en Italie.

Alors preſque toutes les villes de l'égliſe romaine étoient occupées par des tyrans. Lorſqu'en 1353 Innocent VI voulut ſe faire reconnoître dans les places dont il ſe croyoit ſouverain, ſon légat ne fut reçu que dans Montefiaſcone & dans Montefalco. Voilà tout ce qui reſtoit aux papes d'une ſouveraineté, pour laquelle ils avoient bouleverſé toute l'Europe. Innocent rendit la liberté à Nicolas, eſpérant que ce fanatique feroit rentrer Rome ſous ſa domination : en effet, Nicolas fut encore tribun : mais la nobleſſe

Rienzi eſt tué.

ayant ſoulevé la populace contre lui, il fut mis en pieces.

Quand on compare la puissance des papes parmi les orages de Rome & de l'Italie, aux richesses dont ils jouissoient tranquillement en France; on n'est pas étonné que l'ambition d'être souverain à Rome cédant à l'avarice, plusieurs aient préféré le séjour d'Avignon.

Pourquoi les papes préféroient Avignon à Rome.

Cependant les Romains, qui avec de pareils sentiments, préféroient l'argent à la liberté, invitoient chaque pape à faire sa résidence à Rome. Urbain V, successeur d'Innocent VI, se rendit à leurs instances en 1367; mais en 1370, il revint sous différents prétextes à Avignon, où il ne vécut que trois mois. Grégoire XI, qui fut alors élevé sur la chaire de S. Pierre, eut la même complaisance en 1377; & dès l'année suivante, ne s'accommodant pas mieux qu'Urbain d'un séjour où il trouvoit trop de contradictions, il formoit le projet de revenir en France, lorsqu'il mourut. Le séjour d'Avignon étoit beaucoup plus agréable aux papes, parce qu'ils n'y étoient pas moins desirés & qu'ils y étoient plus maîtres. On avoit même fait en France tout ce qu'on avoit pu, pour y retenir Urbain & Grégoire.

Urbain V & Grégoire XI, invités par les Romains, vont à Rome

Les Romains, qui vouloient fixer enfin le siege apostolique dans leur ville, demandoient un pape qui fût de Rome ou du moins d'Italie : mais parce que sur seize cardinaux

Les Romains veulent un pape Italien.

qui compofoient le conclave, il n'y eut que
quatre Italiens, ils ne crurent pas pouvoir
obtenir leur demande s'ils ne menaçoient,
& ils menacerent.

Les cardinaux, cédant à la violence, élurent Barthélemi Prignano Napolitain, archevêque de Bari. Ils comptoient que cet archevêque ne fe prévaudroit pas de cette élection Ils écrivirent même en France & ailleurs qu'elle étoit nulle, & que leur deffein
etoit d'élire un autre pape. Prignano n'en jugea pas de même: foutenu par le peuple, il
fe fit reconnoître fous le nom d'Urbain VI,
& tous les cardinaux furent dans la néceffité de fe foumettre.

Les cardinaux feignirent d'élire Prignano, Urbain VI.

Urbain aliéna les cardinaux, qu'il devoit
ménager. Mal affuré fur le faint fiege, il
forma le projet de détrôner la reine Jeanne,
qu'il avoit indifpofée; & il offrit le royaume de Naples à Charles de Duras. Ce prince fe refufa à cette premiere invitation, ne
pouvant encore fe réfoudre à manquer à la reconnoiffance & à la juftice.

Urbain VI qui veut fe croire pape, aliéne les efprits.

Cependant les cardinaux François, s'étant
retirés à Anagnia, protefterent contre l'élection de Prignano, le déclarerent excommunié, intrus, tyran; & fe tranfporterent enfuite à Fondi, pour procéder à une nouvelle
élection.

Les cardinaux élifent à Fondi Clément VII.

Mais afin de prévenir toute difficulté, ils voulurent engager les cardinaux Italiens à se joindre à eux. Dans cette vue, ils promirent à chacun séparément de l'élever sur la chaire de S. Pierre : trompés par cette espérance, les Italiens se rendirent à Fondi, & furent témoins de l'élection de Robert, fils d'Amédée, comte de Geneve, qui se fit nommer Clément VII.

Alors toute la chrétienté se divisa. Clément fut reconnu en France, en Ecosse, en Lorraine, en Savoye, à Naples au moins par la reine Jeanne; & l'Espagne, qui lui fut d'abord contraire, se déclara ensuite pour lui. Urbain avoit dans son parti presque toutes les villes de Toscane & de Lombardie, l'Allemagne, la Boheme, la Hongrie, la Pologne, la Prusse, le Danemarck, la Suede, la Norwege & l'Angleterre.

Pendant que les deux papes troubloient toute l'église par les excommunications, qu'ils fulminoient l'un contre l'autre, l'Italie, où les désordres devoient être plus grands qu'ailleurs, fut le théâtre d'une guerre, dans laquelle les Urbanistes eurent tout l'avantage: Clément, quoique protégé par la reine Jeanne, fut obligé de sortir du royaume de Naples, où le peuple étoit pour Urbain. Il établit son siege dans la ville d'Avignon; & il

Toute la chrétienté se divise entre les deux papes.

Ils se font la guerre & Clément VII se retire à Avignon.

Q 3

fit d'inutiles efforts, pour soutenir le parti qu'il avoit en Italie.

A la sollicitation d'Urbain, Charles de Duras arme contre Jeanne.

Urbain, dont le caractère violent devoit se montrer de plus en plus dans les succès, déposa Jeanne, la déclarant schismatique, hérétique, & criminelle de leze-majesté. Il s'étoit enhardi à cette démarche, parce qu'il avoit enfin vaincu les scrupules de Charles de Duras, qui à la sollicitation de ce pontife, ne craignit pas de prendre les armes contre sa parente, sa reine & sa bienfaitrice.

Ce pape vouloit obtenir des états pour son neveu.

Urbain, qui songeoit à l'agrandissement de sa famille, vouloit faire avoir la principauté de Capoue & d'autres terres à son neveu François Prignano. Ce fut à cette condition qu'il donna l'investiture du royaume de Naples à Charles de Duras; & pour fournir aux frais de cette guerre, il aliéna une partie des domaines du patrimoine de S. Pierre, & vendit même les calices & les ornements des églises de Rome.

Jeanne cherchant des secours, adopte Louis d'Anjou

Le parti de Charles ne pouvoit manquer de devenir considérable dans un royaume, où il y avoit toujours eu des troubles, &, par conséquent, toujours des mécontents. Jeanne, se voyant donc trop foible, demanda des secours à la France; & pour en obtenir, elle adopta Louis duc d'Anjou, frere du dernier roi, Charles V. Mais elle n'en reçut point, & elle fut réduite à se livrer à l'usurpateur.

Charles, maître du royaume, consulta
Louis de Hongrie sur la maniere dont il devoit traiter la reine. Louis répondit de la
faire périr de la mort du roi André ; & ce
conseil barbare fut suivi. Ainsi finit cette
malheureuse princesse, laissant par l'inutile
adoption de Louis d'Anjou, une nouvelle
source de guerres & de calamités.

Charles de Duras la fait périr.

En France, Charles VI étoit dans sa douzieme année, lorsqu'il monta sur le trône,
après la mort de Charles V son pere. Le
duc de Bourbon, beau-frere du dernier roi,
auroit mérité d'avoir la régence ; & Charles
V la lui eût donnée, s'il n'eût craint d'irri-
ter ses freres, le duc d'Anjou, le duc de
Berri, & le duc de Bourgogne. Il voulut au
moins qu'il eût part au gouvernement : mais
ses mesures ne purent prévenir les maux que
devoient causer l'avarice, l'ambition & la
mésintelligence de ses freres.

Charles V n'a pu préve-nir les calami-tés, qui mena-çoient la mi-norité de Charles VI.

Pour appuyer leurs prétentions, ces princes firent avancer des troupes, qui causerent
de grands désordres aux environs de Paris
parce qu'elles étoient sans discipline ; & lorsqu'après avoir fait une espece d'accord entre
eux, ils les eurent licenciées, elles commi-
rent encore de plus grands désordres, parce
qu'on ne les paya pas. La campagne étoit
exposée au brigandage des soldats: on se sou-

Troubles cau-sés par les on-cles de Char-les VI.

levoit dans les villes : il y avoit, fur-tout, des
féditions à Paris : & les princes qui fe difpu-
toient l'autorité, n'en ayant pas affez pour
rétablir l'ordre, rejetoient les uns fur les autres des maux dont en effet leur conduite
étoit la caufe. Le plus coupable étoit fans
doute le duc d'Anjou, qui avoit été déclaré
régent, quoique le moins digne de commander. Adopté par Jeanne, un peu plus de
deux mois avant la mort de Charles V, il
vouloit gouverner, ou plutôt facrifier la France, pour s'affurer la conquête du royaume
de Naples. Il enleva le tréfor que Charles
V avoit amaffé, & qui étoit plus que fuffi-
fant pour les befoins de l'état ; & lorfque le
peuple, qui ne l'ignoroit pas, refufa les fubfides qu'on lui demandoit, il le contraignit à
les fournir, en abandonnant la campagne à
la difcrétion des foldats. Cependant on portoit la guerre en Flandre, & on avoit à fe
défendre contre de nouveaux efforts de l'Angleterre.

Charles V fit
une faute en
amaffant un
tréfor.

Lorfqu'un roi a du fuperflu, il doit l'employer à des travaux utiles, ou foulager fon
peuple par la diminution des impôts. Son
fucceffeur fera affez riche, s'il eft économe, &
s'il eft prodigue, les tréfors, qu'il trouve, le
rendront plus prodigue encore. Charles V
avoit donc fait une faute.

Cet argent, qu'il avoit amaffé, fut une perte pour la France, fans être utile à Louis d'Anjou. Ce prince obtint de Clement VII l'inveftiture du royaume de Naples, leva des troupes & mourut à Biféglia, après avoir vu fon armée fe détruire par la difette & par les maladies. Charles de Duras vainquit en temporifant.

Louis d'Anjou échoue contre Charles de Duras.

Pendant cette guerre, Urbain, fut tenté d'abandonner les intérêts de Charles, qui ne fe preffoit pas de donner la principauté de Capoue à François Prignano. Mais ayant eu l'imprudence de paffer dans le royaume de Naples, le roi vint au devant de lui; & le vaffal s'affura de la perfonne de fon fuzerain, en lui donnant néanmoins de grandes marques de refpeft. Urbain s'échappa cependant, & fe retira dans la ville de Nocéra; fe flattant toujours de pouvoir foulever les peuples. Il y fut affiégé. Ses excommunications repouffèrent mal les attaques de l'ennemi: il fut même en danger d'être trahi: il le crut au moins, & il fit mettre à la queftion fix cardinaux & l'évêque d'Aquila. Il fortit enfin de Nocéra, traînant après lui fes prifonniers; comme l'évêque d'Aquila fuyoit à fon gré trop lentement, il le fit égorger. Il gagna enfuite le rivage avec fes cardinaux chargés de chaînes, & vint à Genes, où il en fit périr cinq dans les tour-

Charles de Duras affiège Urbain VI. Cruauté de ce pape.

ments. Falloit-il donc que Rome chrétienne eût aussi des Nérons.

Marie, roi de Hongrie après la mort de Louis son pere.

Louis de Hongrie étoit mort quelques années auparavant, & avoit laissé la couronne à sa fille aînée, que les Hongrois proclamerent sous le nom de *roi Marie*. C'est un expédient qu'ils imaginerent pour concilier les droits de cette princesse avec leur répugnance à se soumettre à une femme.

Des seigneurs offrent la couronne à Charles de Duras.

Mais comme le roi Marie étoit encore mineure, Elisabeth sa mere fut chargée de la régence. Cependant cette princesse ayant donné toute sa confiance à un seigneur, les autres jaloux de cette préférence, se souleverent, & offrirent la couronne à Charles de Duras.

Il est assassiné. Sigismond, époux de Marie, monte sur le trône.

1385

Charles accepta. Marguerite, sa femme fit de vains efforts pour l'en dissuader; il partit la même année qu'Urbain s'étoit enfui de Nocéra; il fut couronné & assassiné quelques mois après. Sigismond, qui avoit épousé Marie, monta sur le trône, & regna parmi les troubles. Il étoit fils de l'empereur Charles IV, &, par conséquent, frere de Venceslas.

Ladislas, fils de Charles de Duras, est reconnu par Urbain, & Louis.

Marguerite voulant conserver le royaume de Naples à son fils Ladislas, se réconcilia avec Urbain. Ce pape reconnut en effet Ladislas. Ce fut pour Clément VII une raison

de ne pas le reconnoître, & il donna l'investiture de ce royaume à Louis, fils de celui que Jeanne avoit adopté. La guerre entre ces deux concurrents dura jusqu'en 1400,
que Louis abandonna ses prétentions sur Naples, pour se retirer en Provence.

fils de l'adop-
té, par Clé-
ment.

Dans cet intervalle moururent les deux
papes : Urbain en 1389, & Clément en 1394.
On avoit donc eu deux fois occasion de rendre la paix à l'église : mais ni les cardinaux
de Rome, ni ceux d'Avignon, ne la voulurent saisir, chacun se flattant sans doute de
monter sur la chaire de S. Pierre. Urbain
eut pour successeur Boniface IX, & Clément,
Benoît XIII.

Le schisme
continue a-
près la mort
des papes.

Cependant le schisme jetoit l'eglise dans
une étrange confusion. On ne savoit à qui
obéir de deux papes, qui s'excommunioient
réciproquement; le clergé, qui se voyoit dépouiller de ses biens, étoit scandalisé de leur
avarice; & tout le reste de leur conduite
n'édifioit pas davantage le public. Ils mettoient continuellement de nouvelles impositions sur les bénéfices; ils s'en attribuoient
la premiere année du revenu; ils les chargeoient de pensions; ils exigeoient des droits
considérables pour la chambre apostolique;
enfin ils nommoient à des bénéfices qui
n'étoient pas encore vacants, ou plutôt ils

Les papes
dépouillent à
l'envi le cler-
gé.

les vendoient à ceux qui vouloient d'avance
s'en affurer la poffeffion, après la mort du
bénéficier ; & c'eft ce qu'on appelloit des *gra-*
ces expectatives. C'eft ainfi que pour fe faire
des créatures, ou pour amaffer de l'argent,
ces papes difpofoient des biens de l'eglife.
Il arrivoit même fouvent qu'un même bénéfice étant donné à plufieurs perfonnes, on
prenoit les armes, & il reftoit au plus fort.

C'eft fur-tout, dans le royaume de Naples,
que les abus étoient au comble. Tour-à-tour
la proie de deux rois & de deux papes, il
étoit déchiré par un double fchifme, qui
ruinoit également les eccléfiaftiques & les laïques. Lorfqu'après la mort de Jeanne, Charles de Duras eut fait reconnoître Urbain VI,
ce pontife ne fe contenta pas de dépouiller les
bénéficiers qui s'étoient déclarés pour Clément VII ; il les fit encore enfermer dans
des cachots, & il exerça fur eux toute fa
cruauté.

Boniface IX, fon fucceffeur, fit un trafic fcandaleux des biens de l'églife. Jean XXII
à l'exemple de Clément V, avoit établi les
annates, mais pour un temps limité, & encore avoit-il excepté les évêchés & les abbayes. Boniface IX étendit ce droit fur tous
les bénéfices, & l'établit pour toujours. Il

Ils font un
trafic des bé-
néfices.

vendoit les graces expectatives, & fouvent les mêmes à plufieurs perfonnes, lorfqu'il s'en préfenroit qui vouloient les acheter, ne fachant pas qu'elles avoient été vendues. Il y auroit eu au moins quelque ordre, fi la date du jour où l'expectative avoit été accordée, eût pu régler le droit des contendants. Mais tantôt il vendoit à plufieurs fous la même date ; tantôt fous une date poftérieure avec la claufe de préférence ; & quelquefois il révoquoit toutes les expectatives qu'il avoit données, afin de pouvoir les revendre encore.

Il en ufoit de même, lorfque des bénéfices venoient à vaquer. Ses officiers recevoient l'argent & les fuppliques de tous ceux qui les poftuloient ; donnant à chacun en échange la date du jour qu'il s'étoit préfenté, & abandonnant un bénéfice à une multitude de prétendants. Voilà l'origine d'un bureau, qu'on nomme la daterie. Il offre un moyen bien commode d'obtenir des bénéfices : car il ne faut qu'avoir de l'argent & un bon courier.

Les jubilés furent encore un objet de trafic pour Boniface. Il accorda à la ville de Cologne une année d'indulgence fous la même forme que celle de Rome. Il fit la même grace à la ville de Magdebourg ; & il y en

Ils en font un des indulgences, & ne paroiffent qu'ufer de leurs droits.

eut encore plufieurs autres en Allemagne, auxquelles il accorda des indulgences pour certains mois de l'année. Dans tous ces lieux, il avoit des collecteurs, pour recevoir une partie des offrandes, que la fuperftition y portoit de toutes parts. On s'accoutumoit déja fi fort à tous ces abus, qu'on n'en étoit prefque plus fcandalifé. On commençoit même à dire, que le pape en vendant les expectatives, les bénéfices & les indulgences, ne faifoit qu'ufer de fes droits.

Aucune puif-
fance de l'Eu-
rope ne pou-
voit réprimer
ces abus. Tels étoient les défordres de l'églife, & cependant il n'y avoit pas dans toute l'Europe un fouverain, qui fût capable de les réprimer. On ne pouvoit rien attendre de Venceslas, qui regnoit en Allemagne. L'Efpagne, depuis Henri de Tranftamare, avoit toujours été troublée; & fes rois, trop occupés chez eux, prenoient peu d'intérêt à ce qui fe paffoit dans le refte de l'Europe, & ne jouiffoient d'aucune confidération. La France & l'Angleterre prefque toujours en armes, ou au moment de les reprendre, ne les quittoient que par épuifement; d'ailleurs la fituation de ces deux royaumes étoit déplorable.

L'état de la
France étoit
déplorable
fous Charles Charles VI avoit pris en 1388 les rênes du gouvernement, & il fongeoit à réparer les maux que l'adminiftration des ducs de Berri

& de Bourgogne avoient caufés, lorfqu'en
1392 il tomba tout-à-coup en démence, pour
n'avoir plus que des intervalles de raifon. Ses
oncles, profitant de cette circonftance, fe
faifirent une feconde fois de toute l'autorité.
Ce regne qui fut long, n'offrit plus qu'une
fuite de défordres. Il n'y eut point de plan
dans le gouvernement; la cour fut remplie
d'intrigues; les peuples furent foulés; ce n'eft
encore là que la moindre partie des maux
qui défolerent la France.

En Angleterre, Richard II, fils d'Edouard
III, étoit encore mineur, lorfqu'il monta
fur le trône; & il avoit auffi trois oncles, à
qui le parlement donna la régence. L'adminiftration de ces princes excita bientôt une révolte. Les rebelles s'avancerent jufques à
Londres: la populace leur ouvrit les portes:
cette ville offrit l'image d'une place prife d'af-
faut; & cette guerre civile ne finit qu'après
une grande effufion de fang.

Richard enfin gouverna lui-même; mais
livré à des favoris qui le flattoient, & tout
entier à fes plaifirs, pendant que la France
& l'Ecoffe lui faifoient la guerre, il fe rendit méprifable par fa molleffe, & aliéna encore la nation, dont il ne refpectoit pas les
privileges. Tantôt par foibleffe il recevoit
la loi de fes parlements; tantôt par une mau-

VI.
1392

Et celui de
l'Angleterre
pendant la
minorité de
Richard II.

L'état de l'An-
gleterre n'eft
pas meilleur
lorfque Ri-
chard II eft
majeur.

vaife politique il en corrompoit les membres; affez aveugle pour fe croire plus puiffant, lorfqu'un parlement révoquoit les actes que d'autres avoient faits contre fon autorité. Mais il femoit feulement la divifion dans fon royaume, & il animoit pour fa propre perte les factions les unes contre les autres.

Ce prince perd la couronne.

Cependant il regnoit dans une lâche fécurité, lorfqu'en 1399 des mécontents appellent Henri, fils du duc de Lancaftre fon oncle. Ce prince, à la tête de plus de foixante mille hommes, fe rend bientôt maître du royaume. Richard eft dépofé dans un parlement: il eft forcé d'abdiquer lui-même la couronne: il eft enfermé dans une prifon; & Henri IV ufurpe le trône.

Il perd la vie.

Quelques partifans de Richard conjurerent pour le rétablir, & ils ne firent que hâter fa mort. Le parlement l'avoit condamné à perdre la vie, fi quelqu'un armoit en fa faveur. Il mourut en 1408.

Les exactions des deux papes foulevent le clergé

Quoique depuis Charles V, l'Europe fût en quelque forte fans fouverains, il n'étoit pas poffible que les papes formaffent toujours impunément de nouvelles entreprifes. Le clergé qui vouloit jouir de fes richeffes, devoit enfin fe foulever contre leur avarice.

Moyens propofés par l'u-

L'univerfité de Paris fit les premieres démarches, pour rendre la paix à l'églife. En

1393

1393 ſes députés repréſenterent au roi les maux que produiſoit le ſchiſme ; & ils propoſerent trois moyens pour les faire ceſſer. Le premier, étoit une ceſſion que les deux contendants feroient de leurs droits : le ſecond, un compromis par lequel ils s'en remettroient au jugement de perſonnes nommées à cet effet : & le dernier, un concile général. Charles reçut d'abord favorablement ces remontrances : mais il changea bientôt, & ne voulut plus en entendre parler. L'univerſité, qu'on refuſoit d'écouter dans une cauſe auſſi juſte, crut devoir faire ceſſer ſes exercices.

niverſité de Paris pour faire ceſſer le ſchiſme.
1393

Cependant ſur de nouvelles remontrances qu'elle fit, les prélats, aſſemblés à Paris par ordre du roi, décideret tout d'une voix que la ceſſion étoit l'unique moyen de finir le ſchiſme. La plupart des princes chrétiens, à qui l'on communiqua cette déciſion, l'approuverent comme le parti le plus ſage. Il ne s'agiſſoit donc plus que de perſuader les deux papes, qui avoient voulu paroître dans le deſſein de tout ſacrifier au bien de la paix : ni l'un ni l'autre ne voulut céder.

Le clergé de France veut que les deux papes faſſent une ceſſion de leurs droits.

Alors une nouvelle aſſemblée, tenue en 1398, jugea que puiſque les deux papes, par leur opiniâtreté, ſe rendoient coupables du ſchiſme, on devoit ſe ſouſtraire à l'obéiſſan-

Sur le refus des deux papes, la France ſe ſouſtrait à l'obéiſſance

ce de Benoît, comme on l'étoit déja à celle de Boniface. En conséquence, le roi fit publier la souftraction. Ainfi les églifes de France fe gouvernerent elles - mêmes. Les bénéfices furent conférés par élection. Enfin on ne paya plus d'annates, ni aucun droit au faint fiege.

La souftrac-
tion n'ayant
pas eu une ap-
probation gé-
nérale, on la
leve.

La souftraction étoit certainement le parti le plus raifonnable ; & ce moyen eût réuffi, fi toute la chrétienté eût suivi l'exemple de la France. Mais les princes d'Allemagne & le roi d'Arragon ne l'approuvoient pas. Le duc d'Orléans, frere de Charles VI, ne ceffoit de dire qu'il vaut mieux avoir deux papes que de n'en point avoir. L'univerfité de Touloufe penfoit de même : & parce qu'il faut que les mauvais raifonnemens prévalent, même fous les princes qui ont des intervalles de raifon, le clergé fe divifa : l'univerfité de Paris n'eut plus d'avis ; celles d'Orléans, d'Angers, de Montpellier n'approuverent point qu'on fût fouftrait ; & la

fouftraction fut levée, à condition néanmoins que Benoît donneroit fa ceffion, fi Boniface donnoit la fienne, ou venoit à mourir.

L'année fuivante, celui-ci étant mort, on lui donna pour fucceffeur Innocent VII ; & comme Benoît, malgré fa promeffe, n'avoit pas voulu renoncer à la papauté, l'univerfité de Paris fit renouveller la fouftraction.

Cependant on continuoit de solliciter les deux papes à la cession, c'est-à-dire, Benoît & Gregoire XII qui venoit de succéder à Innocent VII : mais ils éludérent toujours; & leur mauvaise foi ayant aliéné jusqu'à leurs partisans, la plus grande partie de leurs cardinaux les abandonna. Ils les remplacerent, en faisant chacun de nouvelles promotions. Voyant ensuite que les cardinaux qui les avoient quittés, convoquoient un concile à Pise, ils en convoquerent aussi un l'un & l'autre; Benoît à Perpignan, & Gregoire à Udine, dans la province d'Aquilée. Ces trois conciles se tinrent la même année.

Les deux papes se refusant à la cession, sont abandonnés de leurs cardinaux, qui convoquent un concile à Pise.

1408

Un autre schisme divisoit alors l'empire : car Venceslas, quoique déposé, continuoit d'avoir un parti. Il étoit même reconnu par les peres du concile de Pise; tandis que Robert, électeur palatin, qu'on avoit nommé à sa place, avoit pour lui Gregoire XII qu'il reconnoissoit. Mais il commençoit d'aliéner les Allemands, & il avoit d'autant moins d'autorité qu'il venoit d'échouer dans la guerre contre Jean Galéas Visconti, à laquelle presque toute l'Europe avoit pris part.

Troubles dans l'empire.

Le concile de Pise fut composé d'un grand nombre d'évêques, d'abbés, de docteurs, & des ambassadeurs de presque tous les princes chrétiens. Si vous considérez comment

Le concile de Pise dépose & Gregoire & Benoît.

R 2

les papes fe font faits pendant plufieurs fiecles, vous aurez de la peine à dire comment
ils devoient fe faire; car vous ne trouverez
que des ufages qui ont varié fuivant les
temps. Auffi étoit-il difficile de juger de
quel côté le droit fe trouvoit. Le concile jugea la chofe fi obfcure, qu'il ne la mit feulement pas en queftion. Il condamna cependant & dépofa Grégoire & Benoît, parce
qu'ils ne vouloient pas renoncer au pontificat, & qu'ils devenoient les auteurs du
fchifme par leur obftination.

Les cardi-
naux de Pife
élifent Ale-
xandre V.

On croiroit qu'après ce jugement, il appartenoit au concile feul de procéder à l'é-
lection de celui qui pouvoit occuper canoni-
quement le faint fiege: car enfin les droits
des cardinaux, quels qu'ils foient, devoient
difparoître devant une affemblée qui repré-
fentoit l'églife. Cependant les cardinaux en-
trés au conclave au nombre de vingt-quatre, élurent Pierre Philarge, frere mineur,
qui prit le nom d'Alexandre V.

Et on eut
trois papes.

Alexandre fut reconnu dans prefque toute
la chrétienté: cependant Benoît étoit encore
pape en Arragon, en Caftille, en Ecoffe; &
Grégoire dans le royaume de Naples, dans
une partie de l'Italie; & en Allemagne l'empereur Robert continua d'être pour lui. Il
y eut donc trois papes; & ceux qui pen-

foient comme le duc d'Orléans , devoient être contents.

La plupart néanmoins des princes & des prélats Allemands reconnurent Alexandre, parce qu'il leur accorda toutes fortes de graces & toutes fortes de difpenfes contre toutes regles. Ils formoient même une confpiration pour ôter l'empire à Robert , parce que ce prince s'obftinoit à reconnoître encore Grégoire XII : mais Robert mourut en 1410, & Alexandre V étoit mort quelques jours auparavant. Ce pontife feptuagénaire avoit augmenté les défordres, en difpofant de tout fans difcernement. Les cardinaux du concile de Pife élurent Balthafar Coffa, qui fe fit nommer Jean XXIII.

Abus fous Alexandre V, à qui fuccede Jean XXIII.

Balthafar, dans fa premiere jeunefte, quoiqu'il fût déja clerc, avoit fait le métier de corfaire, pendant les guerres de Naples. S'étant enfuite attaché à Grégoire IX, il vendit des bénéfices, des expectatives, des indulgences , & s'enrichit. Enfin le pape , fon protecteur, lui donna la légation de Bologne, parce que c'étoit une ville à conquérir. Il la conquit en effet, la gouverna en conquérant, s'en attribua tous les revenus, & chargea le peuple d'impôts, qu'il exigeoit avec la derniere rigueur.

Ce que Jean XXIII avoit été auparavant.

Sous le pontificat d'Alexandre, il avoit contribué à chaffer de Rome les troupes de

Jean, en guerre avec

R 3

Ladiſlas, eſt forcé à la paix.

Ladislas, qui s'étoit rendu maître de cette ville. Devenu pape, ſans renoncer à ſa premiere profeſſion, il ſe joignit à Louis II d'Anjou, marcha contre Ladiſlas, le défit & revint triomphant à Rome. Mais Louis, abandonné de ſes troupes qu'il ne pouvoit payer, ayant été contraint de s'en retourner en Provence, Ladislas vint juſqu'aux portes de Rome; & Jean fut dans la néceſſité de faire la paix. Grégoire, qui lui fut ſacrifié, ſe retira dans le château de Rimini ſous la protection de Charles Malateſta. Il n'étoit preſque plus reconnu que là, & cependant il publia encore des bulles, avec toutes les prétentions d'un chef de l'égliſe.

Il abandonne Rome au roi de Naples.

L'humiliation de cet antipape fut tout l'avantage que Jean retira de ſon traité de paix; car bientôt obligé d'abandonner Rome à Ladiſlas, il s'enfuit en Lombardie.

Il ſe met ſous la protection de Sigiſmond, & conſent à la convocation d'un concile.

Sigiſmond, roi de Hongrie, prince actif, ferme, courageux, & bien différent de ſon frere Venceſlas, étoit alors empereur. Jean rechercha ſon alliance contre le roi de Naples, qui étoit leur ennemi commun; & il convint avec lui de convoquer, pour la réforme de l'égliſe, un concile général, ſe faiſant un mérite d'entrer dans les vues des peres de Piſe, qui avoient ordonné qu'il en ſeroit tenu un dans trois ans, & comptant

que la protection de l'empereur devoit l'affurer fur le faint fiege.

Le pape eût bien voulu que le concile
fe fût tenu dans quelque ville d'Italie, parce
qu'il auroit pu s'en rendre maître. Par une
raifon femblable, Sigifmond vouloit qu'il
fe tint en Allemagne. Cela étoit même à
fouhaiter pour la paix, que ce prince defiroit fincérement, & à laquelle il pouvoit
feul travailler avec fuccès. Il choifit Conftance au grand mécontentement du pape,
qui craignant de fe rendre fufpect, n'ofa pas
montrer toute fa répuguance.

Sigifmond choifit Conftance pour le lieu du concile.

Le concile étoit convoqué pour le premier
novembre 1414, lorfque Ladiflas mourut.
Jean alors eût voulu ne s'être pas tant avancé, parce qu'il n'avoit plus le même befoin
de l'empereur. Il fe trouvoit même dans des
circonftances favorables, pour fe rétablir
dans Rome, & pour renouveller toutes les
prétentions du faint fiege fur le royaume de
Naples. Le concile devenoit donc auffi inutile à Jean, qu'il pouvoit être utile à l'é-
glife. Mais il n'étoit plus temps de reculer,
& il fallut partir.

Jean fe repent d'avoir confenti à la tenue d'un concile.

Le concile de conftance s'ouvrit le 5 novembre 1414, & ne fut terminé que le 22
avril 1418. Jean eut bientôt lieu de con-

Le concile force Jean à donner la ceffion.

noître qu'il s'étoit donné des juges. Il conroit des bruits sur son élection, qu'on soupçonnoit de n'avoir pas été faite avec une entiére liberté; & on répandoit un mémoire, dans lequel il étoit accusé de toute sorte de crimes. Les peres supprimerent ces accusations pour ne pas déshonorer le saint siege: mais ils jugerent que Jean devoit, ainsi que Grégoire & Benoît, renoncer au pontificat. Contraint de se soumettre, il donna sa cession & s'enfuit. On le somma inutilement de revenir.

Il le dépose. Sigismond fit mettre au ban de l'empire Frédéric, duc d'Autriche, qui avoit favorisé l'évasion du pape, & fit marcher quarante mille hommes pour se saisir des états de ce prince. Frédéric dès-lors ne songea qu'à se réconcilier avec l'empereur; & Jean se vit bientôt arrêté prisonnier dans Ratolfzell, ville de Suabe à deux lieues de Constance. Il fut ensuite déposé comme schismatique, simoniaque, scandaleux & dissipateur des biens de l'église.

Election de Martin V. Grégoire envoya sa démission. Quant à Benoît, il persista dans son opiniâtreté, quoique abandonné des princes & des peuples de son obédience; il ne fut plus pape qu'à Péniscole, ville du royaume de Valence. On le condamna, & on élut Odon Colonne, qui prit le nom de Martin V.

Cependant le schisme ne finit pas encore. Car Alphonse d'Arragon, mécontent de Martin, revint à Benoît, qui eut un successeur nommé Clément VII. Mais Alphonse s'étant réconcilié avec le pape, Clément, dans la nécessité de céder, se désista de tous ses droits prétendus. Jean étoit mort depuis quelques années.

Fin du schisme.

1429

L'Angleterre & la France avoient peu contribué à rendre la paix à l'église. Ces deux royaumes déchirés par des guerres intestines, s'armoient encore l'un contre l'autre pour leur ruine réciproque.

La guerre continuoit entre la France & l'Angleterre.

Nous avons vu qu'à la fin du quatorzieme siecle, Henri IV avoit usurpé la couronne sur Richard II : il n'en jouit pas tranquillement. Toujours en danger d'être précipité du trône, à peine avoit-il dissipé une conspiration, qu'il s'en formoit une nouvelle. Pendant qu'il fait la guerre au roi d'Ecosse[1], pour le forcer à lui rendre hommage, les Gallois se soulevent; & bientôt les François profitant de ces circonstances, lui enlevent des places dans la Guienne, & font des courses jusques sur les côtes d'Angleterre. Henri cependant n'obtenoit que difficilement des subsides; trouvant d'autant plus d'oppositions dans les parlements, qu'il vouloit se rendre absolu, & qu'il aliénoit les esprits par sa cruauté. C'est

Regne de Henri IV en Angleterre.

ainsi qu'il regna jusqu'en 1413, qu'il laissa la couronne à Henri V, son fils.

Sagesse de son fils Henri V. Henri V s'éleva tout-à-coup à une puissance à laquelle son pere n'avoit pu parvenir: aussi tint-il une conduite bien différente. Il écarta de lui tous ceux qui jusqu'alors n'avoient été que les compagnons de ses plaisirs: il se fit un devoir d'attirer à sa cour des personnes, dont les lumieres & les vertus étoient reconnues: il en forma son conseil: il donna les charges au mérite: enfin il tint un parlement, non pour faire recevoir ses ordres comme des loix; mais pour travailler de concert avec la nation à la réforme des abus. Telles furent ses démarches, dès la premiere année de son regne. Il n'y eut qu'une seule conspiration contre lui, & bientôt on se soumit à un prince, qui vouloit regner pour faire le bonheur de son peuple. Henri eût été plus grand, s'il se fût borné à cet objet: mais son ambition, qui sera funeste à la France, devoit l'être encore à l'Angleterre.

L'aveuglement des rois de France empêchoit le gouvernement féodal de s'éteindre. Il faudroit entrer dans bien des détails pour faire voir quels étoient alors les malheurs de la France. Considérons les dans les causes; ce sera la voie la plus courte, & la plus instructive.

Pendant que les rois détruisoient d'un côté le gouvernement des fiefs, ils le rétablis-

foient de l'autre, en donnant à leurs cadets
de grands domaines avec tous les droits féodaux.   Ils auroient acquis de bonne heure une
grande puiſſance, & ils auroient prévenu
bien des troubles, ſi conſervant toutes les
terres qu'ils réuniſſoient à la couronne, ils
n'avoient donné pour apanage aux princes du
ſang que des honneurs & des revenus.   Aſſez
aveugles pour tenir une conduite différente,
ils démembrerent continuellement leurs domaines, pour créer de nouveaux vaſſaux &
de nouveaux ennemis.   Par un amour mal
entendu, ils ſembloient vouloir que tous leurs
fils fuſſent des ſeigneurs puiſſants : ils ne prévoyoient pas que l'ambition les armeroit les uns
contre les autres ; ni que la puiſſance de tant
de princes feroit le malheur des peuples, &
tendroit à la ruine même de la famille royale.
On vit les effets de cette conduite ſous Charles
VI : alors le royaume fut un théâtre de guerres, de crimes, de calamités ; & les princes
du ſang, ſacrifiant à la diſcorde juſqu'à leurs
propres intérêts, mirent eux-mêmes la couronne de France ſur une tête étrangere.

Jean, duc de Berri, Philippe le Hardi, duc
de Bourgogne, oncles du roi, & Louis duc
d'Orléans, ſon frere, s'arrachoient tour-à-tour
la régence.   Le roi étoit à plaindre ; les peuples étoient malheureux ; & les régents toujours enveloppés dans les pieges qu'ils ſe ten-

Ce fut la cau-
ſe des calami-
tés de la Fran-
ce.

doient mutuellement, n'étoient que des chefs
de factieux, armés pour leur ruine réciproque.
La France se divisoit : il se formoit des partis
de toutes parts : les factions déchiroient sur-
tout la capitale : elles y dominoient tour-à-tour,
& elles commandoient sous le nom d'un souverain, qu'elles s'enlevoient l'une à l'autre.
Vous pouvez juger des maux qu'elles causoient,
si vous considérez que leurs chefs étoient
des princes, qui avoient des états & des
armées. Philippe le Hardi sur-tout étoit puis-
fant ; car il réunissoit à la Bourgogne, les
comtés de Flandre, d'Artois, de Rétel, de
Nevers, &c., qu'il tenoit de Marguerite sa
femme, fille unique du comte de Flandre.

Ce n'étoit pas là les seuls ennemis, que
la France nourrissoit dans son sein. Isabelle
de Baviere, femme de Charles VI, avare,
ambitieuse, vindicative, dénaturée, fut encore un plus grand fléau. Elle se mêla du gouvernement, elle entra dans toutes les intrigues, & sacrifia le dauphin son fils à son
ressentiment. Telles furent les causes des
malheurs de la France. La démence de Charles VI, qui en fut l'instrument, n'auroit pas
été aussi funeste, si les princes du sang eussent eu moins de puissance, ou plus de vertus : mais ils ne connoissoient que la force &
les crimes.

Isabelle de Baviere y contribua.

Philippe le Hardi mourut en 1404. Jean
son fils, dit Sans-peur, également ambi-

Jean Sans-peur se rend

rieux, mais plus enhardi au crime, étoit encore plus puissant; car il avoit de Marguerite de Baviere, sa femme, le Hainaut, la
Hollande, la Zélande, &c.

maître de Pa-
ris, & fait af-
saffiner le duc
d'Orléans.

Quoiqu'alors en France toute l'autorité fût
entre les mains du duc d'Orléans, & de la
reine Isabelle, ils étoient mal obéis: on crioit
hautement contre leur administration; & le
mécontentement du peuple de Paris leur étoit
si connu, qu'à l'approche du duc de Bourgogne, ils se retirerent à Melun. On négocia:
Jean Sans-peur feignit de se réconcilier ; &
bientôt après il fit assassiner le duc d'Orléans.

Le roi, n'étant pas assez puissant pour punir le coupable, lui donna des lettres d'abolition: le duc de Bourgogne, maître de Paris, osa, non-seulement, avouer ce meurtre : il
osa encore faire tenir une assemblée, dans
laquelle un docteur, nommé Jean Petit, entreprit de le justifier. Dans ces temps malheureux on étoit si fort familiarisé avec les
crimes, qu'on trouvoit toujours des raisons
& des docteurs pour les excuser. Jean Petit soutint qu'il y a des cas où l'homicide
est permis; il le prouva par douze raisons,
en l'honneur des douze apôtres ; & conclut
que l'assassinat du duc d'Orléans avoit été une
action juste & louable.

Le docteur
Jean Petit en-
treprend de
justifier ce
crime.

Quelque puissant que fût le parti du duc
de Bourgogne, Charles, fils aîné du duc
d'Orléans, en avoit un considérable, qu'on

Deux factions
déchirent la
France.

nommoit la faction des Armagnacs, du nom
du comte d'Armagnac, beau-pere de Charles. La guerre civile s'alluma donc; elle
dura plusieurs années : & le roi entraîné tour-
à-tour d'une faction dans une autre, marcha
avec le duc de Bourgogne contre le duc d'Orléans, & ensuite avec le duc d'Orléans, contre le duc de Bourgogne.

Les Armagnacs, qui traînoient Charles
VI après eux, eurent des avantages. Le parti
des Bourguignons s'affoiblissoit, & Jean Sans-
peur négocioit tout-à-la fois avec le roi d'Angleterre pour en avoir des secours, & avec
le roi de France pour obtenir la paix.

C'étoit les commencements du regne de
Henri V. Ce prince qui réunissoit les vœux
de sa nation, pouvoit être assez puissant,
pour recouvrer, pendant les troubles de la
France, tout ce qu'on avoit enlevé aux Anglois depuis le traité de Brétigni. Il venoit
même d'en demander la restitution par ses
ambassadeurs; & on n'ignoroit pas qu'il s'é-
toit mis en état de soutenir par les armes
cette première démarche. Il étoit donc à desirer que les princes François suspendissent au
moins leurs querelles. Heureusement ils connurent pour cette fois leurs vrais intérêts,
& les Armagnacs permirent au roi d'accorder la paix au duc de Bourgogne.

Henri V vou-
lant profiter
de ces trou-
bles, elles
font la paix.

La paix avoit été faite à propos : car la même année, Henri descendit en Normandie, assiégea & prit Harfleur. Mais son armée souffrit si fort par les maladies, que ne se croyant pas en état de faire d'autres entreprises, il marchoit à Calais pour prendre ses quartiers d'hiver, lorsque les François lui offrirent la bataille dans la plaine d'Azincourt.

Henri V commence la guerre.

Remarquez, Monseigneur, combien le même peuple est quelquefois différent de lui même ; & cherchez-en la cause. Avant Charles V, les François ne paroissoient devant les Anglois, que pour être défaits. Tout changea, lorsque ce prince fut sur le trône : tout change encore, lorsqu'il n'y est plus, & il en est d'Azincourt, comme de Poitiers & de Créci. Dans cette bataille, les François encore en plus grand nombre, furent encore vaincus & la déroute fut égale.

Il défait les François dans la plaine d'Azincourt.

Cependant il n'étoit pas aussi aisé de conquérir la France, que d'y remporter des victoires. Henri pouvoit perdre ses premiers avantages, parce que l'Angleterre pouvoit se lasser de donner continuellement des subsides : elle devoit au moins craindre pour sa liberté, si son roi revenoit conquérant d'un grand royaume. Ainsi c'est en Angleterre que Henri trouvoit les plus grands obstacles à la conquête de la France. Quoique son armée fût

Dans l'impuissance de soutenir ses premiers succès, il repassa la mer.

victorieufe, elle étoit ruinée ; & il fut obligé de repasser la mer.

Les divisions des princes François étoient fa principale ressource. En effet, il acquit bientôt un allié puissant dans le duc de Bourgogne, qui le reconnut pour roi de France, & qui jura de contribuer de toutes ses forces à le mettre en possession de ce royaume. Ce duc, en effet, ne négligeant rien pour soulever les peuples, prit les armes sous prétexte de délivrer Charles VI de la captivité, où le tenoient ceux qui avoient le gouvernement.

Sur ces entrefaites, Isabelle, convaincue d'une intrigue galante, est envoyée à Tours. Le duc de Bourgogne, qu'elle implore, la délivre ; & aussitôt elle entreprend de faire valoir une vieille ordonnance, par laquelle le roi l'avoit déclarée régente : unie avec le duc de Bourgogne, elle devint ennemie ouverte de Charles dauphin ; elle étoit d'ailleurs irritée contre ce prince, parce qu'il avoit enlevé pour les besoins de l'état, les trésors qu'elle avoit accumulés ; & pour se venger, elle juroit la perte de son propre fils.

La France alors avoit bien des maîtres, & tout autant d'ennemis. Le comte d'Armagnac, fait connétable & surintendant des finances, étoit à Paris, d'où il gouvernoit sous le nom de Charles VI. Henri V, qui se disoit roi de France, conquéroit ou ravageoit

geoit la Normandie ; & pendant que Jean
Sans-peur portoit par lui·même ou par ſes
lieutenants la guerre dans pluſieurs provinces,
Iſabelle, en qualité de régente, caſſoit le
chancelier, le connétable, le ²parlement de
Paris, & créoit d'autres officiers & d'autres
cours ſouveraines.

Cependant le duc de Bourgogne ſe rend ——
maître de Paris. Il y fait ſon entrée avec la
reine. Le comte d'Armagnac & tous ſes partiſans ſont maſſacrés. Le dauphin, qui s'é-
chappe, fuit à Melun; & Charles VI eſt ſous
la puiſſance d'Iſabelle qu'il avoit bannie.

Jean & Iſa-belle ſont maîtres de Paris.

Le dauphin, prenant la qualité de lieutenant général, que ſon pere lui avoit donnée
l'année précédente, établit ſa réſidence à Poitiers. Il y créa un parlement; & de·là, il par-
couroit les provinces où il conſervoit quelque
autorité. Mais il y avoit preſque par tout des
partis contraires.

Le dauphin retiré a Poi-tiers, crée un nouveau par-lement.

La confuſion, qui regnoit dans le royaume, paroiſſoit le livrer au roi d'Angleterre;
lorſque le duc de Bourgogne, ouvrant les
yeux ſur ſes propres intérêts, ſe réconcilia
avec le dauphin, & il fut la victime de ſa
confiance. Quelque temps après, s'étant rendu à Montereau en Champagne, pour concerter les moyens de repouſſer les Anglois,
il fut aſſaſſiné par les gens du dauphin & ſous
ſes yeux. Ce meurtre eſt raconté ſi différem-

Jean Sans-peur, qui ſe réconcilie a-vec le dau-phin, eſt aſſaſ-ſiné.

ment, qu'on ne peut pas affurer que le dau‑
phin en ait été complice : mais il feroit en‑
core plus difficile de prouver qu'il ne l'a pas
été.

Les ennemis
du dauphin
en font plus
animéscontre
lui.

Il étoit coupable au moins aux yeux de
fes ennemis. Les Bourguignons, maîtres
dans plufieurs villes, dominoient, fur‑tout
dans Paris. Les principaux officiers de la cour,
du parlement & de la ville, qui avoient
montré leur dévouement pour le dernier duc
de Bourgogne, devoient craindre de voir
l'autorité entre les mains d'un prince, con‑
tre lequel ils s'étoient ouvertement déclarés.
Ils confpirerent donc la perte du dauphin,
& ils s'offrirent à Philippe le Bon, duc de
Bourgogne, qui avoit la mort d'un pere à
venger.

Ifabelle lui
ôte la couron‑
ne pour la
mettre fur la
tête de Henri
V.

Tout cela eût produit une guerre civile;
& peut être que Henri V n'eût fait des con‑
quêtes que pour s'épuifer, & pour forcer en‑
fin les François à fe réunir contre l'ennemi
commun. Mais Ifabelle ne pardonnoit pas
à un fils qu'elle avoit outragé, parce qu'elle
ne croyoit pas que ce fils fût capable lui‑mê‑
me de lui pardonner. Cette marâtre fe ligua
tout à la fois avec Philippe & Henri; & abu‑
fant d'un roi automate qu'elle faifoit mou‑
voir, elle enleva la couronne au dauphin,
pour la mettre fur la tête du roi d'Angleter‑
re. Charles VI donna à Henri fa fille Mar‑

guerite, le déclara fon fucceffeur & légitime héritier, à l'exclufion du dauphin & de
la famille royale, & le chargea en même
temps du gouvernement du royaume. Cet
étrange traité fut figné à Troyes, & même
approuvé par les états ; tant les défordres précédents avoient confondu les droits & les
idées. Ifabelle qui l'avoit dicté, eut la hon-
te d'y furvivre quinze ans, haïe des François
& méprifée des Anglois.

1420

Henri V & Charles VI moururent dans
le cours de l'année 1422, lorfqu'ils faifoient
la guerre au dauphin. Les deux freres du
roi d'Angleterre eurent la régence, le duc de
Betfort à Paris, & le duc de Glocefter à
Londres. Leur neveu, Henri VI, enfant de
neuf mois, fut proclamé roi dans les deux
royaumes : le dauphin, Charles VII, fe fit
couronner à Poitiers. Pendant les troubles
du regne de Charles VI, le parlement, que
Philippe le Bel avoit rendu fédentaire, devint perpétuel, parce qu'il fe tint de lui-même fans difcontinuation.

Henri VI
proclamé
dans les deux
royaumes.
1422

La guerre fe faifoit avec des avantages
alternatifs, mais bien plus grands de la part
des Anglois, lorfque la méfintelligence fe mit
entre le duc de Bourgogne & le duc de Betfort. Elle fut occafionnée par Jacqueline,
comteffe de Hainaut & de Hollande, qui,
dégoûtée du duc de Brabant fon mari, fe fit

Méfintelli-
gence entre
les régents &
Philippe le
Bon duc de
Bourgogne.
1424

enlever; & qui ayant fait caffer fon mariage
par l'antipape Benoît XIII, époufa le duc
de Glocefter, frere du duc de Betfort & régent d'Angleterre. La guerre que le duc de
Glocefter entreprit pour s'emparer du Hainaut, fut une diverfion d'autant plus favorable à la France, que le duc de Bourgogne
prit le parti du duc de Brabant, fon coufin
germain. D'ailleurs le duc de Betfort ne tira
plus de fecours de l'Angleterre dont les forces étoient portées dans le Hainaut. Enfin
la minorité de Henri VI faifoit déja naître
des diffentions, qui préparoient de grands défordres.

Jeanne d'Arc
délivre Orlé-
ans & fait fa-
crer Charles
VII à Rheims.
1429

Cependant, Orléans affiégé, étoit fur le
point de tomber au pouvoir des Anglois, &
Charles n'auroit plus eu d'autre reffource, que
de fe retirer au de-là de la Loire; lorfque
Jeanne d'Arc, connue fous le nom de Pucelle
d'Orléans, fe dit envoyée de Dieu pour faire
lever le fiege de cette ville, & pour faire fa-
crer le roi à Rheims. Elle tint en effet parole; & le roi fut facré le mois de juillet de
la même année. Vous vous fouvenez du
dieu Neptune, du premier Africain, & de la
biche blanche de Sertorius.

Les Anglois
brûlent Jean-
ne d'Arc com-
me magicien-
ne.

Cette héroïne, dont le courage méritoit
au moins d'être refpecté, tomba quelque
temps après entre les mains des Anglois, qui,
manquant tout-à-la fois au bon fens & au

droit des gens, la firent brûler comme magicienne. Il eſt vrai que les François n'étoient pas moins groſſiers : car on avoit attribué la maladie de Charles VI à des fortileges, & on avoit fait venir un magicien pour le guérir.

Les circonſtances deviendront tous les jours plus favorables pour le roi de France. Le duc de Bourgogne ſe réconciliera avec lui, & les Anglois perdront le duc de Betfort, ſeul capable de ſoutenir la guerre. Quelques années après, le duc de Gloceſter ſuccombera ſous la faction qui lui eſt contraire, & ſera étranglé dans ſa priſon. Henri VI, d'une ſanté & d'un eſprit foibles, abandonnera le gouvernement. On ne ceſſera de crier contre les miniſtres. Il s'élevera une longue & ſanglante guerre entre les maiſons de Lancaſtre & d'Yorck, qui viennent toutes deux d'Edouard III. Henri paſſera du trône dans la tour de Londres, & le duc d'Yorck ſera couronné. Voilà les principales cauſes de la révolution, qui rendra la couronne de France à ſon légitime maître : c'eſt en Angleterre qu'il faut les chercher. Charles VII reconquerra ſon royaume, ou, pour parler plus exactement, les Anglois le perdront, & ne conſerveront que Calais.

Les troubles d'Angleterre rendront la couronne à Charles VII.

Charles mourut en 1461, la même année que Henri fut détrôné. S'il a d'abord été

1461

S 3

malheureux, il fut enfuite heureux : c'eſt
tout ce qu'on peut dire. En effet, il fut
heureux au point, qu'étant plus à ſes plaiſirs qu'à ſes devoirs, il eut pour maîtreſſe
une femme qui s'intéreſſoit à ſa gloire. C'é-
toit Agnès Sorel ; elle a mérité des éloges,
que votre précepteur ne peut ni ne veut lui
refuſer. Elle eut l'ambition d'être aimée d'un
roi, c'eſt une foibleſſe : mais elle ambitionnoit encore plus que ſon amant fût digne du
trône : elle le portoit au grand malgré lui-
même, & lui reprochoit de préférer l'amour
à la gloire. Cependant ſi Agnès eût penſé
comme Alix Perrers, que feroit devenu Charles ?

CHAPITRE II.

*De ce que le concile de Conſtance à
fait pour l'extirpation des héréſies &
des abus de l'égliſe.*

LES guerres ne font pas les ſeuls maux,
que devoient produire les différents entre le
facerdoce & l'empire : il devoit encore en naître des héréſies. Les papes jouiſſoient prefque ſans conteſtation des droits qu'ils s'étoient
faits. L'uſage étoit un titre ſuffiſant pour
eux , dans des temps où l'ignorance ne permettant pas de remonter aux premiers ſiecles
de l'égliſe , on jugeoit du droit par les abus
mêmes , dont on voyoit des exemples ; & où
communément on avoit pour toute regle :
Cela s'eſt fait , donc cela ſe peut faire encore.

Les abus étoient devenus des droits

Les papes auroient dû uſer avec ménagement de leur puiſſance , puiſque les fondements en étoient ſi peu ſolides. Ils devoient
craindre de forcer enfin les hommes à chercher des lumieres. Comment ont-ils pu penſer qu'ils pourroient toujours aller impuné-

En ne gardant aucun ména-gement , les papes foule-vent les prin-ces , les peu-ples & le cler-gé même.

S 4

ment d'ufurpation en ufurpation ? étoit-il fi
difficile de prévoir que l'avarice au moins leur
oppoferoit des obſtacles ? cependant vous
avez vu quelles ont été les entreprifes de Boniface VIII contre Philippe le Bel, & de Jean
XXII contre Louis de Baviere. Il fallut réfifter alors : il fallut, par conféquent s'inftruire:
& on tenta de marquer des limites entre les
deux puiffances.

Les papes ne fe contenterent pas d'avoir
forcé les princes à défendre des droits qui
avoient été fi fouvent abandonnés au faint
fiege : ils aliénerent encore le clergé , parce
que , depuis Clément V , les exactions devinrent toujours plus onéreufes ; & ils fcandalife-
rent , par un trafic honteux des chofes les plus
faintes , ceux à qui il reftoit quelques idées
faines. Il devoit donc arriver un temps , où
le pape feroit feul contre tous.

Pour combat-
tre les abus,
on attaque
l'autorité lé-
gitime des pa-
pes, & même
le dogme.
Mais on n'étoit pas affez éclairé pour méditer
des queftions auſſi difficiles , enveloppées des
ténébres de tant de fiecles , & obfcurcies encore par des paffions d'autant plus aveugles ,
qu'elles étoient mues par un plus grand intérêt. On paffa donc d'une extrémité à l'autre:
pour combattre la puiffance ufurpée des papes,
on contefta l'autorité qui leur appartient légitimement ; & tombant d'erreur en erreur,

on attaqua le dogme, parce que les papes le défendoient.

Marsile de Padoue & Jean de Gand, écrivant pour défendre les droits de Louis de Baviere, nierent la primauté du pape, soutinrent que tous les évêques sont égaux, ont la même autorité, & avancerent qu'il appartient à l'empereur de corriger, de destituer les papes, & de gouverner l'église pendant la vacance du saint siege. Jean XXII condamna cette doctrine, qui détruit la hiérarchie ecclésiastique, & qui transporte à l'empereur les prérogatives du sacerdoce. Mais il condamna encore cette proposition : *ni le pape, ni l'église ne peut punir de peines coactives, si l'empereur ne lui en donne la permission.* Cependant il est certain que les peines coactives n'appartiennent qu'à la puissance temporelle, & que Jésus-Christ ne les a pas données à l'église.

Plus on contestoit les prétentions des papes, plus ils faisoient d'efforts pour les établir; & à cet effet ils donnoient continuellement de nouvelles constitutions. Clément V, par exemple, avoit publié un gros recueil de celles qu'il avoit faites : cependant au moment de sa mort, il ordonna de les supprimer, parce qu'il les jugea trop contraires à la simplicité apostolique. Mais ce fut une raison pour son successeur, Jean XXII, de

Erreurs de Marsile de Padoue, & de Jean de Gand.

Les papes donnoient des constitutions pour défendre leurs prétentions ou pour en établir de nouvelles.

les conserver, car elles l'autorisoient dans toutes ses exactions. Il ordonna donc par une bulle de les enseigner dans toutes les écoles. Il en fit lui-même qu'il disoit utiles & salutaires, *a cagion d'ell' utilita grande, che recavano alla sua corte*, dit Giannone ; & parce qu'il les ajoutoit sans ordre aux Clémentines, on les nomma *Extravagantes*. Ces sortes de décrétales se multiplièrent encore dans la suite : elles portoient sur les principes de Gratien, & tendoient à consacrer des abus.

Mais plus ils faisoient d'efforts, plus ils invitoient à combattre leurs prétentions. Toutes ces démarches des papes étoient bien imprudentes, dans un temps où les souverains portoient impatiemment le despotisme de la cour de Rome, où les peuples se soulevoient contre les richesses & le luxe du clergé, où le clergé lui-même étoit las de se voir continuellement dépouiller par les papes ; & où des hommes commençoient à raisonner sur les droits du saint siege. Elles devoient naturellement inviter à combattre des abus, qui croissoient tous les jours, & exposer, par conséquent, à porter une main téméraire jusques sur l'autel.

Elles étoient sur-tout odieuses aux Anglois. C'est en Angleterre sur-tout, que la domination des papes étoit devenue odieuse. L'autorité royale n'y étoit pas à l'abri de leurs entreprises. Le peuple murmuroit contre le denier de saint Pierre, & les autres im-

pofitions de la cour de Rome. Les parlements fe fouvenoient que les papes avoient
délié les rois du ferment d'obferver les chartes : ils les regardoient comme les appuis du
defpotifme. Enfin les grands qui s'étoient
emparés des biens des églifes, auroient defiré de ne plus craindre les cenfures eccléfiaftiques : on étoit donc fûr de fe faire un
grand parti, fi on s'élevoit contre les prétentions du pape & du clergé. Il faudroit
s'étonner, fi, dans de pareilles circonftances,
elles n'avoient pas été attaquées, & il feroit
encore plus étonnant, qu'on fe fût contenu
dans de juftes bornes.

C'eft fur la fin du regne d'Edouard III, & —
quelque temps avant le fchifme, que Jean Doctrine de Wiclef.
Wiclef, docteur d'Oxford, combattit la jurifdiction des évêques, & l'autorité que les
papes s'arrogeoient fur le temporel. Il ren-
chéat fur Marfile de Padoue, fur Jean de
Gand, & fur tous ceux qui avoient écrit
contre la puiffance eccléfiaftique.

Confidérant les richeffes des eccléfiaftiques,
& les voies par lefquelles ils les avoient acquifes, il foutint qu'il eft contre l'écriture
qu'ils aient des biens temporels ; que le prince
peut les leur enlever pour des caufes légiti-
mes ; qu'il doit les employer aux befoins de
l'état, plutôt que de mettre des impôts fur le

peuple; & qu'il faut ramener le clergé à sa premiere pauvreté.

Confidérant de même les abus qu'il remarquoit dans les ordres religieux ; il dit qu'en fe faifant moine, on devient moins capable d'obferver les commandemens de Dieu ; qu'on ceffe d'être chrétien ; & que les faints ont péché, en inftituant des ordres monaftiques. Bientôt ne fachant plus où s'arrêter, il attaqua les dogmes mêmes, & nia la préfence réelle dans le facrement de l'euchariftie. Cependant il étoit fi fort foutenu par la nobleffe & par le peuple, que les deux premiers conciles qui fe tinrent en Angleterre pour examiner fa doctrine, n'oferent rien prononcer contre lui. Il ne fut condamné que dans un troifieme, tenu en 1382 & dans un quatrieme en 1396, qui examina les ouvrages de cet héréfiarque, publiés après fa mort. L'un de ces conciles condamna vingt-quatre propofitions, dix comme hérétiques, quatorze comme erronées, & l'autre en condamna dix-huit.

Ses fectateurs caufent des troubles. Cependant les Wicléfiftes, nommés autrement Lollards, formerent un parti confidérable, qui caufa fouvent des troubles. Leurs maximes contre les richeffes & la puiffance des eccléfiaftiques ne pouvoient manquer de plaire au peuple. Auffi depuis ce temps la chambre des communes propofa fouvent au roi de fe faifir des bien du clergé.

Les écrits de Wiclef ayant été portés en Boheme, eurent bientôt des partifans dans l'univerfité de Prague, que l'empereur Charles IV avoit fondée. Jean Hus fut le premier à fe déclarer pour les opinions de cet héréfiarque fur le clergé. Le pape, les cardinaux & les évêques furent les objets de fes déclamations; & Jean XXIII ayant publié en 1412 une croifade contre Ladislas, Jean Hus faifit cette occafion pour écrire & prêcher contre les croifades & contre les indulgences.

Jean Hus qui adopte la même doctrine, attaque les droits de l'églife, fous prétexte de combattre les abus

Il n'eft pas douteux, qu'il n'y eut alors des abus, & qu'il n'en ait relevé plufieurs avec fondement: mais au lieu d'attaquer feulement les vices des eccléfiaftiques, leurs ufurpations & le mauvais ufage qu'ils faifoient de leur puiffance, il attaqua les droits mêmes de l'églife. Ses excès mêmes lui firent plus de fectateurs, qu'une conduite plus modérée ne lui en auroit fait; parce que depuis long-temps les efprits étoient indifpofés contre le clergé. Il entraîna dans fon parti le peuple & la nobleffe, & il fut le chef d'une fecte qui produifit les plus grands défordres.

Cité par le concile de Conftance, qui condamna les erreurs de Wiclef, il s'y rendit, après avoir obtenu de l'empereur Sigifmond un fauf-conduit, par lequel il

Le concile de Conftance le fait brûler:

avoit la permiffion d'y venir librement & de s'en retourner. Cependant quelques jours après fon arrivée, il fut mis en prifon; & n'ayant pas voulu fe foumettre au jugement du concile, il fut condamné au feu, & exécuté avec une mitre de papier, fur laquelle on avoit peint des démons.

ainfi que Jérôme de Prague, ce qui caufe une guerre civile.

Alors fon difciple, Jérôme de Prague, qui étoit auffi en prifon, abjura fes erreurs: mais bientôt fe reprochant fa foumiffion comme une lâcheté, il fe rétracta, & alla au fupplice avec la même fermeté que Jean Hus. Cependant la nobleffe de Bohème & de Moravie prit les armes, pour venger la mort de ces deux hommes. Les églifes furent pillées & détruites : on commit toutes fortes de violences: & cette guerre civile troubla l'Allemagne pendant plufieurs années.

Pourquoi ce concile confent que l'élection du pape précéde la réforme.

Les abus de l'églife étoient le grand objet du concile, & c'étoit auffi le plus difficile, puifqu'il s'agiffoit de la réformer dans le chef & dans les membres. L'empereur, les Allemands & les Anglois vouloient commencer par faire à ce fujet les réglements néceffaires, avant de procéder à l'élection d'un pape, parce qu'ils appréhendoient de trouver dans un pape élu des obftacles à la réforme des cardinaux & de la cour Rome. Par la même raifon, mais fous prétexte que c'eft au chef de l'églife à la réformer, les cardinaux vouloient commencer par élire un pape. Ce prétexte néanmoins paroît bien frivole. Étoit-il raisonnable de s'en reposer sur le pape, puisqu'il s'agissoit de le réformer lui même ? D'ailleurs, si le pape étoit obligé d'obéir aux décrets du concile sur la réforme, il est évident que c'étoit au concile à réformer l'église & non pas au pape. Or, les peres avoient déclaré, que le concile, étant général, tenoit immédiatement de Jésus-Christ une puissance, à laquelle le pape même étoit obligé d'obéir dans ce qui concerne la foi, l'extirpation du schisme, & la réforme de l'église dans son chef, & dans ses membres. Après cette déclaration, comment pouvoit-on écouter les cardinaux, qui attribuoient au pape seul le droit de réformer l'église, & qui n'ignoroient pas combien il étoit intéressé à ne pas user d'un pareil droit. Leur avis néanmoins prévalut : c'est que les esprits commençoient à se calmer. Un cri général avoit d'abord demandé qu'on réformât l'église, & le clergé parut lui-même le desirer, parce qu'il ne connoissoit pas d'autre moyen pour se soustraire aux exactions de la cour de Rome, mais il craignoit moins les exactions depuis qu'il avoit humilié le saint siege, & plusieurs de ses membres craignoient sans doute la réforme.

Il ſtatue les choſes à réformer par le pape.

Cependant pour paroître au moins prévenir les inconvénients qu'on prévoyoit, le concile ſtatua & ordonna, qu'avant ſa diſſolution,
le pape futur, de concert avec les p.res, ou
avec des députés de chaque nation, nommés
à cet effet, réformeroit l'égliſe dans ſon chef,
dans ſes membres, ainſi que dans la cour de
Rome. Il arrêta même les articles, qui devoient être l'objet de la réforme. Tels étoient
les réſerves du ſiege apoſtolique, les annates,
les collations des bénéfices, les graces expectatives, les appellations en cour de Rome,
les ſimonies, les indulgences, les décimes,
&c. Il y avoit dix-huit articles.

Les annates ſont fort dé-battues.

Les annates ſur-tout furent débattues avec
chaleur. D'un côté, toutes les nations s'ac-
corderent à les proſcrire; & de l'autre, les
cardinaux, qui les défendoient, en appellerent au pape futur. C'eſt principalement en
France, que les papes étoient en poſſeſſion
de jouir de la premiere année du revenu des
bénéfices. Ils s'étoient arrogé ce droit preſque ſans obſtacle ſous des rois, qui ſembloient partager avec eux les dépouilles du
clergé; & ils n'avoient pas trouvé la même
facilité en Allemagne, en Angleterre, ni
même en Eſpagne. Ainſi les François, qui
ſentoient plus que les autres le poids de cet
impôt, traiterent auſſi cette queſtion avec
plus de vivacité. Ils ſoutinrent que les annates

nates ne font pas dues; ils protefterent contre l'appel des cardinaux au pape futur; &
ils déclarerent qu'ils pourfuivroient la fuppref-
fion de cet abus, dans le concile, & par-
tout ailleurs où befoin feroit.

Les peres de Conftance, regardant les
conciles généraux comme le moyen le plus
propie à corriger les abus, & a prévenir ou
éteindre les fchifmes & les héréfies, ordonnerent qu'il s'en tiendroit un dans cinq ans,
un autre dans fept à compter de la fin du dernier; & qu'enfuite il s'en tiendroit toujours
à l'avenir de dix en dix ans dans les lieux
que le pape indiqueroit à la fin de chaque
concile, du confentement & avec l'approbation du concile même. Ils ordonnerent enfuite que pour cette fois feulement, on
choifiroit dans chacune des cinq nations, fix
prélats, ou autres eccléfiaftiques diftingués,
pour procéder avec les cardinaux à l'élection
d'un fouverain pontife. Par ce dernier décret qui fut obfervé, le concile paroît avoir
reconnu, comme un droit, la poffeffion où
étoient les cardinaux d'élire le pape.

Malgré les précautions qu'avoient prifes
les peres, pour forcer le pape à travailler à la
réforme de l'églife, Martin V ne réforma ni
les cardinaux, ni la cour de Rome, où étoit
la principale fource des abus. De dix-huit articles propofés par le concile, il n'y en eut

Réglemens des peres de Conftance fur la convoca-tion des con-ciles géné-raux.

Martin V donne peu de foins à la réforme.

que fix fur lefquels il fit quelques réglements.
Il fe garda bien fur tout, de rien décider fur
les annates.   Il ne vouloit pas les fupprimer;
& il eût trouvé trop d'oppofitions, s'il eût
porté un décret pour les établir. Cependant
il déclara qu'il avoit fatisfait à tous les articles ordonnés pour la réforme, & en conféquence il mit fin au concile.

Jean Charlier Gerfon, député de l'univerfité de Paris & ambaffadeur de France au
concile, repréfenta qu'il y avoit encore plufieurs articles à décider.   Egalement célèbre
par fa doctrine & par le zele avec lequel il
avoit travaillé à l'extinction du fchifme, il
jouiffoit d'une grande confidération dans le
concile, & y prononça plufieurs difcours fur
les réformes à faire.   Perfonne n'avoit encore mieux connu les bornes & les abus de la
puiffance eccléfiaftique.

Jean Charlier Gerfon repréfente inutile-ment ce qui refte à faire.

Il s'étoit, fur-tout élevé contre la doctrine
de Jean Petit, & il en avoit extrait neuf
propofitions, que la faculté de Paris avoit cen-
furées.   Le concile auquel il demandoit un
jugement, s'étoit contenté de condamner la
propofition générale, *qu'on peut licitement
tuer un tyran, & qu'on le doit même.* Encore
avoit-il évité de nommer l'auteur de cette
doctrine, croyant devoir ménager le duc de
Bourgogne. qui protégeoit Jean Petit. Envain Gerfon follicita une décifion fur chacune

Il ne peut pas faire con-damner tout ce qu'il y a de dangereux dans la doc-trine de Jean Petit.

des neuf propofitions : envain il appuya fur toutes les raifons, qui devoient au moins porter à les examiner : le pape n'eut point d'égard à fes repréfentations.

Ce fut encore inutilement que les Polonois infifterent pour obtenir la condamnation d'un livre, dont la doctrine tendoit à caufer des troubles en Pologne. Voyant qu'ils n'étoient point écoutés, ils en appellerent au futur concile ; mais ils fournirent feulement à Martin une occafion de déclarer par un décret qu'on ne peut en aucun cas appeller du jugement du pape : prétention tout-à-fait oppofée à ce qui avoit été décidé dans le concile de Conftance même. Gerfon en fit voir la fauffeté, & prouva que l'infallibilité n'appartient qu'à l'églife univerfelle, ou au concile qui la repréfente. Cet homme célebre, perfécuté par le duc de Bourgogne, ne put revenir à Paris & fut contraint de fe retirer en Allemagne.

Après avoir examiné dans le concile de Conftance tous les abus, les meilleurs efprits indiquerent tous les remedes qu'il convenoit d'y apporter, & on en appliqua fort peu. Il reftoit donc encore bien des chofes à corriger. Il fembloit qu'en voulant travailler à la réforme de l'églife, on n'avoit fait que perpétuer la mémoire des vices dont on fe plaignoit. On fera encore long-temps

T 2

Les Polonois ne font pas plus écoutés, & Martin déclare qu'on ne peut pas appeller du pape au concile.

Cependant il n'en eft pas moins arrêté que le pape a un fupérieur & un juge.

à faire de vains efforts, parce que les papes, bien loin de s'occuper sincérement de la réforme, chercheront tous les moyens d'éluder les décrets du concile de Constance. Mais au moins on aura plus de lumieres pour leur résister ; & c'est déja un grand point d'avoir établi, que quelles que soient les prétentions de la cour de Rome, le pape à un supérieur & un juge.

CHAPITRE III.

De Naples, de l'église & de l'Alle-
magne, depuis le concile de Conſ-
tance juſques vers le milieu du quin-
zieme ſiecle.

PENDANT long-temps il n'y eut dans le
royaume de Naples que peu de barons, encore
moins de comtes, point de marquis; & le
titre de duc ne ſe donnoit guere qu'aux princes du ſang. Mais depuis la mort de Jeanne I, les troublés fournirent aux ſeigneurs,
qui avoient des troupes à eux, l'occaſion d'u-
ſurper dans leurs domaines les droits & les
titres qu'ils jugeoient à propos. Il leur fut
d'autant plus aiſé de ſe maintenir dans leurs
uſurpations, que le prétendant au trône mettoit le ſouverain dans la néceſſité de les
ménager.

　Bien loin de remédier à cet abus, Lá-
diſlas l'accrut encore. Pour avoir de l'argent,
il démembra ſes domaines, & vendit à très

Le royaume
de Naples a
tous les abus
du gouverne-
ment féodal.

Ladiſlas ac-
croit ſes abus.

T 3

bon marché des baronies, des comtés, des marquifats & des duchés ; fe procurant par ce moyen des reffources momentanées, & fe ruinant. D'ailleurs la multiplication des vaffaux faifoit prendre de plus profondes racines au gouvernement féodal. C'étoit donc une fource de nouveaux défordres. Or, certainement il y en avoit déja affez.

Cependant il veut faire des conquêtes.

Les guerres, qui duroient depuis fi longtemps, avoient ruiné l'agriculture, le commerce, tous les arts ; & les Napolitains ne favoient plus que manier les armes: ils étoient tels cependant que les vouloit Ladiflas, qui, ambitieux de conquérir l'Italie, eût defiré de n'avoir que des foldats pour fujets. Vous jugez donc que ce prince aura donné tous fes foins à la difcipline militaire, & qu'il aura négligé toutes les autres parties du gouvernement. Ce fut en effet fa conduite. Il fit à la vérité des conquêtes : mais il auroit dû prévoir que fes forces, qui pouvoient fuffire pour conquérir, étoient trop foibles pour conferver. Il auroit dû comprendre au moins que le gouvernement féodal qu'il affermiffoit, étoit un obftacle à fon ambition ; & qu'un conquérant, qui n'a d'autres troupes que celles de fes vaffaux, peut être arrêté au milieu de fes fuccès.

Sa mort eft fuivie de

A fa mort les troupes, auxquelles il avoit donné tous fes foins, mirent la plus grande

confufion dans le royaume. N'étant plus
payées elles fe diffiperent, & fe donnerent
aux vaffaux, qui eurent de quoi les foudoyer, ou à des princes étrangers. Sa fœur,
Jeanne II, qui lui fuccéda, fe fit reine avec
peu de revenu, avec peu de foldats, & avec
encore moins de conduite. De toutes les conquêtes de fon frere, elle ne put conferver
qu'Oftie & le château S. Ange de Rome.

Il femble que l'amour doive prefque toujours être funefte aux têtes couronnées. Car
fi les femmes font à redouter pour les princes, les hommes ne le font pas moins pour
les princeffes: Jeanne entre autres en eft un
exemple.

Amoureufe depuis long-temps de Pandolfe Alapo, fon maître-d'hôtel, elle le fit
fon chambellan, dès qu'elle fut fur le trône.
Pandolfe, à qui ce titre donnoit le foin des
finances, fut bientôt le maître de tout fous
une reine, qui ne mettoit point de bornes à
fa confiance, parce qu'elle n'en favoit pas
mettre à fes paffions. Les hommes fages blâmoient la conduite indécente de cette princeffe: les feigneurs trop âgés pour fe flatter
de lui plaire, paroiffoient penfer comme les
fages: & les plus jeunes ne défapprouvoient
que fon choix. Ils aimoient les fêtes qu'elle
donnoit fouvent à fa cour. Ambitieux d'y

T 4

grands défor-
dres.

Les amours
de Jeanne II
en occafion-
nent d'autres.

briller & d'attirer fes regards, chacun d'eux
fe faifoit déja le héros d'un roman, & bâtif-
foit fa fortune fur les foibleffes de la reine.
Cependant les intrigues, la jaloufie & les inquiétudes empoifonnoient ces plaifirs fcandaleux, & l'on prévoyoit que la ruine prochaine de cette cour corrompue, préparoit de
grandes calamités au royaume.   Déja Pandolfe, fous prétexte d'une trahifon fuppofée,
avoit fait enfermer Sforce qui lui donnoit
de l'ombrage, parce qu'il plaifoit trop à la
reine.   Cette feule démarche pouvoit exciter
une guerre civile : car Sforce, déja puiffant
par lui-même, intéreffoit à fon fort tous ceux
qui portoient envie à la faveur de fon rival,
& qui, affectant de tenir un langage de citoyen, difoient combien les talents de ce
capitaine étoient néceffaires à l'état.   On fe
plaignoit qu'on eût arrêté fi légérement un
homme, qui devoit avoir pour juge la nation entiere. En un mot, le murmure étoit
général; & la reine, intimidée des remontrances qu'on lui fit, fut contrainte de céder, &
de commettre à la connoiffance de cette affaire un jurifconfulte qu'on lui nomma.

Pandolfe, devenu l'objet du déchaînement public, fonge alors aux moyens d'af-
foupir cette affaire ; & cherche même un appui dans celui dont il avoit médité la perte.
Il diffipe adroitement les foupçons de Sforce,

il le fait fortir de prifon & il lui donna
fa fœur en mariage, avec la charge de connétable pour dot. Mais un ennemi qu'il
gagne, lui en fufcite d'autres.

Jules-Céfar de Capoue, qui avoit à fa
folde une grande partie des troupes de Ladiflas, regardant l'union de Pandolfe & de
Sforce comme un obftacle à fon ambition,
médita la ruine de cette efpece de duumvi-
rat. Jacques de Bourbon, comte de la Marche, venoit alors à Naples pour époufer la
reine. Ce mariage étoit une fortune pour ce
prince, très-éloigné de la couronne de France. C'eft même une des raifons pour lefquelles Jeanne l'avoit choifi, comptant qu'il
auroit moins de prétentions, & on étoit convenu, que, renonçant à la royauté, il fe con-
tenteroit de gouverner le royaume avec le
titre de comte.

Jules-Céfar prit fur lui d'aller au devant
du comte de la Marche. Il le falua comme
roi, l'informa du mauvais état où étoit le
royaume, & ne lui laiffa point ignorer la conduite indécente de la reine.

Plufieurs autres barons s'étant empreffés à
reconnoître auffi pour roi le comte de la
Marche, Jeanne diffimula fon dépit & donna ordre aux Napolitains de recevoir ce
prince comme leur roi. Il ne tarda pas à fe

faifir de toute l'autorité. Les fêtes du mariage n'étoient pas encore finies, qu'ayant fait arrêter Pandolfe, il lui fit couper la tête, après lui avoir arraché par les tourments l'aveu de tout ce qu'il vouloit favoir. Il chaffa enfuite tous les jeunes courtifans dont la reine avoit formé fa cour ; & il la mit elle-même fous la garde d'un vieux françois, qui ne permettoit à perfonne d'en approcher.

Il aliéne les Napolitains, qui demandent la liberté de la reine. Peut-être que les Napolitains fe feroient intéreffés foiblement au fort de la reine, fi Jacques ne les eût pas aliénés, en donnant toutes les charges aux François. Mais la jaloufie pour ces étrangers fe cachant fous des fentiments de compaffion, on regretta bientôt de ne plus voir une princeffe, qu'on avoit vue jufqu'alors avec fcandale. Plufieurs familles d'ailleurs étoient ruinées par la réforme que le roi avoit faite & toute la jeuneffe foupiroit après ces fêtes, où parmi les plaifirs on travailloit à fa fortune. Il y avoit trois mois que Jeanne ne paroiffoit point en public, lorfqu'une multitude de Napolitains vinrent au château, demanderent à la voir, & dirent qu'ils vouloient qu'elle fût traitée, comme une reine mérite de l'être.

Jules-Céfar offre à Jeanne Jules-Céfar, alors un des plus mécontents, parce qu'il n'avoit point eu de part

aux graces du roi, forma le projet de la délivrer; se flattant de pouvoir prendre la place de Pandolfe. Il voulut en concerter les
moyens avec elle; & la confiance qu'on
avoit en lui, lui ayant ouvert l'appartement
de la reine, il s'offrit d'ôter la vie au roi.

d'ôter la vie au roi.

Jeanne, ne pouvant se fier à son délateur,
crut qu'on lui tendoit une piege; & saisissant
l'occasion de se faire un mérite auprès de son
mari, elle lui découvrit les desseins de Jules-
César, & le fit cacher derriere une tapisserie
pour en être témoin lui-même. Jules-César
fut arrêté & décapité. Tous ces événements
se passerent en 1425, dans les cinq premiers
mois du regne de Jacques.

Jeanne dé-
couvre ce des-
sein à Jacques

Ce prince sensible au procédé de la reine,
la tint un peu moins resserrée : il lui permit
même quelque temps après d'aller dîner dans
le jardin d'un Florentin. Dès qu'on sut qu'elle sortoit, la noblesse & le peuple coururent
avec empressement sur son passage. Sa con-
tenance triste, ses yeux prêts à se baigner de
larmes, ses regards qu'elle abandonnoit avec
inquiétude, ou qu'elle retenoit avec crainte,
tout intéressoit à sa situation, jusqu'à ses efforts pour cacher sa douleur, qu'elle ne vouloit pas qu'on ignorât.

Elle obtient
la permission
de sortir.

Les malheureux ont des droits sur le cœur
humain. Jeanne qui n'avoit ces droits qu'à
ce titre, toucha donc le peuple, qui la suivit

Le peuple la
délivre. Traité
entre Jeanne

en silence jusqu'à la maison du Florentin. Ce n'étoit encore que de la compassion : mais Ottino Carrasciolo & Annechino Mormile excitèrent la noblesse & la bourgeoisie ; & s'étant présentés à la tête d'une multitude armée, lorsque la reine s'en retournoit au palais, ils la conduisirent à l'archevêché, parmi les acclamations du peuple. On crioit qu'il falloit aller assiéger le roi dans un château où il s'étoit retiré, lorsque les plus sages, prévoyant que Jeanne s'abandonneroit encore à quelque nouveau favori, & croyant trouver dans le roi un frein aux passions de cette princesse, songerent aux moyens d'étouffer ce tumulte dans sa naissance. On négocia. Il fut convenu d'un côté, que Jacques conserveroit le titre de roi, avec une pension de quarante mille ducats pour l'entretien de sa maison ; & de l'autre, que Jeanne seroit reconnue pour légitime souveraine du royaume : & qu'elle pourroit se choisir une cour convenable à son rang. Le traité fut passé sous la garantie de la ville de Naples.

La nouvelle cour de la reine, comme la première, pleine de galanteries & d'intrigues, fut encore une source de troubles. Pendant que Sergiani Carracciolo, qui consoloit cette princesse de la perte de Pandolfe, écartoit sous divers prétextes tous ceux qui pouvoient trop plaire ; elle s'attachoit par des bienfaits la noblesse & les principaux du peuple. Bientôt le roi Jacques fut à son tour prisonnier dans le palais, & tous les François furent chassés du royaume.

Cependant on murmuroit contre la conduite de la reine, & on se soulevoit contre Sergiani ; lorsque Sforce, qui avoit des raisons particulieres d'être mécontent de ce ministre, en demanda l'exil. Il fallut le lui accorder, car il étoit armé ; plusieurs barons l'avoient joint avec leurs troupes, & Naples paroissoit disposé à se déclarer pour lui.

Sforce oblige la reine à exiler son favori, Sergiani Caracciole.

Sur ces entrefaites, Martin V, qui venoit d'être élu dans le concile de Constance, demanda la liberté du roi Jacques, à la sollicitation du roi de France & du duc de Bourgogne. Mais ce roi ne jouissant d'aucune considération, & se lassant de porter la couronne uniquement pour être témoin des désordres de sa femme, s'embarqua secrétement, & revint en France où il se fit moine.

Martin V obtient la liberté de Jacques, qui se retire dans un cloître.

Sergiani reparut alors à Naples avec sa premiere faveur ; & Sforce qui eut de nouvelles raisons de se plaindre d'un favori, plus déclaré que jamais contre lui, invita Louis d'Anjou, fils de Louis II, qui avoit eu le titre de roi de Naples, à venir prendre possession de ce royaume.

Sforce appelle Louis d'Anjou à la couronne.

Jeanne apelle à son secours Alphonse, roi de Sicile & d'Arragon, & l'adopte pour l'engager à venir avec toutes ses forces. Ces deux concurrents ruinent à l'envi un royaume, qu'ils veulent se ravir l'un à l'autre. Bientôt la reine elle-même prend des mesures contre Alphonse qui a l'avantage, & auquel elle se repent d'avoir donné trop d'autorité; ces précautions tournent contre elle & contre son favori : le roi d'Arragon offensé, fait emprisonner Sergiani, qu'il croit la cause du changement de la reine à son égard.

Sforce vole au secours de Jeanne, qui n'avoit plus de ressource qu'en lui. Vainqueur d'Alphonse, il obtient la liberté de Carracciolo: par ce bienfait il se réconcilie avec ce favori. Tous deux réunis ils déterminent la reine à donner la préférence à Louis d'Anjou : elle l'adopte, & Alphonse retourne en Espagne.

Louis étant mort, Jeanne qui mourut l'année suivante, institua pour son héritier, Réné, frere de Louis. En elle s'est éteinte la premiere maison d'Anjou, qui a regné à Naples.

Ce n'étoit pas assez que cette princesse eût donné deux prétendants à ce royaume. Eugene IV successeur de Martin V, rejeta

Marginalia:
Jeanne adopte Alphonse roi de Sicile & d'Arragon.

Sforce, vainqueur d'Alphonse, fait adopter Louis d'Anjou.

A sa mort, elle adopte Réné frere de Louis. 1435

Eugene IV prétend disposer du ro-

l'un & l'autre, & voulut en donner un troisieme; ou du moins il voulut se saisir du
gouvernement, en attendant qu'il disposât
de la couronne, comme il prétendoit avoir
droit d'en disposer. Les Napolitains n'eurent point d'égard à ses prétentions.

yaume de Na-
ples.

Alphonse se rendra maître du royaume
de Naples. René aussi malheureux que ses
prédécesseurs, n'y paroîtra que pour échouer.
En s'en retournant par Florence, il y trouvera le pape, qui lui donnera l'investiture.
Il reviendra en France avec le titre de roi.
Ses droits n'auront fait qu'armer la France
& l'Espagne l'une contre l'autre ; & dans la
suite ils causeront encore de nouvelles guerres.

Les préten-
tions des deux
princes & des
papes cause-
ront de nou-
velles guer-
res.

Jeanne II étoit montée sur le trône en
1414, l'année même de l'ouverture du concile de Constance. Alors commençoit cette
guerre funeste que Henri V a faite à Charles VI. Ainsi vous connoissez la situation
de l'Angleterre & de la France pendant le
regne de Jeanne à Naples. Il nous reste à
jeter les yeux sur ce qui se passoit encore en
Allemagne & dans l'église.

Evénemens
contempo-
rains au regne
de Jeanne.

Je ne suivrai pas les Hussites parmi les
ravages qu'ils faisoient en Boheme, en Hongrie, en Sicile, en Moravie, en Autriche,
&c. Ces peuples, qu'armoit le fanatisme,

Guerre des
Hussites com-
mandés par
Jean Ziska.

étoient d'autant plus redoutables, qu'ils avoient à leur tête un grand capitaine. Jean de Trosnow, chambellan du roi Venceslas, mais plus connu sous le nom de Ziska, qui signifie Borgne en Bohémien, & qu'on lui donna lorsqu'il eut perdu un œil dans une bataille, Jean Ziska, dis-je, disciplina ces hommes qui s'ameutoient au hasard pour venger la mort de Jean Hus, & il en fit d'excellents soldats.

Victoire de ce général.

Venceslas étant mort sans postérité en 1417, Sigismond, son frere, étoit son héritier; mais Ziska déclara que cet empereur, après avoir consenti au supplice de Jean Hus, étoit indigne de porter la couronne de Boheme; & il soutint cette raison par le succès de ses armes. Il défit Sigismond en quatre batailles rangées. Ayant ensuite perdu le seul œil qui lui restoit, lorsqu'il observoit une place; il voulut inutilement se démettre du généralat: ses soldats s'y opposerent. Ainsi forcé de commander, il continua de vaincre, & il gagna encore quatre autres grandes batailles.

Après sa mort les Hussites sont encore vainqueurs.

L'empereur désespérant de conquérir la Boheme, fit offrir à Ziska le gouvernement de ce royaume, le commandement des armées, les droits & les revenus de la couronne, demandant seulement d'être

d'être lui-même reconnu par les peuples
pour légitime fouverain, & de porter le titre de roi. Le général des Huffites accepta;
il eut même affez de crédit dans fon parti
pour faire agréer ces propofitions. Mais
comme il étoit en chemin pour fe rendre
auprès de Sigifmond, il mourut de la pefte
en 1424. Ses dernieres paroles furent
d'ordonner qu'on l'écorcheroit pour faire une
caiffe de fa peau; affurant que le fon de cet
inftrument militaire mettroit en fuite les ennemis. Il n'en jugeoit pas ainfi fans fondement: car il pouvoit prévoir que cette caiffe étoit bien capable d'entretenir le fanatifme dans l'ame de fes foldats. En effet, les
troupes de l'empire, qui depuis long-temps
n'ofoient plus paroître devant les Huffites,
furent encore vaincues plufieurs fois, quoique ces rebelles fe fuffent divifés en deux
partis. Il eft vrai qu'ils retrouverent encore
un grand capitaine dans Procope.

L'année 1423 étoit celle que les peres de
Conftance avoient indiquée, pour tenir un
concile général à Pavie. Il s'ouvrit en effet
le 22 juin: il fut prefque auffitôt tranfporté
à Sienne à caufe de la pefte; & alors Martin V fe hâta de le diffoudre, fous prétexte
qu'il y étoit venu peu de prélats. Il eft vrai
que les troubles qui regnoient par-tout, n'a-
voient permis qu'à peu d'églifes d'y envoyer

Concile convoqué & auffitôt diffous

des députés. Mais la vraie raifon de Martin, c'eft qu'il craignoit un tribunal, qui fe propofoit de réformer l'églife dans fon chef comme dans fes membres.

Bâle fut choifi pour y tenir dans fept ans un autre concile général. C'étoit éluder le décret du concile de Conftance : car certainement l'intention n'avoit pas été de raffembler les évêques, pour les féparer prefqu'auffitôt. Plufieurs fe plaignirent de ce que Martin s'oppofoit à la réforme de l'églife. Ce fut inutilement : il fallut obéir aux bulles, & l'on fe fépara.

Le concile s'ouvrit à Bâle en 1431, lorfque Eugene IV venoit de fuccéder à Martin. Craignant que le pape n'entreprît de le diffoudre ou de le transférer, il déclara que repréfentant l'églife, il tenoit fon pouvoir immédiatement de Jéfus-Chrift ; que le pape même étoit obligé de lui obéir ; qu'il feroit puni, s'il refufoit de fe foumettre ; & que tout ce qu'il pourroit faire pour la diffolution du concile, feroit regardé comme nul.

Auffitôt parurent une bulle, par laquelle Eugene ordonnoit la diffolution du concile, & des décrets du concile qui ordonnoient à Eugene la révocation de fa bulle. Cette altercation dura jufqu'en 1434. Cependant le pape qui, dans cet intervalle, avoit eu la guerra avec les Colonnes, & avec le duc de Milan, & qui l'année précédente avoit été chaffé de Rome par le peuple, craignant d'être encore traité comme contumace par le concile, révoqua fa bulle, & le déclara légitimement affemblé.

Alors le concile s'occupa de la réforme de l'églife, fur-tout, dans fon chef. Car il n'oublia pas les abus de la cour de Rome, & entre autres les droits qu'elle s'arrogeoit fur les bénéfices. Il fit plus: il ordonna au pape de comparoître pour répondre aux accufations de fimonie, & autres qu'on faifoit contre lui.

Le concile entreprend de réformer le chef de l'églife.

Le pape publia une bulle, par laquelle il transféroit le concile à Ferrare, fi les pers de Bâle continuoient à procéder contre lui. Ils continuèrent cependant; ils le fommèrent même de révoquer cette bulle. Il n'en fit rien, & en 1438 il y eut à Ferrare un fecond concile, compofé de quelques évêques d'Italie, & transféré l'année fuivante à Florence.

Le pape convoque à Ferrare un autre concile, qu'il transfère à Florence. 1438

Les empereurs Grecs jugeant du préfent par le paffé, s'imaginoient que les papes pouvoient tout ce qu'ils avoient pu, & que, par conféquent, ils difpofoient encore des forces de l'Europe. C'eft pourquoi dans l'efpérance d'en obtenir contre les infideles des fecours

On tente inutilement de réunir l'églife grecque à l'églife latine.

V 2

que les papes ne pouvoient donner, ils négo-
cioient depuis long-temps la réunion de l'é-
glise grecque avec l'église latine. Or, le
concile de Ferrare paroissant fournir une occasion favorable à ce dessein, Jean Manuel
Paléologue, qui regnoit alors, s'y rendit avec
le patriarche de Constantinople & d'autres
prélats. On disputa beaucoup, il y eut de
longues altercations, enfin on crut avoir
trouvé des explications propres à concilier
les deux églises, & on se sépara avec la confiance d'avoir éteint le schisme. Mais à
Constantinople on n'approuva rien de ce que
l'empereur & ses prélats avoient fait. On ef-
faça son nom des dyptiques: on se sépara
de ceux qui avoient signé l'union, & plusieurs même se rétracterent.

Le concile de
Bâle dépose
Eugene & é-
lit Félix V.
Cependant les deux conciles s'excommunioient, & protestoient réciproquement contre leurs décrets. Enfin celui de Bâle, alors
composé de trente-neuf prélats, & de près
de cent ecclésiastiques du second ordre, déposa Eugene comme contumace, simoniaque,
parjure, schismatique, hérétique, &c., &
élut pour pape, Amédée duc de Savoie, alors
retiré sur le bord du lac de Geneve, dans
une solitude où il vivoit en hermite. Amédée prit le nom de Félix V.

La conduite
des principa-
Ainsi par les obstacles que le pape mettoit à la réforme, le concile même devenoit

l'occafion d'un fchifme, qui menaçoit de divifer encore toute la chrétienté. Ce malheur
fut prévenu par la conduite fage des principales puiffances de l'Europe.

D'après les délibérations des prélats, affemblés à Bourges, Charles VII déclara qu'il
ne reconnoiffoit point le concile de Ferrare ;
qu'il tenoit celui de Bâle comme feul légitimement affemblé, & qu'en même temps il
ne vouloit point fe départir de l'obéiffance
due à Eugene, qu'il continuoit de reconnoître pour pape légitime.

Les Allemands dans plufieurs dietes prirent auffi le parti de la neutralité ; déclarant
qu'ils reconnoiffoient également Eugene & le
concile de Bâle, & qu'ils ne recevoient ni
les décrets du concile contre Eugene, ni ceux
d'Eugene contre le concile. L'Angleterre
tint la même conduite, & ne prit prefque
point de part à ce fchifme, parce qu'elle n'a-
voit point envoyé de députés à Bâle. L'é-
glife d'Ecoffe excommunia Félix & le concile
qui l'avoit élu. Alphonfe d'Arragon, alors
en guerre avec René d'Anjou, fe conduifoit
avec artifice ; faifant des propofitions aux
deux papes, & ne fe déclarant point, afin
de les mettre l'un & l'autre dans la néceffité de
le ménager. Le refte de l'Italie, à l'exception
du Piémont & de la Savoie, étoit pour Eugene
La Pologne & la Hongrie, par des motifs parti-

V 3

culiers , adhéroient à Félix ; ainſi que l'univerſité de Paris & celles d'Allemagne, qui écrivirent beaucoup pour prouver l'autorité du
concile de Bâle.

Fin du ſchiſ-
me & des con-
ciles.

Il eſt vrai que reconnoître le concile de
Bâle pour légitime , c'étoit le reconnoître
pour juge du pape ; &, par conſéquent, il y
avoit de la contradiction à ne pas ſe ſoumettre au jugement qu'il portoit contre Eugene :
mais il valoit mieux ſe contredire , que de
cauſer un nouveau ſchiſme. Heureuſement
ceux qui ſe déclarerent, formerent de part &
d'autre des partis bien foibles. En vain les
deux papes négocierent dans toutes les cours:
la neutralité continua de prévaloir , & les
conciles de Bâle & de Florence ceſſerent de
laſſitude en 1443. Aucun des deux n'ayant
voulu céder , on ſe ſépara ſans avoir rien
fait pour rétablir la paix. On arrêta ſeulement que dans trois ans on tiendroit à Lyon
un concile général , & ce concile ne ſe tint
pas. Le ſchiſme dura juſqu'à la mort d'Eugene IV , arrivée en 1557. L'année ſuivante il fut éteint ſous Nicolas V , par les ſoins
des princes chrétiens , &, ſur - tout, de Charles VII & de l'égliſe de France. Félix , à qui
l'on fit des propoſitions avantageuſes, donna
ſa démiſſion , & elle fut approuvée par quelques prélats , qui étoient à Lauſanne avec

lui, & qui croyoient y continuer le concile
de Bâle.

L'église de France fut la feule, qui retira Pragmatique sanction de Charles VII,
quelques avantages des décrets portés dans le
concile de Bâle. Les prélats s'étant assemblés
à Bourges pour les examiner, les reçurent
avec quelques modifications, & supplièrent
Charles VII de confirmer par une loi ce qu'ils
avoient arrêté. Cette loi leur fut accordée,
fous le nom de pragmatique fanction. Elle
établit l'autorité du concile général fur le pape : elle lui enleva prefque entiérement la
poffeffion où il étoit de nommer aux bénéfices, & de juger les caufes eccléfiaftiques dans
le royaume : elle rétablit les élections, telles
à peu-près qu'elles avoient été avant les ufurpations de la cour de Rome : enfin elle abolit les graces expectatives, les annates qui
furent déclarées fimoniaques, & les autres
exactions, dont j'ai eu occafion de parler.
Tels font les principaux articles de cette
pragmatique.

Pendant les troubles de l'église, la révol- Fin des troubles de Bohe-me.
te des Huffites continuoit, & ne finit qu'en
1436. Ce ne fut qu'à la faveur des divifions, qui fe mirent parmi eux, que Sigifmond réuffit à fe faire reconnoître roi de
Boheme. Il rétablit la paix, & négocia même avec fuccès auprès du concile de Bâle la
réconciliation des Huffites avec l'église.

V 4

Étant mort en 1437, il eut pour fucceffeur à l'empire Albert II, duc d'Autriche, fon
gendre & fon héritier, &, par conféquent, roi
de Bohçme & de Hongrie. Depuis Albert,
mort en 1439, l'empire n'eft plus forti de
la maifon d'Autriche. Frédéric III, fon coufin germain, fut élu en 1440, & regna
jufqu'à 1493.

CHAPITRE IV.

Fin de l'empire Grec.

Les François avec leur gouvernement féodal & leur barbarie, car alors ils étoient encore bien barbares, ruinerent entiérement l'empire Grec. Il fut aussi aisé de le leur enlever, qu'il leur avoit été facile de le conquérir : mais ce n'étoit plus le même empire, qu'on reprenoit sur eux. Très borné en Asie, il étoit divisé en Europe en une multitude de souverainetés.

Etat de Constantinople, lorsqu'en 1261 les François en furent chassés.

Avec beaucoup de courage, les François travailloient d'autant plus à se détruire réciproquement, qu'ils étoient tout-à-fait sans discipline. Soldats, & rien autre, ils acheverent la ruine des arts & du commerce. Constantinople appauvrie n'avoit plus de marine, elle n'en pouvoit avoir, & cependant il en falloit une pour défendre ses côtes contre les infideles. Tels étoient les restes de cet empire, d'où Michel Paléologue chassa les françois en 1261.

Depuis ce temps, il semble que les désordres croissent, & que les guerres civiles se multiplient, & sont plus cruelles, à mesure que les Turcs font plus de progrès. Bien loin de se réunir contre l'ennemi commun, les diverses factions s'allient tour-à-tour avec les sultans; & pour se ruiner mutuellement, elles se ruinent toutes ensemble.

Les moines avoient envahi tous les principaux sieges; ils étoient le seul clergé, depuis que Théodora avoit rétabli le culte des images. Loin du monde par leur institution, ils s'en rapprocherent par un esprit différent; & ils le gouvernerent pour le troubler. Ils entroient dans les conseils du prince, ils se mêloient dans les assemblées, & dans les émeutes du peuple : en un mot, la guerre, la paix, tout se faisoit par eux.

Ils occupoient les Grecs, naturellement sophistes, de mille questions subtiles, qui souvent n'avoient aucun rapport au dogme, & qu'on traitoit cependant comme essentielles. Les empereurs qui devenoient moines, parce qu'ils vivoient parmi des moines, s'occupoient également de ces questions. Plusieurs même se seroient cru coupables, s'ils les avoient négligées, pour donner leurs soins au gouvernement. Ainsi la superstition, contraire à la religion comme à l'état, fai-

foit naître continuellement de nouvelles difputes, qui produifoient fans ceffe des fchifmes ; & animant les fectes les unes contre
les antres, il en réfultoit des défordres d'autant plus funeftes, qu'ils devenoient l'unique
objet du gouvernement

Pendant foixante ans que les Latins ont
été maîtres de Conftantinople, ils ont élevé
une nouvelle barriere entre les deux églifes,
parce qu'ils ont aliéné les Grecs de plus en
plus. Les moines fur-tout, ne vouloient pas
entendre parler de la réunion ; ils connoiffoient trop la puiffance des papes; & les
moines conduifoient le peuple. Auffi les empereurs fe font-ils rendus odieux à leurs fujets,
toutes les fois qu'ils ont cherché à s'unir de
communion avec les Latins. S'ils y penfoient
fincérement, & pour le bien de la religion,
on ne peut trop les louer : mais fi c'étoit par
politique, comme on a lieu de le croire, il
falloit qu'ils fuffent bien aveugles. Quels
grands fecours pouvoient-ils attendre des princes chrétiens dans le quatorzieme fiecle &
dans le quinzieme. Cependant ils venoient
s'humilier aux pieds des papes, & ils par-
couroient l'Europe, mendiant des fecours,
qu'on ne pouvoit pas leur donner. Tout
annonçoit donc la ruine d'un empire, qui,
mal gouverné depuis long-temps, ne pouvoit
plus fe foutenir par lui-même. Je paffe rapi-

(note marginale) & par les tentatives des
empereurs
Grecs pour fe
réunir avec
l'églifelatine.

dement fur les caufes intérieures de fa décadence, parce que vous les verrez ailleurs parfaitement bien développées (*), & je viens
aux caufes extérieures.

Lorfque les fuccefleurs de Gengis-kan con-
quirent la partie de l'Afie mineure, que poffédoient les Turcs Seljoucides d'Iconium, plufieurs émirs turcs fe retirerent dans les montagnes, pour ne pas fubir le joug des vainqueurs. Parmi ces rochers, ils fe préparerent à devenir eux mêmes conquérants, en
fe formant à la tempérance & à la fatigue;
& ils en fortirent au commencement
du quatorzieme fiecle, pour ravager
& envahir les provinces orientales de
l'empire Grec. Othman, un de ces émirs,
eft celui qui fe diftingua le plus, & qui
devoit donner fon nom à un nouvel empire.
Orçan, fon fils, qui lui fuccéda en 1326,
fit de nouvelles conquêtes, pendant que Conftantinople étoit troublée par l'ambition du
gouverneur de Theffalonique : maître de Nicée, il en fit la capitale de fes états, & il
fe propofoit de paffer le Bofphore.

Cantacuzene, qui ayant pris les armes,
avoit forcé l'empereur, Jean Paléologue, à

(*) Confidérations fur les caufes de la grandeur des
Romains & de leur décadence.

le recevoir pour collegue, fufpendit les projets d'Orcan, en lui donnant fa fille en mariage. Mais quelque temps après, connoiffant la préférence du peuple pour Jean Paléologue, il abdiqua & fe retira dans un monaftère. Ainfi, il étoit tout-à-la fois moine & beau pere d'un Turc. Pendant le peu de temps qu'il regna, il donna au moins fes foins au rétabliffement de la marine. Il nous a laiffé fa vie écrite par lui-même, & quelques autres ouvrages.

L'abdication de ce prince fut fuivie de quelques troubles; & Orcan, qui n'avoit point fait alliance avec Paléologue, fit paffer des troupes en Europe, & fe rendit maître de la province de Charipolis. Amurath, fon fils, eut encore de plus grands avantages. il prit Andrinople, Philippopolis, foumit la Macédoine, l'Albanie & toute la Theffalie, à l'exception de Theffalonique. Bajazeth, fon fils, furnommé Ilderim ou le Foudre, lui fuccéda.

Succès d'Orcan en Europe, & d'Amurath I.

Les défordres croiffent à Conftantinople. Andronic, à qui la paffion de regner avoit infpiré l'horrible projet d'égorger fon pere, Jean Paléologue, s'échappe de fa prifon, & s'étant retiré auprès de Bajazeth, il en obtient des fecours, avec lefquels il fe rend maître de Conftantinople. Jean Paléologue

Bajazeth I entretient les troubles dans l'empire Grec.

& Manuel, fon fecond fils, font traînés dans la prifon, où Andronic avoit été enfermé.

Deux ans & demi après, ces deux princes s'échappent à leur tour. Ils obtiennent auffi de Bajazeth des fecours avec lefquels ils recouvrent le trône. Ils deviennent tributaires de ce fultan. Ils s'engagent à l'accompagner dans fes expéditions ; & ils forcent eux-mêmes les villes de leur dépendance à paffer fous la domination des Turcs, L'empire Grec étoit préfque réduit à la feule ville de Conftantinople, en 1391, que mourut Jean Paléologue.

Il affiege Conftantino-ple. Manuel, qui étoit alors à la cour de Bajazeth, s'enfuit fecrétement, & vient à Conftantinople où il eft reconnu empereur. Le fultan, qui veut fe rendre maître de cette capitale, en ruine les environs & empêche les vivres d'y entrer.

Il défait Si-gifmond à qui les François ontamené des fecours. C'étoient les commencements du regne de Sigifmond en Hongrie. Ce prince confidérant que les Turcs, maîtres de la Bulgarie & de la Valachie, menaçoient déja fes états, crut avec raifon qu'il étoit de fon intérêt d'empêcher l'entiere ruine de l'empire Grec. Il avoit pris la forterefse de Raach & il formoit le fiege de Nicopoli, lorfque Bajazeth vint au fecours de cette place.

Un grand nombre de feigneurs François avoit amené des troupes à Sigifmond, &

formoit un corps confidérable. Leur bravoure eût été d'un grand fecours, s'ils avoient été plus dociles: mais ils dédaignerent d'écouter les confeils du roi de Hongrie, qui favoit mieux qu'eux la maniere dont il falloit combattre les Turcs. Ils firent donc des prodiges de valeur : & en même temps ils entraînerent dans leur déroute l'armée entiere. C'eſt la juſtice que l'hiſtoire rend à leur courage & à leur imprudence.

Bajazeth fit égorger cruellement tous les priſonniers, à l'exception de ceux dont il eſpéroit une groſſe rançon : mais il faut avouer qu'avant la bataille, les François eux-mêmes, lui avoient donné l'exemple de cette barbarie.

Sigiſmond, qui s'étoit rendu odieux par la févérité avec laquelle il avoit pourſuivi les partifans de Charles de Duras, roi de Sicile, fe rendit encore méprifable, en facrifiant fes devoirs à fes plaifirs, dans un temps où il venoit d'eſſuyer un échec auſſi funeſte. Il eſt un exemple de ce que deviennent les princes, lorfqu'aveuglés par une fauſſe grandeur, ils fe croient tout permis ; & lorſque devenus malheureux, ils s'inſtruiſent par les revers. On le voit errer de province en province : il eſt enfermé dans une priſon par fes propres fujets : il recouvre la liberté & la couronne : il eſt élevé à l'empire : & il devient grand,

Sigifmond devient grand par les revers.

parce qu'il fait mieux apprécier ce qu'il eſt.
Vous l'avez vu donner la paix à l'églife.

Bajazeth pou-
vant ſe ren-
dre maître de
Conſtantino-
ple accorde
une treve de
dix ans.
Bajazeth, vainqueur de Sigiſmond, s'ap-
procha bientôt de Conſtantinople. Il en
ruina la campagne & les fauxbourgs. N'ayant
pu s'en rendre maître, il revint l'année
ſuivante. Il continua de la forte pendant
dix ans, & preſſa ſi fort cette ville, qu'il
la réduiſit à la derniere extrémité. Il ſe préparoit à donner l'aſſaut, lorſque ſon grand
viſir lui repréſenta que la priſe de Conſtantinople armeroit contre lui toute la chrétienté; & qu'il étoit plus prudent d'offrir la paix
à l'empereur, dans une conjonĉture où il
pouvoit lui faire la loi. Il falloit que ce
viſir connût bien mal l'état aĉtuel des princes chrétiens, leur impuiſſance, leurs diviſions, & leur ignorance ſur leurs vrais intérêts. Bajazeth cependant ſuivit ce eonſeil,
& il accorda une treve de dix ans à Manuel;
à condition qu'on lui payeroit un tribut de
dix mille pieces d'or, qu'on bâtiroit une
moſquée dans Conſtantinople, & qu'un cadi
y réſideroit, pour y être le magiſtrat des
Mahométans.

Il diſpoſe de
l'empire grec.
Andronic, frere aîné de Manuel, étant
mort, le ſultan offrit à Jean Paléologue,
fils de ce prince, de ſoutenir ſes droits à
l'empire, s'il lui promettoit d'échanger Conftantinople contre la Morée. Jean accepta
la

la proposition, monta sur le trône, & refusa de faire l'échange. Quant à Manuel,
forcé d'obéir aux ordres de Bajazeth, il
abandonna ses états; & vint mendier des fecours en Italie, en France, en Angleterre :
mais les historiens ne parlent que des récep-
tions magnifiques qu'on lui fit par-tout.

Bajazeth commençoit donc à comman- Il est défait
der dans Constantinople, il étendoit son par Tamerlan
empire, & il paroissoit n'avoir que des ennemis peu redoutables, lorsque tout-à-coup
il fut arrêté au milieu de ses succès.

Alors un Tartare conquéroit la Perse,
l'Inde, la Syrie & plusieurs autres provinces.
Tamerlan, c'est ainsi que nous le nommons,
sortoit de la Sogdiane, aujourd'hui le pays
des Usbecks. Quoique né sans états, ses conquêtes égaloient presque celles de Gengis-kan,
dont on prétend qu'il descendoit par les femmes. Appellé par les émirs Turcs & par
Manuel, il envoya des ambassadeurs à Bajazeth, pour lui déclarer la guerre, s'il ne
restituoit les pays dont il s'étoit injustement
emparé. Au milieu des ravages qu'il faisoit
lui-même, il voulut que la justice parût une
fois du côté de ses armes. Bajazeth marcha
contre ce nouvel ennemi, fut vaincu, fait
prisonnier, & mourut bientôt de chagrin 1402
dans sa prison. On fait monter le nombre des morts à plus de trois cents-quarante

mille. Cette grande bataille ſe donna près de Céſarée en 1402.

Les deſſeins des Turcs ſuſpendent la ruine de Conſtantinople.

Manuel ayant appris la victoire de Tamerlan, revint à Conſtantinople. L'empereur Jean, qui en fut chaſſé, obtint dans la ſuite la ville de Theſſalonique, & ſe fit moine ſur la fin de ſa vie. Tamerlan, qui tourna ſes armes d'un autre côté, mourut peu d'années après dans une grande vieilleſſe. Enfin les émirs turcs, rétablis dans leurs poſſeſſions, déchirerent l'empire Ottoman, tandis que les fils de Bajazeth, armés les uns contre les autres, en diſputoient les reſtes. Cette guerre dura juſqu'en 1413, que Mahomet, vainqueur de Moyſe ſon frere, raffermit de nouveau la puiſſance ottomane. Voilà les cauſes qui ſuſpendirent la ruine de l'empire Grec. Manuel vécut même en paix avec Mahomet, à qui il avoit donné des ſecours contre Moyſe.

Amurath II eſt ſur le point de prendre Conſtantinople.

1422

La guerre recommença ſous Amurath II, fils de Mahomet. Manuel ſe vit aſſiégé dans Conſtantinople, pour avoir voulu ſemer la diviſion parmi les Turcs. Cette ville fut ſur le point d'être priſe. Les Grecs qui la défendirent par leur courage, dirent qu'ils avoient vu la vierge combattre à leur tête, & qu'elle avoit jeté l'épouvante parmi les Ottomans, qui l'avoient vue comme eux. Manuel obtint la paix, & mourut la même année avec

1425

l'habit de moine, & le nom de Mathieu, qu'il prit deux jours avant fa mort. Jean Paléologue fon fils & fon fuccefleur, eft le même que nous avons vu au concile de Ferrare, & de Florence.

Après la mort d'Albert d'Autriche, empereur & roi de Boheme & de Hongrie, les Hongrois, à l'exclufion du fils pofthume de ce prince, avoient donné la couronne à Ladiflas, roi de Pologne. Prefque auffitôt Ladiflas attira les Turcs dans fes nouveaux états, & Belgrade, affiégée, ne fut fauvée que par la valeur & la conduite de Jean Hunniade, gouverneur de Tranfilvanie. Amurath revint l'année fuivante: mais toujours défait par Hunniade, il fut enfin contraint de demander la paix, & on fit une treve de dix ans. Le fultan, qui préféroit la retraite aux grandeurs, abdiqua, & laiffa la couronne à fon fils Mahomet II.

Jean Hunniade vainqueur d'Amurath II délivre Belgrade & force le fultan à la paix.

1442

Les Turcs obfervoient exactement le traité fait avec Ladiflas, & comptant fur la même exactitude de la part des Chrétiens, ils avoient dégarni leurs provinces d'Europe, & fait paffer en Afie la plus grande partie de leurs forces. Jean Paléologue jugea ce moment favorable pour repouffer les infideles au delà du Bofphore. Eugene IV en penfa de même, ainfi que le cardinal Julien, légat en Allemagne, célebre par le zele avec le

Les Chrétiens fe propofent d'abufer de la bonne foi avec laquelle les Turcs obfervent le traité.

X 2

quel il avoit pourfuivi les Huffites, & par la défaite des armées qu'il avoit conduites contre eux.

Eugene IV & le cardinal Julien levent les fcrupules. Cependant les Hongrois fe faifoient quelque fcrupule de rompre une treve, jurée fur l'évangile. Le cardinal légat les raffura, en leur prouvant qu'ils ne devoient pas fe mettre en peine d'obferver un traité contraire aux intérêts des princes chrétiens, fait à l'infu du pape, & qui devenoit nul auffi-tôt que le pape le défapprouvoit. Il prouva même qu'il y auroit de la perfidie à être fidele à ce traité impie; c'eft ainfi qu'il le quali-fioit. Il femble que Julien faifoit au moins ces raifonnements trop tard: car il avoit été préfent à ce traité impie; & quoiqu'avec quelque répugnance, il y avoit donné fon confentement. Les ordres du pape vinrent à l'appui des raifons du légat: Eugene IV or-donna de rompre la treve, déclarant Ladif-las délié de tout ferment; & on reprit les armes.

Amurath II défait les Hon-grois dans la Bulgarie. Comme Mahomet étoit jeune encore, les Turcs inviterent Amurath à reprendre la couronne, pour marcher à leur tête. Ce prince fortit donc de fa folitude, repaffa la mer, & défit les Hongrois dans la Bulgarie **1444** près de Varne. Ladiflas & Julien perdirent la vie. Amurath, après cette victoire, abdi-qua pour la feconde fois: mais une nouvelle

guerre le força bientôt à reprendre la couronne.

Bajazeth, ayant fait la conquête de l'Albanie, avoit emmené en ôtage Georges Caf-
triot, fils d'un feigneur du pays. Cet enfant élevé dans la cour ottomane, joignoit
à la figure, l'efprit, le courage & l'adreffe.
Les Janiffaires l'eftimoient & l'aimoient: ils
l'appelloient Scanderberg, d'un nom compofé de celui d'Alexandre, & Amurath lui donnoit infenfiblement toujours plus de part dans
fa confiance.

Il ne peut forcer Scanderberg dans la ville Croie.

Sur ces entrefaites, le pere de Scanderberg étant mort, ce jeune homme ofe former le projet de recouvrer la ville de Croie,
qui lui appartenoit. Il arrache au fecrétaire
du vifir un ordre au gouverneur de lui remettre cette place. Il s'échappe, vient à
Croie, égorge la garnifon ottomane, & met
la ville en état de défenfe. Amurath fe préfente bientôt devant Croie; deux fois il en
forme le fiege, & deux fois il eft obligé de le lever, & il meurt fans pouvoir s'en rendre maître.

1451

Jean Paléologue mort en 1445, n'avoit
point laiffé d'enfant. Ses freres qui avoient
troublé l'empire pendant fa vie, continuerent à le troubler. Enfin Conftantin l'emporta fur fes freres Thomas & Démétrius,
à qui cependant il fut obligé de céder les
états, qu'il avoit avant de monter fur le

L'empire grec fe démembroit pour donner des apanages aux princes du fang.

X 3

trône. Vous voyez que les Grecs avoient appris des François à donner des seigneuries aux princes du sang ; & que cet usage de démembrer l'empire s'étoit établi précisément dans les temps où les provinces étoient envahies par les Turcs.

Prise de Constantinople par Mahomet II.
1453

Enfin Constantinople est assiégée par Mahomet II. Constantin Paléologue est tué sur la breche. La ville est prise d'assaut ; & tout ce qui échappe au fer des Ottomans, est réduit en esclavage.

Deux partis, qui s'anathématisoient, divisoient alors la ville.

Les Grecs se défendirent avec la valeur qu'inspire le désespoir. Mais il ne faut pas oublier de remarquer, que dans le temps même que la mort ou l'esclavage les menaçoient, ceux qui vouloient l'union avec l'église latine, & ceux qui ne la vouloient pas, formoient encore deux partis qui s'anathématisoient, sans considérer que Mahomet alloit bientôt terminer cette question. Telle est la fureur avec laquelle ce peuple s'étoit toujours occupé de ses disputes.

Mahomet II est arrêté dans ses conquêtes.

Mahomet fit encore de grandes conquêtes en Europe & en Asie. Cependant ses armes échouerent toujours contre Scanderberg. Elles échouerent encore contre les chevaliers de Rhodes, aujourd'hui les chevaliers de Malte, & Hunniade lui fit lever le siege de Belgrade.

Mahomet n'ayant pu se rendre maître de l'île de Rhodes, envoya dans la Pouille une armée, qui forma le siege d'Otrante. Cette place fut prise d'assaut en 1480. Mais le sultan étant mort l'année suivante, Ferdinand, fils naturel & successeur d'Alphonse, la recouvra, en accordant aux Turcs une capitulation honorable.

CHAPITRE V.

Confidérations fur les peuples de l'Eu-
rope depuis la chûte de l'empire d'oc-
cident jufqu'à la chûte de l'empire
Grec.

Pourquoi
l'Europe a
çant de peine
à fe civilifer.
CHAQUE homme borné à fes propres forces, fent toute fa foibleffe, & ce fentiment
le met dans la néceffité de fe joindre à d'autres. Les hordes fe forment donc; mais deux
chofes déterminent à peu près le nombre des
individus qu'elles doivent contenir: d'un côté il faut que le nombre foit affez grand,
pour que chacune trouve dans le fentiment
de fes forces, la confiance de réfifter où d'attaquer avec avantage; & de l'autre il faut
que fuivant les pays, il foit plus ou moins
borné, afin que la troupe entiere puiffe fubfifter dans les lieux où elle erre. Quand la
population trop accrue dérange cette proportion, les révolutions naiffent les unes fur les
autres, les troupes fe pouffent, fe divi-

sent, se réunissent, & débordent de toutes parts.

Les hordes n'ont aucune expérience pour se conduire dans des circonstances aussi différentes de celles où elles étoient auparavant: néanmoins elles conservent encore la même confiance; se conduisant par instinct comme elles se sont toujours conduites, & ne comprenant pas pourquoi elles n'ont plus les mêmes succès. Si au milieu de ces désordres un chef joint à l'instinct un peu plus de réflexion que les autres, il lui sera facile de forcer plusieurs troupes à marcher sous ses ordres, & de devenir un conquérant: mais ces Barbares seront dans les conquêtes où ils se seront fixés, ce qu'ils étoient dans les vastes campagnes où ils erroient: c'est-à-dire, qu'incapables de réfléchir sur la nouveauté de leur situation, ils n'auront encore pour regles que leur instinct: voilà pourquoi depuis la ruine de l'empire d'occident, l'Europe a tant de peines à se civiliser.

Dans la Grece, les mêmes désordres ont eu des suites bien différentes; car les peuples las de la guerre, songerent de bonne heure à se donner des loix: ils en demanderent, & ils se soumirent au moins sans répugnance à celles qui leur furent offertes: tout occupés des soins d'établir la meilleure forme de gou-

La Grece avoit eu moins d'obstacles à se policer.

vernement, ils firent naître plusieurs législateurs ; & ils se civiliserent au point que malgré la multitude des cités différemment gouvernées, ils se regarderent pendant un temps, comme une société de concitoyens. Or, pourquoi les Européens n'ont-ils pas senti, comme les Grecs, le besoin des loix ? Il semble que les désordres croissant à proportion de la grandeur des états, ce besoin devoit être encore plus sensible pour eux.

La barbarie des nouveaux peuples de l'Europe, est bien différente de celle des anciens peuples.

Les Grecs sentoient le besoin des loix, parce qu'ils étoient pauvres : les Européens ne le sentent pas parce qu'ils sont riches.

C'est que les Grecs étoient pauvres, & que les Européens étoient riches. Il étoit naturel que les Grecs sans avarice, parce qu'ils étoient sans richesses, préférassent la paix à des guerres destructives ; &, qu'au contraire, les Européens que l'usage des richesses avoit rendus avares, préférassent la guerre qui les avoit enrichis, & qui paroissoit pouvoir les enrichir encore. Devenus tout-à-coup riches, parce qu'ils avoient dépouillé les vaincus, il falloit bien que dans l'espérance d'acquérir de nouvelles richesses, ils armassent continuellement, pour se dépouiller tour-à-tour eux-mêmes.

La barbarie des nouveaux peuples de l'Europe, est bien différente de celle des anciens peu-

La barbarie qui se répand dans l'Europe, après la ruine de l'empire d'occident, est donc bien différente de celle que nous avons vue en Grece, parce qu'elle a tous les vices des nations que le luxe a corrompues : tous ces bar-

bares ne fe meuvent que par un inftinct aveu-
gle, comme des troupeaux de bêtes féroces. ples de la Gre-
ce.
L'argent eft l'unique proie qui les attire ; &
ils fe déchirent, pour fe l'arracher mutuellement. S'ils forment différentes nations, qui
paroiffent fe gouverner par des coutumes ou
par des loix ; ces nations ne favent point ce
qu'elles fe doivent : elles font encore les unes
par rapport aux autres auffi fauvages qu'elles
pouvoient l'être, lors qu'elles étoient des
hordes errantes dans les forêts du nord.

Cet efprit fauvage fe perpétue de fiecle en Ils confervent
fiecle : l'avidité l'entretient : une fauffe gloi- long-temps
leur caractère
re lui fait prendre de nouvelles forces : & les fauvage.
meilleurs efprits font entraînés par l'inftinct
barbare, qui arme tous les peuples. Charlemagne, ce grand légiflateur qui civilifa les François pour un moment, étoit encore un fauvage
par rapport aux Saxons : le plus jufte des
rois S. Louis, . . . Je n'ofe continuer, je
refpecte en lui une erreur qui ne déshonore
que fon fiecle.

La fageffe de Charlemagne paffe avec lui.
Comme chaque peuple, chaque corps même Après Charle-
magne ils s'a-
fe croit puiffant, la force dans laquelle on met bandonnent à
de nouveaux
toute fa confiance, devient encore l'unique défordres.
regle. Bien loin de fentir le befoin des loix,
on néglige, on profcrit celles qu'on a ; & on

craindroit de s'en donner de nouvelles. Ainſi les déſordres croiſſent & ſe multiplient.

Un inſtinct brutal les conduit dans toutes leurs entrepriſes. Mais ces barbares, plus avides qu'ambitieux, conduiront - ils au moins leurs entrepriſes avec quelques lumieres? non; c'eſt encore l'inſtinct qui les guide. Armés ſans avoir d'objet fixe, ils ne connoiſſent ni leurs reſſources ni celles de leurs ennemis : ils ne méditent point ſur les moyens de ſurmonter des obſtacles qu'ils ne prévoient pas : ils ne ſavent ni temporiſer, ni ſaiſir le moment d'agir, ni profiter de leurs avantages, pour faire une paix utile : ſouvent les ſuccès leur deviennent auſſi funeſtes que les revers, & après s'être battus pour ſe battre, ils quittent les armes par laſſitude, pour les reprendre bientôt à contre-temps.

Injuſtes & parjures, ils n'ont aucune idée de juſtice. S'ils font des traités, la juſtice n'en dicte pas les articles : ils ne la connoiſſent pas : ils cherchent à ſe ſurprendre, le plus foible céde au plus fort : ils ne reſpectent pas les engagements les plus ſacrés : ils ſe font une ſi grande habitude de violer leurs ſerments qu'il leur paroît tout naturel de les violer; & ils en forment le deſſein au moment même qu'ils s'engagent. S'il eſt honteux de recevoir la loi de ſon ennemi, s'il eſt encore plus honteux de manquer à la foi jurée, s'il l'eſt plus encore d'abufer de la religion pour être parjure, quelle eſt la nation de l'Europe qui ne s'eſt pas couverte d'ignominie?

Les peuples n'imaginoient donc pas avoir à remplir des devoirs reſpectifs: mais les citoyens, ſi l'on peut donner ce nom à ces ſauvages fixés en Europe, n'imaginoient pas davantage qu'il fût de leur intérêt de ſe lier par des obligations réciproques. Le roi, le clergé, la nobleſſe & le peuple, tous étoient ennemis; & ſouvent le chef d'une religion de paix, ennemi tour-à-tour des uns & des autres, armoit lui-même toute la chrétienté. Au milieu de ces déſordres, chacun uſurpe, perſonne ne connoît ſes droits: les prétentions naiſſent de toutes parts. On céde ce qu'on doit défendre, on défend ce qu'on doit céder; & la confuſion vient au point qu'il ſemble n'y avoir ni état ni religion. C'eſt qu'il n'y avoit point de mœurs, & malheureuſement il étoit difficile qu'il s'en formât.

Ils ne connoiſſent pas les devoirs de nation à nation ni même ceux de citoyen à citoyen.

Toute l'hiſtoire démontre qu'il y a plus de mœurs dans un peuple, à proportion qu'il y a moins d'inégalité parmi les citoyens. La Grece ſeule en donne pluſieurs exemples; & Lacédémone, où les fortunes étoient égales, conſerva ſes vertus pendant pluſieurs ſiecles. Ce n'eſt pas qu'on doive entreprendre d'é-

Quelle ſorte d'égalité contribue au bonheur d'une nation.

tablir une égalité parfaite dans tous les temps, & , sur-tout, dans les grands empires. Ce projet causeroit de nouveaux troubles ; & à peine seroit-il exécuté, qu'il se détruiroit de lui-même. Mais si chaque citoyen jouit de tout ce qui est néceffaire à sa condition; si au lieu d'être sous la domination absolue d'un autre homme, il n'obéit qu'à des magistrats qui obéiffent eux-mêmes aux loix: il y aura dès-lors affez d'égalité parmi eux, puisque les loix commanderont seules, & que sous leur protection, chacun à l'abri de toute injustice, disposera de ce que le sort ou son industrie lui aura donné en partage.

Il y a une iné-galité odieufe qui la ruine. Lors de l'expulsion des Tarquins, il restoit une inégalité odieufe entre les patriciens & les plébéiens. Si elle eût subsisté, Rome eût péri de bonne heure, & son nom peut-être ne fût pas venu jusqu'à nous. Cette inégalité disparut, à mesure que les plébéiens s'éleverent aux magistratures, & alors les Romains acquirent ces vertus qui les préparoient à la conquête du monde. Cependant les dépouilles des nations ramenent une inégalité encore plus funeste: il n'y a plus que des riches & des pauvres : les mœurs se corrompent, elles entraînent la ruine de la république; elles se corrompent encore, & l'empire n'est plus.

Mais une inégalité plus grande encore, c'est celle qui s'établit avec le gouvernement féodal. Le peuple entier, quoiqu'asservi, ne l'étoit pas par-tout également. Les seigneurs pouvoient disposer de tout, ils mettoient leur volonté à la place des loix: mais toujours inégaux entre eux, ils haussoient, ils baissoient tour-à-tour ; & mille causes varioient leur situation respective. Le clergé se voyoit au dessus des seigneurs laïques, ou au dessous, suivant qu'on méprisoit ou qu'on redoutoit les censures, & qu'on se conduisoit par avarice ou par superstition. Enfin une multitude d'ordres religieux formoit dans l'état, des corps inégaux par les richesses ou par la considération dont ils jouissoient. Ils n'appartenoient proprement ni à la classe du clergé, ni à celle de la noblesse, ni à celle du peuple: ils formoient eux-mêmes plusieurs classes différentes, jalouses entre elles, ennemies de toutes les autres, & ambitieuses de s'élever à tout. Ils se mêlent dans les différents qui arment les puissances: ils excitent les peuples à la révolte: souvent même ils troublent le monde par des questions frivoles & ridicules. Lorsqu'il y a tant de classes, & tant d'inégalité parmi elles, faut-il s'étonner, si les intérêts se multiplient & se croisent continuellement ? Cependant une nation n'est véritablement civilisée, qu'autant qu'el-

La plus pernicieuse est celle qui a été produite par le gouvernement féodal & par les ordres religieux.

le forme un corps de citoyens unis par un intérêt commun.

Il y a une noblesse qui ne détruit pas l'égalité.

L'idée qu'on se faisoit de la noblesse dans ces temps, prouve encore combien on étoit barbare. Que les magistratures laissent de la considération à ceux qui les ont exercées: que cette considération passe même des peres aux fils; c'est ce qui doit naturellement s'établir, par-tout, où il y a des hommes, qui s'intéressent à la patrie. Il y aura donc des familles plus illustres, parce qu'elles auront donné plus de magistrats: mais cette distinction excitera l'émulation, sans altérer l'égalité; parce que dans ces familles, comme dans les autres, on ne naîtra que simple citoyen, & que la naissance ne donnera aucun titre, aucun privilege, aucun droit. Telle a été la noblesse chez les Romains. Les petits-fils d'Auguste même n'étoient que simples particuliers; & ils n'eurent de titre, que lorsqu'on les eut créés princes de la jeunesse. Tibere après son adoption, rentroit dans la classe des citoyens, lorsqu'il n'étoit pas revêtu de la puissance tribunitienne. Claude, quoique parent des empereurs, quoique descendu d'une longue suite d'ayeux & de magistrats, ne fut rien jusqu'au temps où Caligula le fit consul. Mais il est inutile de multiplier les exemples, ce n'est que dans le bas-empire que des titres fastueux, multipliés

tipliés fans difcernement, commencerent à
devenir héréditaires dans quelques familles.

Le gouvernement féodal introduifit infenfiblement une façon de penfer encore plus ab
furde. Un château fortifié donnoit la nobleffe à un brigand auquel il fervoit de retraite ;
& tant que ce château appartenoit à la même
famille, il tranfmettoit la nobleffe des peres
aux fils; on naiffoit donc noble, parce qu'on
naiffoit brigand.

*Opinion ab-
furde de nos
ancêtres, qui
ont imaginé
que la terre
fait la noble.*

Il femble d'abord que les feigneurs auroient dû attacher toute la confidération à la
profeffion des armes & aux fonctions de la
juftice; puifqu'ils ne connoiffoient eux-mêmes d'autre métier que celui de la guerre,
& qu'ils s'étoient arrogé le droit de rendre
feuls une efpece de juftice à leurs fujets: mais
parce qu'ils confervoient leurs terres, dans
le temps qu'ils perdoient leur droit de guerre
& leurs tribunaux de juftice; il arriva que la
terre feule fit le noble, & que les fonctions
militaires & civiles ne purent pas donner la
nobleffe. En vain comptoit-on parmi fes
ayeux des officiers généraux & des magiftrats
du premier ordre: on étoit roturier, fi l'on
ne venoit pas de quelque feigneur, qui eût
au moins été maître d'un château. Les titres
de duc, de comte, &c. qui dans les commencements étoient des titres de magiftratu-

res, n'appartinrent plus qu'aux seigneurs qui possédant de grandes terres, étoient regardés comme les premiers de l'état : cependant, par une contradiction ridicule, cette haute noblesse étoit jugée dans les parlements par des magistrats, qu'elle traitoit de roturiers.

Cette noblesse est le principe d'une inégalité odieuse.

Cette noblesse qu'une famille tient de sa terre, sans avoir jamais rendu aucun service à l'état, est certainement le plus absurde de tous les préjugés. Elle est aussi le principe de l'inégalité la plus odieuse : car plus ces nobles inutiles se croient élevés, plus ils mépriseront les ordres inférieurs ; & plus ceux-ci se sentent méprisés, plus ils concevront de haine contre la noblesse. Vous avez vu les magistrats toujours occupés des moyens d'humilier les nobles, & quelquefois le peuple armé pour les exterminer.

Les peuples qui ont envahi l'occident, deviennent plus féroces, qu'ils ne l'étoient.

Si nous considérons les Barbares au moment qu'ils envahirent les provinces de l'empire, nous les trouvons moins sauvages les uns par rapport aux autres : car ils jouissoient tous des mêmes droits, ils étoient égaux, & ils ne connoissoient pas ces différences humiliantes, qui font que dès les berceau les hommes sont de différentes especes.

Bien loin de s'instruire par l'expérience,

Tous ces sauvages sont donc devenus pires, en se fixant. D'abus en abus, de crimes en crimes, ils se font des droits par des forfaits. L'inftinct qui les pouffe ne leur permet pas de profiter de leurs malheurs. Dans une ignorance profonde du paffé, & même du préfent, ils font les mêmes fautes; parce qu'ils les ont faites. Combien de rois détrônés en Angleterre! cependant ils le font tous pour avoir tenu la même conduite. Philippe le Bel divife & ruine la France : fes fucceffeurs la divifent & la ruinent. Ils fe font faux - monnoyeurs , & ils croient de la meilleure foi du monde ufer d'un droit qu'on ne peut leur contefter. Ils n'ont garde de prendre S. Louis pour modele : s'ils confer-vent un fouvenir confus de ce roi jufte, ils ignorent ce qu'il a fait, & bien loin de mar-cher dans le chemin qu'il leur a tracé , ils vont au gré de leurs paffions , & , par confé-quent au hafard. La politique fi vantée des papes n'eft pas plus éclairée : ils fe fervent des excommunications, comme tous les animaux fe fervent des armes que la nature leur a don-nées : encore ne favent-ils pas juger de leurs forces. S'ils ont réuffi , parce qu'ils ont trou-vé peu de réfiftance ; ils tentent de plus gran-des entreprifes ou ils échouent : ils les tentent de nouveau pour échouer encore : celui qui fuccede , ne fait pas fe corriger fur les fauffes démarches de celui qui l'a précédé. Ils fcandalifent toute la chrétienté, ils la foule-vent contre eux : ils ont un juge dans les con-

ciles, qu'ils font forcés de convoquer ; & ils
mendient la protection des fouverains, qu'ils
regardoient auparavant comme les fujets du
faint fiege. Le clergé en bute aux papes, aux
rois, à la nobleffe, aux moines & au peuple,
fe conduit tout auffi inconfidérément, & ne fait
conferver ni ce qu'il ufurpe, ni ce qu'il acquiert
à jufte titre. La nobleffe enfin, que l'avidité &
la fuperftition enhardiffent, & intimident tour-
à-tour, fait tout à contre-temps, & va tomber fous les efforts des magiftrats qu'elle mépri-
fe. Celui qui confidere ces défordres, peut-il
s'étonner, fi les papes, les rois, le clergé,
les fuzerains, les feigneurs & tous les peuples font expofés à des révolutions continuelles ? Il faut bien que la fortune varie fans
ceffe ; puifque par-tout on fe conduit fans
principe, & qu'il n'y a de mœurs nulle part.

Chez tou-
tes les nations
les grands
font encore
plus féroces
que les autres. Dans ces fiecles barbares, les hommes les
moins civilifés font, fans doute, ceux que
nous nommons les grands : ils ont l'ignorance des fauvages, ils en ont la valeur brutale
& avide, ils en ont, en un mot, les mœurs;
& ils y joignent tous les vices que donnent
les richeffes jointes à la puiffance. Mais on
les ruinera, plutôt qu'on ne les civilifera,
parce que la confiance qu'ils mettent en leurs
forces, ne leur permet pas de fentir le befoin des loix ; & que les flatteurs qui les en-

rourent, leur permettent encore moins de
fentir le befoin d'acquérir des lumieres.

Cependant le commerce enrichit quelques villes d'Italie: un nouveau luxe fe répand. Les papes l'apportent en France. Leurs
légats le laiffent dans toutes les cours; & les
peuples deviennent plus polis, fans fe civilifer davantage & fans fe policer. Tâchons
de nous faire des idées exactes.

Un peuple fe civilife à mefure qu'il quit-
te les mœurs qu'il avoit, quand il étoit barbare. Il fe police, lorfqu'obéiffant à des
loix qui préviennent les défordres, il fe fait
une habitude des vertus fociales. Enfin il fe
polit, lorfqu'il fe pique d'une certaine élégance dans tout ce qu'il fait. Les Grecs commencerent à fe civilifer avant Lycurgue & Solon, ils fe policerent dans les fiecles de ces
deux légiflateurs, & ils fe polirent dans celui
de Périclès.

Les fiecles de l'atticifme, de l'urbanité, de
l'élegance, les fiecles polis, qu'on regarde
comme les plus floriffants, font donc l'époque de la décadence des mœurs & des états.
Alors en effet, le luxe regne: la confidération ne s'accorde qu'aux richeffes: en conféquence, chacun veut fe diftinguer par la ma-
gnificence des habits, des équipages, &c. Parce que les arts & les lettres fleuriffent, on a

Y 3

Le luxe les polit fans les civilifer, & fans les poli-cer.

En quoi diffé-rent ces trois expreffions.

Vices des fie-cles polis.

des collections de tableaux, dont on ne connoît pas le prix, & des bibliotheques qu'on ne lit pas: parce qu'il eſt du bel air de ſe montrer par-tout, on promene ſon ennui de maiſon en maiſon, pour l'échanger contre celui des autres. La journée ſe termine par un ſouper, où les mets ſont des poiſons apprêtés avec délicateſſe; & on baille parce qu'on ne ſait que dire, & qu'on eſt ennuyé d'entendre. *Hélas! les indigeſtions ſont pour la bonne compagnie*, a dit un grand poëte. Ne préſumez vous pas de-là, que la bonne compagnie fait triſtement bonne chere, & que l'ennui contribue beaucoup aux indigeſtions? Voilà cependant les hommes des ſiecles polis: plus ils s'amolliſſent & ſe corrompent, plus ils applaudiſſent à leurs vices. Il n'y a plus de bien public, plus de patrie; mais ſeulement des abus qu'on fronde & qu'on défend. La frivolité qui donne le ton à tous, ne permet pas de s'occuper de choſes ſérieuſes. On en parle tout au plus dans la nouveauté; on s'en ennuie preſque auſſitôt; & on paſſe à des riens, pour ſe procurer des amuſements qu'on cherche toujours & qu'on trouve rarement.

Lorſque ces temps de corruption ſont arrivés, il faut ſe tenir à l'é-

Quand on ne connoît pas le monde, on l'imagine tout autrement; & on juge, par exemple, que Paris eſt la ville des plaiſirs: mais puiſque vous n'êtes pas fait pour y vi-

vre, il faut vous apprendre que vous n'avez
rien à regretter.

A Paris, les hommes les plus heureux ne
font pas enveloppés dans le tourbillon du
monde : ils fe tiennent à l'écart. Occupés
par état ou par goût, ils ne cherchent de dé-
laffement, que dans une compagnie d'amis
choifis, occupés comme eux. Ils ne s'ennuient jamais, quand ils font enfemble ; parce que leur converfation a toujours un objet.
S'ils fe taifent, ils ne s'ennuient pas encore ;
parce qu'ils ne fe font pas impofé la loi de
parler, comme font ceux qui n'ont rien à
dire. Chacun penfe alors à quelque chofe,
ou à rien s'il veut : mais il eft à fon aife ; &
il a le plaifir de fentir que s'il rompt le filence, il fait à qui parler. Un homme dé-
fœuvré feroit le fléau d'une pareille fociété.

Or, vous pouvez trouver ce bonheur à
Parme. Faites un choix d'amis véritablement
aimables : mais j'ai peur que vous ne faifif-
fiez mal ma penfée. Je n'appelle pas aimable, un homme qui vous plaira par fes flat-
teries ; qui ne vous amufera que par des con-
tes frivoles ; qui vous fera rire de quelque
courtifan, auquel il donnera des ridicules ;
qui vous arrachera à vos devoirs pour vous
livrer à vos paffions ; un mauvais plaifant,
un bouffon, &c. J'appelle donc véritablemené

aimable, un homme vrai, sincere, discret, éclairé, vertueux, en un mot. Il aimera votre gloire : en se rendant digne de votre amitié, il vous rendra digne de la sienne. Vos devoirs lui seront chers, il vous aidera à les remplir. Si vous avez de pareils amis, vous trouverez le plaisir & dans vos occupations, & dans vos délassements: si vous en aviez d'autres, vous vous ennuieriez à Paris comme à Parme. Après cet écart qui a soustrait à vos yeux, pendant un moment, les peintures hideuses de tant de siecles, je reviens à nos malheureux ancêtres.

Les peuples de l'Europe font polis, avant d'avoir été civilisés & policés. Ils n'étoient pas civilisés, puisqu'ils avoient conservé la barbarie de leurs premieres mœurs. Ils n'étoient pas policés, puisqu'ils n'avoient pas contracté l'habitude des vertus sociales. Or, si l'atticisme & l'urbanité ont été l'époque de la décadence des Grecs & des Romains, que sera en Europe l'élégance qui se répand parmi des Barbares?

La mollesse prépare des révolutions dans le gouvernement. Vous ne vous y attendez pas : elle sera le salut des Européens. Ces ames féroces, qui ne pouvoient plier sous le joug des loix, plieront enfin sous les vices du luxe : à mesure qu'elles s'amolliront, l'anarchie cessera : des temps plus heureux commenceront ; & il se formera de plus sages gouvernements. C'est ainsi que l'ordre doit renaître. Vous

prévoyez qu'ayant un principe vicieux, il
sera toujours vicieux lui-même.

Au reste cette politesse, à laquelle je donne le nom d'élégance, étoit encore bien grossiere. Car la chevalerie en étoit l'école ; & les hommes les plus polis, des douzieme, treizieme & quatorzieme siecles, étoient ces chevaliers qui, enfermés dans des armures de fer, couroient le monde sous prétexte de redresser les torts. Cette politesse, qui amenoit insensiblement la mollesse des mœurs, étoit de l'élégance pour eux. Aussi vit-on qu'ils commençoient à s'armer par ostentation, & qu'ils ne cherchoient plus les dangers avec le même fanatisme. On voit encore qu'ils se multiplioient, à mesure qu'il étoit moins honteux de fuir le péril ; & c'est une nouvelle cause qui préparoit la ruine de la chevalerie. La décadence en est déja sensible dès la fin du quatorzieme siecle.

La politesse des 12, 13 & 14e. siecles étoit encore bien grossiere.

Lorsque les Romains & les Grecs se formoient à cette élégance, qui accompagne le luxe, il restoit encore des vestiges des anciennes mœurs : on se plaignoit des progrès de la corruption : on gémissoit sur les désordres auxquels on n'avoit pas la force de remédier. On réclamoit, quoiqu'inutilement les loix : on parloit de justice, on en conservoit au moins encore quelque idée. Voilà pourquoi,

Lorsque les Grecs & les Romains s'amollissoient, on pouvoit au moins réclamer les anciennes mœurs.

lorfque la Grece panche vers fa ruine, il s'y forme encore une république, qui intéreſſe par ſes vertus ; & voilà pourquoi les Romains ſont encore capables d'être heureux ſous des empereurs, tels que les Titus, les Trajans, & les Antonins.

Mais les Européens qui ſe ſont polis, ſans avoir été civiliſés. Quelles mœurs pouvoient - ils regretter ? Quelles loix auroient - ils réclamées ? Avoient - ils jamais eu quelque idée de juſtice ? Il faut donc qu'ils s'abandonnent brutalement à de nouveaux vices ſans rien prévoir, ſans s'appercevoir même qu'ils deviennent pires. Comment des Philippe Auguſte, des S. Louis & des Charles V feroient-ils le bonheur de ces peuples abrutis ? Ils peuvent, tout au plus, diminuer les déſordres & produire un bien paſſager.

Mais les Européens qui n'ont jamais été vertueux, s'abandonnent brutalement à la molleſſe, ſans pouvoir regretter le paſſé.

Rien n'eſt plus étrange que la confuſion où nous avons vu l'Europe. Quelquefois on ne ſait pas ce qui donne des droits au trône. Les prérogatives royales n'ont rien de fixe. Souvent on ne peut dire, ſi la nation qui parle de privileges eſt rebelle ou ne l'eſt pas. Le peuple, la nobleſſe, le clergé, le ſouverain pontife n'ont pour droits que des prétentions conteſtées. Les deux puiſſances ont-elles des limites ? ſont-ce les papes ou

Confuſion où ſe trouvoit l'Europe.

les rois qui doivent gouverner l'Europe ? A qui appartiennent les biens temporels des églises ? eft-ce aux eccléfiaftiques? eft-ce à la cour de Rome? eft-ce aux princes? Qui doit nommer aux bénéfices vacants ? quelles conditions rendront canonique l'élection du fuccesseur de S. Pierre? Vous le voyez; telle étoit la confufion, que fouvent toutes ces queftions n'étoient, ou même ne pouvoient être réfolues que par la force; & on ne voyoit que des fujets de guerre, entre l'état & l'églife, la nation & le fouverain, le clergé, la nobleffe & le peuple.

Dans . ce défordre, les peuples font les victimes des querelles des princes. Ce font autant de proies, qu'ils s'arrachent : ils en difpofent comme de leurs bêtes; ils acquierent des droits fur eux par des mariages : ces droits prefque toujours équivoques multiplient les concurrents; & pour mettre le comble à cet abus, Jeanne II adopte deux princes, & tous deux croient en vertu de cette adoption que le royaume de Naples leur appartient.

Les peup'es deviennent la proie des fouverains.

Quelle que foit la barbarie de ces fiecles, vous y trouverez, Monfeigneur, de grandes leçons, fi vous favez les étudier. Vous verrez que les hommes ne font heureux, qu'autant qu'ils font juftes ; que la juftice eft l'effet de la tempérance & du travail; qu'elle ne fauroit

Ces fiecles corrompus offrent de grandes leçons aux princes.

se trouver où ces vertus premieres ne sont pas ; & que les richesses, bien loin d'être un signe de la prospérité des états, sont l'augure d'une décadence prochaine. En effet, l'inégalité odieuse qu'elles amenent, divise nécessairement tous les ordres ; elle les affoiblit par conséquent, & elle tend même à les ruiner les uns par les autres, si la nation conserve quelque reste de courage. C'est alors le siecle des attentats. On commet hardiment les plus grands crimes, & les succès paroissent justifier les forfaits. Cependant la mollesse, l'oisiveté & les autres vices du luxe énervent insensiblement ces ames féroces. On commence à se piquer de politesse & d'élégance ; on raffine sur les choses frivoles ; & les mœurs, plus corrompues, paroissent adoucies ; parce que les vices, qui regnent, sont ceux des ames lâches. Si les Romains & les Grecs n'ont plus eu de patrie, lorsqu'ils ont accordé toute la considération aux richesses, que pouvoient devenir des peuples tout-à-la-fois barbares & riches ? Aussi pouvez-vous remarquer que jusqu'au quinzieme siecle, les Européens n'ont point connu la liberté, & qu'ils n'ont combattu que pour la licence. Les républiques même, qui se sont formées, en sont une preuve ; & si la Suisse mérite d'être exceptée, c'est que les Suisses étoient pauvres.

Plus vous réfléchirez fur les mœurs de
toute l'Europe, plus vous fentirez combien
il étoit difficile d'en gouverner les peuples
avec gloire. Vous avez cependant vu de
grands princes en Allemagne, en France &
en Angleterre. Dans les temps les plus difficiles, un fouverain peut donc être grand;
il peut donc l'être dans tous les temps. C'eft
donc bien à tort, qu'il rejeteroit fur la fortune, les revers qui traînent après eux les malheurs de l'état. Le bonheur & la mifere des
peuples font entre fes mains. La profpérité
ou l'humiliation du royaume eft fon ouvrage,
& la fortune contraire n'eft jamais que l'in-
capacité d'un fouverain fans talents & fans
vertus.

Les grands hommes qu'ils ont pro-duits, prou-vent qu'un prince peut être grand dans les temps les plus diffi-ciles.

L'Allemagne & l'Angleterre vous apprendront, qu'en formant des entreprifes au dehors, on ruine fes provinces, fans en acquérir de nouvelles, ou que fi on en acquiert,
on fe ruine encore davantage. Car les conquêtes, qu'on a faites, font toujours à faire,
& on a d'autant plus de peine à les conferver, qu'on eft foible à proportion qu'on
occupe plus d'efpace. Il n'y aura donc de
gloire pour vous, qu'à gouverner le peuple
dont vous aurez l'honneur d'être le chef; l'honneur, dis-je, en fuppofant que vous le gou-
vernerez avec juftice, avec humanité & avec
les lumieres néceffaires.

L'Allemagne & l'Angleter-re nous prou-vent le danger des entrepri-fes au loin.

Toute l'histoire nous apprend qu'on est foible au dehors lorsqu'on divise pour être puissant au dedans.

Si vous demandez comment les rois sont affermis au dedans & puissants au dehors, l'histoire d'Angleterre évoque, pour vous répondre, les manes de ces princes qui ont été obéis, parce qu'ils ont respecté les privileges de la nation, & de ces princes qui ont été précipités du trône, parce qu'ils ont ambitionné d'être absolus. Philippe le Bel & ses successeurs vous crient: Gardez vous bien de nous imiter, en divisant les ordres de l'état pour dominer sur tous; & ne regardez pas comme un moyen de vous enrichir, ces ressources passageres qui ruinent le souverain après avoir ruiné les peuples. Charles V, qui avoit entendu ces cris, sut regner avec gloire dans les temps les plus difficiles: mais le feu des divisions, qui n'étoit qu'amorti, se ralluma sous Charles VI; & si Charles VII fut heureux, c'est que l'Angleterre fut alors plus divisée que la France. Cependant le royaume se trouva dans un état misérable: épuisé par les guerres, il l'étoit encore par les changements continuels, que Charles VI & Charles VII avoient faits dans les monnoies.

Elle nous fait voir les calamités que produit une ambition sans re-

Toutes les cours vous apprendront, où conduit une ambition sans regle, lorsque le prince se croit autorisé à tout sur la parole de ses flatteurs. La cour de Rome, sur-tout,

vous donnera de grandes leçons à cet égard.
Apprenez ce que vous devez à l'état, à la
religion, aux ecclésiastiques, à chaque citoyen, à vous même ; mettez chacun à sa
place & tenez vous à la vôtre. Mais quelle
est ma place demanderez vous ? vous la
trouverez facilement, si vous êtes le pere
de votre peuple.

En considérant les dissentions du facer- *Les querelles*
doce & de l'empire, vous reconnoîtrez les *du sacerdoce*
limites des deux puissances. Si vous êtes *& de l'empire*
attentif à ne pas franchir les bornes qui vous *trent les limi-*
font prescrites, vous en rendrez vos droits *puissances.*
plus respectables ; votre fermeté, justifiée
par la justice, les défendra avec plus de succès, & les ministres de l'église, contenus
dans leur devoir, feront forcés à rendre à
César ce qui appartient à César, lorsque
César rendra lui-même à Dieu ce qui appartient à Dieu.

En un mot, étudiez les désordres qui ont *En considé-*
troublé l'Europe. Démêlez-en les causes ; *rant les abus*
prévenez les abus qui peuvent renaître : dé- *qui ne sont*
truisez ceux qui restent dans vos états. Mais *prend à remé-*
usez toujours des ménagements, que deman- *qui restent.*
dent les circonstances ; & songez qu'il faut
souvent prendre des précautions, pour s'assu-

rer de faire le bien. C'eſt ainſi qu'apprenant
à regner par les fautes des princes, vous
vous rendrez capable d'imiter Charles V &
S. Louis, Philippe Auguſte & Charlemagne.
Que cependant leurs fautes vous inſtruiſent
encore!

LIVRE

LIVRE HUITIEME.

Des Lettres dans le moyen âge.

LA prise de Constantinople par les Turcs fit en Europe une révolution dans les esprits : mais pour en juger il faut se faire une idée des études, auxquelles on s'appliquoit depuis le sixieme siecle. Nous jeterons d'abord un coup d'œil sur les Arabes, qui ont été nos maîtres.

CHAPITRE I.

Comment les Arabes ont cultivé les sciences.

QUOIQUE les Arabes ou Sarrazins fussent pour la plupart Nomades ou Scenites, comme on les nommoit encore, parce qu'ils cam-

Ignorance des Arabes

poient sous des tentes ; l'Arabie a eu de bonne heure des villes où les habitants s'adonnoient particulierement au commerce, sans renoncer néanmoins tout-à-fait au brigandage. Ces peuples étoient encore barbares, vers les temps que Mahomet parut. Ils se piquoient d'une éloquence qui devoit être bien grossiere ; & ils avoient des poëtes pour conserver le souvenir des événements & pour célébrer les hommes qui méritoient leur estime : mais à peine commençoient-ils à connoître l'écriture. On ne savoit pas lire à la Mecque, patrie de Mahomet ; & ce faux prophête, aussi ignorant que ses concitoyens, ne puisa une partie de sa doctrine, dans l'ancien & le nouveau testament, qu'avec les secours des Juifs & des Chrétiens réfugiés en Arabie. Il y en avoit, sur-tout, beaucoup à Médine.

La religion des Arabes étoit l'idolâtrie : bien peu avoient embrassé le Judaïsme ou le Christianisme. Ils croyoient à l'astrologie judiciaire, parce qu'ils n'avoient qu'une connoissance superficielle du ciel, & qu'ils rendoient un culte aux astres. Sans lumieres par eux-mêmes, ils en tiroient peu des chrétiens qui vivoient parmi eux ; parce que c'étoient des hérétiques, qui n'avoient plus de commerce avec les Grecs, alors le seul

peuple inftruit. En un mot, ils étoient dans
une ignorance tout-à-fait favorable aux vues
de Mahomet, & il ne tint pas à cet impof-
teur de les y laiffer croupir. Il profcrivit
les fciences, fuppofant qu'il avoit mis dans
l'alcoran tout ce qu'il eft utile de favoir, &
que ce qu'il n'y avoit pas mis eft inutile ou
condamnable.

C'eft vers la fin du huitieme fiecle que
les Arabes commencerent à fortir de la barbarie ; lorfque les Abbaffides, qui fuccéderent
aux Ommiades, encouragerent les arts &
les fciences. Soit par goût, foit par politique, ces khalifes s'écarterent en cela de l'efprit de Mahomet. Des medecins chrétiens,
qu'ils appellerent, & qui eurent des fuccès,
purent contribuer à leur infpirer le defir de
s'inftruire ; & il fe peut encore que les Abbaffides aient cru devoir adoucir les mœurs féroces des Arabes.

Ils cherchent à s'inftruire fous les Abbaffides.

Il s'agiffoit de ramener les lettres, que
les khalifes avoient bannies de leurs états,
& qui tomboient en décadence à Conftantinople même, depuis long-temps leur unique afyle. Dans cette vue les Abbaffides
firent faire une recherche des livres écrits
dans les langues favantes ; ils attirerent des
hommes inftruits dans tous les genres, & ils
firent traduire en Arabe les écrivains dont on
leur loua les ouvrages. Des Chrétiens qui

Le khalif Mamoun attire les favants, fait des collections de livres & fait traduire les plus eftimés.

Z 2

avoient été chargés de la traduction des auteurs Grecs, commencerent entre autres par
des écrits d'Aristote & de Gallien. C'est
pourquoi les Arabes adopterent le péripatétisme, & cultiverent la médécine, l'unique
science jusqu'alors prisée parmi-eux. Le kha-
life Mamoun, qui regnoit au commencement
du neuvieme siecle, leur inspira du goût
pour les mathématiques, auxquelles il s'appliqua lui-même avec passion & avec succès.
Il ne négligea rien, pour attirer à sa cour
Léon, le plus grand mathématicien qu'il y eût
à Constantinople. Il envoya des ambassadeurs avec des présents à l'empereur Théophile, avec qui il étoit en guerre : il lui
offrit des sommes considérables, & une paix
perpétuelle, s'il vouloit permettre à Léon de
venir à Bagdad : enfin il s'excusa de n'aller
pas lui-même lui demander ce philosophe.
Toutes ces démarches furent inutiles : plus
heureux dans la suite, il obtint des successeurs de Théophile les livres philosophiques,
que les Grecs avoient conservés, & il les fit
traduire.

Les Arabes
ont des éco-
les.

A l'exemple de Mamoun, plusieurs autres khalifs entretinrent par leur protection,
& augmenterent même l'amour des sciences.
Elles se répandirent dans tout l'état Musul-
man. Il y eut en Asie, en Afrique & en
Espagne des écoles, où l'on enseignoit la mé-

decine, l'aſtronomie, les mathématiques, &
ce qu'on nommoit alors philoſophie : l'amour
de l'étude ſe conſerva même en orient juſqu'au quatorzieme ſiecle, que Tamerlan, le
fleau des arts, dévaſta l'Aſie.

Cependant les connoiſſances des Arabes
ne pouvoient être que bien imparfaites : pluſieurs raiſons le prouvent.

Ils commencerent malheureuſement dans
des temps, qui n'étoient pas favorables aux
lettres ; car pour ſortir de la barbarie, ils
furent obligés d'aller chercher les ſciences
chez les Grecs, qui étoient eux-mêmes devenus barbares. On traduiſoit, à la verité, les
anciens écrivains : mais dans l'ignorance où
l'on étoit des matieres qu'ils avoient traitées, il n'étoit pas poſſible de trouver des
traducteurs intelligents ; & les fautes ſe multiplioient d'autant plus, qu'au lieu de les traduire d'après le texte original, on les traduiſoit ſouvent d'après des verſions ſyriaques
ou hébraïques. Il falloit que les traductions
des Arabes fuſſent bien imparfaites, puiſqu'on
a de la peine à reconnoître Euclide dans celles qu'ils ont données des éléments de ce
géometre ; cet écrivain cependant étoit un
des plus faciles à traduire.

Ils liſent les anciens dans de mauvaiſes traductions.

Ariſtote eſt le ſeul philoſophe dont les
Arabes crurent adopter les opinions. Ils ne
l'entendirent pas. Comment, tout-à-fait neufs

Ils adoptent Ariſtote ſans pouvoir l'entendre.

dans la philosophie, auroient-ils pu comprendre la métaphysique & la physique d'un esprit subtil, qui ne cherche souvent qu'à s'envelopper? Ils sentirent donc qu'ils avoient besoin d'être guidés; & ils consulterent les commentaires que les philosophes d'Alexandrie avoient donnés sur les ouvrages d'Aristote.

Ils croient l'entendre & ils forment soixante-dix sectes différentes.

Aristote n'étoit plus reconnoissable dans ces commentaires: car les subtilités du sincrétisme, ou de l'éclectisme, l'avoient tout-à-fait défiguré: mais ces subtilités mêmes étoient analogues à l'esprit des Arabes; à qui les allégories ne pouvoient manquer de plaire, puisqu'ils vivoient dans des climats chauds, & qu'ils avoient toujours cultivé la poësie. Ils subtiliserent donc, ils disputerent, & ils formerent jusqu'à soixante-dix sectes, qui se flattoient chacune d'avoir saisi la pensée d'Aristote.

A force de subtilités, ils concilient leur péripatétisme avec l'alcoran.

Tant d'opinions différentes ne pouvoient pas s'accorder avec l'alcoran: cependant il étoit sévérement défendu de s'écarter en rien de la doctrine enseignée dans ce livre. Ici, les subtilités servirent merveilleusement les Arabes. Il leur fut aussi facile de prouver qu'ils ne s'écartoient pas de Mahomet, qu'il leur étoit facile de prouver qu'ils suivoient Aristote. Le caractère de leur esprit, leur religion & les sources où ils avoient puisé, tout concouroit à les rendre subtils, &, par conséquent, mauvais philosophes.

La dialectique des péripatéticiens est tout-à-la fois la méthode le plus ingénieuse, la plus inutile & la plus vicieuse : car au lieu de porter sur les idées, elle s'arrête au méchanisme des propositions, & elle paroît montrer l'art de raisonner, lorsqu'elle n'apprend que l'art d'abuser du raisonnement. Les Arabes, à qui elle étoit tous les jours plus nécessaire, en firent le principal objet de leur étude. Alors elle fut hérissée de nouvelles subtilités. Elle prit un langage tout extraordinaire, & elle devint tout-à-fait barbare. *Ils s'appliquent à la dialectique,*

Les Arabes réussirent mieux dans la médecine, dans la géométrie & dans l'astronomie. Cependant ils n'ont fait faire aucun progrès à ces sciences; parce qu'au lieu de chercher la vérité dans l'étude de la nature, ils la demandoient aux Grecs, dont ils n'entendoient pas toujours les réponses. Il paroissoient supposer que les Grecs avoient tout connu, comme les Grecs avoient autrefois supposé que les Egyptiens savoient tout. Ils ne s'appliquoient donc qu'à saisir la pensée des maîtres qu'ils avoient choisis; & s'ils les suivoient avec confiance, ils ne les atteignoient pas toujours. *à la médecine, à la géométrie & à l'astronomie.*

Je ne sais si nous avons beaucoup d'obligation aux Arabes. Il est vrai qu'ils ont *Ils ont nui aux progrès*

confervé une lueur de connoiffances dans des
fiecles où d'épaiffes ténébres fe répandoient
par-tout. Leurs ouvrages nous ont donc été
utiles à quelques égards: mais leur méthode
& leurs opinions ont mis des entraves à l'efprit humain ; & j'ai bien peur qu'aujourd'hui
les maîtres qui enfeignent dans nos écoles,
ne foient Arabes encore par quelques endroits.
Que nous refte-t-il en effet , lorfque nous
finiffons nous études ? Des futilités qu'on
nous à données pour des connoiffances ; une
ignorance profonde des moyens de s'inftruire,
& du dégoût pour tout ce qui demande de
l'application.

CHAPITRE II.

De l'état des Lettres chez les Grecs depuis le sixieme siecle jusqu'au quinzieme.

L'IGNORANCE faisoit des progrès d'une génération à l'autre, lorsqu'au sixieme siecle, elle couvrit tout-à-coup les ruines de l'empire d'occident, & menaça celui d'orient de toutes parts. Quelles barrieres lui pouvoient opposer les Grecs, entourés de Barbares, mêlés même avec eux, gouvernés par des princes ignorants, & toujours déchirés par des guerres étrangeres ou civiles? Aussi, bientôt les Arabes ouvrent de nouvelles provinces à l'ignorance : elle se répand de plus en plus ; & les lettres fuient à Constantinople, où elles ne trouvent qu'un asyle peu sûr.

Vers ce temps la ruine entiere de l'idolâtrie entraîna la ruine des différentes sectes des philosophes payens. Le platonisme d'Alexandrie, d'où elles tiroient leur origine, tomba avec elles, & ne put plus se re-

Progrès de l'ignorance dans les sixieme & septieme siecles.

De toutes les sectes d'Alexandrie, le platonisme conserve seul quelques sectateurs.

lever; parce qu'il étoit devenu odieux aux
Chrétiens, qui le regardòient avec raison
comme la source de bien des héréfies. Il
n'en reſtoit des traces que dans quelques peres de l'églife qu'on lifoit peu. Origene
feulement confervoit encore des fectateurs au
platonifme, qui l'avoit jeté lui-même dans
plufieurs erreurs. Les moines s'attacherent
fur-tout à fa doctrine, parce qu'elle étoit plus
conforme à l'auftérité qu'ils avoient embraf-
fée, & qu'elle paroiffoit les mettre dans le
chemin de la vifion intuitive. Leur fimplicité fut encore trompée par un ouvrage platonicien, qu'on attribuoit fauffement à Denis
l'Aréopagite: de forte que tout concourant à
les égarer, ils imaginerent une théologie myftique, qui apprenoit à s'élever jufqu'à Dieu
par des extafes. Vous voyez que c'étoit là
une bien vieille folie; elle durera néanmoins
encore; elle reparoîtra même dans notre fiecle.
Nous avons bien de la peine à quitter nos
erreurs.

La dialecti-
que d'Ariftote
eſt adoptée
par les catho-
liques.

A mefure qu'on fe dégoûtoit de Platon,
on devenoit partifan d'Ariftote: car il femble
que les hommes veuillent s'obftiner à voir
par les yeux des autres. Les hérétiques s'é-
toient les premiers fervis de la dialectique contre les orthodoxes: ceux-ci crurent donc rendre un grand fervice à la vérité, s'ils faifoient ufage des mêmes armes. Ils étudie-

rent en conséquence la dialectique : ils la regarderent bientôt comme le rempart de la
religion ; & ils firent prendre insensiblement
à la théologie une forme toute nouvelle. Cette
méthode avoit déja été employée dans plusieurs questions séparément, lorsque S. Jean
Damascene, qui a vécu jusqu'au milieu du
huitieme siecle, fit un traité complet de théologie péripatéticienne.

Il n'est pas douteux qu'on ne doive employer l'art de raisonner, pour établir la vérité de la révélation, & pour dissiper les so-
phismes des hérétiques. Mais il ne falloit
pas chercher cet art dans une dialectique subtile, qui multiplie les questions sans en résoudre aucune; & c'est cependant là que les
Grecs devoient naturellement le chercher.
De tout temps faits pour disputer sur les
mots, ils ne pouvoient manquer de goûter
de plus en plus une méthode, qui ouvroit
une libre carriere aux disputes. Ce fut la
ruine des lettres: car à mesure que l'art de
raisonner sur les mots devint plus à la mode,
on négligea aussi davantage l'étude des choses. Rien ne fut approfondi : on ne parut
continuer de s'appliquer aux sciences, que
pour parler de tout sans rien savoir. Les
esprits, tous les jours plus subtils, &, par
conséquent, tous les jours moins justes, ne se

Abus de cet-
te méthode.

firent plus que des idées confuses, & ne s'occuperent que de questions frivoles.

Ruine des let-
tres chez les
Grecs dans le
huitieme sie-
cle.
Cependant la barbarie dissipa jusqu'aux
lueurs, que la dialectique avoit paru conserver; & les Grecs furent tout-à-fait enveloppés de ténebres: c'est ce qu'on apperçoit
dès le commencement du huitieme siecle. Il
est vrai que S. Jean Damascene avoit pour
son temps des connoissances assez étendues
& dans bien des genres: mais il est le seul
& le dernier. D'ailleurs cet exemple ne
prouve pas qu'il y eût encore des lumieres
dans l'empire grec: car S. Jean s'étoit formé
parmi les Sarrazins, qui cultivoient alors les
sciences. Il étoit né à Damas d'un pere qui
étoit conseiller d'état du khalif. Il lui suc-
céda même dans cette charge; & après avoir
joui d'une grande considération dans cette
cour, il obtint la permission de se retirer,
pour ne vaquer plus qu'à l'étude & à la
piété.

Léon l'Isau-
rien y contri-
bue.
C'est Léon l'Isaurien, qui acheva la ruine des lettres, déja bien avancée par les troubles domestiques qu'il accrut, & par les
guerres continuelles des Sarrazins. Cet empereur ennemi des sciences, comme des images, ne cessa de persécuter les Chrétiens,
les savants, ou ceux qui paroissoient l'être.

Dans le
neuvieme
La barbarie subsista jusques vers le milieu
& du neuvieme siecle, que Bardas, associé de

Michel à l'empire, tenta de rétablir les lettres. Photius est une preuve que Constantinople avoit alors des hommes instruits : mais c'est, sur-tout, dans le dixieme siecle, que les sciences firent le plus de progrès ; elles durent leurs succès à Constantin Porphyrogenete, & depuis elles se maintinrent avec plus ou moins d'éclat jusqu'à la prise de Constantinople. Cependant elles se ressentirent toujours des plaies que la barbarie leur avoit faites.

dans le dixieme siecle les sciences font quelques progrès parmi les Grecs.

CHAPITRE III.

De l'état des Lettres en occident de-
puis le sixieme siecle jusqu'à Char-
lemagne

DANS les sixieme & septieme siecles, tout
concourut à répandre les ténebres en occident.
Athènes, où les lettres avoient continué de
fleurir, & où les Latins, à l'exemple des Romains, alloient faire leurs études, devint
elle-même barbare ; parce que Justinien, voulant porter les derniers coups à l'idolâtrie,
acheva de ruiner les écoles, où les sciences
étoient enseignées par des professeurs payens.
Il est vrai que l'école d'Alexandrie subsistoit,
& que des Chrétiens en occupoient même les
chaires : mais les Latins étoient peu dans l'u-
sage d'y aller, & d'ailleurs elle fut détruite
dans le septieme siecle.

Ruines des écoles en oc- cident.

　　Alors il n'y eut plus d'écoles célebres, &
quand il y en auroit eu, elles auroient au
moins été inutiles à ceux qui s'en trouvoient

Impuissance où étoient les peuples de

éloignés : car les brigands, qui infestoient cultiver les
tous les chemins, ne permettoient pas d'entre- lettres.
prendre de longs voyages. L'impuissance
d'aller chercher des connoissances hors de
chez soi, éteignit donc insensiblement jusqu'au desir d'en acquérir ; on n'eut plus de
commerce avec les Grecs ; on oublia leur
langue ; le Latin qui s'altéroit continuellement, devint même d'un foible secours pour
entendre les écrivains anciens ; & la lecture
ne put pas suppléer au défaut des écoles.
Comment franchir tant de barrieres, que la
barbarie avoit élevées entre elle & les lettres?
Sous des maîtres, qui méprisoient toutes les
sciences, les peuples pouvoient-ils former
le projet de les cultiver ? Ils avoient des
besoins plus pressants.

Non-seulement le goût des lettres fut
éteint ; ils s'établit encore un préjugé qui
les rendoit odieuses, & qui paroissoit les
proscrire à jamais.

Depuis long-temps les astrologues se di- On croyoit à
soient philosophes, & on les regardoit com- l'astrologie
me tels ; ils prenoient & on leur donnoit le judiciaire.
nom de mathématiciens ; parce qu'on cro-
yoit mathématiciens tous ceux qui paroissoient
observer le ciel, & qui traçoient mystérieu-
sement des cercles, des triangles ou d'autres
figures. Le peuple & les grands consultoient

ces imposteurs par crainte ou par espérance : car en général on n'avoit point de doute sur la certitude de leur art : la confiance étoit même si grande, que quelquefois on ne balançoit pas à prendre les armes, lorsqu'ils avoient prédit la mort de l'empereur, & promis l'empire à quelqu'ambitieux.

Les troubles, qu'ils étoient capables d'occasionner, les ont souvent fait chasser de Rome; mais parce qu'ils pouvoient continuer de faire encore des prédictions, la flatterie voulut enfin leur contester au moins le pouvoir de connoître le destin des empereurs. On leur accorda donc que tous les particuliers sont soumis à l'influence des astres; & on soutint qu'il n'en est pas de même de l'empereur. La raison en est singuliere: c'est, disoit-on, que puisqu'il est le maître du monde, Dieu seul doit régler son destin. Cependant cette opinion, qui tâchoit de s'établir vers le quatrieme siecle, n'ôtoit pas toute inquiétude; car on étoit naturellement porté à croire, que les phénomenes remarquables dans les regions célestes, menacent toujours la tête de quelque grand de la terre. Les astrologues continuerent donc à passer pour des hommes aussi dangereux qu'habiles.

Ils étoient encore plus odieux aux Chrétiens, qui croyant à l'astrologie comme les autres,

Mais parce que les Chré-

autres, la condamnoient avec encore plus de fondement ; puisque cette superstition entretient une curiosité contraire à l'esprit du Christianisme, qu'elle tend à des cérémonies payennes & qu'elle fait souvent usage de moyens criminels. Mais parce que les astrologues se nommioient philosophes & mathématiciens, on eut en horreur tous les philosophes dans le sixieme & dans le septieme siecles, où l'on ne jugeoit des choses que par les noms ; & le zele se porta jusqu'à proscrire toutes les études profanes.

riens avoient les astrologues en horreur, ils proscrivirent toutes les sciences.

On en voit la preuve dans S. Grégoire, grand pontife d'ailleurs, & qui dans ces temps de ténebres a gouverné l'église par ses vertus & l'a éclairée par ses ouvrages. Il croyoit les études profanes si contraires à la religion, que, selon lui, il ne convenoit pas à un laïque pieux d'enseigner les humanités. Il blâme vivement, dans une lettre, un évêque d'avoir enseigné la grammaire à quelques jeunes gens ; parce que c'est louer Jupiter avec la même bouche, qui chante les louanges de Jésus-Christ ; parce que c'est prononcer des blasphêmes. Conformément à cette façon de penser, il met peu d'ordre lui-même dans les matieres qu'il traite, quoiqu'il y répande d'excellentes choses ; il se fait des idées vagues : il ne sait pas se faire des principes & s'y tenir : il tombe dans des con-

Le pape S. Grégoire croyoit les études profanes contraires à la religion.

tradictions ; & il néglige fon ftyle au point qu'il dédaigne de corriger les fautes qui lui échappent. Bien loin de vouloir donner plus de foin à fes ouvrages, il évitoit, au contraire, à deffein tout ce qui fent l'art, jufques-là qu'il fe permettoit des folécifmes. Dans une lettre qui fert de préface à fes *morales*, il déclare, que fe bornant à dire des chofes utiles, il néglige l'ordre & le ftyle ; qu'il fe met peu en peine du régime des prépofitions, des cas des noms ; & qu'il croit tout-à-fait indigne d'un Chrétien, d'affujettir les paroles de l'écriture aux regles de la grammaire. En fuivant littéralement de pareils principes, un Chrétien écriroit pour n'être pas entendu.

On dit que pour forcer les Chrétiens à n'étudier que les chofes de la religion, S. Grégoire avoit brûlé les reftes de la bibliothéque, que les empereurs avoient faite dans le temple d'Apollon Palatin. Ce fait révoqué en doute parce qu'il paroît n'avoir été rapporté que fur une tradition incertaine, eft cependant affez conforme à ce que je viens de remarquer fur ce pontife. C'eft au moins une preuve que vers le temps de fon pontificat, cette bibliothéque a été entiérement ruinée ; ce qui n'a pu fe faire fans porter un nouveau dommage aux lettres.

Il falloit que le préjugé contre les fciences eût prodigieufement prévalu, pour entraîner un efprit tel que Grégoire. Cependant il devoit s'accroître encore par l'autorité d'un pontife auffi faint, & dont les ouvrages étoient reçus avec applaudiffement dans toute la chrétienté. Il n'étoit donc pas naturel qu'on tentât de fortir d'une ignorance, à laquelle on étoit accoutumé, qui étoit fi grande qu'on s'y trouvoit à fon aife; & que les hommes les plus faints croyoient devoir entretenir pour conferver la piété.

S'il y avoit encore des hommes, qui confervaffent quelques reftes de curiofité; de quels fecours pouvoient-ils s'aider dans ces temps, où il n'y avoit ni bibliothéque ni école, & où l'on méprifoit toutes les fciences, depuis la grammaire jufqu'à la philofophie? Ils ne pouvoient qu'aller à tâtons dans les ténébres; lire fans choix ce que le hafard leur offroit; prendre çà & là des idées imparfaites, vagues, confufes, fauffes, & accumuler un tas de connoiffances pires que l'ignorance, d'où ils croyoient fortir. Auffi les temps que nous parcourons, n'ont guere produit que des compilateurs & des copiftes

Il n'y avoit plus que des compilateurs & des copiftes ignorans.

Mais peut être l'églife a-t-elle eu de grands écrivains, puifqu'on recommandoit au moins l'étude de la religion. L'ignorance des lettres ne le permettoit pas. C'eft pourquoi ceux qui eurent alors les plus grands fuccès, font infiniment au deffous des peres

Les écrivains eccléfiaftiques n'étoient pas plus éclairés.

A a 2

du quatrieme & du cinquieme fiecles. On ne
s'occupoit en général que de queftions inutiles : on expliquoit les myftères, par les principes de la dialectique. Ce qui étoit frivole, ce qui étoit merveilleux, ce qui étoit
impoffible à connoître, voilà les objets qui
réveilloient la curiofité. De là, naiffoient
tout-à-la fois des difputes opiniâtres, & une
crédulité exceffive. On voyoit des miracles
par-tout : les vifions & les apparitions étoient
communes ; & pour multiplier encore plus
les prodiges, on portoit la vénération pour
les faints & pour les reliques bien au delà
des juftes bornes. Enfin on paroiffoit négliger l'effentiel de la religion, & faire fon
principal de quelques cérémonies fort indif-
férentes.

L'ignorance
eft à fon com-
ble dans le
huitieme fie-
cle.
Ces défordres, qu'on remarque déja dans
le fixieme fiecle, s'accrurent pendant le fep-
tieme, & dans le fuivant ils parvinrent à
leur comble. Il femble qu'alors il fuffifoit à
un eccléfiaftique de favoir chanter au lutrin
pour être confidéré comme un homme favant.
Le chant de l'églife étoit au moins la principale fcience ; & il y eut à ce fujet une
grande difpute entre les Romains, à qui S.
Grégoire en avoit enfeigné un nouveau, &
les François qui s'obftinoient à ne pas quitter
l'ancien : ils fe traitoient réciproquement d'i-
gnorants ; *ftulti, ruftici, indoƈti, bruta anima-*

lia. On voit par-là que ceux qui savoient chanter, croyoient n'avoir plus rien à apprendre. Telle étoit en occident la barbarie, précisément lorsqu'elle venoit de subjuguer l'orient: on a de la peine à comprendre comment les lettres pourront renaître.

CHAPITRE IV.

De l'état des Lettres en occident depuis Charlemagne jusqu'à la fin du onzieme siecle.

———————

Les grands hommes se forment tout seuls.

C'EST un grand prodige qu'un génie tel que Charlemagne, dans le huitieme siecle. Il est une preuve que les grands hommes s'élevent tout seuls; & c'est pourquoi, Monseigneur, je ne saurois trop vous répéter, que si vous ne concourez au moins à vous élever vous-même, tous nos soins seront perdus.

Ignorance de Charlemagne

Le bruit des armes ne se faisoit plus entendre, qu'aux extrémités du vaste empire de Charlemagne, & les François qui respiroient sous la protection des loix, qu'ils apprenoient à se donner eux-mêmes, commençoient à sentir le besoin d'acquérir des lumieres: mais d'où les tirer ces lumieres? Charlemagne, qui ambitionnoit de redonner la vie aux lettres, ne savoit pas encore signer son nom. Élevé, comme tous ceux qu'on destinoit à la guerre, il avoit été condamné à la même

ignorance. Les ecclésiastiques étoient presque alors les seuls qui sussent lire & écrire.

Ce prince, qui sentit le besoin de s'instruire, ouvrit les yeux de ses sujets sur leur
ignorance, & leur donna l'exemple de l'étude. Il est beau de voir ce législateur, ne dé-
daignant pas de se remettre en quelque sorte
à l'enfance, exercer à former des lettres cette
même main qui avoit vaincu tant de nations. Il avoit, sans doute, acquis assez de gloire, pour ne pas rougir de son ignorance :
mais les grandes ames s'apperçoivent moins
des talents qu'elles ont, que de ceux qui
leur manquent; & elles ne se lassent jamais
d'en acquérir. Charlemagne ne quittoit point
ses tablettes; il les portoit par-tout avec lui,
il les avoit sous le chevet de son lit, & il
employoit à contracter l'habitude d'écrire,
tous les moments qu'il pouvoit dérober aux
affaires. Il eût encore voulu s'instruire dans
les sciences, & les secours lui manquoient :
il ne trouva un précepteur que vers l'année
794, c'est-à dire, environ vingt-cinq ans après
être monté sur le trône.

Le hasard avoit fait que les moines, envoyés par S. Grégoire en Angleterre, n'é-
toient pas tout-à-fait ignorants. Ils y avoient
porté, je ne dis pas les sciences, mais quelques débris sauvés de leurs ruines; & depuis

A a 4

Il apprend à écrire.

Alcuin son précepteur.

le fixieme fiecle, ces débris s'étoient confervés dans cette île. Le huitieme produifit
Flaccus Albinus-Alcuinus, diacre de l'églife
d'Yorck, qui acquit une grande réputation. Il
favoit & il enfeignoit, dit-on, le latin, le
Grec, l'hebreu, la rhétorique, la dialectique,
les mathématiques, l'aftronomie, & la théologie; de forte que les écrivains du moyen
âge ne craignent point de le comparer aux
hommes les plus éclairés de l'antiquité. Mais
leur peu de lumieres nous doit faire beaucoup retrancher des éloges qu'ils lui donnent;
& c'eft affez de croire qu'Alcuin favoit quelque chofe de tant de langues & de tant de
fciences; & qu'il étoit favant pour fon fiecle.

Ce qu'il y a de plus glorieux pour lui,
c'eft d'avoir été le précepteur de Charlemagne qui fe l'attacha en 794, & d'avoir
concouru avec cet illuftre éleve, à faire renaître le goût des lettres parmi les François.
Le roi apprit avec ce maître la rhétorique,
la dialectique, & l'aftronomie. Il fut bientôt le latin, au point de le parler auffi facilement que fa propre langue, & il enten-
dit le Grec. On a de la peine à comprendre, qu'au milieu des foins d'un vafte empire, ce prince ait pu vaquer à toutes ces
études. Monfeigneur, tandis que les moments
échappent aux ames lâches, fans qu'elles s'en

apperçoivent; les ames actives les faififfent tous, & en trouvent beaucoup dans le jour.

La maniere dont Charlemagne a gouverné, vous a fait voir ce qu'il eft devenu par la feule réflexion. Nous aurons bientôt lieu de juger, que les connoiffances qu'il crut acquérir avec Alcuin, étoient dans leur genre bien inférieures à celles qu'il acquit par lui-même dans l'art de gouverner.

Lorfqu'il voulut rétablir les études, tout fut à créer de nouveau; car les écoles, qui jufqu'alors avoient été dans les cathédrales & dans les monaftères, parce que les eccléfiaftiques apprenoient feuls quelque chofe, étoient tout-à-fait tombées, par les raifons que j'ai dites.

Soin de Charlemagne pour relever les anciennes écoles.

Les lettres profanes en étoient bannies, l'écriture fainte n'y étoit pas entendue, & la théologie y étoit ignorée, ou du moins on n'avoit fur tout cela que des connoiffances fort imparfaites. Charlemagne fe plaint lui-même de l'ignorance groffiere des évêques & des abbés, & il en jugeoit par les lettres qu'il en recevoit. Il ne négligea donc rien pour réveiller le zele des prélats: il leur repréfenta leurs devoirs: il leur peignit vivement les maux qu'entraîne la barbarie: il les encouragea par fon exemple : & il les aida

par toutes fortes de moyens, attirant dans
les écoles les hommes qui avoient quelque
réputation de fcience, leur donnant des ap-
pointements confidérables, & leur accordant,
fur-tout, de la confidération. L'Angleterre
& l'Irlande étoient alors les pays qui four-
nifloient le plus de profefleurs.

Il en fonde
de nouvelles. Il ne fe contenta pas de relever les anciennes écoles; il en fonda de nouvelles à Paris,
& dans beaucoup d'autres endroits des Gaules & de la Germanie : mais la principale
fut celle qu'il fit tenir dans fon palais même , où l'on enfeignoit fous fes yeux les langues, la grammaire, la rhétorique, la dialectique, tout ce qu'on nommoit philofophie & théologie. Ainfi fon palais étoit tout
à la fois l'école des exercices militaires, des
fciences, de l'art de gouverner ; & ce roi
étoit, fans comparaifon, pour les chofes qu'il
pouvoit montrer, le profefleur le plus habile.
Mais fi nous voulons juger des maîtres, avec
qui ce prince croyoit pouvoir s'inftruire lui-
même , il faudra confidérer les fources où ils
alloient puifer. Nous regretterons que Charlemagne ne foit pas né dans des temps plus
heureux.

Mais on n'é-
toit pas capa-
ble de remon-
ter aux meil-
leures fources Il eût été à fouhaiter qu'on eût pu remarquer l'origine des arts & des fciences
chez les Grecs & chez les Romains ; qu'on
eût été capable d'en fuivre les progrès ; &

qu'on fe fût mis en état de lire les meilleurs
écrivains de l'antiquité. Pour remonter auſſi
haut, il auroit fallu avoir des connoiſſances
de bien des genres; & on ne ſavoit pas
ſeulement les éléments des ſciences. On
ignoroit les livres qu'il falloit lire, ou même on ne les avoit pas. La barbarie, ſem-
blable à un torrent, avoit entraîné tout ce
qui étoit ſolide, & avoit ſeulement dépoſé
de côté & d'autre ce que la légéreté avoit
fait ſurnager.

On lut donc au haſard ce qu'on trouvoit,
& malheureuſement au lieu d'éléments &
de traités complets, on ne trouvoit en général que des lambeaux épars dans différents
écrivains, qui ſans principes ne pouvoient
qu'égarer le lecteur.

On ſuivoit au haſard de nouveaux guides.

Capella, eſpece de philoſophe & de
philologue, né en Afrique dans le cinquieme
ſiecle, fut un des principaux guides dans ces
temps ténébreux. Il avoit écrit en latin ſur
les arts & ſur les ſciences, pour en faire
l'éloge, & pour en donner les préceptes.
On trouvoit dans ſon ouvrage de la grammaire, de la rhétorique, de la dialectique,
de la géométrie, de la muſique, de l'aſtronomie, &, ſur-tout, beaucoup d'obſcurité.

On avoit auſſi, ſur tous ces arts, un livre de Caſſiodore, ſénateur romain, qui avoit

écrit dans le sixieme siecle, c'est-à-dire, dans un temps où ils étoient déja fort ignorés. Ces deux auteurs étoient cependant les plus élémentaires de tous ceux qu'on lisoit alors.

Il est vrai qu'on en connoissoit de beaucoup meilleurs, tels que Boëce, Macrobe, &c. Mais ces écrivains ne pouvoient pas être étudiés comme auteurs classiques : car ou ils n'avoient traité des arts & des sciences que par occasion, ou ils avoient écrit de maniere à n'être entendus que par des lecteurs, qui y sont fort versés.

De tous les écrivains, qu'on lisoit alors, celui qui pouvoit fournir le plus de lumieres, est, sans-doute, S. Augustin, le plus beau génie du quatrieme & du cinquieme siecles. D'une intelligence, d'une mémoire & d'une imagination singuliere, il avoit acquis par une grande lecture des connoissances dans tous les genres ; & comme avant de se convertir, il avoit cherché la vérité dans les principales sectes, il connoissoit, sur-tout, les opinions des différents philosophes. Mais on n'en savoit pas assez dans le moyen âge pour le lire avec fruit, & faute d'avoir le talent de l'imiter dans ses excellentes qualités, on l'imita dans ses défauts.

C'est dans les Platoniciens d'Alexandrie que S. Augustin puisa sa philosophie : il en adopta, sur-tout, la dialectique. Son esprit

Un des meilleurs eût été S. Augustin.

curieux & son imagination vive ne lui permirent pas d'être toujours en garde contre les vices de cette méthode; & il fut quelquefois trop subtil. Il a plus raisonné sur les mystères, que personne n'avoit fait avant lui. Il agita beaucoup de questions auxquelles on n'avoit jamais pensé; enfin il avança quantité de sentiments nouveaux, qui n'étoient que probables. Il est vrai que la prudence modere la fougue de son esprit; & qu'il s'attache toujours à la doctrine de l'église: mais ceux qui l'étudierent dans le moyen âge, prirent sa dialectique pour guide, sans imiter sa prudence. Ils raisonnerent donc, ils subtiliserent, ils disputerent. Un ouvrage, faussement attribué à ce saint pere, concourut encore à les jeter dans l'erreur. C'étoit une dialectique plus mauvaise, s'il est possible, que celle des Platoniciens; car elle portoit sur les principes du Portique. Enfin une autre source d'égarement, ce fut Victorinus, Platonicien du quatrieme siecle, dont on avoit les ouvrages, & que S. Augustin avoit beaucoup loué.

Rien dans ces siecles ne pouvoit donc seconder les efforts de Charlemagne. Puisque les lettres étoient si fort tombées, qu'en général on eût été honteux de paroître instruit, & qu'on méprisoit ceux qui cherchoient à s'instruire; comment les écoles qu'on multi-

Les nouvelles écoles étoient trop mauvaises pour dissiper l'ignorance.

plioit, auroient-elles détruit un préjugé, que l'ignorance générale défendoit avec orgueil? Les maîtres, qui, fans méthode, barbotoient, fi j'ofe dire, dans de mauvaifes fources, ou puifoient fans difcernement dans les bonnes, devoient aliéner les meilleurs efprits, & n'apprendre aux autres qu'un jargon, qui, pire que l'ignorance, étoit un nouvel obftacle au progrès des arts.

On ne s'y faifoit que des idées vagues des chofes qu'on croyoit enfeigner.

Ils fe piquoient d'enfeigner les arts libéraux, c'eft-à-dire, les arts dignes d'un homme libre; & comme cette notion eft vague, les philofophes ne fe font point accordés fur le nombre des arts libéraux. Platon qui ne juge l'ame libre, qu'autant qu'elle fe fépare du corps, pour s'élever aux vérités éternelles, croit que fa métaphyfique eft le feul art libéral; & le ftoïcien n'en connoît pas d'autre que cette fageffe, par laquelle il s'imagine être impaffible, & qui fait dire de lui: *fi fractus illabatur orbis, impavidum ferient ruinæ.* Au contraire Philon, étendant l'acception de ce mot, met parmi les arts libéraux tous ceux qui préparent à la fageffe depuis la grammaire jufqu'à la philofophie. S. Auguftin fe fait à peu-près les mêmes notions, diftinguant les arts en deux claffes, l'une de ceux qui fervent à l'ufage de la vie, & l'autre de ceux qui conduifent à la connoiffance des chofes. Enfin Caffiodore adop-

re cette diftinction, confervant aux premiers
le nom d'arts, & donnant aux autres celui
de difcipline ou de fcience. De toutes ces
idées mal déterminées, & dont la différence
eft tout-à-fait arbitraire, il naîtra de grandes difputes, & on fera plufieurs fiecles fans
favoir fi la logique, par exemple, eft un art
ou une fcience.

Ce fut d'après S. Auguftin & Caffiodore, *Cours d'étu-*
que dans le moyen âge, on arrêta le plan *de.*
des études. On en fit deux cours: dans l'un
nommé *trivium*, on enfeigna la grammaire,
la rhétorique & la dialectique: & dans l'autre nommé *quadrivium*, on enfeigna la mufique, l'arithmétique & l'aftronomie.

Mais on ne fe faifoit de tous ces arts que *Point de li-*
des idées fort imparfaites: car on n'avoit de *vres claffiques*
livres claffiques, que la mauvaife dialectique,
fauffement attribuée à S. Auguftin; les écrits
de Capella & Caffiodore, qui avoient plutôt fait de mauvaifes compilations, que des
traités; & ceux de Victorin, de Boëce, &
d'autres éclectiques, où l'on trouvoit épars
confufément des lambeaux de platonifme,
de ftoïcifme & de péripatétifme. Si Platon,
Ariftote & Zénon connoiffoient trop peu l'art
de raifonner, jugez comment on raifonnoit
dans ces fiecles, où l'on connoiffoit fi mal
ces philofophes, & où l'on s'imaginoit les
avoir pour guides.

Il ne fortoit des écoles peu fréquentées, que de mauvais chantres & de méchans dialecticiens.

Charlemagne, qui étudia tout ce qu'on enseignoit dans le *trivium* & dans le *quadrivium*, s'appliqua, fur-tout, à l'aftronomie, fans-doute, parce que parmi de mauvais raifonnemens, il trouvoit au moins des obfervations propres à fatisfaire un efprit auffi bon que le fien. Son exemple ne fut pas fuivi. Les laïques n'allerent pas chercher dans des cathédrales ou dans des monaftères, des connoiffances qu'ils méprifoient ; & les eccléfiaftiques, après avoir à peine achevé le *trivium*, ne commencerent le fecond cours que pour l'abandonner auffitôt. Peu curieux d'apprendre l'arithmétique, la géométrie & l'aftronomie, ils fe croyoient affez habiles, lorfqu'ils favoient chanter à l'églife ; c'eft à quoi l'on fe bornoit d'ordinaire, & il ne fortoit des écoles que des chantres médiocres & de mauvais dialecticiens.

Dans le neuvieme fiecle les écoles tombent encore. Pourquoi ?

Charlemagne, qui dans d'autres temps auroit fait fleurir les lettres, put donc à peine faire rougir quelques François de leur ignorance. Vous pouvez par-là juger de ce que devinrent les études fous fes fucceffeurs. Louis le Débonnaire & Charles le Chauve tenterent, à la vérité, de foutenir les écoles ; mais que pouvoit la protection de ces princes, qui fe rendoient tous les jours plus méprifables ? Si vous vous rappellez que pendant leur regne, le peuple tomboit en fervitude;

que

que les grands ne fongeoient qu'à s'arroger
de nouveaux droits , & que le clergé, devenu maître du gouvernement , commençoit
à juger les fouverains ; vous concevrez que
parmi tant de troubles , le befoin de s'inftruire étoit celui qu'on devoit le moins fentir.
N'étoit-il pas naturel que les eccléfiaftiques,
abandonnant les écoles , ne s'occupaffent plus,
que des moyens d'étendre leur autorité , &
de défendre leurs biens temporels contre les
ufurpations des feigneurs laïques ? Il falloit
que la barbarie fût bien grande au neuvieme fiecle , puifqu'on recommandoit aux évêques de ne pas élever un homme au facerdoce, qu'auparavant ils ne fe fuffent affurés,
s'il favoit bien lire l'évangile , & s'il pouvoit au moins l'entendre littéralement. Cependant les conciles exhorterent fouvent les princes à veiller fur les écoles. On en rétablit
quelques-unes , on en fonda même de nouvelles , & on fit venir des profeffeurs de Grè-
ce, d'Irlande & des autres lieux , où les études n'étoient pas tout-à-fait tombées.

Ces foins firent renaître le goût des lettres , & on en recueillit les fruits vers le milieu de ce fiecle: mais ce fut avec les abus
que produifent les mauvaifes études, lorfqu'on
prend pour fcience ce qui n'eft qu'un jargon.
Tout le mal vint de cette méchante dialectique dont j'ai parlé, & qui devenant tous les

Tom. XII. B b

La manie de la dialecti-que y multi-plie les difpu-tes & les er-reurs.

jours plus à la mode, éleva des difputes, & jeta dans des erreurs. Un moine, nommé Jean Scot Erigene, se rendit, sur-tout, célebre en ce genre. La connoiffance du grec lui avoit ouvert une nouvelle source de philofophie dans les livres des platoniciens. Sa dialectique, devenue par-là plus subtile, le faifoit regarder comme la lumiere de fon siecle; & sur fa réputation, Charles le Chauve l'avoit appellé en France. Pouvoit-il ne pas s'attacher à une méthode, qui lui valoit de si grands fuccès? Il l'appliqua donc comme les autres à la théologie, où les queftions commençoient à fe multiplier avec les fubtilités, & il tomba bientôt dans des héréfies fur la grace & fur la prédeftination, en voulant combattre celles d'un autre moine, nommé Gotefcalque.

Louis le Débonnaire avoit reçu de Michel le Begue empereur de Conftantinople, un ouvrage fauffement attribué à Denis l'Aréopagite. Comme on étoit en France dans l'erreur de croire que ce faint étoit ce Denis même, qui avoit été l'apôtre des Gaules; Charles le Chauve, qui defiroit de connoître fon ouvrage, chargea Jean Scot de le traduire: fa curiofité ne fit qu'introduire en France le platonifme d'Alexandrie; & l'introduifit fous un nom, qui devoit accréditer l'erreur.

Le platonif-
me s'y intro-
duit avec tou-
tes fes abfur-
dités.

En effet, Jean Scot adoptant les opinions du faux Denis, mêla sans discernement les dogmes du christianisme avec les principes des platoniciens, & se fit un système, dans lequel il renouvella ces émanations, qui avoient passé d'orient en Egypte, d'Egypte dans la Grece, & qui jusqu'alors n'avoient pas encore pénétré en occident. Ce que j'ai dit sur ces philosophes, sortis de l'école d'Alexandrie, me dispense d'entrer dans des détails sur les erreurs de ce nouveau platonicien: car il importe peu de savoir quelle forme il a fait prendre à ce système absurde.

Tel étoit le sort des lettres en France sur la fin du neuvieme siecle, lorsqu'Alfred le Grand les protégeoit en Angleterre, fondant, comme Charlemagne, des écoles, s'instruisant comme lui, & composant même des ouvrages. Mais à peine commençoient-elles à fleurir, qu'elles furent moissonnées par les Danois, qui firent des incursions fréquentes dans cette île.

Sur la fin du neuvieme siecle, Alfred protége les lettres en Angleterre.

Dans le dixieme siecle, elles furent protégées en Allemagne par les Othons, & ce fut avec peu de succès; les ténebres s'accrurent encore. Aussi les circonstances ne pouvoient pas être moins favorables aux lettres, puisque les vices, qui n'avoient jamais été ni plus généraux ni plus répandus, produi-

Malgré la protection des Othons le dixieme siecle est le plus ignorant, comme le plus corrompu;

Bb 4

ſoient de toutes parts des déſordres dans la chrétienté.

& on proſcrit les ſciences, parce qu'on penſe qu'elles corrompent les mœurs.

Les mœurs ſcandaleuſes des eccléſiaſtiques devinrent encore funeſtes aux lettres. On s'imagina qu'ils étoient vicieux, parce qu'ils étoient ſavants ; & les laïques, qui n'étoient pas moins corrompus, ne ſe laſſoient point de crier, que la ſcience n'eſt bonne qu'à corrompre les mœurs. Cependant il étoit ſi difficile de ſe corrompre par cette voie, que Gerbert, depuis pape ſous le nom de Sylveſtre II, fut obligé d'aller en Eſpagne chercher des connoiſſances dans les écoles des Arabes: mais quand il revint en France, on le prit pour un magicien. Il enſeigna néanmoins dans l'égliſe de Rheims; & il eut parmi ſes diſciples, Robert, fils de Hugues Capet, qui ne fit pas de grands progrès. Il trouva de meilleures diſpoſitions dans Othon III, dont il fut enſuite le précepteur.

Dans le onzieme, l'abus des indulgences, & les prétentions du ſacerdoce entretiennent l'ignorance qui leur eſt favorable.

Les ténebres continuerent dans le ſiecle ſuivant. De nouvelles ſuperſtitions naquirent de la barbarie, & on crut que les calamités annonçoient la fin du monde. Ce n'étoit donc plus la peine d'acquérir des connoiſſances: on ne ſentoit que le beſoin des indulgences, & les croiſades en offrirent. Quand il ſeroit encore reſté quelques traces de lettres, n'auroient-elles pas été effacées

dans cette commotion générale, que le fanatisme fit en Europe ?

Pendant ce siecle, elles ne furent protégées
par aucun prince, & les querelles du sacerdoce & de l'empire troublerent toute l'Allemagne, le seul pays où elles avoient eu des
protecteurs dans le siecle précédent. Elles
n'avoient donc plus d'asyle nulle part : l'ignorance insolente de Grégoire VII & l'ignorance stupide des peuples vous ont fait voir à
quel point de barbarie l'Europe étoit réduite.

Cependant comme les prétentions du clergé avoient au moins besoin d'être appuyées
quelquefois sur de mauvais raisonnements, la
dialectique ne fut pas abandonnée ; elle fut
même fort cultivée sur la fin de ce siecle ;
& elle devint, comme les esprits, toujours
plus ténébreuse. Il arriva encore que, parce
que les ecclésiastiques ne savoient que chanter au lutrin, on prit pour philosophe con-
sommé tout homme qui chantoit comme eux.
On faisoit même un si grand cas de ce qu'on
prenoit pour de la musique, que la flatterie
ne put pas mieux louer Robert, roi de France, qu'en disant qu'il chantoit fort bien l'of-
fice avec les clercs. C'est dans ce siecle que
le moine Guide Arétin, devint célebre, pour
avoir exprimé la gamme par ces mots *ut,
ré, mi, fa, sol, la* ; cependant il eût été
aussi commode de continuer à se servir des

Cependant les abus qu'on veut défendre font cultiver la dialectique

premieres lettres de l'alphabet, que S. Grégoire avoit employées à cet usage.

Vous voyez combien on étoit ignorant
dans les siecles, que je viens de mettre sous
vos yeux. On fera encore long-temps de
vains efforts pour s'instruire, parce qu'on sera long temps avant de savoir comment il
faut étudier, & même ce qu'il faut apprendre.

CHAPITRE V.

Des Lettres en occident pendant le douzieme & le treizieme siecles.

Les subtilités de la dialectique n'avoient pas encore été mêlées dans la théologie, autant qu'elles le furent vers la fin du onzieme siecle. On agita, sur-tout, diverses questions sur les mystères ; parce que la curiosité ignorante, ne sachant pas discerner ce qu'on peut connoître, se porte naturellement à ce qui ne peut pas être connu. Nous avons vu que dans l'origine de la philosophie, on vouloit expliquer la formation de l'univers.

Les théologiens abusent de la dialectique.

Comme les philosophes étoient tombés dans des erreurs, les théologiens tomberent dans des héréfies. La principale est celle de Bérenger, qui nia la préfence réelle. Dialecticien célebre, il disputa dans dix conciles, qui le condamnerent ; & il en fallut un onzieme, pour lui arracher une rétractation, qu'on n'affure pas avoir été sincere.

De pareilles difputes donnoient de la célébrité ; & l'amour de la célébrité décide fou-

Cet abus leur donne de la

B b 4

célébrité,

vent du choix des études & des opinions.
L'art de difputer fut donc la paffion de tous
ceux qui voulurent fe rendre célebres. Les
écoles devinrent pour les dialecticiens, ce qu'é-
toient les tournois pour les chevaliers, c'eft-
à-dire des théâtres où il étoit glorieux de
combattre & de vaincre ; & on voyoit les
dialecticiens fe montrer d'école en école, dif-
putant fur des chofes qu'ils n'entendoient pas,
comme alors les chevaliers fe montroient de
tournois en tournois, combattant fouvent
pour des beautés qu'ils n'avoient jamais vues.
C'eft ainfi qu'Abélard fe fit une grande réputation , & tint enfuite une école, où l'on ac-
couroit d'Italie , d'Allemagne, d'Angleterre,
de toutes parts.

& les conduit
aux honneurs

Les richeffes d'un pareil profeffeur croif-
foient avec le nombre de fes difciples ; & fa
réputation croiffant encore, il pouvoit enfin
prétendre aux premieres dignités de l'églife :
car l'art de difputer fubtilement étoit alors
regardé comme le meilleur titre. Ainfi la
célébrité, l'avarice & l'ambition, tout entretenoit cette manie. Les écoles fe multiplierent: la dialectique parut l'unique fcience :
on crut qu'elle fuffifoit pour réfoudre toutes
les queftions de philofophie : la théologie
n'eut plus rien de caché : en un mot, cet art
frivole fut feul étudié, & un dialecticien, fe
voyant confidéré comme philofophe & théo-

logien, se crut savant dans tous les genres.

On commence à remarquer, dans le douzieme siecle, que le nom d'Aristote est déja d'un grand poids en occident. Je dis le nom: car si les dialecticiens se piquoient de raisonner d'après ses principes, ils les connoissoient cependant encore bien peu, puisqu'ils ignoroient le grec, & qu'ils n'avoient de ce philosophe que quelques écrits traduits par Boëce & par Victorin.

Il y eut alors deux sortes de dialecticiens; les uns qui continuoient de préférer S. Augustin, dont ils croyoient avoir la dialectique; les autres qui donnoient la préférence au philosophe grec, qu'ils connoissoient à peine. Cependant tous puisoient au besoin dans l'une & l'autre source : mais c'étoit avec si peu de discernement, que lorsqu'ils se faisoient une méthode, qui n'étoit ni celle d'Aristote ni celle de S. Augustin, ils ne la reconnoissoient pas néanmoins, pour leur ouvrage propre, & ils en faisoient honneur au guide qu'ils croyoient avoir choisi. D'ailleurs ils ne négligeoient pas d'appuyer leurs assertions sur l'autorité de quelques peres, qu'ils lisoient mal. Ils ramassoient des passages de toutes parts : ils faisoient des compilations mal raisonnées; & leurs ouvrages n'étoient qu'un mélange confus de théologie, & de philosophie, où le théologique & le philosophique ne pouvoient

Les uns croient suivre Aristote ;

Les autres S. Augustin.

pas fe difcerner , & où fouvent on ne trouvoit ni l'un ni l'autre.

Alors les queftions fe multiplierent pour
fe multiplier toujours de plus en plus: car différentes folutions , données par des dialecticiens qui ne s'accordoient pas, faifoient naître de nouvelles queftions , qui étant encore
réfolues différemment , donnoient naiffance à
d'autres. On ne prévoyoit point de terme
à ces curieufes fubtilités: auffi y eut-il dans
ce fiecle quantité d'héréfies ? La plus finguliere eft celle d'un gentil-homme Breton , nommé Eon , qui ayant entendu chanter dans l'é-
glife , *per eum qui venturus eft judicare vivos
& mortuos* , affura que c'étoit lui qui devoit
juger les vivants & les morts. Ce fou eut des
fous pour difciples, & traîna le peuple après
lui. Il eft vrai que fon extravagance ne fut
pas produite en lui par la dialectique : mais
fi ces temps n'avoient pas été auffi féconds
en opinions nouvelles , Eon vraifemblablement n'eût pas été fou. Revenons aux dialecticiens.

Selon Platon , les idées univerfelles font des
effences qui exiftent réellement hors des chofes : il les place dans l'entendement divin,
comme autant d'êtres , comme autant de divi-
nités ; & fi nous voulons connoître les corps,
ce ne font pas les corps qu'il faut obferver ; ce

font ces effences : & il faut trouver le moyen
de nous élever jufqu'à elles.

Ariftote trouva ridicule de mettre hors
des corps les effences mêmes qui les modi-
fient & les déterminent à être ce qu'ils font.
Il les plaça donc dans la matiere, & rejetant le
mot d'idée, il les appella formes. Ainfi, felon lui, il y a des formes univerfelles, qui,
de toute éternité, cachées dans chaque corps,
font qu'ils font ce qu'ils font.

Les formes d'Ariftote.

Zénon à fon tour fe moqua d'Ariftote,
comme Ariftote s'étoit moqué de Platon. Il
dit que ces univerfaux-là, foit qu'on leur
donne le nom de formes, ou celui d'idées,
n'exiftent que dans notre entendement ; & que
ce ne font que des noms donnés aux notions
que nous formons, fuivant les différentes
manieres dont nous concevons les chofes.

Opinion de Zénon qui rejette ces ef-fences & ces formes.

Enfin les platoniciens d'Alexandrie, qui fe
piquoient toujours de tout concilier, & qui
ne concilioient jamais rien, tenterent inutilement d'accorder Platon, Ariftote, Zénon : les
idées ou formes univerfelles partagerent les
philofophes pendant plufieurs fiecles. Vous
concevez que cette grande queftion, qui avoit
difparu avec la philofophie, devoit reparoître
avec elle.

Les plato-niciens vou-loient conci-lier ces trois philofophes.

Les dialecticiens du onzieme fiecle fuivoient
l'opinion d'Ariftote fans défiance, lorfque Ro-

Sectes des réaliftes & des

scelin s'arma contre eux de tous les argu-
ments des ſtoïciens ; & laiſſa ſa doctrine à ſon
diſciple Abélard, qui la défendit vivement
au commencement du douzieme. De part
& d'autre, on aimoit trop la diſpute, pour
chercher même inutilement, comme les platoniciens, des moyens de conciliation. On
diſputa donc, & il ſe forma deux ſectes, connues ſous les noms de réaliſtes & de nominaux. Les jeunes gens ſe firent nominaux,
parce que c'étoit l'opinion nouvelle ; & les
vieux reſterent réaliſtes, parce qu'ils l'avoient
été juſqu'alors. Ceux-ci crierent ſur-tout,
qu'on détruiſoit toute ſcience : en effet, on
leur enlevoit la leur, puiſqu'ils ne connoiſſoient que les formes univerſelles, & qu'on
les anéantiſſoir.

La chaleur, avec laquelle on défend ſes
opinions, ne vient pas toujours de l'importance des queſtions : au contraire, les diſputes
les plus frivoles ſont auſſi les plus vives, toutes les fois qu'elles attirent l'attention du public, & que chaque parti met toute ſa gloire
à vaincre. Si même on s'occupe d'objets im-
portants, ce n'eſt pas toujours parce qu'ils le
ſont en effet, c'eſt ſouvent parce que les diſputes s'y multiplient davantage. Alors l'importance de l'objet donne du poids aux queſtions
les plus frivoles ; & on s'échauffe d'autant plus

de part & d'autre, qu'on se reproche réciproquement des erreurs plus dangereuses.

Il étoit donc naturel que les dialecticiens On en subti-
lise davanta-
ge, & il en
naît des er-
reurs. cherchassent à subtiliser sur les dogmes ; qu'ils
fissent tous leurs efforts pour les concevoir
d'une maniere nouvelle ; & qu'ils voulussent
au moins n'en pas parler avec le langage de
tout le monde. De là, devoient naître, non-
seulement des hérésies, mais encore des opinions qui quoiqu'orthodoxes en elles - mêmes,
étoient jugées hérétiques dans les termes.

Si le zele poursuivoit les hérétiques, la La célébrité
que donnent
les disputes,
suscite des en-
nemis aux
dialecticiens. jalousie, qui prenoit le masque du zele, pou-
voit-elle ne pas saisir tout prétexte de persécuter les hommes célebres ? Les intrigues se
joignirent donc aux subtilités, & tous les dialecticiens s'armerent contre ces nouveaux Ica-
res, dont ils ne pouvoient pas suivre le vol
audacieux. Ils tournerent, sur - tout, leurs traits
contre Abélard, trop fait malheureusement
pour être célebre & envié.

Une ame avide de gloire se hâte de pren- Caractère
d'Abélard. dre son essor. Quelquefois elle se sent comme gênée par la réflexion ; & ne suivant plus
que son instinct, elle s'élance, & ne voit
que le terme où elle est ambitieuse d'arriver.
Elle peut causer & de grands maux & de
grands biens, & elle différe en cela des ames
communes, qui ne sont pas seulement capables d'une grande folie.

Telle étoit l'ame d'Abélard. Tout ce qui pouvoit nourrir une senfibilité vive, avoit des droits tyranniques fur elle. Elle ne put donc fe refufer à la gloire, qui fe montra fous le fantôme de la dialectique: elle ne put pas non plus fe refufer à l'amour, qui s'offrant fous les traits d'Héloïfe, fe fit un jeu de la dialectique même; & vous prévoyez que l'une & l'autre lui furent funeftes. Mais laiffons fes amours.

On lui reproche des erreurs. Abélard eût répandu la lumiere dans un fiecle éclairé, & il s'égara dans les ténébres de fon fiecle. Parce que la dialectique s'ouvroit une vafte carriere dans la théologie, il voulut être théologien, & il devint hérétique, fes envieux du moins furent intéreffés à le trouver tel. On fe hâta de tirer de fes ouvrages plufieurs propofitions. Il en défavoua, qu'en effet on n'y trouve pas: il en expliqua d'autres; & en général, on ne peut guere l'accufer, que de s'être exprimé d'une maniere toute nouvelle; reproche que méritent tous les écrivains de fon temps: mais il avoit beaucoup d'ennemis, il en avoit de puiffants: il falloit donc que toutes les propofitions qu'on lui attribuoit, fuffent également hérétiques: on fufcita fur tout S. Bernard contre lui.

S. Bernard cherche la cé- La piété, qui eft d'autant plus folide, qu'elle fuit davantage tout éclat, paroiffoit, dans ce fiecle corrompu, être forcée par le lébrité à fon infu. zele même à chercher la gloire de la célébrité. Un homme d'une ame pieufe & courageufe, entraîné par les circonftances fur la fcene du monde, pouvoit-il ne pas s'élever ouvertement contre les vices ? & fi fes talents, autant que fa piété, lui faifoient un nom, pouvoit-il voir d'un œil indifférent fon nom rendu célebre ? Tel étoit S. Bernard: il aimoit la gloire, il ne s'en doutoit pas ; parce qu'il ne voyoit dans la gloire même que les fuccès de fa piété & de fon zele: mais je crois que fi elle n'eût pas à fon infu parlé à fon cœur, il ne fe feroit par aveuglé fur l'abus & l'injuftice des croifades.

On ne peut trop le loüer de fes foins à Son zele n'eft pas affez éclairé. rétablir la difcipline dans les ordres religieux, & de fon courage à donner aux papes même des confeils contre les abus, qui s'introduifoient dans la cour de Rome. Un autre éloge encore qu'on ne peut lui refufer, & qui eft bien fingulier pour fon fiecle, c'eft qu'il a du moins entrevu les vices de la dialectique, & qu'il a méprifé cet art frivole, jufqu'à fe vanter de n'y rien comprendre. Je conviendrai cependant que ce n'étoit pas affez de le méprifer, & qu'il eût fallu l'étudier pour fe mettre en état de le rendre méprifable aux autres. Socrate méprifa les fophiftes, mais il les étudia: c'eft pourquoi il les combattit avec avantage.

Il devient
l'inftrument
dont on fe fert
pour perdre
Abélard.

Il eft vrai que S. Bernard ayant dédaigné de s'inftruire de la philofophie de fon temps, n'ignoroit que des chofes qui ne méritoient pas d'être fues : cependant il arriva que n'en pouvant juger par lui-même, il fut contraint de s'en rapporter au jugement des autres. Alors fon zele ne fut plus qu'un inftrument, dont les ennemis d'Abélard fe fervirent ; & lorfqu'il crut combattre les dialecticiens, il fe trouva n'être parmi eux qu'un chef de parti. Il ne fut pas, fans-doute, infenfible à la gloire de défendre la religion contre l'homme le plus célebre, qu'on accufoit d'innover. L'amour de la gloire eft commun à tous les grands hommes, & s'il fe déguife à leurs yeux, il fe décele aux yeux des autres.

Vous pouvez juger quelle fut l'animofité des deux partis, dont les chefs étoient d'une égale réputation. Ce n'eft pas mon deffein de m'arrêter fur des détails de cette efpece : il me fuffit de dire qu'Abélard fuccomba, & que la jaloufie & la haine fe montrerent fenfiblement dans la condamnation qu'on porta contre lui.

Pierre Lombard.

Pierre, furnommé Lombard, parce qu'il étoit de Novare en Lombardie, étoit venu finir fes études à Paris, alors l'école la plus célebre. Il fit de grands progrès fous Abélard, fut enfuite profeffeur lui-même, & enfin évêque de Paris. Philippe, fils de Louis le Gros, & frere de Louis le Jeune, qui avoit été nommé à cet évêché, fe fit un honneur de le céder à un homme du mérite de Pierre Lombard. Il n'en falloit pas moins pour élever cet étranger à cette dignité. Car la préférence que Pierre avoit donnée à la dialectique d'Ariftote, déplaifoit beaucoup aux théologiens de Paris, qui en général étoient partifans de celle de S. Auguftin.

Il adopta la méthode d'Abélard fon maî- *Son livre des fentences eft plein de fub-tilités.*
tre: mais beaucoup plus réfervé, il ne don-
na pas dans les mêmes écarts. Son livre des
fentences, c'eft le titre qu'on donnoit aux
ouvrages de théologie, paroît avoir été fait
pour réfoudre toutes les queftions qu'on agitoit alors. Il fe fervit de la dialectique d'A-
riftote, & il fe fit fur-tout une loi de confirmer fes fentiments par les décifions mêmes
des peres de l'églife: cependant ce n'étoit pas
fans beaucoup de fubtilité qu'il leur faifoit
réfoudre des queftions, auxquelles fouvent
ils n'avoient jamais penfé. Il fubtilife, par
exemple, long-temps pour favoir fi Jéfus-
Chrift, en tant qu'homme, eft une chofe; &
après avoir apporté beaucoup de raifons pour
& contre, il fe déclare enfin pour la négati-
ve: cette affertion fut condannée par le pape Alexandre III.

Tom. XII.   C c

Il est reçu comme principal livre classique.

L'école de Paris rejeta aussi quelques-unes de ses opinions. Néanmoins cet ouvrage du maître des sentences, c'est ainsi qu'on nomma depuis Pierre Lombard, eut les plus grands succès. Ce fut bientôt le principal livre classique, & on ne pouvoit pas être théologien, sans l'avoir étudié. Mais quoiqu'il

On le commente & il devient plus obscur.

eût la réputation d'être clair, tous ceux qui l'étudierent, n'y trouverent pas les mêmes choses. Les commentateurs se multiplierent donc pour l'expliquer. Alors cet ouvrage devint réellement obscur, & donna lieu à de nouvelles questions, & à de nouvelles subtilités.

On condamne en France les ouvrages d'Aristote.

C'est ainsi que la méthode qu'on suivoit, brouilloit toutes les idées, & jetoit dans bien des erreurs, dont je ne parle pas ; lorsqu'au commencement du treizieme siecle, la métaphysique & la physique d'Aristote furent apportées de Constantinople à Paris, & traduites en latin. Ces ouvrages, qui n'étoient pas propres à répandre la lumiere, trouverent les esprits peu disposés à les recevoir. Un concile tenu à Paris en 1209 en défendit la lecture, sous peine d'excommunication, & les condamna au feu. Quelques années après, le légat du pape confirma cette condamnation, en permettant néanmoins d'enseigner la dialectique d'Aristote.

C'étoit affez mal remédier aux abus dont
on fe plaignoit, que de laiffer fubfifter la
dialectique qui en étoit la fource, & de con-
damner la métaphyfique & la phyfique qui
n'avoient fait encore aucun mal. Mais on
jugeoit à l'aveugle de ces chofes; & parce
qu'on n'avoit rien de bon en philofophie, on
ne favoit trop ce qu'on devoit permettre ni
ce qu'on devoit défendre. Dans le vrai, ce
qui faifoit principalement des ennemis à Ariftote, c'eft la célébrité des dialecticiens, qui
avoient pris fa philofophie pour guide. La
raifon en eft fenfible : car dans les temps même qu'on brûloit fes ouvrages en France, il
étoit permis de les lire par-tout où fes fectateurs n'avoient pas à lutter contre un parti jaloux & puiffant : c'eft à-dire, en Angleterre,
en Allemagne, en Italie même. De pareilles défenfes fembloient donc promettre plus
de célébrité à ceux qui défobéiffoient : étoit-
il d'ailleurs naturel de compter que les dialecticiens renonçaffent à des fubtilités, qui
faifoient toute leur fcience, & à la place
defquelles ils n'avoient rien à mettre?

Frédéric II, qui regnoit en Allemagne,
hâta fur tout, la fortune d'Ariftote. Les connoiffances, qu'il avoit acquifes, lui faifant
defirer d'en acquérir encore, il ambitionna de
contribuer aux progrès des lettres, & il leur
accorda une protection finguliere. Il releva les

[marginal notes:]
& on les per-
met par tous
ailleurs.

La protec-
tion que Fré-
déric II don-
ne aux lettres
met en réfu-
tation les
commenta-
tateurs ara-

anciennes écoles, il en fonda de nouvelles, enfin il fit rechercher & traduire tous les livres où l'on crut trouver quelqu'inſtruction.

Depuis Gerbert, quelques perſonnes avoient encore été chercher les ſciences chez les Arabes, & on avoit même traduit quelques-uns de leurs livres de médecine, de phyſique & de mathématique. Cependant la philoſophie arabe étoit peu connue parmi les Chrétiens : du moins ne s'enſeignoit-elle pas dans les écoles. Frédéric la fit connoître par des traductions, & la fit enſeigner en Allemagne & en Italie.

La dialectique d'Ariſtote, déja mauvaiſe en elle-même, plus mauvaiſe dans les ſources où on l'avoit puiſée juſqu'alors, fut donc enfin étudiée dans les commentateurs arabes, où elle étoit devenue pire encore. Ce que j'ai dit peut vous faire juger des lumieres, que de pareils maîtres pouvoient répandre.

Le plus célebre de ces commentateurs, Averroés, regardoit Ariſtote comme un génie que Dieu avoit donné, afin que les hommes fuſſent tout ce qui peut être ſu : il en faiſoit même preſqu'un Dieu, qui avoit tout connu, qui n'avoit pu ſe tromper, & dont la doctrine étoit la ſuprême vérité. Mais il applaudiſſoit à des choſes qu'il n'entendoit pas ; car ceux qui ont eu la patience de lire tous ſes commentaires, y trouvent autant d'ignorance & de bévues que d'enthouſiaſme.

Enthouſiaſme de ces commentateurs pour Ariſtote.

Voilà cependant l'auteur classique qu'on étudia davantage. On idolâtra, pour ainsi dire, avec lui sur l'autel qu'il avoit élevé au philosophe grec, & on lui rendit à lui-même à peu-près un culte semblable : il est vrai qu'il partagea ce culte avec Avicenne, autre commentateur, tout aussi dépourvu de connoissances & de jugement.

L'enthousiasme, qui saisit les esprits, mit le comble à l'aveuglement ; lorsqu'Aristote, moins entendu que jamais, fut regardé comme l'unique organe de la vérité. On ne chercha plus ce qu'il falloit penser, mais ce qu'avoit pensé ce philosophe ; son autorité étoit une démonstration, & on ne la respectoit pas moins en théologie qu'en philosophie.

Effet de cet enthousiasme

Cependant, obscur par lui-même, & plus obscur par les soins de ses commentateurs, il laissoit rarement saisir sa pensée, & il se contredisoit souvent. On conclut donc, que lorsqu'il ne s'expliquoit pas assez, on ne pouvoit rien savoir, & que lorsqu'il affirmoit le pour & le contre, on ne pouvoit rien assurer. En vain on subtilisa, en vain on fit des questions sans nombre ; on se trouvoit toujours plus loin de savoir quelque chose. Il fallut donc douter, & un nouveau pyrrhonisme s'établit d'après Aristote même.

Le péripatétisme des Arabes fut répandu en Allemagne par Albert, de l'ordre des fre-

Albert le Grand passe

pour magi-
cien ;

res prêcheurs, furnommé le Grand à caufe
de l'étendue de fes connoiffances ; il fut même appellé à Paris, où malgré les défenfes,
il enfeigna la philofophie d'Ariftote ; & d'où
quelque temps après, il tranfporta fon école
à Cologne.

Affez fage néanmoins pour ne pas fe borner aux fubtilités de la dialectique & de la
métaphyfique, il s'appliqua aux mathématiques & aux méchaniques ; & il paroît être
un des premiers qui aient étudié l'hiftoire naturelle. Il acquit dans tous ces genres des
connoiffances, qui le firent paffer pour magicien ; & cette réputation lui étant reftée,
ceux qui d'après lui ont voulu étudier la
magie, en ont cherché les principes dans des
ouvrages qu'on lui attribue fauffement. On
dit qu'il employa trente ans à faire une tête
qui parloit, & que S. Thomas d'Aquin, fon
difciple, dans la frayeur qu'il en eut, la caf-
fa d'un coup de bâton.

ainfi que Ro-
ger Bacon.

Il y avoit alors en Angleterre un autre
magicien ; c'eft Roger Bacon. Il avoit étudié
avec tant de fuccès la géométrie, l'aftronomie,
l'optique, la chymie, les mathématiques, les
mechaniques, &c. qu'il a prévu la poffibilité
de quantité de chofes, qui paroiffoient
de fon temps des myftères impénétrables, &
dont plufieurs ont été découvertes depuis. La
fagacité d'Albert & de Bacon fait regretter

qu'ils ne foient pas venus dans de meilleurs temps.

Il y eut encore dans le treizieme fiecle trois hommes célebres. Le premier eft S. Bonaventure, de l'ordre des freres mineurs, né en Tofcane, & furnommé le docteur féraphique. Il préféra la théologie myftique, qu'il traita avec plus de piété que de curiofité, & d'où il écarta les queftions étrangeres. Il évita donc les fubtilités des dialecticiens; mais il ne put pas éviter les notions vagues, qui fervent de principes à la théologie myftique.

S. Bonaventure furnommé le docteur féraphique.

Le fecond eft S. Thomas, furnommé le docteur angélique, de l'ordre des freres prêcheurs. Iffu de la maifon des comtes d'Aquin, il defcendoit des rois de Sicile & d'Arragon. Il étudia fous Albert le grand à Cologne, prit à Paris le bonnet de docteur avec S. Bonaventure, & revint en Italie, où il enfeigna dans plufieurs univerfités. C'eft ainfi qu'on nommoit les écoles, & celle de Paris étoit alors la plus célebre.

S. Thomas d'Aquin docteur angélique.

S. Thomas a écrit fur la philofophie & fur la théologie, en fe conformant aux principes & à la méthode du nouveau péripatétifme. On croit qu'il auroit été capable de faire de meilleurs ouvrages, fi le préjugé général lui avoit permis de préférer fon jugement à celui de l'Ariftote Arabe: mais fon

Il acheva de faire prévaloir le péripatétifme.

C c 4

fiecle l'auroit vraifemblablement beaucoup
moins applaudi.   Ses grands fuccès ne firent
donc que nourrir un préjugé, contraire au
progrès de l'efprit humain; & ils acheverent
la fortune d'Ariftote.   Les ennemis les plus
déclarés du péripatétifme n'oferent plus con-
damner un philofophe,   pour qui S. Thomas
montroit une entiere déférence.   Ariftote
prévalut donc par tout, même dans l'univerfité de Paris, d'où jufqu'alors on avoit toujours tenté de l'exclure.

Jean Duns Scot, le troifieme de ces hommes célebres, dont j'avois à parler, a furpaffé
tous les péripatéticiens en fubtilités, & a mérité le furnom de doÆeur fubtil,   qu'on lui
donne communément.   Comme il s'eft fait
des principes différents de ceux de S. Thomas;
& que les freres mineurs, dont il étoit, ont
adopté fa doÆrine, pendant que les freres
prêcheurs ont continué de fuivre celle du
doÆeur angélique; il s'eft formé dans l'églife
deux feÆes, qui fubfiftent encore, qui font
connues fous le nom de thomiftes, & de
fcotiftes, & dont il vous eft très-permis de
ne favoir que les noms.   Ces deux doÆeurs
au refte firent prefqu'oublier tous ceux qui
les avoient précédés.

Si vous confidérez quel étoit l'objet des
études dans le douzieme & le treizieme fiecles, la méthode avec laquelle on les faifoit,

la prévention aveugle où l'on étoit pour Aristote, & pour ses commentateurs, & la jalousie de ces prétendus philosophes, qui faisoient consister toute la science dans des subtilités ; vous comprendrez que plus on faisoit
d'efforts, plus on s'éloignoit du vrai chemin
des connoissances ; & vous plaindrez Frédéric II, qui voulant hâter les progrès de l'esprit humain, n'a fait que les retarder. Cependant sa protection n'a pas été tout-à-fait
inutile. Peut-être étoit-il nécessaire de s'é-
garer dans mille détours obscurs & tortueux,
pour trouver enfin une route plus sure &
mieux éclairée. Comme l'anarchie n'amene
un gouvernement sage, que lorsque les désordres, parvenus à leur comble, soulevent enfin tous les citoyens ; de même il falloit
mettre le comble aux absurdités, afin de préparer à la vraie philosophie, en soulevant enfin le bon sens.

nommés ne faisoient que retarder les progrès de l'esprit.

CHAPITRE VI.

Des Lettres en occident dans les quatorzieme & quinzieme siecles.

Comment les circonstances ont fait oublier aux moines l'esprit de leur premiere institution.

LES ordres religieux font des républiques où l'esprit du prémier légiflateur ne se conserve pas long-temps : les fondateurs survivent, comme Solon, au gouvernement qu'ils ont établi. Ce font les circonftances qui font d'abord prendre à ces différents ordres une nouvelle façon de penfer ; & ils la prennent conformément aux conjonctures, qui concourent à leurs premiers succès. Alors préférant le monde & les avantages qu'il offre aux vues bornées d'un folitaire qui les deftinoit à la retraite, ils fe font un fyftême de conduite pour conferver la confidération & les richeffes qu'ils ont acquifes, & pour en acquérir encore. C'eft ainfi que le caractere des Romains, formé d'apres les circonftances, établit peu-à-peu un plan de gouvernement, qui préparoit à la conquête du monde. Cette comparaison eft fi noble, qu'il ne faut pas l'abandonner fi tôt.

Romulus certainement ne projetoit pas de conquérir l'Afrique, l'Efpagne, les Gaules, la Grece & l'Afie: le Latium feul devoit lui paroître une conquête difficile, & il ne fongeoit guere qu'à fe defendre fur le mont Palatin. Mais l'ambition vint avec les fuccès; & les Romains toujours entraînés d'une guerre dans une autre, s'accoutumerent à regarder tous les peuples voifins comme autant de peuples ennemis, ou même comme des fujets rebelles. En un mot, ils crurent avoir des droits fur toutes les nations.

Comment fans projets d'ambition ils deviennent ambitieux.

Il en eft de même des moines. Il feroit abfurde de penfer qu'ils fe font établis dans la vue de gouverner un jour le monde; & que dès le commencement ils ont eu un plan fait de le troubler, pour s'en rendre maîtres. Mais tout corps a un efprit républicain, une efpece de patriotifme, qui porte chaque membre à fe dévouer pour l'intérêt commun, & ce patriotifme eft d'autant plus fort, qu'on y attache plus de confidération, & qu'il en paroît rejaillir plus de gloire fur chaque membre. Lorfque le zele eft à un certain point, un corps n'a plus d'autre regle que fon avantage; il juge de la juftice de fes entreprifes par l'utilité qu'il en retire. Il ne fe borne donc pas à fe défendre dans fes li-

mites ; il tend au contraire , continuellement
au de-là , & il faifit toutes les circonftances
favorables.

Les moines pouvoient-ils donc fe refufer
à l'ambition, lorfque l'ignorance & la fuperftition venoient mettre à leurs pieds les richeffes & les dignités? Il falloit bien qu'ils
s'accoutumaffent à croire que ces chofes
étoient à eux , puifqu'on les leur donnoit.
Or, dès qu'une fois ils penfent ainfi, ils croi-
ront bientôt avoir des droits fur ce qu'on ne
leur donne pas; & quiconque ofera contefter
leurs prétentions , fera déclaré rebelle. Si
Sparte , je continue toujours de relever les
petites chofes par de grandes comparaifons,
fi Sparte , dis-je, malgré les fages précautions
de Lycurgue, eft enfin devenue ambitieufe,
qui nous affurera que les capucins n'auront
pas un jour l'ambition de gouverner le monde? Faites naître les circonftances, & l'ambition naîtra. Vous avez vu les prétentions
du clergé & celles des papes: vous avez vu
que les avantages temporels des miniftres de
l'églife étoient la fuprême loi; & que, quiconque ne fe foumettoit pas, étoit traité
comme ennemi de la religion même. Or,
ce font les eccléfiaftiques religieux, plus que
les féculiers, qui ont été l'ame de ces entreprifes étonnantes. Cependant rien n'eft plus
contraire à l'efprit de l'églife: tant il eft vrai

que les corps font toujours faits pour oublier les principes de leur premiere inftitu-
tion.

Il eft de l'intérêt des moines d'entretenir
l'ignorance, qui eft le principal appui de leur
autorité. Ils l'entretiendront par conféquent.
Je ne veux pas dire qu'ils forment le projet
de s'oppofer aux lumieres, qui pourroient fe
répandre. Ils font trop ignorants pour cela,
& ils ne prévoient pas encore, qu'il puiffe
venir de quelque part d'autres lumieres que
les leurs : au contraire ils croient favoir tout
ce qui peut être fu. Mais fi l'aurore commence, ils entreverront le danger qui les mé-
nace, & ils craindront le jour. Alors fentant le befoin des ténébres, ils tenteront tout
pour couvrir le ciel de nouveaux nuages.

*Ils entre-
tiennent l'i-
gnorance par-
ce qu'ils font
ignorants, &
parce qu'il eft
dangereux
pour eux qu'
on s'éclaire.*

Or, cette aurore a commencé vers le milieu du quatorzieme fiecle ; & cependant le
foleil étoit encore bien loin de paroître : une
nuit de plufieurs fiecles lui avoit fait oublier
fon cours. De fi foibles rayons ne pouvoient
donc pas percer dans les fombres réduits des
écoles. Elles leur étoient d'ailleurs fermées ;
car les yeux ne pouvoient pas foutenir cette
lumiere étrangere. En effet, les études non-
feulement continuerent d'être auffi mauvaifes
qu'auparavant ; elles furent pires encore, &
fi de bons efprits oferent propofer une refor-

me, la haine arma contre eux tous les péri
patéticiens.

En effet, le péripatétisme étoit devenu
l'esprit des ordres religieux, qui l'enseignoient.
Ils lui devoient toute leur considération, toute leur célébrité; ils n'étoient plus rien, si
cette hydre venoit à tomber sous les coups
d'un Hercule: ils devoient donc le défendre
avec un patriotisme fanatique.

D'ailleurs ils devoient leur célébrité aux futilités qu'ils enseignoient.

En instituant les ordres mendiants, S.
Dominique & S. François n'avoient pas sans
doute prétendu fonder des sectes de péripatéticiens: mais ces moines se saisirent habi-
lement des écoles; & devenus disciples d'A-
ristote, ou plutôt d'Averroès, ils se rendirent
les maîtres des universités, dès le treizieme
siecle où ils avoient commencé.

Comment le péripatétisme étoit devenu la secte domi-nante.

Ce sont eux qui firent enfin prévaloir
Aristote. Il est vrai que dans la faculté de
théologie de Paris, il y avoit encore, au commencement du quatorzieme siecle, des docteurs, qui blâmoient S. Thomas d'avoir ap-
puyé les dogmes sur l'autori é de ce philosophe, & d'avoir fait un mélange du péripatétisme & de la doctrine chrétienne: mais la
canonisation de S. Thomas, qui se fit alors,
fournit de nouvelles armes aux freres prêcheurs. En effet, devoit-on craindre de suivre l'exemple d'un saint, & pouvoit-on blâmer la méthode qu'il avoit adoptée? Cet ar-

gument étoit fort dans un temps, où l'on ne
favoit pas que les faints des premiers siecles
de l'église avoient tous rejeté Aristote.

La cour de Rome, entraînée elle-même
par l'autorité du faint qu'elle avoit canonifé,
& par les sollicitations des freres mendiants,
cessa de défendre la lecture des ouvrages de
ce philosophe: elle fit plus, elle en recommanda l'étude. Le légat chargé de réformer l'université de Paris, vers le milieu du
quinzieme siecle, enjoignit d'enseigner la
dialectique, la métaphysique, la physique &
la morale de ce philosophe; & défendit de
recevoir aux grades ceux qui n'en seroient
pas suffisamment instruits. Il est assez fingulier que dans des écoles, où il n'y avoit
guere que des clercs, ou des hommes qui
se destinoient à l'église, on ait regardé comme un préliminaire nécessaire à la théologie, les idées vagues d'Aristote, commentées
par Averroès. Si l'on croyoit que c'étoit là
la vraie source de la théologie, il n'y avoit
donc point eu de théologiens jusqu'alors.

Mais une chose qui ne paroît pas moins
finguliere, & qui est cependant bien dans le
caractère de l'esprit humain; c'est que la lecture de cette mauvaife philosophie, qui a
été proscrite dans le treizieme siecle, fans
qu'on fut trop pourquoi, a été ordonnée dans
le quinzieme, où il y avoit de bons esprits

Rome ordon-
ne l'étude des
livres d'Aris-
tote dont elle
avoit défendu
la lecture.

qui s'élevoient avec connoiſſance contre Ariſtote & contre Averroès.

Chacun le
commente &
il ſe forme
pluſieurs ſec-
tes de péripa-
tétiſme.
Dès que tous les profeſſeurs furent obligés d'enſeigner Ariſtote, chacun crut auſſi
pouvoir s'arroger le droit de le commenter
à ſa maniere. De-là naquirent quantité de
ſectes péripatéticiennes, & vous pouvez vous
imaginer ce que devinrent la philoſophie &
la théologie. Les ſubtilités des freres mineurs dans leur différent avec Jean XXII qui
les condamna, ſuffiſent pour vous faire juger les philoſophes & les théologiens du
quinzieme ſiecle.

Occam qui a-
voit écrit pour
Philippe le
Bel & pour
Louis de Ba-
viere renou-
velle la ſecte
des nominaux.
Occam, un de ces freres mineurs, philoſophe & théologien, ſe ſignala dans cette
diſpute. Ennemi déclaré de la cour de Rome, il avoit déja écrit pour Philippe le Bel,
il écrivit encore pour Louis de Baviere, &
on remarque qu'il ne défendit les droits de
l'empire, que par des ſophiſmes & des ſubtilités; maniere de raiſonner dans laquelle il
étoit ſupérieur à tous les péripatéticiens de
ſon temps.

Quoiqu'il fût ſorti de l'école des ſcotiſtes,
qui étoient réaliſtes ainſi que les thomiſtes,
il renouvella la ſecte des nominaux, alors
preſque éteinte; & il entraîna dans ſon opinion tous les freres mineurs, qui l'avoient
pris pour chef contre Jean XXII. Alors cette
ſecte fit de grands progrès en Allemagne,
où

où Louis de Baviere protégea tous les moines, avec qui il avoit un ennemi commun dans le pape.

Les nominaux, toujours odieux aux thomistes & aux fcotiftes, qui les accufoient de détruire toute fcience, devinrent donc encore odieux au faint fiege, contre qui Occam & fes fectateurs s'étoient foulevés. Cette haine excita contre eux une longue perfécution, qui éclata fur-tout, lorfque les papes eurent recouvré leur autorité en Allemagne. Alors la guerre fut ouverte entre les réaliftes & les nominaux: ils difputerent, ils répandirent du fang, ils fe chafferent réciproquement des univerfités, & ils attirerent enfin l'attention des fouverains, qui crurent devoir employer l'autorité pour les réduire au filence. Louis, fils & fucceffeur de Charles VII, profcrivit les livres des nominaux, & chaffa des écoles de France tous ceux de cette fecte. Cependant ces miférables difputes ne cefferent pas. Elles continuent même encore dans la pouiffiere des écoles, & elles continueront tant qu'il y aura des thomiftes & des fcotiftes: heureufement elles n'occupent plus le monde. Au refte, il ne faut pas s'étonner, fi les nominaux ont été condamnés: ils avoient trop d'ennemis pour vaincre, & ils foutenoient une bonne thefe par les plus pitoyables raifons.

Les nominaux font perfécutés.

Les meilleurs esprits s'élevoient inutilement contre les écoles.

Vous voyez combien la république des lettres étoit troublée, & que ces troubles répandoient encore par-tout de nouveaux désordres : en vain les bons esprits, car il y en avoit alors, recommandoient d'étudier les langues, les peres de l'église, la tradition & l'histoire ecclésiastique & civile : ils ne pouvoient pas réformer les universités, où les freres mendiants dominoient. Il étoit commode à ces moines de n'avoir besoin que d'un livre, & de supposer qu'on trouvoit toutes les sciences dans S. Thomas ou dans Scot.

Quelques-uns commencent à faire de meilleures études.

Les écoles publiques devinrent donc toujours plus mauvaises, dans le quatorzieme & le quinzieme siecles : mais heureusement les différents entre le sacerdoce & l'empire, & les hérésies de Wiclef & de Jean Hus ouvrirent enfin les yeux sur la nécessité de faire de meilleures études. On apprit le grec, l'hébreu & le latin qu'on savoit mal. On fouilla dans la tradition, on lut les peres, on voulut savoir l'histoire, en un mot, on connut que l'antiquité méritoit d'être étudiée. Gerson est sans contredit celui qui se distingua le plus, dans le petit nombre de ceux qui tenterent d'acquérir des connoissances utiles ; & c'est lui qui a commencé à dissiper les ténébres, dont on avoit enveloppé la théologie.

L'éloquence & la poëfie furent encore cultivées dans ces deux fiecles : le goût fe formoit, & préparoit à mieux raifonner. Mais c'eft à l'italie qu'on doit ces commencements, & nous en parlerons bientôt.

Il importe peu, Monfeigneur, que vous connoiffiez à fond les queftions, les erreurs, les héréfies, les fubrilicés & les mauvaifes études du moyen âge. Cependant je ne devois pas vous laiffer tout-à-fait ignorer ces chofes. Il faut connoître les vices de l'efprit humain, fi vous voulez remonter aux principes de bien des maux ; & fi vous voulez remédier à ces vices, il faut encore en connoître les caufes. C'eft ce que j'ai tâché de vous développer.

Vous avez vu les hommes pendant plufieurs fiecles ne faire des efforts, que pour s'égarer de plus en plus ; aller échouer les uns après les autres contre les mêmes écueils ; en chercher de nouveaux fur une mer plus inconnue, & fe précipiter de dangers en dangers fans les prévoir. L'expérience ne peut les éclairer, parce qu'ils font incapables de réfléchir : ils fuivent opiniâtrément une route tracée par les naufrages, fans jeter la fonde, fans revenir fur leurs pas : ils craindroient trop de découvrir leurs egarements ; & ils les découvriroient, qu'ils n'en conviendroient pas.

C'eft que les opinions les plus abfurdes
doivent durer, lorfqu'elles intéreffent un parti.
Il falloit que les peuples, les grands & les
rois dans leur ignorance, fuffent les victimes
de ces clercs & de ces moines, qu'ils ré-
gardoient avec ftupidité comme favants. Il
falloit que tous les citoyens fiffent de mauvaifes études, parce que les freres prêcheurs
& les freres mineurs en avoient fait de
mauvaifes. Ces moines pouvoient-ils permettre qu'on acquît des connoiffances, qui
devoient mettre leur ignorance dans tout fon
jour?

& gouver-
nent le mon-
de.

Ces philofophes, ces théologiens, ces
fophiftes, je ne fais quel nom leur donner,
vouloient gouverner le monde par leurs opinions, & quelquefois ils le gouvernoient en
effet. Ils intéreffoient la religion & l'état à
leurs difputes, auffi frivoles que fubtiles.
Les queftions, les plus méprifables en elles-
mêmes, devenoient importantes par l'attention que l'églife & le gouvernement daignoient y donner; & on voit feulement que
chacun fe piquoit de connoître la vérité, &
que perfonne ne la cherchoit fincérement.
Toute l'ambition étoit de vaincre dans la
difpute, & d'abufer de la crédulité des peuples.

C'eft une le-
çon pour le
Seigneur.

Les malheurs de tant de fiecles, Monfeigneur, doivent vous apprendre, combien

il eſt important de juger des choſes par ce
qu'elles ſont en elles-mêmes : c'eſt, ſur-tout,
le devoir d'un ſouverain de démêler la vérité, au milieu de cette confuſion que forment les paſſions des hommes, & les intérêts des différents partis. Il doit plus qu'aucun autre la reſpecter : mais il doit, plus qu'aucun autre, mépriſer tout ce qui lui eſt étranger. Il faut qu'il connoiſſe les abus, &
qu'il en voie la ſource, s'il veut pouvoir les
corriger ſans commettre d'imprudence. Cette
étude demande bien des ſoins de ſa part :
mais s'il ſait étudier l'hiſtoire, il trouvera de
grandes leçons dans tous les ſiecles, & ſur-
tout dans les plus barbares.

Dd 3

CHAPITRE VII.

De la fcholaftique, & par occafion, de la maniere d'enfeigner les arts & les fciences.

Les change-
ments, qu'a
effuiés la
fcholaftique,
font qu'on a
de la peine à
s'en faire une
idée.
Du mot *école* on a fait celui de *fcholaftique* pour défigner le cours des études, & la mê-thode qu'on fuivoit dans les écoles. Il faut donc fe faire, fuivant les temps, des idées dif-férentes de la fcholaftique.

Lorfque les hommes fe font familiari-fés avec un mot, ils croient, en général, qu'il eft naturellement & effentiellement fait pour être le figne de l'idée, qu'ils font dans l'habitude d'y attacher; & ils s'imaginent que cette idée conftitue l'effence de la chofe, qu'ils expriment par ce mot. De là font nées de tout temps bien des quéftions, fur lefquelles quelquefois on a fait des volumes, & qu'on auroit réfolues facilement, fi on avoit pu s'entendre. Il ne faudroit pour cela que renoncer à ces vaines effences, que nous voulons toujours faifir; & nous fouvenir qu'-

un mot ne fignifie que ce que nous avons
voulu lui faire fignifier.

On a été curieux de rechercher l'origine de
la fcholaftique; & parce qu'on n'a pas déterminé ce qu'on entend par ce mot, cette origine a paru fe cacher, comme la fource du
Nil. On a cru la découvrir dans S. Thomas, dans Pierre Lombard, dans Abélard,
dans Rofcelin, dans d'autres dialecticiens,
dont je n'ai pas parlé; enfin on eft remonté
à S. Jean Damafcene, & même jufqu'à S. Auguftin.

Quelqu'un, qui auroit vu la Seine au
Havre fans favoir d'où elle vient, auroit de
la peine à la reconnoître à Rouen, encore
plus à Paris, & bien plus encore à Chan-
ceaux en Bourgogne. Il la verroit, & il
demanderoit où elle eft. Il en eft de même
de la fcholaftique. Quand on n'en a pas
étudié le cours, & qu'on ne la voit qu'à
fon embouchure, on ne fait plus où la retrouver. On ne voit pas que c'eft un filet d'eau,
qui a eu fa fource dans Ariftote, & qui après
des accroiffements & des décroiffements alternatifs, s'eft caché pendant quelque temps,
pour reparoître enfuite, croître de nouveau,
devenir tous les jours plus trouble, & inon-
der enfin tout l'occident. Ce fleuve eft
comme tous les fleuves: non-feulement, il eft
différent de lui même d'une partie de fon

cours à l'autre ; mais encore dans chaque
partie, fes eaux ne font pas deux inftants les
mêmes.

Si donc on entend par la fcholaftique tout
ce cours que je viens de tracer, on la re-
connoîtra facilement par-tout : mais fi on vouloit, par exemple, ne s'en faire d'idée, que
d'après la lecture de S. Thomas ; ce n'eft que
dans S. Thomas, qu'on la trouvera telle
qu'elle eft dans S. Thomas, comme ce n'eft
qu'au Havre qu'on trouvera la Seine, telle
qu'elle eft à fon embouchure. Pour moi,
j'entends par fcholaftique ce mêlange confus
de philofophie & de théologie, qui s'eft
achevé dans le treizieme fiecle, & qui avoit
déja commencé auparavant. Confidérons actuellement le plan des études dans le moyen
âge : en voyant combien on étudioit mal, nous
apprendrons peut-être comment nous devons
étudier nous-mêmes.

La grammaire, la rhétorique, la logique,
la mufique, l'arithmétique, la géométrie &
l'aftronomie ; voilà dans leur ordre les chofes
qu'on croyoit enfeigner dans les deux cours
qu'on nommoit *trivium* & *quadrivium*. Le
péripatétifme des Arabes introduifit une autre divifion dans le treizieme fiecle ; & on
enfeigna la grammaire, la logique, la métaphyfique, la phyfique, la morale, la politique, le droit & la théologie.

Le trivium &
quadrivium é-
toient tombés
lorfque le pé-
ripatétifme
introduifit un
nouveau
cours d'étude.

Il est inutile de nous arrêter sur ce qu'on enseignoit dans le *trivium*, & le *quadrivium*: car il étoit bien rare de trouver un homme, qui eût achevé ces deux cours; d'ailleurs toutes les écoles tomberent à un tel point, que dans le dixième siecle, Gerbert fut obligé d'aller chercher des connoissances en Espagne. Commençons donc au treizieme.

Environ depuis le milieu du douzième siecle, on écrivoit en France dans la langue vulgaire, qu'on nommoit alors *Roman*; & à l'exemple des François, les Espagnols & les Italiens écrivirent aussi dans leur langue. C'est la chevalerie qui introduisit cet usage: comme on voulut chanter les faits d'armes & les aventures amoureuses des chevaliers, il falut bien écrire en roman, puisque ces héros n'entendoient pas le latin. On abandonna donc par nécessité ces petites choses aux langues vulgaires : mais on ne leur permit pas encore de s'essayer sur les sciences. Seulement on commence à trouver quelques mauvais historiens.

On commence à écrire en langues vulgaires.

Or, dans ces temps-là, on n'avoit point d'idée de ce que nous nommons construction: le singulier n'étoit pas distingué du pluriel : l'orthographe n'avoit rien de fixe : on défiguroit continuellement les noms : en un mot, on écrivoit sans regles.

Mais sans goût & sans regles.

Par confé-
quent on ne
pouvoir par-
ler que fort
mal latin.

Comment des hommes, qui parloient leur
langue avec aussi peu de jugement, auroient-
ils pu comprendre qu'il y a une maniere de
bien parler le latin, la seule langue qu'ils se
piquoient d'apprendre. Aussi le parloient-ils
avec des constructions barbares, & avec des
mots pris dans un sens étranger, ou même
avec des termes vulgaires, auxquels on donnoit une terminaison latine. C'étoit du
François, de l'Espagnol, de l'Anglois, de
l'Allemand, & de l'Italien latinisés. Il arrivoit de-là que les savants, non-seulement,
n'entendoient pas les écrivains anciens, mais
encore ils ne s'entendoient pas les uns les
autres. Toute la grammaire se bornoit aux
conjugaisons, aux déclinaisons & à quelques
regles qu'on n'expliquoit point ; encore les
écrivoit-on en latin, pour faciliter l'intelligence de la langue à ceux qui ne la savoient pas.

La grammai-
re, la rhétori-
que & la poë-
fie gâtoient le
jugement.

Avec aussi peu de jugement, on devoit
être sans goût. Qu'étoit-ce donc que la rhétorique? l'art de ne parler pas naturellement,
des métaphores étudiées, des figures gigan-
tesques, & des lieux communs, prodigués
sans discernement. La poësie, s'il en faut
parler, tout aussi barbare que la prose, étoit
encore plus plate.

La logique, la dialectique, ou l'art de
raisonner, de quelque maniere qu'on l'appel-

le, n'est que l'art d'aller des connoissances qu'on a, à celles qu'on n'a pas, du connu à l'inconnu : elle suppose donc un esprit, qui a déja acquis quelques connoissances, & qui s'est fait des idées exactes des choses communes au moins. S'il n'a que des notions vagues & confuses, on ne saura par où le prendre, pour le conduire à des connoissances précises & distinctes. Car enfin pour apprendre à raisonner, il faut avoir déja fait de bons raisonnements; parce qu'on ne peut savoir comment on doit se conduire pour en faire de bons encore, qu'autant qu'on peut remarquer comment on s'est déja conduit.

Cependant la grammaire & la rhétorique n'avoient fait que gâter le jugement. Le mal étoit d'autant plus grand, qu'on ne s'en doutoit pas ; & on l'auroit connu, qu'on n'y auroit pas su remédier. Il falloit donc que la logique l'accrût encore. Le professeur, qui ne trouvoit dans ses écoliers que des idées confuses, & qui n'en avoit pas d'autres lui-même, ne pouvoit partir que de ces idées, pour les mener encore à de plus confuses. Il n'imaginoit pas de faire des recherches sur l'origine & sur les progrès de nos connoissances. Il ne sentoit pas le besoin d'observer, & d'analyser les opérations de l'entendement ; & l'esprit humain, qu'il se flattoit

(marginal note:) d'apprendre l'art de raisonner.

(marginal note:) On ne savoit comment se conduire pour acquérir des connoissances ni même pas où commencer.

de diriger dans la découverte de la vérité,
étoit entre ſes mains un inſtrumenc qu'il ne
connoiſſoit pas.

Les ſcholaſtiques ſe trouvoient dans le
même cas, où ſeroit un homme qui entre-
prendroit de donner les regles de la navigation, & qui cependant n'auroit aucune connoiſſance, ni des différentes parties d'un vaiſ-
ſeau, ni de leur uſage, ni du ciel, ni des
mers ſur leſquelles il oſeroit naviger. Ils ignoroient tout-à-fait la manœuvre des parties de
l'entendement humain, & ils ne connoiſſoient
pas davantage les ſciences dans leſquelles ils
vouloient ſe haſarder

Ne pouvanc
donc raiſon-
ner ſur des
idées, on raiſ-
ſonna ſur des
mots & on fit
des ſyllogiſ-
mes.

Dans l'impuiſſance, par conféquent, de
chercher l'art de raiſonner dans les idées mêmes en conſidérant comment elles ſe déterminent, comment elles naiſſent les unes des
autres, & comment elles ſe combinent de
mille manieres pour en produire de nouvelles ; ils s'arrêterent au ſeul méchaniſme du
raiſonnement. Ils remarquerent qu'une propoſition contient trois termes, que des deux
prémiſſes on peut tirer une concluſion, &
ils firent des ſyllogiſmes.

Celui qui faiſoit le plus de ſyllogiſmes
ſur un ſujet, étoit le plus habile, & il étoit
cenſé avoir raiſon parce qu'il parloit le dernier. Or, cet art eſt facile: il ſuffit de ne
déterminer ni l'état de la queſtion, ni la ſi-

gnification des mots ; & les ſcholaſtiques auroient été bien embarraſſés de faire autrement. Ils trouvoient donc toujours dans des
notions vagues, & dans des termes équivoques, de quoi tirer continuellement de nouvelles concluſions, & de quoi ſoutenir toutes les theſes qu'ils pouvoient avancer. Par
ce moyen ils multiplioient les diſputes, & ils
n'en terminoient jamais aucune ; parce que
celui qui ſoutenoit une propoſition, & celui
qui l'attaquoit, ne faiſoient l'un & l'autre
que des ſophiſmes ; & qu'ils étoient tous
deux incapables de s'en appercevoir. C'eſt
ainſi qu'ils raiſonnerent d'après la logique
d'Ariſtote, que les Arabes avoient commen-
tée ſans jugement, & qu'ils défigurerent encore eux-mêmes.

Cette logique cependant devint la principale étude. On négligea la grammaire &
la rhétorique, afin de l'apprendre plus promp-
tement. A peine en avoit-on goûté les délices, qu'on ne ſe laſſoit plus de l'apprendre.
On la rendoit tous les jours plus volumineuſe,
on avoit du regret à la quitter ; & ſouvent
les ſcholaſtiques s'y fixoient pour toute leur
vie.

Mais ceux qui paſſoient à la métaphyſi- La métaphyſique, ſe ſentoient preſqu'auſſitôt ſaiſis d'une que tout auſſi-
ſoif ardente ; & dans leur ivreſſe, ſans être rempli d'abſ

tractions mal faites, qu'on prenoit pour des essences.

désalterés, ils s'écrioient qu'elle est la science des sciences.

Cette science des sciences, considéroit l'être, la substance, la matiere, le corps en général & les esprits : elle ne considéroit ces objets que d'une maniere abstraite, & cependant on croyoit trouver dans ces abstractions l'essence même des choses.

Vous savez qu'une notion abstraite n'est que l'idée que nous nous formons, lorsque nous pensons à une ou à plusieurs qualités, sans penser à celles avec lesquelles elles sont réunies dans un même sujet. On peut donc en faire plusieurs sur une même chose, sur la matiere, par exemple. C'est aussi ce que faisoient les scholastiques : & comme chacun préféroit ces abstractions, chacun concevoit la matiere différemment, & tous croyoient en saisir la nature. Ils la subtilisoient plus ou moins : qulques-uns même la spiritualisoient, ce qui les jetoit dans des erreurs monstrueuses.

Il faut observer avec bien de la sagacité, pour déterminer avec précision les idées abstraites : car nous ne sommes que trop portés à généraliser au de-là des bornes. Or, les scholastiques, au lieu d'observer, généralisoient au gré de leur imagination. La métaphysique ne leur offroit donc plus que des fantômes.

Tout ce qu'on pouvoit raisonnablement conclure de ces abstractions, c'est que chacun d'eux concevoit à sa maniere la matiere & le corps en général. Aucun certainement n'en étoit plus près de saisir la nature des choses : mais ces métaphysiciens ne vouloient pas avoir fait des efforts inutiles. Ils s'imaginerent donc voir dans ces abstractions ce qui n'y étoit pas. Ils les réaliserent, & avec ces êtres fantastiques, ils crurent rendre raison de tout. Cette extravagance mit le comble aux absurdités.

La physique n'avoit plus rien de caché pour ceux qui s'étoient familiarisés avec les abstractions. La nature se dévoiloit à leurs regards: ils n'avoient pas besoin de l'observer: il ne leur falloit que des mots, où des hypothèses absurdes ; & ils n'en manquoient jamais. Des formalités, des eccéités, des quiddités, des qualités occultes, des formes qui descendoient des astres, ou que des intelligences célestes envoyoient pour informer les corps, &c., c'est avec un langage de cette espece qu'on expliquoit les phénomenes, & c'étoit même là ce qui servoit de principes à la médécine. Il semble que la scholastique eût tout-à-la fois conspiré contre les esprits & contre les corps.

Après ces détails, il n'est pas nécessaire d'examiner comment on traitoit la théolo-

Cette métaphysique prenoit le nom de physique, & rendoit raison de tout, parce qu'on ne savoit pas raisonner.

gie. Vous voyez bien que toute la fcholaftique n'étoit dans le vrái qu'une dialectique,
qui s'étoit fait un jargon pour difputer toujours, fans jamais rien dire.

On voit cependant parmi les fcholaftiques des hommes qui, dans d'autres temps,
auroient eu de la fagacité & du génie: mais
comme les meilleures terres, lorfqu'elles ne
font pas cultivées, font celles qui produifent
le plus d'herbes inutiles; les meilleurs efprits fans culture font auffi ceux qui difent
le plus d'abfurdités. Albert le Grand, par
exemple, qui avoit été affez fage pour obferver quelquefois, adoptoit le jargon des
autres, lorfqu'il vouloit expliquer les phénomenes, & il enchériffoit encore fur eux. Les
fcholaftiques avoient fi peu de jugement, que
malgré le culte qu'ils rendoient à Ariftote,
ils n'imaginerent jamais d'étudier fa rhétorique, fa poëtique & fon hiftoire naturelle : ce
font cependant les meilleurs ouvrages de ce
philofophe. On croiroit qu'ils craignoient de
s'inftruire.

La morale, la politique & le droit, n'é-
toient pas mieux traités, que les autres parties de la philofophie.

C'eft dans la volonté de Dieu qu'il faut
chercher la régle de nos actions, & cette volonté fe manifefte par la lumiere naturelle
& par la révélation.

marginalia: Les meilleurs efprits obéif-foient à ce torrent d'ab-furdités ou même le fai-foient croître.

marginalia: La morale & la politique n'étoient pas mieux traitées

marginalia: Vraie fource des principes de la morale.

Par

Par la lumiere naturelle : car lorfque
nous confidérons que les hommes font nés
pour la fociété, nous découvrons bientôt ce
qu'ils fe doivent les uns aux autres ; parce que
chacun voit dans fes befoins ce qu'il eft en
droit d'exiger de ceux avec qui il s'affocie,
comme il voit dans leurs befoins ce qu'il eft
dans l'obligation de faire pour eux. Par-là,
comme notre conftitution phyfique eft le
principe de nos befoins, elle eft auffi le
fondement du contract focial, par lequel nous
nous promettons mutuellement des fecours,
pour nous procurer des avantages réciproques ; & renonçant à une liberté fans bornes,
nous cédons chacun quelque chofe, afin qu'on
nous céde. Si nous remontons enfuite au premier principe de toutes chofes, nous découvrons encore qu'il nous ordonne lui-même les
devoirs que la fociéte exige ; puifqu'il eft
l'auteur de notre conftitution, & que c'eft
lui qui nous a donné & nos befoins & nos
facultés. Alors nous nous voyons toujours en
préfence de celui qui difpofe de tout ; nous
nous pénétrons d'une refpectueufe crainte ;
nous nous rempliffons de reconnoiffance pour
les biens que nous avons reçus, & pour ceux
que nous attendons encore ; & nous reftons
convaincus de l'obligation où nous fommes
de lui rendre un culte. Lorfque la révélation vient au fecours de ceux que la raifon

n'éclaire pas, elle répand une nouvelle lumiere dans l'efprit des autres; & elle nous montre plus clairement la fin à laquelle nous fommes deftinés.

Ce n'eft pas dans ces fources, que les fcholaftiques alloient puifer les principes de la morale : c'eft dans l'Éthique qu'Ariftote avoit faite pour s'accommoder à l'efprit d'une cour, telle que celle de Philippe. Certainement ils auroient pu en tirer de bonnes chofes: mais ils n'oublioient pas leur dialeétique; & ils raifonnoient fans favoir feulement ce que ce philofophe entendoit par vertu. On demandoit fi la morale eft pratique ou fpéculative, fi c'eft un art ou une fcience. On difputoit en général fur la fin, les moyens, les aétes, les habitudes, les aétions libres & volontaires. On fuppofoit des cas extraordinaires ou même impoffibles, & on parloit à peine des plus communs. En un mot, on agitoit beaucoup de queftions, & on donnoit peu de préceptes.

Les difputes répandirent bientôt des doutes fur la morale, comme fur les autres fciences. On ne vit plus que des probabilités, & on jugea de l'opinion la plus probable, par le nombre des fyllogifmes; car alors on prouvoit en accumulant les raifons, & non pas en les choififfant.

De-là, nous verrons naître dans la fuite une morale monftrueufe. On établira pour principe qu'on pourra fuivre fans rifque une opinion probable : on arrêtera qu'une opinion eft probable, lorfqu'elle eft foutenue par un auteur grave : la fcholaftique fournira de pareils auteurs, pour & contre, dans tous les cas : & on conclura qu'on peut tout fe permettre en fureté de confcience. Voilà les abymes horribles, où fe perdent des efprits qui s'égarent. On n'en étoit pas encore là dans le moyen âge : mais vous pouvez juger ce que c'étoit que la morale, fi vous vous rappellez qu'avec de l'argent on faifoit faire fa pénitence par un autre, & qu'on croyoit fe racheter de tous fes crimes, en mourant dans un froc, en faifant un pélerinage, ou en fondant un monaftère. On voit bien dans quel efprit les fcholaftiques, qui étoient clercs, écrivoient fur la morale.

La politique peut être confidérée par rapport au gouvernement intérieur de l'état, & par rapport aux puiffances voifines. Dans le premier cas, fon principal objet eft certainement la police, la difcipline & les mœurs : dans le fecond, c'eft de tendre à établir entre les nations des devoirs réciproques, comme il y en a entre les citoyens d'une même république ; en forte que tous les peuples fuffent portés à fe regarder comme ne formant

Abus qui en naîtront.

Quel devoit être l'objet de la politique.

Ee 2

qu'une même société. Voilà, dis-je, le but auquel elle devroit tendre, quoiqu'elle ne puisse pas se flatter d'y atteindre : mais il ne faudroit pas chercher cette politique dans le moyen âge, puisqu'on ne la trouveroit pas encore dans le siecle où nous vivons.

On étoit incapable de le connoître.

Quelle étoit donc la politique de ces temps? Jugez-en par les désordres, dont je vous ai donné une légere idée. La haine qui divisoit tous les corps, la force qui régloit tout, la foi des sermens violée, les guerres entreprises contre toute justice, la tyrannie des princes, qui appauvrissoient leurs sujets, pour s'appauvrir bientôt eux-mêmes ; les révoltes fréquentes des peuples, les prétentions des grands & du clergé, les entreprises des papes & les croisades : tout cela prouve assez qu'alors la vraie politique n'étoit point du tout connue.

Les scholastiques cherchent la politique dans Aristote.

Les scholastiques la chercherent donc dans Aristote, c'est-à-dire, dans un ouvrage que ce philosophe avoit fait, en considérant l'état de la Grece. Or, la situation de l'Europe étoit toute différente. Il auroit donc fallu bien de la sagacité, pour appliquer avec discernement au moyen âge, ce qu'Aristote avoit appliqué lui-même aux Grecs.

Ils subtilisent en défendant mal les mei-

Les scholastiques n'avoient pas cette sagacité là. Ils subtiliserent donc sur la politique, comme sur tout le reste, & chacun

se fit un devoir de soutenir les opinions les plus favorables au parti qu'il avoit embrassé. Ainsi leur dialectique ne contribua qu'à rendre la politique encore plus ténébreuse. Voilà pourquoi on a mal raisonné, lorsqu'on a voulu établir les droits respectifs des souverains & des peuples, lorsqu'on a voulu défendre ceux de l'empire contre les entreprises du sacerdoce, & lorsqu'on a voulu enlever au clergé les justices dont il s'étoit saisi.

leurs droits.

D'après ces considérations, vous prévoyez que le droit civil & le droit canonique ne pouvoient pas être traités avec plus de succès. C'étoient les ecclésiastiques séculiers, qui s'appliquoient plus particuliérement à cette étude : car les moines s'étoient réservé ce qu'on appelloit alors philosophie & théologie.

Ils se faisoient de fausses idées du droit civil & canonique.

Il auroit fallu bien du jugement & bien de l'impartialité, pour se faire des idées saines du droit dans ces temps de troubles, où l'usage avoit force de loi, & où les exemples variant continuellement, établissoient par conséquent des droits contraires. Or, les ecclésiastiques pouvoient-ils avoir ce jugement & cette impartialité? Ils raisonnerent donc en scholastiques, & leurs différents intérêts brouillérent tout.

C'eût été à la philosophie à rechercher les vrais principes du droit civil, ou à choi-

sir au moins ce qu'il y avoit de plus raisonnable dans les coutumes; mais dans ces fiecles d'ignorance, ce travail étoit trop fort
même pour les plus grands esprits.

Où ils pui-
soient les
principes du
dernier.
Le droit canonique offroit de moindres
difficultés: car on l'auroit aisément reconnu,
si on eût consulté l'écriture, la tradition, les
décrets des conciles, les loix des empereurs,
les capitulaires de Charlemagne, &c. Mais
ce n'étoit pas l'intérêt du clergé de l'aller
chercher dans ces sources, & on avoit perdu
l'habitude d'y remonter. On se contentoit
des fausses décrétales, du décret de Gratien,
& de quelques autres compilations des bulles des papes, également favorables aux prétentions des ecclésiastiques. On adoptoit
aveuglément tous ces écrits ; on croyoit y
trouver toute la jurisprudence : on les com-
mentoit : on s'éloignoit de plus en plus des
maximes de l'antiquité : le droit varioit arbitrairement, suivant les intérêts des jurisconsultes ; & on n'étudioit que l'art d'éluder
toutes les loix. Les efforts de quelques conciles pour déraciner ces abus, font voir jusqu'à quels excès ils avoient été portés.

Combien ils
raisonnoient
mal d'après
l'écriture.
Si les canonistes lisoient l'écriture, ce n'é-
toit guere que pour y trouver des passages,
qui, mal entendus, venoient à l'appui des
opinions nouvelles. Dans cette vue, ils aban-
donnerent le sens littéral, & ils firent un

grand ufage des allégories. Ils imaginerent, par exemple, que les deux glaives des apôtres défignent les deux puiffances, & ils en conclurent que les rois tiennent de l'églife toute leur autorité. Ils dirent auffi que le grand luminaire, qui éclaire par fa propre lumiere, eft le facerdoce; & que le petit luminaire, qui n'a qu'une lumiere empruntée, eft l'empire ; & ils tirerent encore la même conféquence. Voilà les grands principes fur lefquels on a fondé, depuis Grégoire VII, toutes les prétentions extraordinaires du faint fiege.

Il fuffifoit de répondre, comme le remarque l'abbé Fleuri, que les deux luminaires ne font que le foleil & la lune, & que les deux glaives ne font que deux glaives : on n'en favoit pas affez pour faire une réponfe auffi fimple. Non-feulement les docteurs infiftoient fur ces allégories : „ mais „ ce qui eft plus furprenant, ajoute le même „ écrivain, les princes mêmes & ceux qui „ les défendoient contre les papes ne les re- „ jetoient pas. C'étoit l'effet de l'ignorance „ craffe des laïques, qui les rendoit efclaves „ des clercs pour tout ce qui regardoit les „ lettres & la doctrine. Or, ces clercs avoient „ tous étudié aux mêmes écoles, & puifé la „ même doctrine dans les mêmes livres : auffi

» avez vous vu que les défenseurs de l'em-
» pereur Henri IV contre le pape Grégoire
» VII, se retranchoient à dire qu'il ne pouvoit
» être excommunié, convenant, que s'il l'eût
» été, il devoit perdre l'empire. Frédéric
» II se soumettoit au jugement du concile
» universel, & convenoit que s'il étoit con-
» vaincu des crimes qu'on lui imputoit, par-
» ticuliérement d'hérésie, il méritoit d'être
» déposé. Le conseil de S. Louis, n'en sa-
» voit pas davantage, & abandonnoit Fré-
» déric, au cas qu'il fût coupable : voilà
» jusqu'où vont les effets des mauvaises étu-
» des.

Combien il étoit difficile qu'on fit de meilleures études.

Cependant il étoit difficile qu'on en fît
de meilleures. Il auroit fallu que des docteurs, auxquels on donnoit les surnoms d'ir-
réfragable, d'illuminé, de subtil, de grand,
de résolu, de solemnel, d'universel, &c. que
des docteurs, dis-je, éblouis de leurs grands
titres, & de leur grande réputation, eussent
reconnu qu'ils ne savoient rien, & eussent
eu l'humilité de recommencer dès la grammaire. Il auroit fallu qu'on eût renoncé à
une science, qui conduisoit aux honneurs,
aux dignités, aux richesses, & avec laquelle
on se faisoit des droits de toutes ses prétentions. Pouvoit on compter sur des sacrifices
de cette espece ?

Les évêques les mieux intentionnés, élevés dans les mêmes écoles, n'en savoient pas assez pour remédier à ces maux. Peu capables de les voir dans toute leur étendue, ils n'étoient choqués que des excès les plus frappants : c'est pourquoi lorsqu'ils font des réglements, ils s'arrêtent sur de petits détails, & ne vont jamais au principe du mal.

Les légats, qui étoient chargés de mettre la réforme dans les universités, étoient également ignorants, & peut-être moins bien intentionnés. Ils proscrivoient ou ils approuvoient au hasard, sans savoir ce qu'ils devoient défendre ou permettre. Seulement ils avoient attention qu'on n'enseignât rien que de conforme aux intérêts de la cour de Rome, & ils faisoient jurer de défendre le pape contre tous. Cette inspection, que le saint siege s'arrogeoit sur les écoles, & le serment qu'on étoit obligé de prêter, ôtoient toute liberté de penser, & paroissoient devoir perpétuer à jamais l'ignorance.

J'ai dit au commencement de ce chapitre, que les études du moyen âge nous apprendroient peut-être à bien étudier nous-mêmes : voyons donc comment les scholastiques pourroient nous donner des leçons.

Les esprits les mieux intentionnés étoient trop ignorants pour les réformer.

La cour de Rome, qui s'étoit arrogé l'inspection sur les universités, ne vouloit point de réforme.

Pour bien étudier il auroit fallu commencer par où les scholastiques finissoient.

Je vois d'abord qu'ils m'indiquent l'ordre que nous devons suivre : car il n'y a qu'à prendre à rebours celui qu'ils ont suivi, c'eſt-à-dire, commencer par la phyſique & finir par la grammaire.

Je vois en ſecond lieu, qu'il n'y a que deux manieres d'étudier une ſcience ; l'une qui ſe borne à ſe faire des idées abſtraites, & des principes généraux; & l'autre qui conſiſte à bien obſerver. Or, les abſtractions n'ont pas réuſſi aux ſcholaſtiques. Bornons nous donc à faire des obſervations.

Obſerver avant que de ſe faire des principes généraux.

Tout tombe ſous les ſens en phyſique, quelle que ſoit la partie dont on veuille faire l'étude. Il nous ſera donc facile de contracter l'habitude d'obſerver; & ſi nous mettons de l'ordre dans nos obſervations, nous acquerrons un certain nombre de connoiſſances, que nous pourrons toujours retrouver au beſoin.

Etudier d'abord la phyſique ;

C'eſt déja beaucoup que de ſavoir obſerver les corps; car cela nous prépare à nous obſerver nous-mêmes. Eſſayons donc de découvrir ce que faiſoit notre eſprit, lorſqu'en phyſique nous acquérions des connoiſſances. N'appercevons-nous pas auſſitôt l'origine & la génération des idées ? ne faiſons-nous pas l'analyſe des opérations de l'entendement ? nous voilà donc métaphyſiciens : car la bonne métaphyſique n'eſt que cela.

puis la métaphyſique ;

Vous conviendrez que connoissant les
opérations de l'esprit, & qu'ayant contracté
l'habitude de les bien conduire, il ne sera
pas difficile de découvrir les regles du raisonnement. Nous serons donc encore logi-
ciens.

Mais si nous connoissons le système de
nos idées, celui des opérations de notre ame,
& l'art de raisonner; il ne tiendra qu'à nous
de connoître aussitôt le système des langues,
de savoir l'art de parler, & de faire, si nous
voulons, une bonne grammaire, & une bonne rhétorique : voilà pourtant ce que les scholastiques nous apprennent.

Ils ne savoient pas parler, ils ne savoient
pas raisonner ; & ils ont voulu commencer
par apprendre les regles de l'art de parler, &
de l'art de raisonner: cela ne leur a pas réussi. Nous devons donc commencer par bien
raisonner, & puis nous en apprendrons les regles. En effet, les Grecs avoient déja de bons
poëtes, de bons orateurs, de bons écrivains
dans tous les genres; & ils n'avoient encore
ni grammaire, ni rhétorique, ni poëtique,
ni logique. Il n'est donc pas dans l'ordre de
la nature de commencer notre instruction par
l'étude de ces sortes de livres : commençons
plutôt par des livres bien écrits & bien rai-
sonnés.

Marginal notes:

ensuite l'art de raisonner;

enfin l'art de parler.

En effet, il faut bien parler & bien rai-
sonner avant
d'en appren-
dre les regles.

L'hiftoire de l'efprit humain prouve qu'il n'y a pas d'ordre plus propre à l'inftruction.

Il ne faut pas entreprendre de forcer la nature à entrer dans la route, où notre imagination voudroit l'engager. Ce n'eft pas à elle à nous obéir; c'eft à nous à la fuivre dans le chemin qu'elle nous trace. Elle a guidé les Grecs, les Européens ont cru la guider. En voilà affez pour notre inftruction; car fi après ces deux exemples nous choififfions une mauvaife méthode, ce feroit bien notre faute. Il me femble que les Grecs font voir que rien n'eft fi fimple que d'apprendre bien les chofes; & que les Européens font voir, au contraire, que rien n'eft fi laborieux que de les apprendre mal. Je ne crois pas, Monfeigneur, que vous aimiez le travail inutile. Soyez donc pour ce qui eft fimple.

Les fcholaftiques divifoient trop les objets de nos connoiffances

Les fcholaftiques fe font appliqués à traiter féparément tous les arts & toutes les fciences; je remarque encore que cela ne leur a pas réuffi. Nous ne devons donc pas nous attacher à toutes ces divifions.

En Grece, on cultivoit à la fois tous les arts & toutes les fciences.

Les Grecs viennent une feconde fois pour confirmer ma penfée: les Grecs, dis-je, qui nous ont beaucoup inftruits, & qui nous auroient inftruits davantage, fi nous avions mieux fu les étudier.

En effet, vous pouvez vous rappeller qu'en Grece, un favant cultivoit à la fois tous les arts & toutes les fciences connues. Son efprit fe fortifioit donc de tous les fecours que

ces arts & ces sciences se donnent mutuellement; & il faisoit de grands progrès.

J'ai fait voir ailleurs que les Grecs durent
à cette conduite leur supériorité sur les Romains: pourquoi donc nous obstiner à étudier
les sciences les unes après les autres? Jugeons
de la république des lettres par les républiques anciennes. Jamais celles-ci ne furent
plus fécondes en sujets, capables de servir la
patrie, que lorsque le même citoyen s'étudioit à pouvoir remplir un jour également
tous les emplois: mais lorsqu'on eut des capitaines qui ne savoient pas le métier de
magistrat, & des magistrats qui ne savoient
pas le métier de capitaine; les bons capitaines & les bons magistrats devinrent tous les
jours plus rares. La nature nous montre donc
par mille exemples, qu'il y a des choses
qu'il ne faut pas étudier séparément. En effet, un grammairien ne sera jamais que mé-
diocre ou mauvais, s'il n'est que grammairien. Il en est de même d'un rhéteur, de
même d'un logicien, &c. Nous ferons donc
nous-mêmes mal instruits dans ces arts,
tant que nous les étudierons séparément.

Pourquoi donc nos grammaires, nos rhé-
toriques, nos logiques, & nos traités élémentaires sont-ils tous ou mauvais, ou du
moins imparfaits? C'est qu'on s'opiniâtre à séparer des choses, qui par leur nature étant

Les étudier
tout-à-fait sé-
parément,
c'est nuire au
progrès de
l'esprit.

Voilà pour-
quoi nous n'a-
vons que de
mauvais li-
vres élémen-
taires.

faites pour s'éclairer mutuellement, deman-
deroient au contraire, d'être mêlées jusqu'à
un certain point. Cet abus est tel, que celui qui fait un livre élémentaire, fait quelquefois à peine au delà de son livre.

Mais, direz vous, il faut bien traiter les
sciences séparément, car autrement on fini-
roit par tout confondre. Sans-doute; & les
Grecs eux-mêmes les ont traitées ainsi : mais
ils ont commencé par étudier ensemble tout
ce qu'ils pouvoient apprendre de chacune en
même temps; & ils n'ont songé à les séparer,
que lorsque la multitude des connoissances
ne permettoit plus de suivre cette méthode.
Voilà comment ils ont travaillé à leur propre éducation. Ce secret s'est perdu avec eux;
parce qu'au lieu de chercher par quels moyens
ils avoient commencé à s'instruire, nous avons
étudié dans les ouvrages qu'ils avoient faits,
lorsqu'ils étoient déja instruits.

Il faut donc, non-seulement changer tout
l'ordre dans lequel les scholastiques ont traité
les sciences : il faut encore abandonner les
divisions qu'ils en ont faites ; & il est démon-
tré que nous n'aurons un bon cours d'éducation, que lorsque nous saurons mêler ensemble les études, qui ne veulent pas être sépa-
rées.

Jusqu'ici cependant on a suivi servilement
l'ordre & les divisions des scholastiques : on

Il y a donc des études qu'on ne doit pas séparer, quoiqu'elles paroissent avoir des objets différens.

Mais on s'est obstiné à divi-

à même encore plus divifé qu'eux ; & on pa- fer fans fin.
roît craindre que les arts & les fciences ne
s'éclairent mutuellement. Voilà ce qui a
donné naiffance à des ontologies, des pfy-
chologies, des cofmologies, &c.

C'eft dans l'hiftoire des peuples, qu'on De forte
devroit trouver au moins des commencements qu'on ne trou-
de connoiffances fur les gouvernements, fur ve nulle part les chofes
les loix, fur le droit public, fur la guerre, qu'il faut étu-
fur la police, fur le commerce, fur les arts, dier en même temps.
fur les fciences, en un mot, fur-tout ce
que l'efprit humain a pu découvrir pour contribuer à l'avantage des fociétés. Cependant
nos hiftoriens ne favent communément ra-
maffer que des faits ; & fi nous voulons nous
inftruire des gouvernements, des loix, du
droit public, &c. nous fommes obligés de lire des traités, qui fe renferment chacun dans
un feul de ces objets. On ne trouve donc
nulle part d'enfemble : c'eft pourquoi on n'acquiert que des connoiffances bornées, imparfaites & fouvent fauffes.

Nous fuivons par habitude les plans con- Les meilleurs
facrés par l'ufage, & quoique depuis la re- efprits fubju-
naiffance des lettres, on fe plaigne que les gués par les préjugés, ne
études font mauvaifes, perfonne ne fait en- remontent
core remonter à la fource du mal. C'eft que pas à la fource de cet abus.
les meilleurs efprits ont de la peine à fe dé-
faire de tous leurs préjugés. Ils s'engagent
avec tout le monde dans les chemins battus.

Parce qu'ils les applaniſſent un peu dans quelques endroits, ils ſe flattent qu'il ne reſte plus rien à faire; & ils ne s'apperçoivent pas qu'il falloit ſe frayer une nouvelle route. Je répete donc, que tant qu'on voudra traiter ſéparément & dans cet ordre, la grammaire, la rhétorique, la logique, la métaphyſique, on ne fera que des efforts inutiles. C'eſt une choſe bien ſinguliere que dans le dix-huitieme ſiecle, où des hommes de génie ſe ſont appliqués aux ſciences avec d'auſſi grands ſuccès, on ſoit encore à chercher la meilleure méthode de les enſeigner. Pourquoi, ceux qui les ont appriſes ou même créées, ne découvrent-ils pas comment ils ſe ſont inſtruits eux-mêmes? Nous ſommes encore plus ſcholaſtiques que nous ne penſons.

L I V R E

LIVRE NEUVIEME,

De l'Italie.

Avant de reprendre la suite de l'histoire générale, il faut encore nous arrêter sur l'Italie, & la considérer par rapport au gouvernement, & par rapport aux lettres.

CHAPITRE PREMIER.

Des principales causes des troubles de l'Italie.

Depuis la chûte de l'empire d'occident, nulle part les troubles n'ont été plus grands qu'en Italie. Vous pouvez deja le comprendre, quoique je n'aie parlé de cette province, qu'autant que son histoire s'est trouvée liée à celle des autres états de l'Europe. En effet, le gouvernement féodal y devint encore plus vicieux qu'ailleurs ; puisque la suzeraineté y fut toujours un sujet de guerre. Si les peuples pouvoient être forcés à reconnoître l'autorité des empereurs, ils ne se soumettoient jamais : ils conservoient, au contraire, l'espérance de secouer le joug, & les désordres de l'Allemagne leur en fournissoient souvent l'occasion.

L'amour de la liberté y causoit des désordres.

Les Romains, sur-tout, vouloient être libres : mais ils n'avoient point de mœurs. Cependant les mœurs seules peuvent assurer la liberté d'une république. Ils devoient donc passer alternativement de la servitude à la licence.

Les mêmes vices regnoient parmi les autres peuples. Dès qu'ils n'étoient plus forcés d'obéir à un tyran, ils se croyoient libres : ils s'imaginoient n'avoir plus qu'à se gouverner eux-mêmes, & ils en étoient incapables.

L'ambition des papes en causoit de plus grands.

Les papes, qui ne vouloient point de la liberté des peuples, paroissoient n'agir que pour entretenir la licence. Trop foibles pour usurper eux-mêmes la souveraineté, ils imaginerent de la donner comme en dépôt ; se flattant qu'on ne l'accepteroit que pour leur en faire part. Ils y furent toujours trompés, & cependant ils suivirent toujours la même politique; sans se lasser d'élever & d'abattre alternativement, pour amonceler sans cesse ruines sur ruines. Ils causoient par cette conduite des maux d'autant plus grands, qu'ils n'étoient nulle part moins respectés qu'en Italie. Assez puissants pour exciter les troubles, il n'étoit plus en leur pouvoir de ramener l'ordre; & cette misérable province, déchirée par ses habitants, devenoit encore un théâtre de guerre pour les étrangers.

Pour connoître la premiere origine des malheurs de l'Italie, il faut remonter jusqu'aux Lombards.

Les Lombards abolissent la royauté, & créent trente ducs.

Cleph, successeur d'Alboin, ayant été assassiné, les Lombards, à qui les cruautés de ce prince avoient rendu la royauté odieuse, créerent en 576 trente ducs pour gouverner chacun une de leurs villes. Divisés sous tant de chefs, ils furent trop foibles pour continuer leurs conquêtes.

Cet interregne duroit depuis dix ans, lorsque Childebert, roi d'Austrasie, passa les Alpes à la sollicitation de Maurice empereur d'orient. Les Lombards, connoissant alors le besoin de se réunir sous un seul chef, rétablirent la royauté, & mirent sur le trône Autharis, fils de Cleph. Mais la disposition

Ils rétablissent des rois, qui regnent parmi les troubles.

Ff 2

des esprits n'étoit plus auffi favorable à la monarchie ; car les ducs, qui regrettoient leur indépendance, portoient facilement à la révolte, un peuple qui avoit perdu l'habitude d'obéir. Les difcordes mirent donc les Lombards dans l'impuiffance d'achever la conquête de l'Italie. S'ils s'étendirent jufqu'à Bénévent ; Rome, Ravenne, Crémone, Mantoue, Padoue, Parme, Bologne & d'autres villes fe défendirent long-temps contre leurs efforts, ou même ne furent jamais fubjuguées (*).

Quelque temps auparavant, Longin avoit déja établi des ducs dans les principales villes, que les empereurs conservoient encore en Italie. Son deffein étoit que ces gouverneurs fuffent toujours fubordonnés à l'exarque de Ravenne : mais ils ne pouvoient l'être, qu'au-

Longin avoit créé des ducs.

(*) Je remarquerai ici avec combien peu de fondement on attribue aux Lombards l'origine du gouvernement féodal. Avant le regne d'Authatis, leurs trente ducs n'étoient certainement pas des vaffaux, puifqu'ils ne dépendoient de perfonne ; & depuis ce font trente princes qui ont formé une affociation, & qui ont choifi un chef. Il n'y a rien là de femblable aux bénéfices donnés par les Carlovingiens. L'établiffement du gouvernement féodal en Italie eft donc poftérieur aux Lombards.

Pepin, fils de Charlemagne & roi d'Italie, fit des comtes & des marquis ; mais les comtés & les marquifats n'étoient pas encore des fiefs, même en France. Il me paroît que ce gouvernement, qui a pu s'introduire en Italie fous Charles le Chauve ou fous Charles le Gros, a dû y avoir moins de confiftance que par-tout ailleurs.

tant que Conftantinople feroit en état d'envoyer des fecours à l'exarque. La foibleffe de
l'empire leur fourniffoit donc l'occafion de fe
faire tôt ou tard indépendants. On voit même
déja les Romains s'unir à Longin, moins comme fujets que comme alliés ; & traiter en leur
nom avec les Lombards , comme Longin au
nom de l'empereur.

Voilà les divifions qui commencent en Premiere caufe des trou-
bles de l'Ita-
lie.
Italie , pour ne plus finir ; & cette province
n'aura des temps de calme , que lorfqu'elle
fera la proie des étrangers. Vous regardez
peut-être Narfès, qui la livra aux Lombards,
comme l'unique caufe d'une révolution, qui
a eu des fuites auffi funeftes. Que penfez-
vous donc de Juftin II , qui eut l'injuftice &
l'imprudence d'ôter ce gouvernement à ce
grand général pour le donner à Longin ? Que
penfez-vous de Sophie, qui, plus imprudente ,
l'infulta en le menaçant de le faire filer avec
les femmes du palais ? Confidérez donc, Monfeigneur, les malheurs de l'Italie ; & fouve-
nez-vous qu'un prince doit refpecter les grands
hommes qui l'ont fervi.

Ces commencements de divifion furent La puiffance
des papes
commence
les troubles.
auffi les commencements de la puiffance des
papes. Comme ils avoient la confidération
qu'infpire la fainteté de leur caractère , &
que plufieurs jufqu'alors avoient méritée par
leurs vertus & leurs lumieres ; ils paroiffoient

avoir feuls affez d'autorité pour concilier tous
les partis & ramener la paix.   C'eſt par leur
médiation que les Romains ménageoient leurs
intérêts avec l'empereur ou avec le roi de
Lombardie ; & ils fe flattoient de rétablir la
république , fous la protection d'un pontife,
dont ils ne prévoyoient pas l'ambition.

*Pepin &
Charlemagne
accroiſſent
cette puiſſan-
ce.* Charlemagne, en donnant un riche patrimoine à l'églife de Rome, ajouta une nouvelle confidération à celle des papes ; confidération, qui devoit s'accroître à mefure que
les ſiecles fe corromproient davantage.

Le couronnement de Pepin & l'empire
donné à Charlemagne devoient un jour foumettre au chef de l'églife jufqu'au temporel
des fouverains.   Car ſi auparavant on ne
pouvoit être élevé fur le faint fiege qu'avec
l'agrément de l'empereur, il paroiſſoit alors
qu'on ne pouvoit être élevé à l'empire qu'a-
vec l'agrément du pape.   On en étoit ſi convaincu, que les rois d'Allemagne n'ofoient
prendre le titre d'empereur, qu'après avoir
été couronnés à Rome.   Si vous voulez donc
trouver les principales caufes de la grandeur
des papes, cherchez-les, fur-tout, dans les
aveux exprès ou tacites des princes, trop
ignorants pour connoître leurs droits.

*Elle s'accroît
encore par la
foibleſſe de
leurs fucceſ-* Si Louis le Débonnaire & fes fils ont accru par leur foibleſſe la puiſſance du clergé ,
celle des papes ne pouvoit manquer de s'ac-

croître. Les progrès en ont même été rapides : Lothaire, roi de Lorraine, en est la preuve.

L'Italie souffrit sur-tout des révolutions,
qui suivirent la déposition de Charles le Gros.
Bérenger, duc de Frioul, Gui, duc de Spolete,
leurs fils & d'autres princes se l'enleverent,
tour-à-tour. La guerre fut longue & cruelle,
parce que les différentes factions ne savoient
ni se réunir, ni persister chacune dans leurs
premieres démarches ; & comme les intérêts
changeoient de mille manieres, la fortune
varioit continuellement.

Après la déposition de Charles le Gros, les troubles sont plus grands que jamais.

Le patrimoine de S. Pierre n'étoit pas respecté par des tyrans, qui régloient leurs
droits sur leurs forces. Les papes n'attendoient
point de secours des princes étrangers, parce
qu'aucun n'étoit encore assez affermi pour
porter ses armes au dehors ; ils n'avoient
d'autorité en Italie qu'autant qu'ils savoient
ménager quelqu'une des puissances qui y dominoient ; & les révolutions fréquentes les
mettroient dans la nécessité de changer continuellement de vues & de conduite. Enfin
le schisme de Sergius & de Formose affoiblissoit encore le saint siege : car l'un & l'autre de ces concurrents ne pouvant fortifier son
parti, qu'autant qu'il étoit reconnu par un
plus grand nombre de souverains ; les papes
avoient besoin des princes, qui jusqu'alors

Et les papes sont continuellement entraînés d'un parti dans un autre.

avoient eu befoin des papes. Ce n'étoit donc
pas le moment de former de nouvelles entreprifes : c'étoit affez de fe maintenir. Pour
mettre le comble à tant de défordres, il arriva que l'Italie fut encore expofée, d'un côté
aux incurfions des Sarrazins, & de l'autre à
celle des Hongrois.

Tels furent les troubles qui défolerent l'I-
talie depuis 888 jufqu'en 962, qu'Othon I,
appellé par Jean XII, fut couronné à Rome.
Cependant ni le pape ni les Romains ne vouloient de maître. Ils fe repentirent donc
bientôt d'avoir imploré contre Bérenger II
le fecours d'un prince qui avoit des droits
fur eux. En effet, leur conduite avoit été
bien imprudente. S'imaginoient-ils qu'Othon
ne viendroit que pour les autorifer à fe gouverner dans une entiere indépendance, avec
leur fénat, leurs confuls & leur préfet? Il
ne fuffifoit pas d'avoir établi une apparence
de république : il falloit affermir le gouvernement & favoir fe défendre fans fecours
étrangers.

Mais parce que les Romains ne pouvoient
ni obéir ni fe gouverner, Jean XII eut à peine couronné Othon qu'il voulut donner l'empire à Adelbert, fils de Bérenger II : il ne
fit qu'occafionner inutilement de nouveaux
troubles. Othon, plus maître en Italie que

*Othon I fait
refpecter fa
puiffance &
la laiffe à fes
fucceffeurs.*

Charlemagne, laiſſa toute ſa puiſſance à ſes
ſucceſſeurs.

Cependant les troubles renaiſſoient de toutes parts auſſitôt que l'empereur occupé en Allemagne, paroiſſoit moins redoutable. Rome oublioit alors qu'elle avoit un maître ; le
peuple & le pape devenoient ennemis ; & les
diſſentions ne ceſſoient plus. C'eſt aux pieds
du ſaint ſiege qu'on voyoit ſans frayeur les
foudres, qui faiſoient trembler toute l'Europe.

Cependant le calme n'étoit jamais que paſſager.

Le reſte de l'Italie n'étoit pas moins troublé par l'inquiétude des ſeigneurs, qui s'en
partageoient toutes les provinces; & les Normands vinrent enfin pour augmenter les déſordres. L'empereur pouvoit par ſa préſence
appaiſer les flots de cette mer: mais ce n'étoit
qu'un calme paſſager, & la tempête recommençoit avec plus de violence.

Les empereurs de la maiſon de Saxe avoient
été puiſſants : mais en croyant s'attacher le
clergé par des bienfaits, ils éleverent & nour-
rirent de nouveaux ennemis dans le ſein de
l'empire. Les prélats ne ſongerent plus qu'à
ſe rendre indépendants : ils furent ſoutenus
dans leurs entrepriſes par les ſeigneurs laïques, dont l'intérêt étoit de ſe concilier une
puiſſance qu'on avoit élevée contre eux ; & ſi
les effets de cette mauvaiſe politique des
Othons ne parurent pas d'abord ſous les pre-

Le clergé élevé par les O-thons devient ennemi des empereurs.

miers empereurs de la maifon de Franconie ;
ils éclaterent enfin fous Henri IV.

Cependant les Normands, qui s'affermif-
foient au midi de Italie, n'avoient d'autre intérêt que de repouffer au de-là des Alpes les
empereurs dont la puiffance s'affoiblifloit en
Allemagne. Or, de pareilles circonftances
devoient flatter les Italiens de pouvoir fe fouftraire aux Allemands. Elles devoient donc
allumer un nouvel incendie.

Le plus hardi dans ces conjonctures fut
fans doute Grégoire VII. Cependant il avoit
bien des raifons pour fe promettre un heureux
fuccès. Les Normands lui offroient des fecours & un afyle en cas de revers : la princeffe Mathilde, qui entroit dans toutes fes
vues, poffedoit Ferrare, Modene, Mantoue,
Vérone, Plaifance, Parme, Spolete, Ancone, Pife, Lucques & prefque toute la Tofcane : le clergé de Rome & d'Italie étoit irrité
contre les empereurs, parce que Henri IH
avoit élevé plufieurs Allemands fur le faint
fiege : enfin Grégoire pouvoit compter fur
les divifions de l'Allemagne, & encore plus
fur l'ignorance de fon fiecle.

L'audace de ce pontife & de fes fucceffeurs remua toute l'Europe, particuliérement
l'Italie & l'Allemagne. Il fe fit une révolution dans les efprits comme dans les états; les
droits des têtes couronnées parurent équivo-

ques, & on se crut autorisé par principe de religion à des révoltes, auxquelles les vices de ces temps barbares ne portoient déja que trop.

Il falloit des princes tels que les deux Frédérics pour défendre avec quelque gloire les droits de l'empire, dans ces siecles où l'ignorance & la superstition des peuples faisoient une nécessité de respecter jusqu'aux excommunications injustes du saint siege ; où il se trouvoit des souverains assez aveugles pour accepter une couronne offerte par les papes ; & où les vassaux de l'empire, toujours impatients de secouer le joug, avoient fort accru leur puissance. Non-seulement les prélats s'étoient rendus indépendants ; mais les duchés & les comtés étoient encore devenus héréditaires ; les premiers sous les Saxons, & les seconds sous les princes de Franconie.

Combien alors il étoit difficile aux deux Frédérics de défendre les droits de l'empire.

Cependant Frédéric I releva quelque peu son autorité en protégeant les villes qui voulurent se soustraire aux ducs & aux évêques ; en formant, au milieu même des duchés, quantité de principautés dont il étoit le suzerain immédiat. Cependant ces villes & ces nouveaux seigneurs changerent d'intérêts, à mesure que les troubles changeoient les circonstances ; & les successeurs de Frédéric en tirerent peu de secours.

Les factions Guelfes & Gibelines augmentent les désordres.

L'Allemagne & l'Italie étant donc divisées entre une multitude de princes indépendants, ou qui cherchoient à le devenir; les querelles du sacerdoce & de l'empire, si favorables à l'ambition de ces tyrans, acheverent de mettre le comble aux désordres, sous les princes de la maison de Souabe. Les villes d'Italie formoient des ligues sous la protection des papes, ou sous celle des empereurs; & elles se faisoient des guerres d'autant plus cruelles, qu'il n'y en avoit point où les deux factions ne fussent armées l'une contre l'autre : car les Guelfes & les Gibelins étoient répandus & mêlés dans chacune.

Après Conrad IV, temps d'anarchie favorable aux usurpations.

Après la mort de Conrad IV, fils de Frédéric II, l'empire tomba dans une véritable anarchie. N'y ayant plus de puissance capable de faire respecter les loix, les princes entreprirent de se rendre justice par les armes, ou plutôt de faire valoir leurs prétentions comme des droits; & tandis que la petite noblesse infestoit les chemins, au point qu'on ne pouvoit pas aller sans escorte d'une ville à l'autre; la noblesse plus puissante s'appropria les biens de la couronne, & acheva de s'arroger tous les privileges de la souveraineté. Cette anarchie continua jusqu'à Rodolphe de Habsbourg que les électeurs préférerent, parce qu'ils le jugerent trop foible pour revendiquer leurs usurpations.

C'est pendant cette anarchie que plusieurs villes d'Allemagne & des princes mêmes formerent des ligues pour veiller à leur sureté, se voyant forcés à s'armer contre les brigands. Il ne se fit pas de moindres changements en Italie : car il s'y forma de nouvelles principautés, & plusieurs peuples qui tentoient depuis quelque temps de se gouverner eux-mêmes, crurent enfin avoir trouvé l'occasion de se rendre indépendants. Vous vous souvenez que Rodolphe abandonna l'Italie, sur laquelle il ne pouvoit faire valoir ses droits, & qu'il vendit la liberté à des villes qui, comme vous le verrez bientôt, ne l'acheterent pas Aucune n'étoit faite pour une pareille acquisition.

Mais quelles que soient ces républiques, nous sommes à l'époque où il faut les observer. Je n'entreprendrai pas cependant de vous faire l'histoire de toutes leurs dissentions : il me suffira de vous faire connoître l'esprit, dans lequel elles se sont gouvernées.

Il se forme des confédérations, & des villes pensent à se gouverner.

CHAPITRE II.

*Confidérations générales fur ce qui fait
la force ou la foiblesse d'une république.*

L'égalité est
le fondement
d'une bonne
république.

UNE république est heureuse lorsque les citoyens obéissent aux magistrats, & que les
magistrats respectent les loix. Or, elle ne peut
s'assurer de cette obéissance & de ce respect,
qu'autant que par sa constitution elle confond
l'intérêt particulier avec le bien général ; &
elle ne confond l'un avec l'autre, qu'à proportion qu'elle maintient une plus grande
égalité entre ses membres.

Je ne veux pas parler d'une égalité de fortune, car le cours des choses la détruiroit d'une
génération à l'autre. Je n'entends pas non plus
que tous les citoyens aient la même part aux
honneurs ; puisque cela seroit contradictoire
à l'ordre de la société, qui demande que les
uns gouvernent & que les autres soient gouvernés. Mais j'entends que tous les citoyens,
également protégés par les loix, soient égale-

ment affurés de ce qu'ils ont chacun en propre; & qu'ils aient également la liberté d'en
jouir & d'en difpofer. De-là, il réfulte qu'aucun ne pourra nuire, & qu'on ne pourra nuire
à aucun.

Cette égalité feroit tout-à-fait détruite, fi
des privileges donnoient à quelques - uns le
droit exclufif de s'occuper d'un commerce; fi
des impôts arbitraires ne permettoient pas aux
citoyens de favoir ce que le fifc voudra bien
leur laiffer; fi les publicains étoient autorifés
à vexer impunément les peuples; fi l'intrigue
faifant un trafic des emplois, vendoit le droit
de s'enrichir par toute forte de moyens: en un
mot, fi le gouvernement enhardiffoit l'avidité à
tout ofer: ce feroit alors le temps des fortunes
rapides, & d'une inégalité deftructive.

*Inégalité o-
dieufe & def-
tructive.*

A mefure donc que cette inégalité s'intro-
duira, il y aura plus de citoyens intéreffés à
défobéir aux magiftrats, & plus de magiftrats
intéreffés à fe mettre au deffus des loix. Alors
il n'eft pas poffible que chacun trouve le même avantage dans le bien de tous. Ce vice
de la république en altérera infenfiblement la
conftitution, & la ruinera tout-à-fait lorfque
ceux qui fe font un intérêt à part, feront devenus les plus puiffants. Si elle paroît plus
riche & plus floriffante que jamais, cet éclat
ne fera qu'une fauffe apparence, c'eft-à-dire,
qu'il y aura des citoyens opulents, & que la

république elle-meme sera foible & miférable.
En effet, les reffources ne manquent pas aux
peuples pauvres, parce que chez un peuple
pauvre aucun citoyen ne l'eft: c'eft aux peuples
riches qu'elles manquent, parce que les richeffes étant abforbées par un petit nombre
de familles, le peuple qu'on dit riche, eft pauvre en effet: les plus beaux temps d'une république ne font donc pas ceux où elle paroît
plus floriffante.

Il y a une pauvreté, qui contribue à la prospérité des états.

Je ne prétends pas que la pauvreté faffe la
profpérité des états, puifque toutes les nations
de l'Europe ont été pauvres & malheureufes;
& que prefque toujours fans reffources, elles
ne fe font fouvent relevées que par des efforts,
qui leur préparoient de nouvelles calamités.

Quelle eft donc cette pauvreté fi falutaire?
Vous voyez, Monfeigneur, que ce mot eft
vague comme beaucoup d'autres, & a befoin
d'être expliqué. Mais fi vous comparez les
beaux temps de la Grece & de Rome avec les
fiecles défaftreux que je viens de tracer, vous
vous l'expliquerez à vous-même beaucoup
mieux qu'avec le fecours des définitions que
je vous donnerois. Je vous y invite, & en
attendant, j'effayerai de fixer vos idées.

L'opulence eft ruineufe, lorfqu'elle eft le fruit de l'a-vidité.

Si toutes les richeffes de l'Europe étoient
également partagées entre tous les hommes
qui l'habitent, aucun peuple ne paroîtroit
opulent, parce qu'il n'y auroit en effet ni
　　　　　　　　　　　　　　　　　　pauvre

pauvre ni riche. C'eſt donc de l'inégalité des partages que naiſſent la miſere & l'opulence, & nous ſommes moins riches par les richeſſes que nous avons, que par celles qui manquent aux autres.

Mais dans la ſuppoſition où les partages ſont égaux, imaginons deux républiques également puiſſantes; & ſuppoſons que dans l'une, les citoyens n'ambitionnent que la gloire de ſervir l'état, tandis que dans l'autre, chacun deſire à l'envi de s'enrichir. La premiere conſervera toujours la même puiſſance, parce qu'elle continuera de n'avoir ni pauvres ni riches; la ſeconde, au contraire, s'affoiblira, parce qu'elle ne pourra pas retirer les mêmes ſervices de tous ſes citoyens: car les pauvres ne pourront pas la ſervir, & les riches ne le voudront pas, ou ne le voudront que pour eux. Elle ne ſera donc ſervie que par des hommes, qui ſeront mercenaires, ou par néceſſité ou par avarice. Qu'une guerre s'éleve entre ces deux républiques, vous prévoyez l'événement.

Cependant l'inégalité des richeſſes amene le luxe, qui traînant à ſa ſuite tous les vices, acheve de ruiner la ſociété. Voilà encore un mot dont on ſe fait des idées trop vagues, & qui demande une explication.

Il y a eu bien des ſiecles où une chemiſe de toile étoit un luxe. Aujourd'hui la ſoie en eſt moins un, que du temps des premiers

Tom. XII. Gg

Elle produit le luxe,

qui conſiſte moins dans l'uſage des richeſſes,

empereurs romains; & les étoffes d'or elles-mêmes se porteroient sans luxe, si elles étoient aussi communes que le drap le plus grossier. Les riches les abandonneroient même alors aux pauvres, parce que certainement elles ne sont pas les plus commodes.

que dans un travers de l'imagination.

Ce n'est donc pas uniquement dans l'usage des choses qu'il faut chercher le luxe, puisqu'alors c'est un Protée qu'on ne peut saisir. En quoi consiste donc le luxe? dans un travers de l'imagination, qui nous fait trouver notre bonheur à jouir des choses, dont les autres sont privés. Je dis *travers*: car on n'est pas mieux vêtu avec un drap d'or qu'avec un drap de laine: on ne fait pas meilleure chere avec des mets rares qu'avec des mets communs; & celui qui ne peut aller qu'en carosse, n'est pas plus heureux que celui qui s'est fait une habitude d'aller à pied.

Maux que produit le luxe.

Dès que le luxe consiste dans ce vice de l'imagination, c'est une conséquence qu'il mette les choses commodes au dessus des choses nécessaires, & les choses frivoles au dessus des choses solides; & vous concevez les maux qu'il doit produire. Autant il donne de superflu aux riches qui se ruinent, autant il ôte de nécessaire au reste des citoyens. Si dans les grandes villes, il paye un salaire aux artisans, il n'est pas vrai qu'il les fasse vivre; puisqu'il ruine les campagnes, qui seules font vivre & le riche & l'artisan. Il tend donc à causer

une ruine générale. Bientôt il n'y aura plus
que des pauvres, des riches mal aifés, & des
fortunes fcandaleufes, qui fe font rapide-
ment, & qui paffent avec la même rapidité.
Dans cette fituation, de quelle utilité les
pauvres feront ils à l'état? & de quelle utilité
feront les riches eux-mêmes, amollis, fujets
à mille infirmités, dégoûtés des fatigues, fe
faifant un befoin du fuperflu qui leur man-
que, exigeant d'avance le prix des fervices
qu'ils ne rendront pas, & fe plaignant toujours de n'avoir pas été récompenfés? Je
veux qu'ils fe faffent encore un point d'honneur de fervir la patrie: mais leur point d'honneur s'affoiblira de jour en jour, & cependant
leur avidité fera une fource de défordres.

Une république n'eft donc pas heureufe &
puiffante, précifément parce qu'elle eft pauvre: mais elle l'eft à proportion que fa pauvreté entretient l'égalité parmi les citoyens;
& que ne fouffrant pas qu'il s'éleve des familles opulentes, elle exclut le luxe, c'eft-
à-dire, le defir de jouir de ce dont les autres manquent, &, par conféquent, la manie de chercher des jouiffances dans des frivolités, que les riches feuls peuvent fe procurer.

Faudroit-il donc détruire tout à-fait le luxe, & faire de nouveaux partages? non, fans
doute, on le tenteroit inutilement: un pareil

C'eft en obfer-
vant les mau-
vais gouver-

nements qu'-
en en peut
-maginer de
meilleurs.

projet feroit même fans fruit & produiroit de
nouveaux malheurs. Mais ne nous preſſons
pas de chercher ce qu'il conviendroit de faire:
obſervons, & ne faiſons pas des ſyſtêmes ſur
ce que nous n'avons pas encore ſuffiſamment
étudié. Si les circonſtances produiſent enfin
de bons gouvernements, elles nous épargne-
ront la peine d'en imaginer: ou ſi changeant
continuellement l'état des choſes, elles ne
font que ſubſtituer des vices à des vices,
elles nous apprendront au moins ce qu'il
ne faut pas faire; & nous pourrons connoître le meilleur gouvernement, lorſque nous
aurons connu tous les mauvais gouvernements poſſibles.

L'ambition produit des vices ou des vertus, ſuivant qu'elle change d'objet. Ame de
la république, il eſt des circonſtances, où
elle la ſoutient par les diſſentions quelle fait
naître; comme il en eſt d'autres, où elle
n'engendre que des diſſentions funeſtes. Il
n'eſt donc pas à deſirer que les diſſentions de
toute eſpece ſoient abſolument étouffées: il
s'agit ſeulement de régler l'ambition qui les
cauſe.

L'ambition eſt toujours bien réglée, lorſqu'elle ne ſe porte qu'aux honneurs que la république diſpenſe. Car alors on préfere la
patrie à tout, & on regarde les premieres magiſtratures, comme le plus haut degré de la for-

L'ambition
peut être utile
ou nuiſible à
l'état.

Ambition
utile.

tune. Les contendants formeront, à la vérité, des partis : mais ils acquerront des talents, pour mériter les suffrages ; & les plus vives diffentions feront étouffées, auffitôt que les citoyens fentiront le befoin de fe réunir. Elles fe rallumeront fans doute, à la premiere occafion ; fans doute auffi, elles s'éteindront encore d'elles mêmes.

Jaloux uniquement de partager les honneurs, les différents partis n'imagineront pas de s'armer les uns contre les autres. Il leur viendra encore moins dans la penfée d'appeller des fecours étrangers. Enfin, aucun citoyen fenfé, quelque puiffance qu'on lui donne, n'ofera former le projet de donner des fers à fa patrie : il eft trop convaincu qu'il refteroit feul contre tous.

Rome prouve la vérité de ce que je dis : mais elle prouve auffi que l'ambition n'a plus de regles, lorfqu'elle fe porte à toute autre chofe qu'aux honneurs. C'eft alors le temps des grands défordres: c'eft alors que l'or & le fer ouvrent un chemin à la tyrannie.

Ambition nuifible.

Obéir aux magiftrats, refpecter les loix, aimer la patrie, n'avoir qu'une ambition honnête, ignorer le luxe & tous les vices qu'il engendre : voilà fans doute ce qui fait les bonnes mœurs, Or, l'égalité produit tous ces effets : elle forme donc les meilleurs citoyens.

L'égalité fait les bonnes mœurs.

Dans une république formée fur ce modele , les mœurs générales déterminent naturellement les mœurs particulieres ; & les bonnes éducations fe font feules, comme en effet elles doivent fe faire. Mais malheureuſement dans les républiques corrompues , les
mœurs générales ont plus de pouvoir encore;
& les mauvaiſes éducations , qui fe font fęu-
les plus facilement que les bonnes, empi-
rent d'une génération à l'autre. On fe plaint,
on cherche des remedes , on veut oppoſer
des digues au torrent , qui fe déborde : c'eſt
la fource qu'il faudroit tarir.

CHAPITRE III.

Idée générale des républiques d'Italie.

J'AI voulu dans le chapitre précédent vous préparer à juger par vous-même des républiques d'Italie. Encore quelques réflexions générales, & vous pourrez deviner le fond de leur histoire.

Ce n'étoit pas dans les provinces du royaume de Naples, qu'il devoit se former des républiques. Les peuples, de tous temps subjugués, s'étoient fait une habitude d'obéir; & toujours enveloppés dans des révolutions, ils étoient entraînés par une force, qui ne leur permettoit pas de s'arrêter sur eux-mêmes, & de penser seulement qu'ils pouvoient être libres. La ville de Naples avoit, à la vérité, connu la liberté, & elle en avoit conservé quelques-uns des privileges sous les rois Normands : mais il ne lui étoit plus possible de la recouvrer.

Il ne pouvoit pas se former des républiques dans le royaume de Naples.

Gg 4

Il étoit diffi-
cile qu'il s'en
formât dans
la Lombardie.

Après la mort de Conrad IV fils de Frédéric II, les désordres de l'Allemagne paroiffoient offrir la liberté aux villes de Lombardie, d'autant plus que les papes n'y pouvoient pas caufer des troubles auffi facilement
que dans le royaume de Naples. Cependant,
parce que les Lombards étoient accoutumés
au joug, ainfi que les Napolitains, il fut facile aux gouverneurs de fe rendre maîtres chacun dans fa province. Ce font, par confé-
qnent, des principautés qni devoient fe former dans cette partie de l'Italie. Quelqu:s
villes, à la vérité, profitant des circonftances qu'offroient les querelles du facerdoce &
de l'empire, avoient tenté anparavant de fe
gouverner en républiques ; mais elles jonirent
peu de leur liberté : car je ne comprends pas
dans la Lombardie Venife, non plus que Genes. Depuis long-temps ces deux dernieres
avoient trouvé l'occafion d'établir un gouvernement républicain.

L'état eccle-
fiaftique étoit
expofé à tous
les défordres,
que caufoit
l'ambition
peu raifonné.
des papes.

Dans l'état que nous nommons aujourd'hui
eccléfiaftique, les papes, trop foibles pour
y dominer, étoient affez forts pour troubler
tous les gouvernements. La multitude des
affaires qu'ils embraffoient, & l'Europe entiere fur laquelle ils étendoient leurs foins apoftoliques, ne leur permettoient pas toujours
de foutenir les démarches qu'ils avoient faites, dans la vue de s'affurer des villes du pa-

trimoine de S. Pierre. Élevés sur le saint siege pour l'ordinaire dans un âge avancé, souvent sans l'avoir prévu, &, par conséquent,
sans y être préparés, il étoit difficile qu'ils
eussent assez de lumieres, pour gouverner
un état, si mal affermi qu'il étoit toujours à
conquérir. Enfin ne faisant pour la plupart
que passer sur la chaire de S. Pierre, aucun
n'y restoit assez long-temps pour achever ce
qu'il avoit commencé; & cependant chacun y
portoit ses vues particulieres, comme son
esprit & son caractère. L'un précipitoit; un
autre ralentissoit; un autre ne faisoit rien;
un autre revenoit à quelque vieux projet; un
autre formoit une entreprise qu'un autre abandonnoit, & à laquelle un autre revenoit encore: de sorte que c'étoit presque à chaque
pontificat, nouveau plan, nouveau système,
nouvelle politique, & quelquefois rien.
Ajoutons que les circonstances pouvoient encore forcer le même pape à changer de conduite.

La cour de Rome n'avoit donc & ne devoit avoir ni principes, ni regles. Il est vrai
que son objet étoit en général de tout soumettre, & qu'à cette fin elle employoit d'ordinaire les excommunications: mais d'ailleurs
ses ressources & ses moyens varioient comme
les temps & les pontifes. De pareils défauts
se trouvent nécessairement dans les états élec-

tifs, lorſque le prince, content de jouir, ſans penſer à l'état ni à ſes ſucceſſeurs, n'eſt pas forcé par l'eſprit du gouvernement à ſuivre un plan donné.

Il devoit s'y former des principautés. Voilà pourquoi les papes, ſi puiſſants pour troubler & pour affoiblir, ont tant de peine à s'établir ſolidement dans leurs propres domaines. Or, ces troubles & cette foibleſſe qu'ils cauſent, ſont auſſi contraires au gouvernement républicain, que favorables aux ambitieux, qui veulent uſurper l'autorité quelque part : car les citoyens d'une ville ne peuvent parvenir à ſe gouverner eux-mêmes, qu'autant qu'ils ont l'avantage des forces, ou qu'ils jouiſſent d'un grand calme.

Il s'y forma des républiques pendant la réſidence des papes à A-vignon. Dans le quatorzieme ſiecle, les papes ayant abandonné Rome pour Avignon, perdirent beaucoup de la puiſſance qu'ils avoient en Italie. Cette conjoncture étant favorable à la liberté, pluſieurs villes de l'état eccléſiaſtique en ſurent profiter. De ce nombre fut Bologne, qui, du temps des croiſades, avoit déja été une république aſſez puiſſante. Cependant ces villes ne jouirent jamais de la liberté que par intervalles; parce qu'elles n'étoient pas capables de ſe défendre, lorſque les papes recouvroient leur autorité.

C'eſt en Toſ-cane qu'il de- De toutes les provinces d'Italie, la Toſca-ne étoit ſituée le plus avantageuſement pour

fe gouverner elle-même : car les papes n'é- voit fe former des républi-ques.
toient pas affez puiffants pour s'en rendre
maîtres, & la Lombardie, qui fe foulevoit
fouvent, étoit une barriere entre elle & les
empereurs. Il s'y forma donc plufieurs républiques. Mais fi vous confidérez la pofition
de Venife & de Genes, vous la trouverez
encore plus favorable; & vous ne ferez pas
étonné que ces deux républiques aient commencé long-temps avant les autres.

S'il y avoit en Italie des pofitions plus fa- Mais elles devoient être continuelle-ment agitées.
vorables au gouvernement républicain, il n'y
en avoit point où un peuple pût jouir de fa
liberté fans reffentir quelque commotion, lors
des fecouffes violentes que caufoient les papes,
les rois de Naples, les empereurs, les François, les Efpagnols & une multitude de tyrans
répandus dans les provinces. Les républiques
étoient, pour ainfi dire, entourées de vol-
cans, qui menaçoient de les abymer ; &
vous prévoyez que tout ce qui les environ-
ne, doit leur permettre rarement de fe
gouverner dans un grand calme. Il nous refte
à les confidérer en elles mêmes.

Après avoir été fucceffivement fous la do- Elles vou-loient être li-bres, fans fa-voir ce qui conftitue la li-berté.
mination des Romains, des Herules, des
Goths, des Grecs, des Lombards des François, & des Allemands, les peuples d'Italie
defirerent enfin de fecouer le joug des étran-

gers, & quelques-uns fe flatterent de pouvoir jouir d'une liberté que les circonſtances paroiſ-foient leur offrir. Il étoit bien difficile néan-moins, qu'ils appriſſent à ſe gouverner eux-mêmes ; & il y avoit lieu de craindre qu'ils ne formaſſent leurs républiques avec les dé-bris de ces monarchies, qu'une mauvaiſe conſtitution avoit détruites. Ils n'eurent ja-mais de légiſlateurs. Cependant il en eût fallu de bien habiles, pour leur faire aban-donner leurs vieilles coutumes, & leur en faire prendre de plus conformes à leur nou-velle ſituation. Ils voulurent donc vivre à bien des égards dans des républiques, com-me ils avoient vécu dans de mauvaiſes mo-narchies. C'étoit allier les deux contraires.

L'égalité eſt le fondement du gouverne-ment républi-cain. La Grece & l'ancienne Rome avoient été plus heureuſes, parce que les républiques s'y étoient formées dans des temps, où les hommes étoient à peu-près égaux, ou du moins dans des circonſtances où il falloit peu d'efforts pour les ramener à l'égalité. Les citoyens étoient fobres, tempérants, faits à la fatigue: le luxe qu'ils ignoroient, ne leur avoit pas enlevé les vertus ; ils n'ima-ginoient pas que, pour être puiſſant, il faut être riche ; enfin ils naiſſoient égaux, & ils ne connoiſſoient pas cette nobleſſe & cette roture, qui eſt la plus odieuſe de toutes les inégalités, puisque de deux hommes elle fait deux especes différentes.

Tels furent les Romains après la création des tribuns. Si le plébéien n'étoit pas encore égal au patricien, tout tendoit à les rendre l'un & l'autre égaux par la naissance, & à leur assurer également tous les droits de citoyen. Il est vrai qu'ils ne parvinrent jamais à établir parfaitement cette égalité, ils ne le pouvoient pas même ; & c'est pourquoi leur république a toujours eu des vices fondamentaux. Mais c'est en la cherchant, qu'ils formerent, comme à leur insu, le meilleur gouvernement pour un peuple conquérant. Ils furent assez heureux pour trouver plus qu'ils n'avoient d'abord cherché : mais ils devoient trouver ce qu'ils ne cherchoient pas, puisque nous avons vu que de l'égalité naissent tous les avantages des républiques.

Les Romains n'ont été puissants, que parce qu'ils tendoient à l'égalité.

Or, les Italiens ne songerent jamais à chercher l'égalité. Ils étoient donc bien loin de parvenir à se gouverner sagement. Quand on considere cette ignorance, commune alors à toutes les nations, on diroit que l'empire romain ne s'étoit élevé sur les ruines de tant de peuples libres, que pour enfouir avec lui le secret de la liberté.

Les Italiens n'ont jamais connu l'égalité.

En effet, l'inégalité, destructive de tout gouvernement libre, s'étoit accrue conti-

Le gouvernement féodal,

nuellement sous l'anarchie des fiefs, & croiffoit encore tous les jours, à mesure qu'on
acquéroit de plus grandes richesses. Comme
elle avoit d'abord pris sa source dans la différence humiliante des nobles & des roturiers, elle puisa de nouvelles forces dans
le commerce auquel on s'appliqua par préférence à tout : deux inconvénients dont les républiques doivent se garantir.

Les gentils-hommes, dit Machiavel, font
ceux qui vivent du produit de leurs terres
dans l'abondance & dans l'oisiveté. De pareils hommes font la peste d'une république :
mais les plus pernicieux font ceux qui ont
des châteaux, des forteresses & des fiefs.

Ce même écrivain remarque que le royaume de Naples, l'état ecclésiastique & la Lombardie étoient remplis de ces sortes de gentils-
hommes. D'où il juge avec raison que les
peuples de ces provinces n'étoient pas faits
pour se gouverner en république. A peine
étoient-ils capables de soupirer quelquefois
après la liberté : ceux du royaume de Naples
n'en avoient pas même conservé le moindre
sentiment.

Mais la Toscane, remarque encore Machiavel, avoit heureusement très-peu de gen-
tilsh-ommes. Aussi vit-on non-seulement se
former, dans un petit espace, trois républiques

Florence, Sienne & Lucques : mais on voyoit encore plusieurs autres villes conserver
l'esprit républicain jusques dans la servitude,
& quelque fois jouir par intervalles de la liberté. Cependant si les gentils-hommes étoient
en trop petit nombre pour empêcher les républiques de se former ; il y en avoit trop encore pour permettre qu'elle s'établissent solidement. De-là naîtront bien des troubles.

mais elles sont troublées par ce qu'il y reste encore des gentils-hommes.

Comme l'Italie cultivoit les arts & le commerce, plus qu'aucune autre province de l'Europe, elle étoit aussi la plus riche de toutes. Les républiques, entraînées par l'esprit
général, devinrent donc commerçantes. Elles
s'enrichirent d'autant plus qu'elles gênoient
moins le commerce: elles devinrent par-là
plus puissantes: cependant elles préparoient
leur ruine.

Elles sont toutes commerçantes.

L'inégalité, qu'amenent les richesses, est
d'autant plus destructive, qu'une république ne peut alors avoir que des troupes
mercenaires ; soit qu'elle se serve de soldats
étrangers, soit qu'elle arme ses propres citoyens.

Elles n'ont que des troupes mercenaires.

Il arrive de-là qu'elle est mal défendue,
& que cependant il lui en coûte beaucoup
pour se défendre. Les victoires sont presque
aussi cheres que les défaites ; le trésor public
s'épuise : le peuple gémit sous les impôts qui

Combien il leur en coûte pour se défendre.

se multiplient ; l'état qui contracte continuellement de nouvelles dettes, ne se soutient que
par son crédit ; il n'est plus riche que par l'o-
pinion qu'on a de ses richesses imaginaires ;
& il est ruiné, si l'opinion change.

Le commerce
suscite entre
elles des guer-
res ruineuses.

La guerre enrichissoit Rome , & appauvris-
soit Carthage ; c'est que Rome , toute militaire , armoit à peu de frais ; & que Carthage
commerçante, n'avoit des troupes qu'autant
qu'elle les payoit. Les républiques d'Italie ,
qui croyoient s'enrichir par la voie des armes , devoient donc se ruiner , si elles armoient pour étendre à l'envi leur commerce :
car alors , se nuisant les unes aux autres, elles
l'arrêtoient nécessairement dans ses progrès.
Cependant lorsque cette source de richesses
se tarissoit , c'est alors que l'argent devenoit
plus nécessaire : il falloit lever de nouvelles
troupes, construire de nouveaux vaisseaux,
acheter de nouvelles alliances. On s'appauvris-
soit donc encore par les efforts qu'on faisoit
pour réparer ses pertes.

Elles se rui-
nent même a-
vec des suc-
cès.

Remportoit-on des avantages ? ils avoient
coûté trop cher, & on n'étoit plus assez riche pour les soutenir. On mécontentoit
les alliés qui ne trouvoient jamais leurs servi-
ces assez payés; on s'en faisoit des ennemis ;
& parce qu'après une victoire on avoit besoin
de ressources, comme après une défaite, le
vaincu

vaincu avoit réparé fes fordes, lorfque le
vainqueur ne pouvoit pas encore fuivre fes
premiers fuccès; fouvent même il fe trouvoit le premier en état de reprendre les armes,
& il recouvroit ce qu'il avoit perdu, avant
qu'on eût tout préparé pour repouffer fes hoftilités. Ainfi les guerres, après des fuccès
alternatifs & ruineux pour les deux partis,
finiffoient par un épuifement général : &
quelque temps après on les recommençoit,
jufqu'à qu'on fût encore épuifé.

On ne pouvoit pas douter que l'argent ne
fut alors le nerf de la guerre : mais cela n'é-
toit vrai, que parce que les gouvernements
étoient vicieux. Cette maxime familiere aux
politiques d'alors, étoit ignorée dans les beaux
temps de la Grece & de Rome : elle l'étoit
au moins des Grecs & des Romains; car je
conviens que les Perfes & les Carthaginois la
connoiffoient.

L'argent eft pour elles le nerf de la guerre.

Les républiques d'Italie avoient donc,
lorfqu'elles fe fonderent, les mêmes vices ou
de plus grands encore que les républiques anciennes, lorfqu'elles tomboient en ruine. Par
conféquent fans mœurs, & toujours déchirées
par des factions, elles offriront les mêmes défordres, que nous avons déja vus dans l'hiftoire générale de l'Italie. Le bien public fera
toujours facrifié à des intérêts particuliers :

Elles ont dès leur établiffe-ment tous les vices des répu-bliques cor-rompues.

Tom. XII.   H h

les partis qui domineront tour-à-tour, ne cef-
feront de changer la forme du gouvernement:
les loix, toujours partiales, ne feront jamais
refpectées : les réglements les plus fages feront ceux qui trouveront le plus d'obftacles:
les citoyens puiffants fe regarderont avec méfiance, jufques dans les temp de calme: ils
armeront les uns contre les autres fur les
plus légers foupçons ; & une faction livrera
la patrie à l'étranger, plutôt que de fe foumettre à une faction contraire. En un mot,
il n'y aura de liberté pour ces républiques,
que lorfqu'un citoyen habile & vertueux, fe
trouvant à la tête du gouvernement, fera refpecter les loix dans fa perfonne. Mais les
Timoléons font rares.

Machiavel, que je cite encore, parce que
je raifonne fur les principes qu'il a develop-
pés dans fon hiftoire de Florence & dans fes
difcours fur la premiere décade de Tite Li-
ve, Machiavel, dis-je, ayant remarqué que
les républiques de Suiffe & quelques-unes
d'Allemagne avoient des mœurs, & qu'elles
n'étoient pas fujettes aux mêmes défordres que
celles d'Italie, en donne pour raifon, qu'elles ne permettent pas qu'aucun de leurs citoyens foit gentil-homme ; & que ne fongeant
point à s'enrichir, elles fe contentent des vê-
temens & des aliments que leur pays peut

Pourquoi les républiques de Suiffe & d'Allemagne étoient moins mal confti-tuées.

leur fournir. N'ayant donc pas besoin de commercer avec les François, avec les Espagnols,
ni avec les Italiens, elle ne prennent pas
les mœurs de ces nations, *le quali*, dit-il,
tutte infieme fono la corruttela del mondo.

CHAPITRE IV.

De Venife & de Genes.

Vous prévoyez que les révolutions feront fréquentes dans les républiques d'Italie :
vous en connoiffez les principales caufes : il
ne me refte plus qu'à vous donner de Venife,
de Genes & de Florence la connoiffance qui
devient néceffaire pour reprendre l'hiftoire de
l'Europe.

Commence-
ment de Ve-
nife fous la
protection des
Padouans.

Lors de l'invafion des Goths, fous Rada-
gaife en 407 & fous Alaric en 413 , les peuples voifins du golfe Adriatique chercherent
un afyle dans les petites îles , qui s'elevent au
milieu des lagunes formées par la mer. Les
Padouans , à qui elles appartenoient , & à qui
elles pouvoient fervir de retraite , favorife-
rent ce concours , & envoyerent en 421 trois
confuls dans l'île de Rialte, qu'ils proclamerent place de refuge. Ces îles fe peuplerent
encore plus , lorfqu'Attila , ravageant pour la
feconde fois l'Italie , détruifit en 453 Pavie,

Milan, Padoue, Aquilée & plusieurs autres villes.

Padoue s'étant rétablie, elle envoya dans Rialte & dans les autres îles des tribuns, pour les maintenir sous sa dépendance : mais les plus riches citoyens se saisirent insensiblement de l'autorité, & les tribuns s'érigerent même en souverains chacun dans son île.

Gouvernement des douze tribuns.

En 709, les tribuns des douze îles principales, dégoûtés d'être souverains, sentirent enfin qu'il pouvoit leur être avantageux de limiter leur puissance; & croyant former une république, ils firent une association, & élurent un duc ou doge pour être leur chef.

Un siecle après, cette république trouva dans Pepin, fils de Charlemagne, un vainqueur généreux. Ce prince lui remit le tribut qu'elle payoit : il lui donna cinq milles d'étendue en terre ferme le long des lagunes, & lui accorda la liberté de commercer par mer & par terre. C'est même depuis lui, qu'on l'appelle Venise; car il voulut que Rialte, jointe à quelques autres îles, portât ce nom, qui étoit celui de la province voisine des lagunes.

Pepin, fils de Charlemagne protége Venise.

La constitution de cette république étoit cependant bien vicieuse. Le doge abusoit presque continuellement d'une autorité, qu'on n'avoit pas su limiter; & le peuple qui le dé-

La trop grande puissance du doge occasionne des troubles con-

posoit & qui lui crevoit les yeux, croyoit
recouvrer sa liberté en élisant un nouveau doge, auquel il donnoit encore la même puissance. Jusqu'en 1172, le gouvernement de
Venise offre des soulèvements, des factions
& des désordres, que vous pouvez imaginer
d'après ce que vous avez vu ailleurs.

Nouveau gouverne-ment qui la limite. Il étoit temps de chercher un remede aux
abus. Il s'agissoit de limiter le pouvoir du do-
ge, & de prévenir les brigues & les tumultes,
que son élection ne pouvoit cesser d'occasionner tant qu'elle se feroit par le peuple entier :
voici donc le gouvernement qu'on établit.

Douze tribuns, élus par le peuple pour
être ses protecteurs, rendoient nulles par leur
opposition les ordonnances du prince. Ils éli-
soient tous les ans deux cents quarante citoyens de tous états, & ils en formoient le
conseil souverain de la république. Enfin on
prenoit dans ce conseil un certain nombre d'é-
lecteurs, lorsqu'il falloit élire un doge.

Par ce changement, chaque citoyen conservoit sa part ou du moins son droit à la
souveraineté; & le grand conseil, où l'on
ne trouvoit pas les mêmes inconvénients que
dans un peuple tumultueux, étoit assez puissant pour forcer le doge à n'être que le magistrat de la république.

La démocra-tie se change Cette forme de gouvernement subsista jusqu'en 1289 que le doge Pierre Gradénigo fit

paſſer un réglement , par lequel un certain nombre de familles eurent , à l'excluſion de toutes les autres & à perpétuité , la ſouveraine adminiſtration. Il en fit enregiſtrer le décret à la Quarantie criminelle ; tribunal dont on ne fixe pas l'origine, mais qui mettoit alors le ſceau aux loix. Cette époque ſe nomma *il ſerrar del conſiglio ,* parce qu'elle ferma l'entrée du grand conſeil aux familles qui n'y avoient pas été admiſes.

en ariſtocratie ſous le doge Pierre Gradenigo.

Veniſe , qui auparavant avoit été une démocratie , fut alors une ariſtocratie héréditaire. Parmi les familles , exclues injuſtement du grand conſeil , quelques-unes par foibleſſe ou par ignorance dédaignèrent de s'oppoſer à cette innovation ; d'autres , plus puiſſantes ou plus éclairées , tentèrent de rétablir l'ancien gouvernement : ce fut ſans ſuccès. Leur entrepriſe fit ſeulement penſer à prévenir de pareilles conſpirations ; & on créa en 1310 un tribunal , qui parut ſi propre à cet effet, que vingt-cinq ans après on l'établit à perpétuité.

Conſpirations des familles qui ont perdu leur part à la ſouveraineté.

Ce tribunal eſt le conſeil des dix. Les membres ſont élus tous les ans par le grand conſeil ; & ils choiſiſſent parmi eux trois chefs qui changent tous les mois , & qui roulent par ſemaine.

Conſeil des dix pour prévenir ces conſpirations.

Tout ce qui concerne la police eſt du reſſort de ce tribunal. Il étend ſa juridiction ſur

Hh 4

les nobles comme fur les bourgeois ; & il eſt le jugé de tous les officiers, chargés de quelque partie de l'adminiſtration. Non-ſeulement il reçoit les accuſations qu'on lui porte : il a encore des eſpions répandus par tout ; & fur le rapport de quelques délateurs, il condamne un accuſé ſans l'entendre.

Inquiſiteurs d'état établis pour la même fin.

Mais un tribunal, dont la procédure eſt encore plus odieuſe, c'eſt celui des inquiſiteurs d'état. Il eſt compoſé de deux ſénateurs pris dans le conſeil des dix & d'un des conſeillers du doge. Il punit les ſoupçons, comme le crime même. Il fait noyer en ſecret quiconque a tenu quelques propos ſur le gouvernement, ou en eſt accuſé par les eſpions, dont il remplit la ville ; & ſans avoir de compte à rendre à qui que ce ſoit, il a un pouvoir abſolu ſur la vie du doge, des nobles, des étrangers & de tous les ſujets de la république.

Combien ces moyens ſont abſurdes, & cependant néceſſaires à la tranquillité publique.

Vous avez jugé les princes, qui, favoriſant les délateurs, ſacrifioient à des ſoupçons tout citoyen qu'on accuſoit : jugez donc à préſent ces nobles, qui exercent la ſouveraineté dans la république de Veniſe. Si la ſociété a pour objet la ſureté de tous ſes membres, doit-elle commencer par répandre une méfiance générale ? Quels que ſoient les avantages que les nobles Vénitiens penſent retirer de cette politique, ils ſont abſurdes de vouloir

être tous enfemble les tyrans de chacun d'eux
en particulier, & de créer des tribunaux pour
exercer cette tyrannie. On voit bien que ce
gouvernement s'eft établi dans des temps, où
la force qui régloit tout, n'affuroit rien & faifoit une néceffité de prendre toute forte de
précautions. En effet, la fouveraineté que les
nobles enlevent au peuple eft une dépouille
qu'ils craignent de s'enlever les uns aux autres ; & ils entretiennent leurs craintes, faute
de favoir fe réunir par un intérêt commun.
S'ils ont encore befoin de cette politique, ils
font à plaindre: & ils en ont befoin. Il n'y
a pas d'autre moyen pour contenir tous ces
nobles, qui fe regardant comme autant de fouverains, exerceroient fur le peuple toute forte de vexation, & ruineroient enfin l'état.

Tout démontre qu'il n'y a point de bon
gouvernement fans mœurs, & cependant cette république a banni les mœurs de fon
gouvernement. Comme l'ariftocratie s'eft
formée dans des temps où il n'y en avoit
point, & qu'elle a reconnu par expérience
combien la corruption étoit favorable à fon
affermiffement, elle s'eft fait un principe de
donner la licence en échange pour la liberté;
& elle laiffe une libre carriere à cette licence, pourvu qu'on ne s'ingere en aucune maniere dans les affaires d'état. C'eft un defpotifme, qui ne fe fent affermi, qu'autant

Le gouverne-
ment de Ve-
nife s'affermit
en banniffant
les mœurs.

qu'il commande à des ames fans vertus. Pour
diftraire donc le peuple de la perte de la fouveraineté, il lui permet d'être fans mœurs;
& le peuple nfe de cette permiffion, comme d'un dédommagement. D'ailleurs cette
licence attire les étrangers, qu'une trop grande circonfpection, devenue néceffaire, ne
manqueroit pas d'écarter. Qui tenteroit de
vivre dans un gouvernement, où le fouverain, toujours foupçonneux, ne permet jamais de l'envifager?

Toujours
foupçonneux
il n'a pas de
citoyens mê-
me parmi les
nobles.

Quelques éloges qu'on donne à la république de Venife, c'eft un monftre en politique qu'un gouvernement qui a toujours des
foupçons, & qui n'a jamais de mœurs. Sans
foldats, il n'a que des troupes mercenaires.
Je dirois même qu'il eft fans citoyens: car
peut-on nommer citoyens des hommes incapables de porter les armes, & que l'état
n'oferoit armer pour fa défenfe? Les nobles
eux-mêmes fe bornant aux fonctions civiles,
craindroient de confier le commandement des
armées à quelqu'un de leur corps. Mais en
vain cette république prend toutes ces précautions: en vain elle force au plus profond
filence, pour empêcher que fes déliberations
ne tranfpirent: qu'importeroit à une puiffance
qui domineroit en Italie, de favoir ce qui fe
délibere dans les confeils de Venife?

Cette république, foible par sa constitution succombera infailliblement, si un ennemi puissant connoît toute sa foiblesse. Elle pourroit renoncer à son système de méfiance & de mauvaises mœurs, sans craindre qu'un de ses citoyens pût usurper la souveraineté. Ce n'est pas là le malheur dont elle est menacée. Lorsque vous connoîtrez comment ses magistratures se combinent & se balancent, vous serez convaincu qu'en voulant prévenir toute révolution au dedans, elle s'est rendue on ne peut pas plus foible au dehors.

Il ne s'affermit au dedans qu'en s'affoiblissant au dehors.

Un tribunal, qu'on nomme college, donne audience aux ambassadeurs, & traite des affaires étrangeres: mais sans prendre sur lui d'en terminer aucune, il prépare seulement les matieres qui doivent être réglées dans le sénat. Le doge y préside sans autorité: car il ne peut faire sans ses conseillers, ce que ses conseillers peuvent faire sans lui. Il en a six, qui sont en exercice pendant un an; de maniere néanmoins qu'après avoir assisté au college les huit premiers mois, ils président les quatre derniers à la Quarantie criminelle, dont les trois chefs, nommés vice-conseillers ont pendant deux mois séance au college. Le doge, ses conseillers & ses vice-conseillers, jugent toutes les affaires particulieres, qui sont du ressort du college; &

Le college.

ce tribunal eſt ce qu'on nomme la ſeigneurie.

D'autres magiſtrats, qui ne ſont en place que pendant ſix mois, entrent encore au
college : ce ſont les ſix ſages grands, les cinq
ſages de terre ferme, & les cinq ſages des
ordres.

Les ſages grands ſont proprement les
maîtres du gouvernement. Chargés ſeuls des
principales affaires de l'état, ils portent au
ſénat le réſultat de leurs délibérations & déterminent les démarches de ce corps; ils le convoquent extraordinairement, ſi les conjonctures l'exigent.

Pendant que le college & d'autres tribunaux veillent à l'adminiſtration de la juſtice,
le ſénat, autrement nommé Pregadi (*), exer-
ce donc toute l'autorité ſouveraine. Il décide de la guerre & de la paix, il fait les
alliances, il regle les impôts, il élit les magiſtrats du college, il nomme les ambaſſa-
deurs, les capitaines de la république &
tous les principaux officiers. Il eſt compoſé de cent vingt ſénateurs : mais parce que

---

(*) On le nomme ainſi, parce que dans les commencements il ne s'aſſembloit que dans des cas extraordinaires, & qu'on prioit les citoyens les plus éclairés de s'y
trouver.

beaucoup d'autres magiſtrats ont droit d'y
aſſiſter, ſes aſſemblées peuvent être de deux
cents quatre-vingts perſonnes.

Si ce corps a l'exercice de la ſouveraineté, il n'a pas la ſouveraineté même: il n'eſt
proprement que le magiſtrat du grand conſeil, qui eſt le vrai ſouverain.

Le grand conſeil eſt l'aſſemblée de tous
les nobles, qui ont atteint l'âge de vingt-
cinq ans. Il fait les loix nouvelles; il abro-
ge ou modifie les anciennes : il diſpoſe de
toutes les magiſtratures, ou confirme les magiſtrats élus par le ſénat: il révoque tous les
ans, ou continue à ſon gré les ſénateurs, il
punit ceux qui ont mal uſé de leur pouvoir,
& il corrige tous les abus contraires à ſon
autorité.

Le grand conſeil.

Le grand nombre de magiſtrats qui ſe
partagent l'adminiſtration, le peu de temps
qu'ils ſont en place, la circonſpection avec laquelle ils s'obſervent les uns les autres, &
la dépendance où ils ſont du grand conſeil,
mettent dans l'impoſſibilité de former des entrepriſes contre le corps de la nobleſſe. La
république, forcée par le ſyſtême qui lie
& engrene toutes ſes parties, s'eſt fait une
allure que rien ne peut changer. Il faut né-
ceſſairement qu'elle ſuive toujours les mêmes
principes, & que tous les membres, quels

La maniere dont les ma-
giſtratures ſe combinent, met une barriere à l'ambi-
tion, & aſſujet-
tit la républi-
que à un plan
dont elle ne
peut s'écarter

qu'ils foient, s'y conforment eux - mêmes.

Mais fes opé-
rations en font
plus lentes ;

Cette unité ou perpétuité de fyftème eft un
avantage que les républiques ont fur les mo-
narchies, où les vues changent continuellement: mais Venife doit cet avantage à un
pian, qui en affurant fa tranquillité au dedans, l'affoiblit néceffairement au dehors,
parce qu'il ralentit toutes fes opérations.

& il lui eft
prefque im-
poffible de fai-
re les change-
ments que les
circonftances
demandent.

Les circonftances ont bien changé pour
cette république ; cependant elle fe gouverne d'après les mêmes loix qu'elle s'eft faites dans fes temps de profpérité, & il lui
eft bien difficile de remédier aux abus qui
en naiffent. Affujettie au fyftème qu'elle
s'eft d'abord fait, elle obéit à une impulfion
qu'elle ne peut ni fufpendre ni diriger ; parce qu'elle ne peut pas faire les changements
que les circonftances demandent. Ce feroit
au grand confeil à abroger les loix & à en
faire de nouvelles, puifque tout le pouvoir
légiflatif réfide en lui: mais le fénat s'applique à lui en ôter tout exercice. Ce corps
eft comme un miniftre, qui, jaloux de l'autorité, ne permet pas au fouverain de prendre connoiffance des affaires. Il aime mieux
gouverner d'apres des abus, qui tendent à
la ruine de l'état. Les nobles Vénitiens, qui
voient ces abus, ne s'en mettent pas en pei-

ne; & chacun dit: *la république durera toujours plus que moi.* Voilà où ils en font
aujourd'hui.

Le peu que je viens de dire fuffit pour
vous faire connoître le génie de cette république. Il faudroit entrer dans bien d'autres détails pour vous donner une idée complete de
fon gouvernement : mais ce font des chofes
que vous trouverez ailleurs.

Machiavel penfe que l'ariftocratie de Venife s'eft établie naturellement & fans diffen-
tion : car, felon lui, lorfque ceux qui s'étoient
réfugiés dans les îles des lagunes, fe trouverent en affez grand nombre, ils formerent
une république dans laquelle chacun eut
la même part au gouvernement; & les citoyens
ne furent pas encore diftingués en plufieurs
claffes. Ceux qui vinrent enfuite, ne furent
reçus que comme fujets; parce qu'on ne voulut pas partager l'autorité avec eux. Cependant trop heureux de vivre fous la protection
des loix, ils ne purent pas fe plaindre, puifqu'on ne leur ôtoit rien; & d'ailleurs ils étoient
trop foibles, pour ofer former des prétentions.
Ils fe trouverent donc naturellement dans la
claffe du peuple; & ils releverent la dignité
des premiers habitants, qu'on nomma gentils-hommes

C'eft une conjecture ingénieufe, qu'il feroit difficile de concilier avec les faits con-

Erreur de
Machiavel fur
l'ariftocratie
de Venife.

La noble de
de Venife eft

bien différen-
te de la no-
blesse féodale nus. Cet écrivain fait une réflexion plus juſte, lorſqu'il remarque que les gentils-hom-
mes Vénitiens ſont bien différents de ceux
qu'on voyoit ailleurs. En effet, ce ne ſont
pas des hommes armés, des ſeigneurs de châteaux : ce ſont des magiſtrats, qui ont & qui
exercent la ſouveraineté.

Mais cette différence ne fut pas leur on-
vrage : les circonſtances firent tout. Retirés
ſur des écueils juſqu'alors inhabités, ils étoient
ſans richeſſes, & leurs îles ne pouvoient pas
fournir à leur ſubſiſtance. Il ne s'agiſſoit donc
pas de bâtir des forts pour commander à des
ſerfs. Comme ils ne pouvoient ſubſiſter
que par le commerce, il leur falloit des loix
& des vaiſſeaux, & c'eſt à quoi ils ſongerent.

Des commerçants, ennoblis par les magiſtratures, ſont moins remuants que des ſeigneurs de châteaux : c'eſt pourquoi Veniſe a
été ſujette à moins de diſſentions. D'ailleurs
il faut convenir que ſa nobleſſe eſt fondée ſur
de meilleurs titres, que celle qui prend ſon
origine dans le gouvernement des fiefs : elle
nous rappelle la nobleſſe des républiques anciennes.

Genes eſt
une ariſtocra-
tie, qui ne
pouvoit s'éta- Les Génois s'érigerent en république vers
la fin du neuvieme ſiecle, pendant les troubles qui ſuivirent la mort de Charles le Gros.
Mais

Mais parce que leur gouvernement, toujours blir fur des
fans principes, n'a jamais cefſé de varier, il principes fi-
faudroit en faire l'hiſtoire, pour vous faire xes.
connoître les différentes formes qu'il a pris.
Cependant il en réſulteroit peu d'inſtruction :
car nous ne verrions que des déſordres, comme
nous n'en avons déja que trop vu. Il ſuffit
de ſavoir que Genes eſt une ariſtocratie ſans
ſyſtême, & de chercher quelle en eſt la
cauſe.

Les Vénitiens, établis dans leurs lagunes,
long-temps avant la naiſſance du gouverne- Pourquoi ?
ment féodal, n'eutent point parmi eux de
ces nobles toujours armés pour ſubjuguer &
tyranniſer le peuple. Ils n'avoient voulu qu'é-
chapper aux Goths : ils furent plus heureux
qu'ils n'avoient prévu ; la mer les garantit
contre l'invaſion des gentils-hommes. Bornés
à leurs îles & à leur commerce, ils eurent
encore le bonheur de ſe tenir ſéparés de l'Italie
juſqu'au quatorzieme ſiecle ; & d'être par conſéquent loin des factions, dont l'eſprit eût été
contagieux pour eux comme pour les autres.

Vous voyez donc pourquoi Genes n'a pas
pu donner une forme fixe à ſon gouvernement : c'eſt qu'étant en terre ferme, il falloit
qu'elle ſubît le ſort de toutes les villes d'Italie. Elle devoit avoir des gentils-hommes,

des Guelfes, des Gibelins & des factions de toute efpece. Condamnée, par conféquent, à être toujours agitée, elle étoit dans l'impuiffance de fe fixer à quelques principes: les meilleurs régléments ne pouvoient s'établir, ou ne pouvoient fubfifter : il y avoit toujours des partis affez puiffants pour s'oppofer au bien général.

Puiffance de
Venife & de
Genés fur mer

Genes a cependant eu des temps florif-fants. Elle a du moins eu de grands fuccès au dehors ; & même elle a été la rivale de Ve-nife. Il nous refte à confidérer quelle a été la puiffance de ces deux républiques : je la chercherai plus dans les caufes, que dans le détail des événements.

Toutes deux fituées avantageufement pour le commerce, elles n'avoient de rivales que quelques villes d'Italie: car le refte de l'Euro-pe n'offroit qu'une nobleffe militaire & des peuples miférables. Elles s'enrichirent, & dans le dixieme fiecle, elles étoient déja l'une & l'autre fort puiffantes fur mer.

Les Sarrazins ayant pillé & brûlé Genes, pendant que les Génois étoient en mer, non-feulement ils furent défaits, mais ils perdi-rent encore leur butin & tous leurs vaif-feaux ; & au commencement du fiecle fui-vant, les Génois, joints au Pifans, leur enle-verent la Sardaigne : il eft vrai que cette île

fut le fujet d'une longue guerre entre ces deux
républiques.

Les Vénitiens n'étoient pas moins redoutables aux Sarrazins. Ils leur firent lever le
fiege de Bari & de Capoue, & ils remporte-
rent fur eux une victoire complete. Ils avoient
des traités d'alliance avec l'empereur de Conftantinople, avec les fouverains d'Egypte &
de Syrie, & avec les princes d'Italie, qui pouvoient favorifer leur commerce. Leur puiffance étoit telle que les peuples de Dalmatie
& d'Iftrie fe donnerent à eux, pour fe délivrer des corfaires de Narenza, qui les atta-
quoient par terre & par mer.

Les croifades, fi ruineufes pour l'Europe, **Les croifades**
devoient être une fource de richeffes pour contribuent à
deux peuples, qui pouvoient armer de gran- leur puiffance
des flottes. Ils n'alloient pas en Paleftine à
travers des nations ennemies : un chemin
plus fûr leur étoit ouvert, & tous les autres
croifés paroiffoient des victimes, qui s'immo-
loient pour leur préparer des fuccès. Quand
les Génois & les Vénitiens n'auroient pas été
entraînés par le fanatifme général, il auroit
été de leur politique d'approuver une guerre,
où ils hazardoient moins que les autres, &
d'où ils retiroient beaucoup plus. Ils eurent
part aux conquêtes, ils rapporterent un butin
immenfe; & lorfque les croifés renoncerent

à prendre la route de Conſtantinople, ils leur fournirent des vaiſſeaux de tranſport, & la guerre ſainte devint doublement lucrative pour eux.

Conquêtes des Vénitiens. A la fin du douzieme ſiecle, les Vénitiens perſuaderent aux croiſés de joindre leurs forces à celles de la république ; & ils reprirent, avec ce ſecours, des places, que le roi de Hongrie leur avoit enlevées dans l'Iſtrie. Ils partagerent enſuite Conſtantinople avec eux : ils ſe rendirent maîtres de la plus grande partie de la Grece ; & bientôt après, ils ajouterent l'île de Candie à toutes ces conquêtes.

Les Vénitiens & les Génois ſe ruinent mutuellement. Les Génois avoient des ſuccès moins brillants, mais ils pouvoient ſeuls diſputer l'empire de la mer aux Vénitiens. Ces deux peuples devinrent donc ennemis : ils ſe firent la guerre en Paleſtine, ils ſe la firent ſur mer, & ils s'épuiſerent mutuellement pendant plus de deux ſiecles.

Mais les troubles domeſtiques ſont funeſtes aux Génois. Mais quelque fût au dehors le ſort des armes des Génois, ils avoient dans leurs diſſentions un vice plus deſtructif que la guerre. Au commencement du quatorzieme ſiecle, ils n'eurent d'autre reſſource que de ſe donner à Robert roi de Naples. Ils recouvrerent leur liberté, mais ils n'en furent pas jouir ; & après bien des troubles, ils ſe donnerent à Charles

VI, roi de France. Las d'une domination
étrangere, ils égorgerent tous les François,
pour tomber fous la puiffance du marquis de
Montferrat. A peine eurent-ils chaffé ce
nouveau maître, qu'ils en trouverent un
autre dans Philippe, duc de Milan ; & ils
furent enfin réduits à conjurer Charles VII
de vouloir être leur fouverain. En un mot,
ils ne furent plus ni obéir ni être libres.

Pendant que Genes paffoit d'une domination fous une autre, Venife, à qui cette rivale
devenoit moins redoutable, faifoit des conquêtes en Italie ; & elle y acquit des états
confidérables dans le cours du quatorzieme
fiecle & au commencement du quinzieme.
Mais fi la puiffance d'une république doit être
dans fa conftitution, vous reconnoîtrez que
Venife n'a dû fes fuccès qu'à la foibleffe de
fes ennemis.

On voit qu'elle devoit réuffir en Lombardie : car fa marche fyftématique, & toujours
foutenue, lui donnoit de grands avantages fur
les vues changeantes de ces petits princes qui
ne formoient que des projets momentanés. En
profitant de leurs fautes & de leurs divifions,
elle pouvoit vaincre par la rufe & par l'argent,
autant que par les armes : & c'eft auffi ce qu'elle
a fait.

I i 3

Ses fuccès fur mer ne nous doivent pas étonner davantage. Le peuple le plus riche fera toujours le maître de cet élément, lorſqu'aucun peuple guerrier ne lui en conteſtera l'empire. C'étoit le temps où la guerre ſe faiſoit avec de l'argent, & où, par conſéquent des commerçants, aidés par une ſituation favorable, étoient deſtinés à faire des conquêtes.

Les ſuccès de ces républicains n'ont rien de ſurprenant.

Cependant Veniſe eût été plus ſage, ſi s'occupant uniquement de ſon commerce, elle eût préféré des alliés à des ſujets. En voulant maintenir les peuples conquis ſous ſa domination, elle épuiſoit des tréſors, qu'elle eût pu employer à ſe faire des amis, & à faire fleurir de plus en plus ſon commerce. Candie faiſoit ſur-tout, des efforts continuels pour recouvrer ſa liberté : l'Iſtrie & la Dalmatie n'étoient pas plus ſoumiſes: la Grece & l'Italie n'étoient jamais tranquilles;& les mouvements de ces peuples entrainoient continuellement dans de nouvelles guerres avec les princes voiſins. Il falloit donc être toujours armé, avoir toujours des troupes ſur pied, mettre toujours de nouvelles flottes en mer; en un mot, ruiner ſon commerce, & ſe voir toujours au moment de perdre ſes conquêtes.

Ils étoient ruineux pour leur commerce.

Les avantages de cette république venoient des déſordres où ſe trouvoient toutes les na-

Ils ne les devoient qu'à la

tions. Mais si ces désordres finissoient, si du
moins ils diminuoient assez pour permettre
aux principaux peuples de prendre un état plus
assuré; les Vénitiens réduits à leurs lagunes, se
trouveroient trop heureux de s'y défendre.
Leur salut n'étoit donc que dans la foiblesse
de leurs voisins. Plus vous réfléchirez sur le
gouvernement de cette république, plus vous
serez convaincu que ses richesses ne lui four-
niront pas assez de soldats pour défendre toujours son trop grand empire. Vous la voyez
déja dans un état violent, & vous pouvez
prévoir qu'elle sera de grandes pertes.

CHAPITRE V.

Des révolutions de Florence.

IL eſt des princes, dont le regne n'eſt preſque qu'une ſuite de fautes, & auxquels cependant on s'intéreſſe: il en eſt d'autres, qui
n'ont pas fait les mêmes fautes, & dont la vie
néanmoins ennuie autant le lecteur, qu'ils ont
eux mêmes ennuié leur cour. C'eſt qu'il y a,
Monſeigneur, bien de la différence entre les
fautes des grandes ames & les fautes des ames
lâches.

Ce que je dis des princes, il faut l'appliquer aux nations. Les Florentins ne ſavoient
pas mieux ſe gouverner que les autres peuples
d'Italie: mais ils intéreſſent, parce qu'ils ont
de l'ame, & leur hiſtoire mérite une attention
particuliere. Plus vous la connoîtrez, plus vous
regretterez qu'ils n'aient pas commencé dans
de meilleurs temps: vous ne pardonnerez pas à
la barbarie qui les aſſiége de toutes parts, &
qui met des entraves à leur génie: vous ſerez
fâché, qu'aimant la liberté, ils ne ſachent pas

être libres : mais vous verrez au moins que
pour les assujettir, il faut des talents & des
vertus.

Lorsque vers la fin du onzieme siecle, les entreprises de Grégoire VII diviserent l'Italie en deux partis, les Florentins, qui jusqu'a-lors avoient toujours été soumis à la puissan-ce dominante, furent encore assez heureux pour ne point prendre part aux querelles du sacerdoce & de l'empire. Unis, ils paroissoient n'avoir d'autre ambition que de conserver la tranquillité, au milieu des troubles qui se formoient tout autour d'eux. Ils jouirent de ce repos jusqu'en 1215, continuant de se soumettre au vainqueur & se défendant contre l'esprit de faction. Mais les dissentions ayant alors commencé parmi eux, elles y furent plus vives & plus funestes que partout ailleurs.

Les Florentias sont long-temps avant de prendre part aux querelles du sacerdoce & de l'empire.

Buondelmonti étant sur le point de se marier avec une demoiselle de la maison des Amidei, rompit tout-à-coup ses engagements pour en épouser une plus belle de la maison des Donati. Il lui en coûta la vie, les Amidei, les Uberti & d'autres, tous alliés ou parents, ayant voulu laver dans son sang l'affront fait à leur famille.

Commencemens des dissensions.

Cet assassinat divisa toute la ville: les citoyens les plus considérables se déclarerent

Faction des Buondelmon-

ti & faction des Uberti.

les uns pour les Buondelmonti, les autres pour les Uberti. On arma & la guerre dura plufieurs années, s'interrompant quelquefois, & recommençant à la plus légere occafion. Vous jugez bien que ces gentils-hommes là, car c'en étoit & ils avoient des châteaux, vous jugez, dis-je, qu'ils ne fouffriront pas que Florence recouvre fa premiere tranquillité, ou qu'elle en jouiffe long-temps.

Les Uberti font protégés par Frédéric II.

Frédéric II favorifa les Uberti, dans l'idée d'affermir & d'augmenter fa puiffance en Tofcane : il eût été plus fage de réconcilier les deux partis & de les gagner tous deux. Il accrut des défordres, qu'il pouvoit réprimer. Les Buondelmonti furent chaffés de la ville, & la haine fut plus envenimée que jamais.

Ils prennent le nom de Gibelins, & les Buondelmonti celui de Guelfes.

Les Uberti, comme partifans de l'empereur, prirent le nom de Gibelins : on donna celui des Guelfes aux Buondelmonti ; & c'eft, felon quelques-uns, l'époque où l'Italie connut pour la premiere fois ces noms de factions : Machiavel néanmoins dit qu'ils y étoient plus anciens.

A la mort de Frédéric ces deux factions fé réconcilient pour donner la liberté à Florence.

Les Guelfes fe défendoient dans des châteaux, qu'ils avoient au haut du val d'Arno, lorfque Frédéric mourut. Cette conjoncture, favorable à la liberté, flatta les Florentins de l'efpérance de fe rendre indépendants. Les plus fages jugerent qu'il falloit d'abord

ôter toute femence de divifion, engager les
Gibelins à fe réconcilier avec les Guelfes,
& les recevoir dans la ville. Leur négociation eut tout le fuccès qu'ils avoient defiré.

L'union' étant rétablie, douze citoyens
qu'on nomma anciens, & qui devoient changer tous les ans, furent élus pour gouverner
la république. On confia le jugement de
toutes les affaires civiles & criminelles à deux
juges étrangers, dont l'un fe nomma le capitaine du peuple & l'autre podeftat. On
les voulut étrangers, afin de prévenir les
inimitiés, que des juges Florentins auroient
pu s'attirer à eux & à leur famille. Enfin
tous les jeunes gens en état de porter les
armes ayant été enrôlés, ils eurent ordre de
marcher toutes les fois qu'ils feroient commandés par le capitaine ou par les anciens ;
& on en forma vingt compagnies dans la
ville, & foixante-feize dans la campagne.

Douze an- ciens ont le gouverne- meut de la république.

Les Florentins avoient une coutume bien
finguliere pour le treizieme fiecle. Ils ne
commençoient jamais d'hoftilités, qu'ils n'euffent fait fonner pendant un mois une cloche
qu'ils nommoient *martinella* ; affez généreux
pour ne vouloir pas ufer de furprife même
avec leurs ennemis. Voilà donc un coin de
l'Europe, où il fe trouve encore de l'hon-
nêteté.

Coutume finguliere des Florentins.

Leurs progrès
dans dix ans
de calme & de
liberté.

Dans les commencements de leur indépendance, les Florentins ne connurent que
le plaisir d'être libres, & leur union leur
procura des succès étonnants. Piftoie, Arezzo
& Sienne furent forcées d'entrer dans leur
alliance. Ils se rendirent maîtres de Volter-
ra ; & ils démolirent plusieurs châteaux, dont
ils transporterent les habitants dans leur ville.
En un mot, Florence devint en dix ans la
capitale de la Toscane, & une des premieres villes d'Italie.

Mais le peu-
ple rallume
l'esprit de fac-
tion en se jet-
tant dans le
parti des Guel-
fes.

La dixieme année fut le terme de leur
union. Malheureusement ils étoient comme les
princes, qui étant placés entre deux factions,
les favorisent tour-à tour & les entretiennent
pour leur ruine. Le peuple mécontent de la
hauteur avec laquelle les Gibelins l'avoient
gouverné pendant le regne de Frédéric II,
se jeta tout-à-fait dans le parti des Guelfes.
Il vouloit par là se venger ; & il s'imaginoit encore de défendre mieux sa liberté,
lorsque le saint siege le protégeroit contre
l'empire. Ce fut une grande faute. Il n'a-
voit pas besoin de la protection des papes,
puisque les empereurs n'étoient plus à redouter ; & lorsqu'il se rappelloit les effets ré-
cents des dernieres diffentions, il devoit
étouffer tout sentiment de vengeance, &
ne songer qu'à contenir les Gibelins : s'il ne
les eût pas déprimés, pour élever uniquement les Guelfes, aucun des deux partis n'au-

roit pu nuire, & peut-être qu'avec le temps l'un & l'autre auroient oublié la haine qui les divisoit.

Il ne faut pas attendre tant de sageffe du peuple : il eft plus fait pour attifer les diffentions que pour les éteindre. L'incendie que les papes rallumoient continuellement, ne trouvoit nulle part plus d'aliment qu'à Florence ; & cette république devoit être infenfiblement confumée par les flammes qui s'élevoient autour d'elle. Les factions qu'elle nourriffoit dans fon fein, auroient peut-être été réprimées, fi elles n'avoient pu fe foutenir que par leurs propres forces : mais malheureufement elles fe mêloient à toutes celles qui divifoient l'Italie, elles en prenoient l'efprit, & elles fe renouvelloient toujours avec plus de violence.

Il n'y avoit pas bien long-temps que Benoît XII avoit donné libéralement aux feigneurs de Lombardie les terres qu'ils avoient ufurpées fur l'empire, déclarant par une bulle qu'ils les poffédoient déformais à jufte titre ; & Frédéric II, qui n'étoit pas moins libéral, avoit donné tout auffitôt aux feigneurs de l'état eccléfiaftique, toutes les terres qu'ils avoient enlevées au faint fiege. Tant de générofité de la part du pontife & de l'empereur ne fervit qu'à fortifier les deux factions

Conduite de Benoît XII & de Frédéric II. pour entretenir cet efprit.

& à les animer encore plus l'une contre l'autre.

Les Gibelins font chaſſés de Florence.

Mais ce furent les troubles de Naples, qui furent d'abord funeſtes aux Florentins. Mainfroi, fils de Frédéric, s'étant rendu maître de ce royaume malgré toutes les oppoſitions des papes, les Gibelins de Florence ſe flatterent d'en obtenir des ſecours contre les Guelfes. Cependant le ſecret de leur conſpiration fut éventé : le peuple les chaſſa, & ils ſe retirerent à Sienne.

Ils chaſſent à leur tour les Guelfes.

Farinata, de la maiſon des Uberti, continua de négocier auprès du roi de Naples, & avec les troupes qu'il en obtint, il défit les Guelfes, qui furent à leur tour forcés de ſe retirer à Lucques. Jourdan, qui commandoit les Napolitains, ſe rendit maître de Florence, & la ſoumit à Mainfroi; changeant tout le gouvernement, & n'y laiſſant aucune trace de liberté. Cette conduite, peu prudente, augmenta la haine du peuple contre les Gibelins ; & ceux-ci devinrent eux-mêmes ennemis de Jourdan & du roi de Naples.

Jourdan s'étant retiré, le comte Gui Novello, à qui il remit le commandement, ſouleva encore plus les eſprits par le deſſein qu'il forma de détruire Florence, pour achever la ruine du parti des Guelfes. Mais Farinata s'oppofa avec tant de fermeté à ce projet barbare, qu'il fallut l'abandonner.

Cependant les Guelfes de Florence, obligés de fortir de Lucques que Novello menaçoit, allerent à Bologne; d'où ils furent appellés à Parme par d'autres Guelfes, qui étoient en guerre avec d'autres Gibelins du Parmefan, & on leur en donna toutes les terres. C'est ainfi que de toutes parts ces différents partis fe dépouilloient tour-à-tour.

Ceux-ci appellés à Parme en chaffent les Gibelins.

Sur ces entrefaites, Charles d'Anjou ayant été appellé à la couronne de Naples, les Guelfes, qui venoient de vaincre à Parme, offrirent leurs fervices à ce prince & fe firent un appui contre les Gibelins de Florence. Novello & les Gibelins connurent le danger où ils étoient, lorfqu'ils apprirent la défaite de Mainfroi. Voulant donc regagner l'affection des Florentins, ils oferent leur rendre l'autorité qu'ils leur avoient enlevée; & ils chargerent de la réforme de l'état trente-fix citoyens, choifis dans le peuple, & deux gentils-hommes Bolonois. Ces réformateurs diviferent la ville en corps de métiers : ils nommerent un magiftrat pour chaque corps: & donnerent encore à chacun un drapeau, fous lequel devoient fe ranger au befoin tous ceux qui étoient en âge de porter les armes. Ces corps de métiers furent d'abord au nom-

Ils font foutenus par Charles d'Anjou, & les Gibelins rendent l'autorité au peuple de Florence, qu'ils veulent gagner.

bre de douze, sept grands & cinq petits;
ces derniers se multiplierent ensuite jusqu'au
nombre de quatorze, ce qui fit vingt-un en
tout.

Les Florentins tentent d'assurer leur liberté.

Les Florentins se souvenant qu'on leur
avoit ôté la liberté, & voyant qu'on ne la
leur rendoit que parce qu'on y étoit contraint,
reçurent ce bienfait avec peu de reconnoissance, & songerent à s'affermir contre des maîtres, qui n'avoient cédé que par nécessité. Les
oppositions que Novello trouva bientôt, lorsqu'il voulut faire passer une nouvelle imposition, lui ouvrirent les yeux. Il voulut réparer son imprudence, en reprenant une seconde fois l'autorité; mais il en commettoit
une nouvelle, puisqu'il avoit armé le peuple,
& il fut chassé. Florence étant redevenue libre, on rappella les Guelfes & les Gibelins,
& on consentit de part & d'autre à oublier
toutes les injures qu'on s'étoit faites.

Les Gibelins conspirent, & font forcés à se retirer.

Mais les partis n'oublient pas, ou du
moins la jalousie du commandement rappelle
bientôt les injures passées, & en fait commettre de nouvelles. On l'éprouva lors de
l'arrivée de Conradin en Italie : les Gibelins,
assurés de la protection de ce prince, se flatterent de recouvrer bientôt l'autorité, & ils
se conduisirent même avec une confiance qui
laissa transpirer leur dessein. Cependant ils
furent

furent eux-mêmes, obligés de se retirer prefqu'auffitôt, parce que les Guelfes reçurent
des fecours, que Charles d'Anjou leur envoya. Après la retraite des Gibelins, le gouvernement prit encore une nouvelle forme.

Ainfi qu'à Rome, on diftinguoit dans toutes les républiques d'Italie, trois ordres de citoyens: *i nobili, i cittadini, e i popolani.*
Mais parce que dans les Monarchies tous les
états tendent à se confondre sous le souverain
qui les éclipfe, nous n'avons pas de termes
qui répondent exactement à ceux de *cittadini,*
& de *popolani.* Il paroît d'abord affez fingulier que les gouvernements où les hommes
fe piquent le plus d'être égaux, foient auffi
ceux où les claffes font plus diftinguées. Cependant cette différence n'a rien d'odieux,
parce qu'elle eft néceffaire. Elle a même l'avantage d'entretenir l'émulation, que la confufion
de tous les ordres tend à détruire; & l'égalité fe maintient encore fuffifamment, pourvu que chaque particulier ait part à la fouveraineté.

La république de Florence étoit donc com-
pofée de gentils-hommes ou nobles, de citadins & de ceux du peuple. C'eft ainfi que je
m'exprimerai; & quand je dirai fimplement
le peuple, je comprendrai les trois ordres,
ou feulement les deux derniers.

Tom. XII. K k

Trois claffes
de citoyens
dans Florence

Création des
douze *bons*
hommes & de
trois conseils.

On créa douze chefs, qui devoient être en magistrature deux mois, & qu'on nomma *bons hommes.* On forma ensuite un conseil de quatre-vingts citadins, un autre de cent quatre-vingts de ceux du peuple, trente par quartier ; & ces deux conseils réunis avec les douze bons hommes, composerent le conseil général. C'est dans ces conseils qu'on délibéroit, & qu'on arrêtoit ce qu'il convenoit de faire. Mais la puissance exécutrice étoit confiée à un autre conseil, qui étoit composé de cent vingt personnes prises dans les trois ordres, & qui nommoit à toutes les charges de la république. Machiavel ne dit point ni de quel ordre étoient tirés les douze bons hommes, ni si le peuple entier faisoit lui-même l'élection de tous les magistrats, ni le terme après lequel on les renouvelloit; & il n'explique pas assez comment tous ces conseils se combinoient & se balançoient. Tout cela néanmoins demanderoit des éclaircissements.

Après tous ces réglements, on fit trois parties des biens des Gibelins. La premiere fut confisquée au profit du public : la seconde fut assignée aux magistrats du parti, appellés *les capitaines* : & la troisieme fut donnée aux Guelfes, qui eurent d'ailleurs grande part aux magistratures & aux charges.

Quels qu'aient été les vices du nouveau gouvernement des Florentins, il est au moins certain que les parties n'en avoient pas été assez bien liées, pour se soutenir mutuellement contre les efforts des citoyens puissants. Car les Guelfes, dont le pouvoir s'étoit accru par l'expulsion des Gibelins, se portèrent impunément à toute sorte de violences ; & les magistrats furent trop foibles pour faire respecter les loix.

Ce nouveau gouvernement ne peut empêcher les violences des Guelfes.

Il falloit chercher les défauts du gouvernement & y remédier : mais les *bons hommes* s'imaginèrent que le rappel des Gibelins seroit le meilleur moyen de contenir les Guelfes. On corrigea donc un mal par un autre, & les Gibelins furent rappellés. Au lieu de douze chefs on en fit quatorze, sept de chaque parti ; & on arrêta qu'ils gouverneroient pendant un an, & qu'ils seroient à la nomination du pape. Ce dernier article n'étoit pas favorable à la liberté ; c'est que ce changement avoit été fait par l'entremise d'un légat que le pape avoit fait vicaire de l'empire en Toscane. Cette forme de gouvernement ne dura que deux ans.

C'est pourquoi les *bons hommes* rappellent les Gibelins.

Les papes, qui augmentoient la puissance d'un prince, quand ils en craignoient un plus puissant, & qui abaissoient ensuite celui qu'ils avoient élevé, quand ils commen-

Les papes continuent à nourrir l'esprit de faction.

çoient à le craindre : les papes, dis-je, avoient déja donné & ôté ce vicariat de Toscane à Charles d'Anjou, roi de Naples. Un pape françois, Martin IV, le lui rendit. Tous ces changemens ne faisoient que donner de nouvelles forces aux factions, qui s'étoient affoiblies ; & les désordres, qui en naissoient, faisoient une nécessité de changer encore le gouvernement.

Nouveau gou-
vernement
qui exclut des
magistratures
entre la no-
blesse. C'est pourquoi en 1282, les corps de métiers, pour ôter l'autorité aux Gibelins & à toute la noblesse, créèrent, à la place des douze gouverneurs, trois prieurs, qui devoient être en charge deux mois, & qui ne pouvoient être pris que parmi les marchands & les artisans. Le nombre dans la suite en fut porté à six, neuf & même douze suivant les circonstances. On leur donna un palais, des gardes, des officiers, & enfin le titre de seigneurs. La division, qui étoit entre les nobles, favorisa cet établissement : car pendant qu'ils ne songeoient qu'à s'enlever la puissance les uns aux autres, les citadins & ceux du peuple s'en saisirent ; de sorte que tous les gentils-hommes se trouverent exclus des magistratures.

Mais la sei-
gneurie La tranquillité, qui dura quelque temps, éteignit enfin les factions Guelfes & Gibeli-

nes, dont les guerres & les banniſſements
avoient déja bien avancé la ruine : mais d'autres déſordres naquirent de la jalouſie, qui
s'alluma de plus en plus entre la nobleſſe &
le peuple. Bientôt les gentils - hommes ne
ceſſerent de faire des inſultes aux autres citoyens; & cependant la ſeigneurie ſouvent ne
pouvoit pas les juger, parce que perſonne
n'oſoit ſe porter pour témoin contre eux;
ou ſi elles les jugeoit, elle n'étoit pas aſſez
puiſſante pour faire exécuter ſes jugemens.
Ainſi les loix étoient ſans force.

trop foible contre les entrepriſes des gentils-hommes.

Pour prêter main forte à la ſeigneurie, on
élut un gonfalonier, choiſi dans le peuple ;
& on lui donna vingt compagnies, qui com-
poſoient mille hommes. Ce frein ſe trouvant encore trop foible, Jean Della-Bella ,
quoique d'une des plus illuſtres maiſons , enhardit les corps de métiers à une plus grande
réforme. On régla donc que le gonfalonier
demeureroit avec les ſeigneurs ; on mit quatre mille hommes ſous ſes ordres : on exclut
tout-à-fait de la ſeigneurie les nobles , qui
juſqu'alors avoient continué d'y entrer, lorſqu'ils étoient commerçants : on porta une
loi , par laquelle celui qui favoriſoit un crime, ſubiroit la même peine que le coupable;
& afin que la difficulté de trouver des témoins
contre les nobles ne donnât pas lieu à l'im-
punité, on arrêta que les magiſtrats jugeroient

Moyens qu'on emploie pour lui donner plus d'autorité.

Kk 3

sur le seul bruit public. Ce dernier réglement qui autorisoit à passer par dessus toutes
les formes de justice, prouve combien le gouvernement étoit vicieux. De pareils moyens,
odieux même dans une monarchie, ne sont
pas faits pour assurer la paix dans une république.

Troubles qui en naissent. Aussi, bientôt toute la ville fut en troubles.
Jean Della - Bella, dont la noblesse vouloit
tirer vengeance, fut accusé d'être l'auteur
d'une sédition ; & le peuple vint en armes
lui offrir de prendre sa défense: mais il aima
mieux s'exiler, que d'accepter de pareilles offres; soit qu'il comptât peu sur la populace, soit qu'il ne voulût pas être la cause
des maux qui menaçoient sa patrie.

Ils sont ap-paisés. Les nobles, après cet avantage, se flattant
d'en remporter d'autres, demanderent à la
seigneurie la suppression des loix faites contre
eux. Le peuple prit aussitôt les armes pour
s'y opposer ; & l'on étoit sur le point d'en
venir aux mains, lorsque les plus sages des
deux partis, ayant offert leur médiation, obtinrent qu'un gentil-homme, accusé d'un crime, ne pourroit être jugé que sur la déposition des témoins. A cette condition, la
paix fut faite. Le peuple cependant fit une
réforme dans la seigneurie, parce qu'il avoit
trouvé ceux qui la composoient trop favorables à la noblesse.

C'étoit la fin du treizieme siécle, & malgré les désordres presque continuels, Florence avoit été considérablement agrandie : elle
étoit embellie d'édifices, elle renfermoit trente mille hommes en âge de porter les armes,
on en comptoit soixante - dix mille dans la
campagne, & toute la Toscane lui obéissoit
ou comme sujette, ou comme alliée. Que
n'auroient pas fait les Florentins, s'ils avoient
su se gouverner, ou s'ils l'avoient pû?

Progrès des Florentins malgré leurs divisions.

Florence n'avoit à redouter ni l'empereur,
ni aucune autre puissance étrangere : elle étoit
condamnée à se ruiner par ses propres dissentions. A peine les nobles paroissoient - ils ré-
conciliés avec le peuple, que les vieilles haines, qui les divisoient eux-mêmes, se renouvelloient avec fureur. C'est ce qui fut l'ori-
rigine de deux factions qu'on nomma la blanche & la noire. La premiere fut soutenue
par les Cerchi, & la seconde par les Donati, deux maisons des plus puissantes. Ces
deux factions avoient commencé à Pistoie,
où elles avoient déja divisé toute la ville: elles
diviserent encore Florence & toute la campagne: & le peuple prit parti comme la
noblesse.

Factions blanche & noire.

Cependant les noirs, qui étoient les plus
foibles, ayant demandé des secours au pape,
cette démarche fut regardée comme une con-

Les noirs sont chassés & quelques- uns

K k 4

des blancs à
qui on permet
de revenir.

juration contre la liberté; & les seigneurs ayant fait prendre les armes au peuple, ils bannirent Corso Donati avec quelques-uns de son parti. Pour montrer qu'ils gardoient une entiere neutralité, ils condamnerent aussi à la même peine plusieurs de la faction des blancs: mais bientôt après ils leur permirent de revenir.

Charles de
Valois entre-
tient les dif-
fensions.

Charles de Valois, frere de Philippe le Bel, se trouvant alors à Rome, pour l'entreprise qu'il méditoit sur la Sicile, Corso Donati, qui le crut propre à ses vues, engagea le pape à l'envoyer à Florence. Ce prince fut à peine arrivé, que les blancs chercherent à se ménager sa faveur. Invité par eux à se saisir de l'autorité, il arma ses partisans: le peuple prit les armes, pour défendre sa liberté qu'on menaçoit: Donati & les autres bannis, assurés de l'appui de Charles, rentrerent dans la ville; & les blancs, qui s'étoient rendus odieux au peuple, furent obligés d'en sortir.

Les désor-
dres sont plus
grands que
jamais.

Charles ayant si mal réussi, le pape envoya un légat, qui rapprocha un peu les deux partis; il parut même les réconcilier par des mariages: mais parce que les noirs, qui s'étoient saisis du gouvernement, ne voulurent pas permettre que les blancs y eussent aucune part, les désordres continuerent & s'accrurent bien-

tôt. A la jaloufie qui divifoit les blancs &
les noirs, fe joignirent les haines qui fe ré-
veillerent entre la nobleffe & le peuple : les
factions Guelfes & Gibelines reparurent encore : & il n'y avoit prefque pas de jour,
qu'on ne fe battît dans quelque quartier. Si
cette guerre inteftine finiffoit quelquefois par
laffitude, elle recommençoit bientôt. Cet
état de troubles dura plufieurs années, & ne
finit qu'à la mort de Corfo Donati, arrivée en
1308. C'eft lui, fur-tout, qui entretenoit les
défordres : fon ambition ayant été d'autant plus
funefte à fa patrie, qu'il étoit capable de lui
rendre de grands fervices & qu'il lui en avoit
rendu. Mais fes projets lui coûterent la
vie.

La tranquillité étoit revenue, & le peuple
avoit même repris une partie de l'autorité ;
lorfque l'empereur Henri VII, follicité par les
Gibelins exilés, paffoit les Alpes, & leur promettoit de les rétablir. Les Florentins, ayant
dans cette conjonĉture demandé des fecours à
Robert, roi de Naples, n'en obtinrent qu'en
lui donnant leur ville pour cinq ans. Henri mourut au milieu de fes projets, en
1313.

*Les Floren-
tins fe don-
nent à Robert,
roi de Naples,
pour cinq ans.*

Cependant les fecours continuoient d'être
néceffaires, parce que Florence avoit un ennemi redoutable dans Uguccione della Fagiuo-
la, que les Gibelins avoient rendu maître de

*Royaliftes &
antiroyaliftes.*

Lucqnes & de Pife. Mais parce qu'il falloit
que tout fût dans cette ville un fujet de divifion, il s'y forma des royaliftes & des antiroyaliftes, & ceux-ci choifirent pour chef un
nommé Lando d'Agobbio, brigand, auquel
fon parti ne donna que trop d'autorité.

Florence néanmoins redevint libre, & vers
le même temps Uguccione perdit Lucques &
Pife : cependant Caftruccio Caftracani, qui lui
enleva ces deux places, donna tant d'inquiétude aux Florentins, qu'ils fufpendirent leurs
guerres civiles. C'étoit un jeune homme,
qui joignoit les talents à l'audace, & qui paroiffoit menacer toute la Tofcane.

Differentes révolutions dans Florence

Pour fe défendre contre cet ennemi, les
Florentins furent encore obligés de fe donner;
& ils choifirent pour maître Charles duc de
Calabre, fils du roi Robert. Ils recouvrerent
la paix & la liberté en 1328, que Charles &
Caftruccio moururent. Ils furent affez tranquilles au dedans jufqu'en 1340, & pendant
cet intervalle ils s'occuperent de l'embelliffe-
ment de leur ville. Mais enfuite les diffentions recommencerent entre la nobleffe & le
peuple. Elles furent fuivies d'une guerre fan-
glante au fujet de Lucques, dont les Pifans
refterent les maîtres. Les fecours qu'on avoit
encore demandés au roi de Naples, vinrent
trop tard. Gaultier, duc d'Athènes, François

de nation, les amena, se saisit de toute l'autorité, l'exerça avec tyrannie, souleva le peuple, & fut trop heureux de pouvoir échapper par la retraite.

C'étoit l'année 1343 : il s'agissoit de donner une forme au gouvernement, qui avoit changé bien des fois, & de savoir quelle conduite l'on tiendroit avec les villes, qui avoient profité des troubles de Florence pour se soustraire à sa domination. Il est bien difficile qu'une république renonce à sa souveraineté : mais dans l'épuisement où étoient les Florentins, il leur étoit encore plus difficile d'employer la force. Ils eurent la sagesse de sentir qu'il vaut mieux se faire des amis, que de conserver des sujets toujours prêts à se révolter; & déclarant à ces villes qu'ils renonçoient à toute souveraineté sur elles, ils demanderent seulement d'en devenir les alliés. Ils prouverent par-là qu'ils méritoient mieux de commander aux autres, que de se gouverner eux-mêmes. Une chose encore bien étonnante, c'est, que toutes les villes préférerent de se remettre sous la domination des Florentins; ce qui fait voir qu'il valoit mieux être sujet que citoyen de Florence. Ce trait unique dans l'histoire fait l'éloge & la critique de ce peuple.

Si les nobles & le peuple avoient pu devenir alliés, la république eût été tranquille au dedans & florissante au dehors: mais c'é-

Sage proposition des Florentins aux peuples qui avoient été leurs sujets.

Partage de l'autorité entre les nobles & le peuple.

toit-là l'écueil des Florentins. Après bien des contestations, on convint que sur trois seigneurs, il y en auroit toujours un qui seroit pris dans la noblesse, & que toutes les autres magistratures seroient également partagées entre elle & le peuple.

Les nobles voulant commander seuls, restent sans autorité. Cet accord ayant été fait, on divisa la ville en quatre parties; on élut trois seigneurs pour chacune; & on créa encore huit conseillers. Dans ce partage, on suivit exactement ce qui avoit été arrêté. Mais les nobles, toujours ambitieux de commander seuls, souleverent bientôt le peuple, & perdirent ce qu'on leur avoit accordé.

Alors il ne restoit que quatre conseillers & huit seigneurs. On porta le nombre des premiers jusqu'à douze; & les seigneurs dont on n'augmenta pas le nombre, travaillerent à bien affermir le gouvernement populaire. Dans cette vue, ils créerent un gonfalonier de la justice, seize gonfaloniers des compagnies, & ils réformerent les conseils de telle sorte, que toute l'autorité fut entre les mains du peuple.

Leurs efforts pour recouvrer l'autorité Les nobles, exclus des magistratures, résolurent de recouvrer l'autorité par la force. Ils firent des provisions d'armes, ils se fortifierent dans leurs maisons, & ils envoyerent demander des secours jusqu'en Lombardie.

Leur confiance ou leur animofité étoit fi grande, qu'ils ne fongeoient feulement pas à cacher leur deffein.

La feigneurie prit donc auffi fes mefures. Elle reçut des fecours de Péroufe & de Sienne; & tout le peuple en armes fe raffembla fous le gonfalonier de la juftice, & fous ceux des compagnies. Les nobles qui auroient pu vaincre, s'ils avoient fu fe réunir & tomber tous enfemble fur le peuple, fe fortifierent dans différents quartiers, & fe tinrent fur la défenfive. Ils vouloient fe rendre maîtres du gouvernement, & ils parurent ne fonger qu'à n'être pas vaincus: ils le furent les uns après les autres. Le peuple dans fa fureur ne connut plus de frein; il pilla, brûla, abattit les maifons des nobles, leurs palais, leurs tours, & parut dans fa patrie comme un vainqueur barbare, qui veut enfevelir jufqu'au nom de fon ennemi.

Après cette trifte victoire, le gouvernement fut encore changé. On diftingua le peuple en puiffants, en médiocres & en petit peuple. On arrêta qu'on prendroit toujours deux feigneurs dans la premiere claffe, trois dans chacune des autres: & que le gonfalonier feroit tour à tour de l'une des trois. On renouvella enfuite toutes les loix contre les nobles; & pour les humilier davantage, on en confondit plufieurs parmi la populace. Depuis

Ils ne fe relevent plus.

cet événement la noblesse ne put plus se relever. *Il che*, dit Machiavel, *fu cagione, che Firenze non solamente d'armi, ma d'ogni generosità si spogliasse.* En effet, Florence perdit ou rendit inutiles de braves citoyens, & cependant elle sera encore déchirée par des dissentions.

CHAPITRE VI.

*Confidérations fur les caufes des dif-
fentions de Florence.*

Si, à Rome & à Florence, les diffentions
ont produit des effets bien contraires, il en
faut chercher la caufe dans la différence des
mœurs.

Lorfque les Romains commencerent, on
penfoit que les hommes font nés pour être
égaux, c'eft-à-dire, pour jouir également des
droits de citoyen, chacun dans fa patrie ; ce
préjugé, fi c'en eft un, étoit généralement répandu, non-feulement en Italie, mais encore
dans toute l'Europe. On ne voyoit alors que
des cités gouvernées par des magiftrats ; ou fi
quelque part un citoyen ufurpoit l'autorité, il
ne la confervoit qu'autant que le peuple croyoit retrouver en lui un magiftrat qui refpectoit fes droits. Une plus grande ambition lui
devenoit funefte.

On penfoit bien différemment dans le
treizieme fiecle, où Florence tenta de fe gou-

Lors de la fondation de Rome on pen-foit que tous les citoyens devoient jouir des mê-mes droits.

On penfoit bien différem,

verner en république. Alors un homme étoit-il affez riche pour bâtir une fortereffe, & pour foudoyer quelques foldats ? Il devenoit auffi-tôt feigneur, il acquéroit tous les droits du plus fort fur ceux qui n'avoient que des maifons ou des chaumieres : changeant par-là tout-à-coup de nature, il produifoit une race de nobles ; & fes defcendants n'avoient rien de commun avec ceux qui n'avoient pas une pareille origine.

Puifque les hommes font condamnés à fe conduire par les opinions, deux façons de penfer fi différentes devoient produire des effets contraires.

Quelque fût l'orgueil des patriciens après l'expulfion des rois, ils n'imaginerent pas de défendre leurs prétentions, en fe fortifiant dans des châteaux. Un pareil projet ne pouvoit pas même s'offrir à leur efprit ; il étoit trop contraire aux opinions reçues, & ils voyoient trop qu'ils auroient échoué dans l'exécution.

N'étant pas mieux armés que les plébéiens, fe trouvant en plus petit nombre, & leurs maifons ne pouvant pas être un afyle pour eux, il leur étoit impoffible d'ufer de violence. Il ne leur reftoit donc que l'adreffe & la rufe.

Comme les patriciens ne s'armoient pas contre les plébéiens, les plébéiens ne s'armerent

pas

ontre eux; & c'eſt pourquoi les diſſentions n'étoient jamais ſanglantes. Le peuple,
jaloux de la puiſſance que les grands s'arrogeoient, leur abandonne la ville, bien aſſuré
qu'on ne pourra pas ſe paſſer de lui, & il
revient quand il a obtenu des magiſtrats qui
le doivent protéger. Il n'étoit pas naturel
qu'il employât d'autres moyens, tant qu'il
jugeoit que ceux-là devoient lui réuſſir. Il
continua donc ſur ce plan, & il réuſſit encore.

*prendre les ar-
mes contre les
patriciens.*

Les patriciens, qui ne cédoient que peu-
à-peu, avoient un dédommagement dans ce
qui leur reſtoit, & conſervoient l'eſpérance de
quelque événement, où ils recouvreroient ce
qu'ils avoient perdu : dans leur impuiſſance, ils
ne pouvoient prendre d'autre parti que de
céder & d'attendre.

*Ceux-ci cé-
doient avec
eſpérance de
recouvrer ;*

Le peuple qui ſentoit ſes forces, ſentoit
auſſi qu'il n'avoit pas beſoin de s'en ſervir ;
puiſqu'il acquéroit toujours, par la néceſſité où
l'on étoit de le ménager. Mais ce ſentiment
de ſes forces faiſoit encore qu'il ne craignoit
pas de voir une partie de la puiſſance entre les
mains des patriciens, dont il connoiſſoit la
foibleſſe. Il n'ambitionnoit donc pas de les
dépouiller tout-à-fait; il ſe contentoit de partager l'autorité, & il s'appuyoit ſur ce que tous
les citoyens doivent être égaux. Cette façon de penſer & d'agir a duré tant qu'il n'y a
pas eu dans la république des hommes aſſez

*& les plé-
béiens ne ſon-
geoient pas à
les dépouiller
de toute auto-
rité.*

puiſſants pour opprimer la liberté, ou pour
oſer le tenter; c'eſt-à-dire, tant que Rome a
été pauvre, & que les plus riches n'avoient
guere au delà du néceſſaire.

Dès que les patriciens connoiſſoient devoir ménager le peuple, & que d'un autre
côté, le peuple, content de parvenir peu-à-peu
à toutes les magiſtratures, ne ſe propoſoit pas
de les en exclure abſolument; c'étoit une conſéquence qu'on cherchât toujours de part &
d'autre à terminer les diſſentions par quelque
accord. Comme aucun des deux partis n'i-
maginoit de venir aux mains, aucun n'imaginoit d'appeller l'étranger, & d'attaquer avec
ce ſecours le parti oppoſé, qui n'armoit pas
contre lui. De pareilles idées devoient être
bien loin des Romains. Se regardant comme
égaux, ou du moins le plus foible ſe flattant
de pouvoir être un jour égal au plus puiſſant,
ils prenoient tous le même intérêt à la conſer-
vation de la république. Ils oublioient leurs
querelles, & ils ſe réuniſſoient, lorſqu'elle
étoit menacée; parce que le plébéien, comme le patricien voyoit que ſi elle n'étoit plus,
il ne ſeroit plus rien lui-même. Les diſſentions n'étoient donc pas de nature à faire perdre de vue le bien public. Elles portoient, au
contraire, chaque citoyen à mériter par des ſervices ſignalés les magiſtratures qu'il ambitionnoit; & en nourriſſant l'émulation, elles ren-

doient les Romains, d'autant plus redoutables
qu'ils avoient paru plus défunis. C'eft ainfi
qu'ils devinrent guerriers par état, & que Rome eut autant de foldats que de citoyens. Suppofez que cette république eût été fans diffentions, ou que les patriciens armés euffent enfin affujetti le peuple; vous jugerez qu'elle n'auroit plus renfermé que des tyrans & des efclaves, & vous comprendrez que bien loin de
faire des conquêtes, elle n'auroit pas pu fe défendre long-temps. Il n'en étoit pas de Rome
comme de Carthage : trop pauvre pour acheter des foldats, il falloit qu'elle en trouvât
dans fes citoyens; mais fa puiffance n'en étoit
que plus affurée, parce que les guerres même malheureufes n'épuifent pas une république militaire, & que les guerres les plus
heureufes peuvent épuifer une république mar-
chande.

Un peuple riche fe fait aujourd'hui des
amis & des alliés, en donnant de l'argent aux
nations qui n'en ont pas; & parce qu'il a toujours des troupes à fa folde, c'eft avec des
garnifons, qu'il maintient fous fon obéiffance
les provinces conquifes. Les Romains qui ne
pouvoient pas employer de pareils moyens,
furent forcés d'en chercher d'autres, & ils en
trouverent de meilleurs. Je veux parler de
leurs colonies, & de la conduite qu'ils te-

La politique
des Romains,
pour contenir
les peuples
conquis, eft un
effet des cir-
conftances où
ils fe font
trouvés.

noient avec les villes qu'ils avoient foumifes.
Je ne répéterai pas ce que j'ai dit à ce fujet : je
remarquerai feulement que leur politique, à
laquelle on ne peut trop applaudir, étoit moins
un effort de génie de leur part, qu'une fuite
de circonftances par où ils avoient paffé. Devenus redoutables par des fuccès qui les avoient
couverts de gloire, ils ne laiffoient aux peuples vaincus, trop foibles féparément pour
fecouer le joug, que l'efpérance d'obtenir des conditions plus avantageufes ; mais
puifqu'ils n'avoient pas mérité d'être tous traités auffi favorablement, les Romains ne durent pas accorder les mêmes graces à tous. Ils
n'eurent donc pas beaucoup à méditer pour
imaginer de gouverner un peuple par des préfets, de permettre à un autre de fe gouverner
lui-même, & de donner à quelques-uns les
titres d'amis, d'alliés & même de citoyen.
Quant aux colonies, l'ufage en étoit plus ancien qu'eux. Si nous venons actuellement aux
Florentins, nous verrons qu'ils n'ont rien pu
faire de ce que les Romains ont fait, & qu'au
contraire, ils ont été forcés à tenir une conduite toute différente.

A Florence, le peuple ne pouvoit pas,
comme à Rome, borner fon ambition à partager les magiftratures avec la nobleffe. Voyant que les nobles étoient ambitieux de commander, qu'ils regardoient même la fouve-

A Florence, au contraire, les citadins devoient tout tenter pour dépouiller les nobles.

raineté comme une prérogative de leur nai‑
fance, & qu'ils avoient des forterefles, & des
partis toujours prêts à prendre les armes, il
devoit craindre qu'ils ne fe faififfent de toute
l'autorité, s'il leur en laiffoit feulement une
partie. Il fut donc dans la néceffité de faire des
efforts, pour les exclure tout-à-fait du gouver‑
nement; parce que la nobleffe étoit armée, il
fallut qu'il s'armât lui-même.

Ces diffentions fanglantes pouvoient fe *Il ne pouvoit*
fufpendre par intervalles: mais elles ne pou- *y avoir aucuns*
voient jamais fe terminer par un accord, qui *moyens de conciliation.*
ramenât le calme pour long-temps; car fi l'un
des deux partis cédoit quelquefois, c'étoit par
néceffité: ni l'un ni l'autre ne vouloit de par‑
tage.

Les mêmes jaloufies qui éclatoient entre *Les factions*
la nobleffe & le peuple, devoient éclater en- *devoient fe*
core entre les différentes factions qui divifoient *multiplier, & livrer la patrie*
les nobles; & il falloit que ces factions com- *à l'étranger.*
battiffent les unes contre les autres pour l'au‑
torité, comme elles avoient combattu enfem‑
ble contre le peuple. Il ne faut donc pas
s'étonner, fi chaque parti, cherchant des fe‑
cours, appelle l'étranger & lui livre la patrie,
plutôt que d'obéir à d'autres citoyens. Vous
voyez déja naître de ces caufes toutes les ré‑
volutions de cette république.

Au milieu de tant de défordres, comment *Florence ne*
les Florentins auroient-ils pu connoître la po- *pouvoit ou-*

ployer la mê-
me politique
avec les villes
conquifes.

litique des Romains; & de quel ufage leur
eût-il été de la connoître? par quelle faveur,
Florence, toujours affoiblie par fes divifions,
pouvoir-elle s'attacher les villes conquifes?
quels titres avoit elle à leur offrir? & de quels
citoyens auroit-elle formé fes colonies, étant
fi peu affurée de ceux qu'elle renfermoit dans
fes murs? Elle étoit condamnée à ne pouvoir
pas feulement fe conferver elle-même, & à
fe donner un maître pour fe défendre.

Elle est au
contraire dans
la néceffité
d'acheter des
amis & des
alliés.

Elle aura néanmoins des temps floriffants,
parce qu'elle a des citoyens faits pour vaincre
les vices de fon gouvernement : mais dans fa
plus grande profpérité, elle ne fera jamais affez
puiffante, pour faire rechercher fa protection.
C'est elle qui achetera des amis & des alliés:
elle donnera de l'argent à tous fes voifins; &
il n'y aura pas de petits feigneurs dans la Ro-
magne, à qui elle n'en donne encore. Ainfi
elle deviendra tributaire de ceux qui paroiffoient devoir lui payer tribut à elle-même.
Elle ne fera forcée à tenir une conduite fi différente de celle de la république romaine, que
parce que fon gouvernement ne lui permettant jamais d'être forte à proportion du nombre de fes citoyens, elle fera dans la néceffité
d'acheter les fecours qui lui manquent. C'est
ainfi que fe conduifoit la république de Venife, qui par la nature de fon gouvernement
trouvoit peu de foldats parmi fes citoyens.

C'est ainsi que se sont conduits les empereurs, qui dans la décadence de l'empire, ruinoient leurs sujets pour payer des tributs aux barbares. Mais tous les peuples qui ont tenu cette conduite, ont prouvé qu'on ne défend pas les états avec de l'or.

Par cette comparaison de Rome & de Florence, vous voyez qu'il n'est arrivé à l'une & à l'autre, que ce qui devoit naturellement leur arriver; & que le premier avantage des Romains est d'avoir commencé dans des temps plus heureux. Pour prévoir ce que deviendra un peuple, il suffit souvent d'en connoître les commencements : il n'en faut pas davantage, pour savoir ce que deviendra un prince ou un particulier.

Les commencements des républiques de Rome & de Florence arrêtoient ce qui devoit arriver à l'une & à l'autre.

CHAPITRE VII.

Continuation des révolutions de Flo-
rence.

FLORENCE goûtoit un repos qu'elle avoit
acheté chérement, lorsqu'une peste terrible lui
enleva quatre-vingt-seize mille citoyens. Quoiqu'à peine délivrée de ce fléau, elle fut cependant en état de se défendre contre Jean Visconti, archevêque & prince de Milan, qui
porta la guerre jusqu'à ses portes. La principauté de Milan étoit depuis environ trente ans
dans la famille de Visconti. Dès que la paix
fut faite, les dissentions recommencerent à
Florence.

Jean Visconti fait la guerre aux Florentins

1348

Il y avoit en Italie une multitude de soldats Anglois, François & Allemands, que les
empereurs & les papes qui étoient alors à Avignon, avoient envoyés en différents temps,
pour soutenir chacun leur parti. Ces troupes qu'on avoit cessé de payer, couroient sous
différens chefs, & mettoient à contribution
les villes trop foibles pour les repousser. Il

Différents par lesquels couroient l'Italie

en vint une en Toscane, qui répandit l'alarme dans cette province. Les Florentins pourvurent aussitôt à leur défense, & les principaux citoyens armerent pour leur compte.

De ce nombre étoient les Albizi & les Ricci, deux familles jalouses, qui vouloient chacune à l'exclusion de l'autre, parvenir seule aux magistratures. Elle n'avoit encore laissé voir leur haine, que dans les conseils, où elles aimoient à se contredire : mais toute la ville se trouvant en armes, elles furent sur le point d'en venir aux mains; parce qu'un faux bruit s'étant répandu qu'elles marchoient l'une contre l'autre, elles y marcherent en effet, chacune des deux se croyant attaquée : les magistrats eurent bien de la peine à les contenir. Vous voyez que les citadins puissants ont pris l'esprit de la noblesse, & qu'ils ne seront pas moins dangereux.

Les Albizi & les Ricci forment deux factions ennemies.

La haine ayant éclaté entre ces deux familles, elles s'appliquerent plus que jamais à se perdre réciproquement. Mais il s'agissoit d'employer des moyens détournés ; parce que l'égalité, rétablie à peu-près depuis la ruine des nobles, donnoit au gouvernement plus de force, & le faisoit plus respecter.

Il y avoit une loi qui excluoit les Gibelins de toutes les magistratures, & à laquelle cependant on ne tenoit plus la main, depuis que ce parti, devenu foible, cessoit de

Ce qui donne lieu à l'avertissement.

faire ombrage. Uguccione Ricci entreprit de la faire renouveller, parce qu'on foupçonnoit les Albizi d'être de la faction Gibeline. Mais Pierre Albizi para le coup, en appuyant la demande de Ricci; & par cette adreffe, il écarta fi bien tout foupçon, qu'il fut chargé lui-même de faire exécuter le nouveau réglement. En conféquence, il ordonna aux capitaines des quartiers de rechercher les Gibelins, ou ceux qui en defcendoient, & de les avertir que, s'ils entroient jamais en charge, ils fubiroient les peines portées par la loi. On s'accoutuma dès-lors à défigner par le nom d'*avertis* tous ceux qui étoient exclus des magiftratures.

Abus qu'on en fait. On avoit commencé les recherches en 1357, & en 1472 il y avoit déja plus de deux cents avertis. Les capitaines, abufant de leur autorité, excluoient des charges tous ceux qu'ils jugeoient à propos; & ne confultant que leurs paffions, ils privoient la république des fervices des meilleurs citoyens, & fe rendoient redoutables à tous.

On y remédie Ricci ayant été fait feigneur, voulut remédier à un mal dont il étoit la caufe, & qui tournoit à l'avantage de fes ennemis. Dans cette vue il fit arrêter, qu'aux fix capitaines déja en exercice on en ajouteroit trois, dont deux feroient pris parmi les petits artifans, & qu'aucun citoyen ne feroit réputé

Gibelin, qu'après que le jugement des capitaines auroit été confirmé par vingt-quatre
Guelfes, nommés à cet effet. Ce réglement
arrêta d'abord l'abus des avertiffements : mais
on trouva bientôt le moyen de le rendre inutile.

Depuis que la nobleffe avoit perdu tout *Les abus re-*
fon crédit, les nobles ne pouvoient entrer *commencent*
dans les magiftratures, qu'après qu'ils avoient *avec plus de*
été reçus dans l'ordre du peuple, & on n'ac- *défordres.*
cordoit cette faveur qu'à ceux qui avoient
rendu des fervices à la république. Benchi
de la maifon Buondelmonti, l'ayant obtenue,
comptoit d'être choifi pour l'un des feigneurs,
lorfqu'on fit une loi qui excluoit de cette ma-
giftrature jufqu'aux gentils-hommes faits citadins. Irrité de voir fes efpérances déçues, il
fe joignit à Pierre Albizi, & prit avec lui
des mefures pour exclure des charges le petit
peuple, & tous ceux qui leur étoient contraires. Tout leur réuffit: ils intriguerent fi
bien, que les capitaines & les vingt-quatre
furent tout-à-fait à leur dévotion, & l'aver-
tiffement recommença avec plus de défordres
qu'auparavant.

Les feigneurs ouvrant les yeux fur ces *Cinquante-*
abus, & d'ailleurs follicités par les citoyens *fix perfonnes*
les mieux intentionnés, nommerent cinquan- *nommées*
te-fix perfonnes pour travailler à la réforme *pour réformer*
de l'état. Il n'en eût fallu qu'une, & la *le gouverne-*
ment.

bien choifir ; car c'eft-là une chofe qui ne peut pas être l'ouvrage de plufieurs. Cette commiffion étoit une efpece de dictature, à laquelle on avoit recours dans les cas extraordinaires. Ceux à qui on la donnoit, s'appelloient *uomini di balìa*, & ils abdiquoient auffitôt qu'ils croyoient avoir rétabli l'ordre.

La république étant née avec des factions, on devoit prévoir qu'elle ne fe régleroit jamais en vue du bien public ; que la faction dominante dicteroit toujours les loix; qu'elle les feroit pour elle feule ; & que fe divifant bientôt, il en naîtroit de nouvelles factions, qui produiroient de nouveaux troubles. Ce gouvernement étoit un bâtiment qu'il falloit reprendre par les fondements : puifqu'on avoit mal commencé, il falloit recommencer, & déraciner, fur-tout, l'efprit de parti. Je ne fais pas fi la chofe étoit poffible : mais les cinquante fix n'y fongerent pas. Ils firent pis encore : car au lieu de concilier les deux factions, ou de les réprimer par de bons réglements, ils ne voulurent que les affoiblir l'une & l'autre. Il les aigrirent par-là toutes deux; & ils s'y prirent fi mal adroitement, qu'ils accrurent la puiffance des Albizi.

Différentes guerres. Pendant que les Florentins étoient ainfi divifés, les Pifans, les Lucquois & le patriarche d'Aquilée leur firent fucceffivement la guerre: & les légats de Grégoire XI, qui

étoit encore à Avignon, en commencerent
une qui ne leur réussit pas, & qui donna de
nouvelles forces à l'esprit de faction. Ils
envoyerent des troupes dans la Toscane pour
détruire toute la récolte, voulant augmenter
la famine qui s'y faisoit déja sentir, & se flattant d'en faire ensuite facilement la conquête.
Heureusemeut c'étoient des soldats étrangers,
qui passerent volontiers de la solde du pape
à celle des Florentins. Ainsi la république
dut son salut à son argent, comme c'étoit
alors l'usage.

Ne craignant plus rien, & se voyant en
forces, elle voulut se venger. Ayant donc
fait révolter plusieurs villes de l'état ecclésiastique, & fait une puissante ligue, elle soutint la guerre avec succès pendant trois ans.

*Le pape ex-
communie les
Florentins
qu'il n'a pu
vaincre.*

Cette guerre releva le parti des Ricci, parce qu'on en donna la conduite à huit citadins,
qui s'étoient toujours déclarés contre les Guelfes, & qui, par conséquent, étoient opposés
aux Albizi. On fut si content d'eux,
qu'on les continua dans le commandement
d'une année à l'autre ; & pendant qu'à la
cour du pape, on les appelloit les excommuniés, à Florence on les appelloit les
saints. Cependant Grégoire jeta un interdit sur la république, condamna tous les
citoyens à l'esclavage, & donna leurs biens
à qui voudroit ou pourroit les prendre. Mais

Urbain VI, son successeur, leur accorda la paix en 1378, & leva l'excommunication.

Alors les deux factions méditoient réciproquement leur ruine. Dans celle des Guelfes ou des Albizi, étoient tous les anciens nobles, & la plus grande partie des citadins puissants avec les capitaines des quartiers, qu'on respectoit & qu'on craignoit beaucoup plus que la seigneurie même. Dans l'autre étoient les huit chefs de la derniere guerre; tous les citadins d'une fortune moins considérable, les Ricci, les Alberti & les Medicis. Le reste de la multitude, penchant tantôt d'un côté, tantôt d'un autre, grossissoit toujours le parti mécontent.

Les Guelfes considérant que les *avertissements* soulevoient contre eux la plus grande partie du peuple, songeoient à chasser de la ville ceux qu'ils avoient déja exclus des charges, & à réduire toute la république à leur seule faction. Si cela leur eût réussi, ils se feroient bientôt divisés eux-mêmes. Mais lorsqu'il fallut en venir à l'exécution, ils balancerent, & cependant Silvestro Medicis fut fait gonfalonier, malgré toutes les oppositions qu'ils y apporterent.

Medicis, à qui cette place donnoit une autorité presque souveraine, assembla le college des seigneurs, & le conseil; & proposa une loi qui renouvelloit les ordres de la jus-

tice contre les grands, diminuoit la puiſſance des capitaines, & rouvroit les magiſtratures aux avertis. En même temps, Benoît Alberti fit prendre les armes au peuple pour
vaincre toute oppoſition ; de ſorte que le
college & le conſeil n'ayant plus à délibérer,
la loi fut reçue.

Mais on n'arme point impunément une
populace factieuſe. Pluſieurs maiſons des
Guelfes furent pillées ou brûlées ; on alla juſques dans les couvents enlever les effets que
quelques citoyens y avoient cachés; & ces
déſordres ſe commettoient, lorſque le conſeil,
qui les vouloit prévenir, donnoit pouvoir aux
ſeigneurs, aux colleges, aux huit, aux capitaines & aux ſyndics des arts, de réformer l'é-
tat à la ſatisfaction de tout le monde. Le
tumulte ne finit qu'avec le jour.

Ceux qu'on avoit nommés pour la réforme, abolirent les loix que les Guelfes avoient
faites contre les Gibelins; ils déclarerent coupables de rebellion quelques-uns des chefs de
ce parti; & ils permirent aux avertis de pouvoir parvenir aux magiſtratures dans trois ans.
Mais ceux-ci étant mécontents de ce délai, les
corps de métiers ſe raſſemblerent encore; de
ſorte que la ſeigneurie & le conſeil furent
obligés d'accorder, que déſormais perſonne
ne pourroit être exclus des charges, ni averti
comme Gibelin.

[marginal note:] Déſordres que cauſe la popu- lace armée.

[marginal note:] Elle obtient que perſonne ne ſera averti comme Gibe- lin.

Elle se saisit de toute l'autorité.

Cependant ceux qni craignoient d'être recherchés pour les vols & les incendies, armèrent de nouveau la populace, & pour échapper aux châtiments qu'ils méritoient, ils pillèrent & brûlèrent encore. Les magistrats, qui n'avoient pas prévu l'émeute, ou qui avoient mal pris leurs mesures, s'épouvantèrent, & se retirant les uns après les autres, ils abandonnèrent le gouvernement aux rebelles qui s'en saisirent.

Elle dispose de tout avec caprice.

Les derniers du peuple étant maîtres de la république, disposèrent de tout avec tant de caprice & de confusion, qu'ils accordoient des graces à plusieurs de ceux dont ils avoient brûlé les maisons, & même à quelques bons citoyens. Tel étoit Silvestro Medicis qu'ils firent chevalier.

Michel de Lando gonfalonier se fait respecter.

Ils prirent pour gonfalonier Michel de Lando, cardeur de laine : c'étoit un homme qui avoit de l'intelligence & de la fermeté. Il commença par arrêter les désordres, cassa tous les magistrats, fit de nouveaux seigneurs, & divisa le peuple en trois classes. Cependant parce qu'il favorisa les citoyens les plus puissants, il souleva contre lui ceux-mêmes qui l'avoient fait gonfalonier; mais il sut bientôt les faire rentrer dans le devoir.

La populace est exclue des magistratures.

Le peuple, honteux lui-même des magistrats qu'il s'étoit donnés, arma encore, & demanda qu'aucun homme de la populace

ne

ne pût entrer dans le corps des feigneurs.
Pour le fatisfaire on fit une nouvelle réforme, & on ne conferva dans les charges que
Lando & quelques autres, qui avoient montré du même. Les magiftratures furent enfuite partagées entre les grands & les petits
métiers, de maniere néanmoins que les petits
artifans eurent plus d'autorité que les principaux citoyens : mais du moins la populace
ne conferva pas de part au gouvernement.

mais les petits artifans y ont la plus grande part.

Pour ne pas confondre les factions, je
diftinguerai les citoyens en plufieurs claffes,
fans y comprendre les anciens nobles. Je
nommerai citadins les principaux & tous ceux
qui compofoient les corps des grands métiers.
J'entendrai par plébéiens ceux des petits métiers ; & je mettrai ce qui eft au deffous dans
le petit peuple, par où j'entends les moindres artifans & la populace.

Les citadins voyoient avec regret que les
plébéiens avoient le plus d'autorité, & ceux-
ci cependant ambitionnoient d'accroître encore leur puiffance. Le petit peuple craignoit
de perdre jufqu'aux moindres privileges qu'il
avoit confervés ; enfin les anciens nobles
épioient l'occafion de fe relever parmi les
troubles, & favorifoient les citadins.

Autant de factions que de claffes de ci-toyens.

De ces différents intérêts naquirent continuellement de nouveaux foupçons. Tous
les partis s'obfervoient avec une égale mé-

Après bien des troubles la premiere claff

fiance : souvent aux mains, toujours prêts à prendre les armes, ils se battoient quelquefois dans plusieurs quartiers de la ville en même temps. On avertissoit, on bannissoit, on faisoit périr des citoyens sur l'échafaud ; & le plus innocent étoit la victime d'un ennemi, qui le sacrifioit à sa haine particuliere, sous le pretexte du bien public. Ces désordres continuerent pendant trois ans, c'est-à-dire, jusqu'en 1381, que les citadins prévalurent. Alors on supprima deux corps d'arts, qui avoient été faits en faveur du petit peuple : on priva les plébéiens du droit de donner à leur tout un gonfalonier de leur corps : on ne leur permit d'occuper que le tiers des magistratures : & pour les affoiblir encore plus, on transporta les principaux d'entre eux dans la classe des citadins.

Ce nouveau gouvernement ne fut pas moins odieux : les citadins persécutant par l'avertissement ou par le bannissement tous ceux qu'ils soupçonnoient de désapprouver leur conduite, ou de favoriser les plébéiens ; & la république fut ainsi agitée jusqu'en 1387, que les plébéiens furent réduits à ne posséder plus que la quatrieme partie des magistratures. Alors la tranquillité ayant été rétablie au dedans, on en jouit jusqu'en 1393 : mais une guerre qui commença en 1390, & qui ne

finit qu'en 1402, parut mettre la république
bien près de sa ruine.

L'ennemi qui se rendit si redoutable, fut
Galéas Visconti, prince de Milan, à qui
Wenceslas avoit donné le titre de duc. Après
avoir soumis la Lombardie, il vouloit conquérir la Toscane, & se faire reconnoître roi
d'Italie. Il s'en fallut de peu qu'il ne réus-
sît dans ses projets.

Guerre des
Florentins a-
vec Galéas
Visconti.

Les Florentins, qui se défendirent avec
courage, firent d'abord alliance avec les Bolonois, les princes de Ferrare, de Mantoue,
de Padoue, de Ravenne, de Fayence, d'Imo-
la, & les seigneurs de Forli & Malatesta. Ils
s'allierent ensuite des Vénitiens; & quelque
temps après, l'empereur Robert, successeur
de Wenceslas, vint à leur secours. Enfin ils
trouverent encore un allié dans Boniface IX,
qui vouloit recouvrer les villes que le duc de
Milan lui avoit enlevées. Contre tant d'ennemis, Visconti eut de grands succès, mêlés
cependant de quelques revers. Il étoit maître de Bologne, de Pise, de Pérouse, de Sienne; & il comptoit l'être bientôt de Florence, où il vouloit se faire couronner roi d'Italie; mais la mort arrêta tous ses grands projets.

Pendant cette guerre, de nouveaux troubles, qu'on vouloit appaiser, en occasionne-
rent de plus grands. Les plébéiens, irrités

Véri Mé-
dicis média-
teur entre la

M m 2

Seigneurie & les petits artisans. de la sévérité, avec laquelle on avoit traité quelques artisans, prirent les armes, & invitèrent Véri Medicis à se saisir du gouvernement, & à les délivrer des tyrans qui les vexoient. Ce citoyen eût été le souverain de sa patrie, s'il eût voulu: il aima mieux être médiateur entre le peuple & la seigneurie, & il appaisa le tumulte. Les seigneurs ne se conduisirent pas avec la même sagesse: car ayant levé un corps de deux mille hommes, pour se précautionner contre de nouvelles émeutes, ils rédoublèrent de violence. Ils aigrissoient par-là les esprits, & ils offensoient Medicis, qu'ils rendoient suspect au peuple.

Les Florentins ont la guerre avec Philippe fils de Galéas Visconti & avec Ladislas. Après la mort du duc de Milan, les Florentins furent tranquilles au dedans & au dehors pendant huit ans. Ensuite commença la guerre avec Philippe, fils de Galéas Visconti: guerre qui fut suspendue par une paix faite en 1427, mais qui ne finit entièrement qu'en 1441. Les Florentins la firent avec gloire: car elle ne les empêcha pas d'acquérir Arezzo, Sienne, Pise, Cortone, Livourne, Monte-Pulciaro; & ils auroient fait d'autres conquêtes, s'ils avoient été moins divisés. Cependant Ladislas les avoit mis en grand danger, & ils auroient peut-être perdu leur liberté, si ce roi ne fût mort à propos pour eux, comme Galéas Visconti.

Les troubles furent sur-tout occasionnés par les impositions qu'il fallut mettre pour soutenir la guerre. Ils s'accrurent par la dureté de ceux, qui furent chargés de lever les impôts; & la hauteur des citoyens qui avoient la plus grande part au gouvernement, aigrissoit encore les esprits. Cependant la multitude sentoit ses forces; elle murmuroit; elle s'enhardissoit par intervalle; elle paroissoit chercher un chef; & elle pouvoit le trouver dans les Medicis, qui, de pere en fils, humains, généreux & populaires, étoient déja puissants par leurs richesses, & le devenoient tous les jours davantage, parce qu'ils se faisoient aimer de tous & respecter de ceux qui les craignoient.

Les impôts qu'il a fallu mettre soulevent le peuple.

Les citadins imaginerent que comme on s'étoit servi des plébéiens pour abaisser les nobles, il falloit se servir des nobles humiliés pour ôter toute l'autorité aux corps des petits métiers: mais on connut qu'on ne pouvoit exécuter ce projet, si Jean Medicis y étoit contraire, & on le lui proposa.

Jean Medicis n'approuve pas qu'on rende l'autorité aux nobles pour l'enlever aux petits artisans.

Medicis jugea qu'il n'y avoit point d'avantages à rendre les honneurs à ceux qui s'étant accoutumés à s'en voir privés, étoient si loin de remuer, qu'ils ne songeoient même plus à se plaindre; qu'au contraire, il y avoit plus de danger à les enlever à ceux qui les avoient obtenus, & qui se croyoient en droit de les

conferver; que les uns feroient plus fenfibles
à l'injure que les autres au bienfait; que, par
conféquent, on feroit beaucoup plus d'ennemis à l'état, qu'on ne lui acquerroit d'amis;
& que fi ceux qui formoient ce projet, pouvoient réuffir, la multitude trouveroit bientôt des citoyens jaloux qui fe ferviroient
d'elle pour les culbuter. Il conclut que fi
l'on ne vouloit pas nourrir & multiplier
les factions, le parti le plus fage étoit
de ne rien changer au gouvernement, & de
travailler à concilier les efprits.

Ces délibérations ayant été fues, la faveur
de Medicis en fut plus grande, & on en conçut plus de haine contre ceux dont il avoit
arrêté les deffeins. Plufieurs de fes amis auroient voulu qu'il eût accru fa puiffance, en
pourfuivant fes ennemis, & en favorifant fes
partifans: il étoit bien loin de tenir une pareille conduite.

Sa conduite pour appaifer le peuple qui fe fouleve contre les impôts mal ré-partis.
Les impofitions étant fi injuftement répar-
ties, qu'elles retomboient fur les moins riches; on propofa un réglement, par lequel
les citoyens devoient être chargés à proportion
de leurs biens. Les riches s'y oppoferent:
Medicis l'approuva feul, & le fit paffer. Mais,
le peuple ayant demandé qu'on recherchât
dans les temps antérieurs, & qu'on fît payer
à ceux qui n'avoient pas été impofés dans cette proportion; il lui fit voir combien il étoit

odieux de donner à une loi une force rétro-
active, & il lui perfuada de renoncer à une
chofe, qui cauferoit plus de dommage aux
familles que de profit au tréfor public. C'eft
ainfi qu'en lui accordant ce qui étoit jufte,
il favoit auffi l'arrêter lorfqu'il demandoit
trop; & par ces moyens fa fageffe étouffa fouvent les factions. Il mourut généralement
regretté en 1418. Il n'avoit jamais formé
de parti, & s'il paroiffoit comme un chef
dans la république, fes vertus avoient feules
brigué pour lui. Peu redoutable par le mal
qu'il pouvoit faire, il étoit craint, parce
qu'il étoit aimé & refpecté. Sans jaloufie,
fans intrigue, il louoit les bons, plaignoit
les méchants, aimoit tous les citoyens: il
ne rechercha aucun honneur, & il parvint à
tous. Enfin il laiffa de grandes richeffes, &
une réputation plus grande encore: héritage
qui fut confervé & même accru par Côme fon
fils.

Les Medicis, Monfeigneur, me font prefque oublier de vous parler des troubles de
Florence. En effet, j'en ai affez dit, pour vous
faire connoître les vices du gouvernement de
cette république, & je m'arrête fur une famille dont l'hiftoire devient intéreffante. Cette maifon qui commence & où il n'y a encore
eu que de marchands, va s'élever au niveau
des maifons où l'on compte une longue fuite

de souverains ; & les Médicis vous intéresse-
ront, tant qu'ils auront des vertus.

Côme son
fils est banni. Côme, puissant & vertueux comme son
pere, excita la jalousie des citoyens ambitieux.
Ils avoient un moyen bien sûr de diminuer son
crédit : c'étoit d'être humains, compatissants,
généreux, & d'aimer la patrie. Le peuple
se fût partagé entre ses bienfaiteurs, sans se
réunir par préférence en faveur d'aucun ; &
de pareilles factions n'auroient causé aucun
trouble.

Mais les ennemis de Côme lui faisant un
crime de ses richesses, & de l'amour que le
peuple lui portoit, le firent citer devant les
seigneurs, comme aspirant à la souveraineté.
Côme, qui n'avoit rien à se reprocher, auroit pu mépriser de pareils ordres : il aima
mieux obéir, & il comparut malgré les conseils de ses amis. Il fut banni dans un conseil extraordinaire de deux cents personnes,
où les uns opinerent pour le bannissement,
d'autres pour la mort, & où le plus grand
nombre se tut.

Il est rappel-
lé. Après le départ de ce citoyen, ses ennemis parurent aussi étonnés que ses partisans.
Ils virent qu'en voulant lui nuire, ils avoient
accru l'amour qu'on avoit pour lui, & qu'ils
s'étoient attiré l'indignation publique. Ils se
consumoient en projets ; ils ne savoient quel
parti prendre ; ils se conduisoient téméraire-

ment ; lorfqu'enfin le peuple affemblé nomma
un confeil qui rappella Medicis & bannit fes
ennemis Ce fut en 1434, environ un an après
fa condamnation, qu'il rentra dans Florence
au milieu des acclamations du peuple, qui l'appelloit fon bienfaiteur & le pere de la patrie.

Il pouvoit compter plus que jamais fur l'a-
mour de fes concitoyens, & il ne craignoit
rien de fes ennemis, que le banniffement avoit
réduits à un petit nombre hors d'état de re-
mner. Il eft vrai qu'il en avoit beaucoup coûté à la république : mais le fort de Florence
étoit d'être déchirée par des factions, ou de
n'acheter la paix que par la perte d'une partie de fes citoyens. Pendant vingt - un ans,
depuis 1434 jufqu'à 1455, toute l'autorité
fut confiée à une commiffion extraordinaire,
c'eft-à-dire, à un petit nombre de ces magiftrats, qu'on nommoit *uomini di balia*. Cette
commiffion, qui n'étoit jamais que pour un
temps limité, fut renouvellée fix fois par le
peuple affemblé, & toujours confirmée aux
Medicis, & à ceux qui leur étoient agréables.
Côme, qui en étoit le chef, exerçoit donc
une efpece de dictature perpétuelle, & il étoit
le prince de la république.

Le peuple, heureux fous ce gouvernement,
ne fongeoit point à reprendre fon autorité :
mais lorfque la faction contraire, éteinte ou

A la tête des
*uomini di ba-
lia* Il eft le
maître de la
république.

Les partifans
de Côme, ja-
loux de tou

tout-à-fait humiliée, ne fut plus à redouter, les partiſans de Côme commencerent à ſe déſunir. Jaloux de ſa puiſſance, les principaux voulurent la diminuer, & ils propoſerent de ne plus continuer la commiſſion, & d'en revenir aux anciens magiſtrats.

Côme auroit pu ſe maintenir par la force: il préféra de reſpecter la liberté des citoyens: il pouvoit d'ailleurs prévoir qu'on reviendroit à lui. On rétablit donc l'ancienne forme de gouvernement, & toutes les familles crurent gagner beaucoup, parce qu'elles avoient l'eſpérance de parvenir tour-à-tour aux magiſtratures.

Ceux qui avoient le plus deſiré ce changement, ne furent pas long-temps à reconnoître qu'ils avoient plus perdu que Medicis; car ils furent moins conſidérés. L'eſpérance de partager les honneurs avec lui ne les dédommagea pas de la dépendance où ils s'étoient mis de la multitude. Ils l'inviterent bientôt à reprendre l'autorité, & à les tirer de l'abaiſſement où ils étoient tombés par leur faute. Côme répondit qu'il le vouloit bien, pourvu que la choſe ſe fît ſans violence, & que les citoyens euſſent la liberté de refuſer comme d'accorder la commiſſion.

Cette affaire étoit de nature à ne pouvoir être traitée que dans une aſſemblée du peuple. On propoſa donc aux magiſtrats de la convoquer: mais ce fut fans fuccès; & Côme me me fe pref-ſe pas de lever voyoit avec plaiſir les obſtacles que trouvoient à lui rendre l'auxorité ceux qui avoient voulu l'en priver. Il ſe refuſa aux inſtances qu'ils lui firent de demander lui-même cette aſſemblée. Donato Cocchi crut pouvoir en faire la propoſition à la ſeigneurie, parce qu'il étoit gonfalonier de juſtice; mais Medicis le fit ſi fort baffouer qu'il en perdit l'eſprit.

Cependant comme il ambitionnoit de gouverner, il n'eût pas été prudent de tenir trop long-temps une pareille conduite. Ainſi Luc Pitti, entreprenant & audacieux, ayant ſuccédé à Cocchi, il jugea à propos de le laiſſer faire; penſant que ſi la tentative ne réuſſiſſoit pas, tout le blâme retomberoit ſur cet homme.

Pitti réuſſit, mais ce fut en uſant de vio- La commiſ-lence. Cependant pour laiſſer au moins le ſion eſt réta-nom de liberté lorſqu'il ôtoit la choſe, il vou- blie, & Cômelut que les prieurs des arts ſe nommaſſent en eſt le chefles prieurs de la liberté; & afin que le ciel parût concourir à ſon entrepriſe, il fit faire des proceſſions publiques pour lui rendre graces de ce ſuccès. Le peuple vint en foule le remercier lui-même. On le fit chevalier: la ſeigneurie, Medicis & les principaux citoyens lui firent des préſens conſidérables, & de ce jour il devint riche & puiſſant.

Ce nouveau gouvernement fut dur & ty-rannique, parce que Pitti commandoit. Cô-me, affoibli par l'âge & les infirmités, ne pouvoit plus prendre la même part aux affaires. Il mourut huit ans après, en 1464. On grava fur fon tombeau, *Pere de la patrie*; titre que fes vertus avoient gravé dans les cœurs. Quoi-que maître en quelque forte de la république pendant trente ans, il ne fe montra jamais que comme un fimple citoyen ; & s'il parut toujours au deffus des autres, ce fut moins par fa puiffance que par fes bien-faits.

Pierre, fils de Côme, étoit infirme, par conféquent, peu propre aux affaires publiques, & même hors d'état de conduire celles de fa maifon. Il confia les unes & les autres à Diotifalvi Neroni, citoyen puiffant, dont fon pere lui avoit confeillé de fuivre les avis. Ne-roni conçut bientôt l'ambition de s'élever par la ruine de cette famille, & il engagea Pierre dans des démarches qui aliénerent un grand nombre de citoyens.

Comme la commiffion étoit fur le point d'expirer, les ennemis des Medicis voulurent profiter du mécontentement du peuple, pour empêcher de la continuer: mais un d'eux ré-véla tout, & le parti contraire fut affez puif-fant pour rompre toutes les mefures. Alors ils formerent le projet d'affaffiner Pierre, &

afin d'abattre enfuite tous fes partifans , ils
firent entrer dans leur conjuration le marquis
de Ferrare, qui promit de les venir joindre
avec fes troupes.

Pierre, alors malade à fa campagne, fut
inftruit affez tôt pour les prévenir. Il arma
& vint à Florence, où tous ceux qui lui
étoient attachés, s'emprefferent à lui montrer
leur zele. Les conjurés qui n'avoient pas
encore tout difpofé, furent pris au dépourvu.
Il fallut céder, & fonger à un accommode-
ment. On s'affembla chez Medicis, ils y
vinrent eux-mêmes, & ils oferent lui reprocher d'avoir pris les armes. Il fe juftifia, en
dévoilant le fecret de la conjuration: il fit voir
qu'il n'avoit armé que pour fa défenfe ; & il
ajouta que defirant de jouir du repos dans l'é-
loignement des affaires , il approuveroit telle
forme de gouvernement que la feigneurie voudroit érablir. On fe fépara fans rien conclure.
Peu de temps après, en 1466, Robert Lioni,
fait gonfalonier, convoqua le peuple, & fit
continuer la commiffion. Alors la faction
contraire fut entiérement ruinée: les uns s'en-
fuirent , d'autres furent bannis, ou punis de
mort, & la puiffance des Medicis fe trouva
plus affermie que jamais.

Pierre qui ne pouvoit veiller par lui-même au gouvernement, n'ignoroit pas qu'on
abufoit de fon nom pour vexer le peuple. Il

voulut envain réprimer les abus : tous fes efforts furent inutiles. Il mourut, lorfqu'il fe
propofoit de rappeller les bannis, afin de mettre un frein à ceux mêmes de fon parti. Il
laiffa deux fils encore fort jeunes, Laurent
& Julien,

Thomas Sodérini, alors fort confidéré à
Florence & dans toute l'Italie, voyant qu'on
venoit à lui comme à l'homme qui devoit
être déformais le chef de la république, affembla les principaux citoyens dans le couvent
de S. Antoine, & il y fit venir Laurent &
Julien. Là, il difcuta les intérêts de fa patrie,
en confidérant ce qu'elle étoit en elle-même,
& comment elle devoit fe conduire avec fes
voifins. Il fit voir qu'elle ne feroit puiffante,
qu'autant qu'elle feroit unie : & prouvant
qu'on feroit naître de nouvelles factions, fi
l'on vouloit tranfporter l'autorité dans une
nouvelle famille, il conclut qu'il falloit laiffer le gouvernement aux Medicis, entre les
mains de qui on étoit accoutumé de le voir.
Laurent répondit avec une modeftie, qui promettoit de lui ce qu'il devint dans la fuite; &
avant de fe féparer, tous jurerent de le regarder lui & fon frere comme leurs propres
fils.

La puiffance des Medicis étoit alors fi
bien cimentée, qu'il n'étoit plus poffible de
former un parti pour l'attaquer ouvertement.

La jaloufie en croiffoit davantage dans le fecret, les citoyens les plus confidérables fouffrant
impatiemment d'obéir à deux hommes, dont
ils fe croyoient les égaux. Tels entre autres
étoient les Pazzi, qui d'ailleurs fongeant à
fe venger pour quelque fujet particulier de
mécontentement, conjurerent la mort des
deux Medicis.

Dans le deffein de les affaffiner enfemble, ils effayerent deux fois de les réunir, en les invitant à des repas; le hazard ayant fait que Julien ne s'étoit trouvé à aucun, ils prirent la réfolution d'exécuter leur complot dans une églife. Julien tomba fous les coups de fes affaffins, tandis que Laurent eut le temps de fe défendre & d'échapper à ceux qui l'atta-quoient.

Julien eft affaffiné.

Toute la ville fut bientôt en armes. On punit les coupables: le peuple les mit en pie-ces, répandit leurs membres dans les rues, & affouvit fa rage fur les Pazzi, & fur tous ceux qu'il jugea complices. Depuis cet événement, arrivé en 1477, Laurent gouverna avec gloire jufqu'en 1492, que la mort l'enleva à la ré-publique de Florence, à l'Italie, où il mainte-noit la paix, & qu'il faifoit fleurir. Nous au-rons occafion de parler de la fageffe de fon gouvernement.

Laurent gou-verne avec gloire.

Dans cet intervalle où je me fuis borné à parler des Medicis, les papes, les rois de Na-

Jugement de Machiava

fur la manière dont les Italiens faisoient la guerre.

ples, les Vénitiens, les ducs de Milan & d'autres princes ont souvent causé des troubles, auxquels les Florentins ont pris part: mais pour vous donner une idée générale de toutes ces guerres, il me suffira de mettre sous vos yeux le jugement qu'en porte Machiavel. *Se non nacquero tempi, che fuſſero per lunga pace quieti, non furono anche per l'aſprezza della guerra pericoloſi; perchè pace non ſi può affermare che ſia, dove ſpeſſo i principati con l'armi l'uno e l'altro s'aſſaltano: guerre ancora non ſi poſſono chiamare quelle, nelle quali gli uomini non ſi ammazzano, le città non ſi faccheggiano, i principati non ſi diſtruggono; perchè quelle guerre in tanta debolezza vennero che le ſi cominciavano ſenza paura, trattavanſi ſenza pericolo, e finivanſi ſenza danno. Tanto che quella virtù, che per una lunga pace ſi ſoleva nell'altre provincie ſpegnere, fu dalla viltà di quelle in Italia ſpenta. Dove ſi vedrà come alla fine s'aperſe di nuovo la via a' Barbari, e ripoſeſi l'Italia nella ſervitu di quelli.*

Les peuples d'Italie ne ſavoient donc plus ni conſerver la paix, ni faire la guerre. Jaloux les uns des autres, ils ne pouvoient ceſſer de ſe tracaſſer: mais leurs guerres devoient paroître des jeux, depuis que les principales puiſſances n'étoient que des républiques marchandes, où des artiſans & des négociants

gociants commandoient, après avoir détruit
ou opprimé la noblesse. Ce qui est arrivé
en Italie, pourroit arriver quelque jour sur un
plus grand théâtre, si la noblesse éprouvoit
par des voies lentes les mêmes revers que de
violentes secousses lui ont fait éprouver à
Florence : car il n'y auroit plus de valeur,
parce que c'est la noblesse qui la conserve &
la communique à tous.

CHAPITRE VIII.

Comment en réfléchissant sur nous-mê-
mes, nous pouvons nous rendre rai-
son des temps d'ignorance & des
temps où les arts & les sciences se
sont renouvellés.

Les écoles tombent après Charlemagne. Vous avez vu que Charlemagne fit de vains efforts, pour renouveller les lettres. Immédiatement après la mort de ce prince, les écoles commencèrent à tomber: elles ne furent plus fréquentées : on méprisa le savoir, on le jugea dangereux ; & cette façon de penser faisant tous les jours des progrès, une vaste ignorance couvrit toute l'Europe. Tel fut l'abrutissement des esprits dans le neuvieme siecle & dans le dixieme.

On est ignorant & on ne sent pas le besoin de s'instruire. Il a été un temps, Monseigneur, que vous vous imaginiez être un prince accompli, & vous vous rappellez qu'alors vous ne sentiez pas le besoin d'acquérir des connoissances. Voilà précisément où en étoient dans

le dixieme siecle, non-seulement les souverains,
mais encore les sujets. Tout le monde étoit
fort ignorant, & chacun croyoit en savoir
assez; on craignoit même d'en apprendre davantage. Les Othons méritent cependant d'ê-
tre exceptés: car ils savoient qu'ils ne savoient
rien; & ils protégerent les lettres comme
Charlemagne: mais ils réussirent encore moins,
parce que les hommes étoient trop gâtés.

Quelles sont les choses dont vous vous
occupiez dans votre enfance? les frivolités
dont on vous faisoit des besoins. On veilloit
si fort sur vous, qu'on ne vous permettoit pas
d'acquérir les facultés, qui se développent naturellement dans les enfants du peuple. On
vous rendoit moins qu'un homme, & on
vous persuadoit que vous étiez quelque chose
de plus. En continuant de la sorte, on vous
auroit conduit de frivolité en frivolité. Au
sortir de votre éducation, vous auriez passé entre les mains des flatteurs. Toujours
applaudi par des ames viles, vous vous seriez
cru de plus en plus au dessus des autres, &
vous auriez été au dessous de ceux-mêmes qui
vous auroient applaudi. Qu'enfin vous eussiez
été souverain quelque part: incapable de gouverner par vous-même, il auroit fallu vous
servir des facultés des autres; & ne conser-
vant pour vous que des titres qui vous au-

En occupant notre enfance de frivolités, on nous expo-se à rester en-fants toute no-tre vie.

Nn 2

roient déshonoré, vos favoris auroient regné
en votre place: car regner, c'est rendre la justice & dispenser les graces. Or, en auriez-
vous été capable? Souvenez-vous de l'empereur Claude, rappellez-vous combien il vous
a paru ridicule & méprisable. Elevé par des
valets, il aima toujours les valets, & ne fut
toute sa vie qu'un sot enfant. Songez donc
à ce que vous feriez vous même, si vous
vieillissiez sans sortir de l'enfance.

Une éducation différente vous a fait connoître des besoins que vous n'auriez jamais
eus. Entrons à ce sujet dans des détails, &
ne craignons pas de nous arrêter sur les plus
petits; car les petites choses rendent quelquefois les vérités plus sensibles.

Il faut faire sentir aux enfans le besoin d'exercer les facultés du corps. Vous aviez passé l'âge où les enfans cou-
rent dans les rues, & vous ne saviez pas vous
tenir sur vos jambes. On ne vouloit pas
vous laisser marcher seul, parce que vous seriez tombé. Au sortir des mains des femmes,
on vous fit marcher: vous tombâtes, & vous
vous relevâtes. Aujourd'hui, vous sentez le
besoin de marcher & de courir, & vous trouvez du plaisir à l'un & à l'autre. Auparavant
vous ne sentiez que le besoin d'être suspen-
du à une lisiere.

Il faut écarter tout ce qui Vous saviez marcher, mais on vous avoit
mis des entraves. Vous ne pouviez sortir,

qu'autant qu'on avoit pris la précaution d'aver- peut y mettre
tir d'avance tous ceux qui vous devoient sui- obstacle.
vre.   On a insensiblement retranché tout ce
cortege, qui vous a contrarié plus d'une
fois. Vous sortez seul avec votre gouverneur, & vous vous promenez quand vous
voulez.

Vous commenciez & vous finissiez votre
journée, comme un automate, privé de tout Il faut leur
mouvement : vous étiez une poupée, qu'on apprendre à se-
habilloit & qu'on déshabilloit. Aujourd'hui servir eux-mê-
vous vous habillez, vous vous déshabillez mes.
vous-même; & vous vous trouvez bien d'être
servi sans dépendre de ceux qui vous servent.
Il est donc avantageux de retrancher tous les
besoins, qui nous tiennent dans la dépendance, & d'acquérir tous ceux que nous pouvons
satisfaire par l'exercice de nos facultés. Parce
qu'on est prince, faut-il cesser d'être homme?
faut-il oublier qu'on a des bras & des jambes,
n'oser s'en servir & mettre toute sa confiance dans les bras & dans le jambes d'au-
trui?

Mais si l'usage des facultés du corps est si
nécessaire, combien à plus forte raison ne l'est Il faut à plus
pas l'usage des facultés de l'ame ? Qu'est-ce forte raison
qu'un souverain qui ne pense pas? C'est un en- leur faire un
fant qui se laisse habiller & déshabiller, qui besoin d'exer-
est soutenu par la lisiere, & qu'un mal-adroit cer les fa-ul-
peut laisser tomber. tés de l'ame.

N n 3

Les inftrui-
re comme en
jouant;

On vous a donc appris à penfer, en vous
faifant fentir le befoin de penfer; & pour y
réuffir on a mis les connoiffances à la place
des badinages, dont vous ne pouviez vous
paffer. Vous avez badiné avec les opérations
de votre ame, avec les premieres découvertes des hommes, avec les dernieres même ;
& traçant des ellipfes fur le fable, vous vous
repréfentiez le fyftême de Newton. Vos premieres connoiffances ont fait naître en vous
un nouveau fentiment, le defir d'en acquérir
d'autres ; & les études utiles, après vous avoir
amufé comme des jeux, vous ont amufé parce que ce font des études utiles.

& leur faire
un befoin de
s'occuper
pour écarter
l'ennui.

Ainfi vous vous êtes défait des befoins que
vous aviez, vous vous en êtes fait de nouveaux, & vous fentez que vous avez gagné
au change. L'occupation vous eft devenue
néceffaire. Vous vous fouvenez qu'un jour
votre gouverneur voulant vous punir, vous
ôta vos livres & vos cahiers. Vous ne pûtes
pas vous fouffrir dans le défœuvrement : les
amufemens de votre premiere enfance ne furent plus une reffource pour vous : vous fuc-
combâtes fous le poids de l'ennui ; & vous
vîntes en pleurant demander pardon à votre
gouverneur, & le conjurer de vous donner un
livre.

Un autre fois le médecin, voulant, vous
difoit-il, profiter d'un accès de fievre, dit que

vous travailliez trop, & qu'il falloit vous laiſſer quelque temps ſans rien faire. Je cé-
dai , parce qu'il faut que la raiſon céde
quelquefois ; & je fus huit jours ſans vous
donner de leçons. Mais vous ne crûtes pas à
l'ordonnance de votre Eſculape, que vous re-
connûtes pour un mauvais flatteur. Vous
employâtes ces huit jours à repaſſer vos anciennes leçons , & vous travaillâtes plus que
ſi je vous avois fait travailler moi-même.

Vous en ſavez déja beaucoup pour un
prince, ſi vous ſavez le ſecret d'éviter l'ennui. Ce poiſon de l'ame ſe chaſſe par le
plaiſir : c'eſt votre expérience qui vous l'apprend. Dans les commencements que j'étois
ici, vous me dîtes que vous haïſſiez la co-
médie, au point que vous pleuriez, quand on
vous forçoit d'y reſter. Je vous répondis que
je vous ferois bientôt changer de goût. Vous ne
pouviez le croire, & cependant quelques
mois après vous en fûtes convaincu. Il eſt vrai
que l'infortunée Monime vous arracha des larmes; mais c'étoient des larmes délicieuſes.

C'eſt déja ſavoir beau-
coup que ſavoir s'occu-
per.

A peine avez vous quelquefois éprouvé
des dégoûts ; ils n'ont jamais été longs, &
vous avez toujours éprouvé que l'étude conduit à des plaiſirs. Le Latin qui fait le tour-
ment des autres enfants, n'a rien eu de déſa-
gréable pour vous. Vous déſiriez de l'appren-

Alors on
prend du goût
pour des étu-
des qui ſans
cela ſeroient
rebutantes.

Nn 4

dre ; & ayant été préparé pendant deux ans, vous en trouvâtes l'étude facile. Aussi quoique vous soyez bien loin encore de sentir toutes les beautés d'Horace, vous commencez néanmoins à le lire souvent avec plaisir. Il semble aujourd'hui que les plus beaux génies Latins, Italiens & François aient écrit pour votre amusement. Comparez donc actuellement les ressources que vous donnent les choses utiles, dont vous savez vous occuper, avec les ressources que vous donnoient les frivolités de votre premiere enfance.

L'étude de l'histoire doit faire sentir le besoin des vertus & des talents.

Mais l'histoire vous a fait connoître de nouveaux besoins. Vous vous imaginiez ne la lire que par curiosité, & cependant vous sentiez naître insensiblement en vous le besoin des vertus, le besoin des talents, le besoin, en un mot, d'être plus grand que les autres, puisque vous êtes destiné à commander à d'autres.

Lorsque vous lisiez l'histoire de la Grece, il y avoit donc en vous quelque chose de mieux que de la curiosité. Vous vous représentiez les Miltiades, les Thémistocles, les Aristides, les Epaminondas, les Phocions, &c. Vous vous formiez à leur école, vous les imitiez déja. C'est vous qui remportiez des victoires à Marathon, à Salamine, &c. Vous donniez des loix comme un Lycurgue, ou

comme un Solon; & me reprochant d'avoir
trop peu parlé de Philopémen, vous regret-
tiez de ne pouvoir vous transporter dans les
lieux, où ce grand homme avoit fait de grandes choses.

Je voudrois que l'ambition de surpasser ces
citoyens généreux vous ôtât le sommeil comme à Thémistocle; mais nous n'en sommes
pas encore là: il semble même que nous
nous en éloignions quelquefois, & vous ne
paroissez pas toujours prendre le même intérêt aux actions des grands hommes. Ceux
que Rome a produits, ceux que vous avez
trouvés dans l'histoire moderne, ne font pas
sur vous la même impression: cependant plus
vous rencontrez de pareils modeles, plus vous
devriez vous enflammer, & sentir le besoin
d'être grand vous-même.

Plus on sent ce besoin, plus on s'intéres-se aux grands hommes.

Il est vrai que la Grece a été le plus beau
théâtre pour les talents: nulle part ils n'ont
paru avec plus d'éclat, parce que nulle part
on n'a mieux senti le besoin d'avoir de grands
hommes. Peut-être que les dégoûts que nous
donne l'histoire de plusieurs siecles de barbarie, font l'unique cause de votre refroidisse-
ment. Je le souhaite au moins: mais vous
conviendrez qu'en perdant de l'intérêt que
vous preniez aux talents & aux vertus rares,
vous avèz perdu un plaisir; & que moi - mê-

me j'ai perdu de mes espérances. Car enfin
les Grecs n'ont produit plus de grands hommes, que parce qu'ils ont plus senti le besoin
d'être grands. Sondez vous donc ; dites moi
si vous trouvez en vous ce même sentiment,
& je vous dirai ce que vous deviendrez.

Les connois-
fances naif-
fent & se dé-
ve!oppent
dans tout un
peuple com-
me dans cha-
que particu-
lier.

Vous me soupçonnez, sans-doute, d'avoir
fait un grand écart, & vous avez de la peine à deviner comment je passerai de vous aux
peuples d'Italie. Mais vous comprendrez facilement que les connoissances naissent & se
développent dans tout un peuple par les mêmes ressorts, qu'elles naissent & se développent dans chaque homme en particulier.
L'histoire de votre esprit est donc un abrégé
de l'histoire de l'esprit humain: elle est la même quant au fond, & elle ne diffère que par
des circonstances particulieres qui avancent ou
qui retardent le progrès des connoissances.
C'est à votre expérience à vous éclairer : si
vous observez bien ce qui se passe en vous-
même, vous saurez observer ce qui se passe
dans les autres, & vous comprendrez pourquoi, après des efforts répétés long - temps
sans succès, les arts & les sciences se font ensuite renouvellés tout - à - coup. Nous avons
trois choses à considérer.

L'ordre de nos
befoins déter
mine le choix
de nos études.

La premiere, c'est que nous ne cherchons
à nous instruire, qu'autant que nous sentons
le besoin de connoître; & que suivant dans

nos recherches l'ordre de nos befoins, les objets qui fe rapportent aux plus preffants, font
ceux que nous étudions les premiers. Les
hommes n'apprennent donc rien, tant qu'ils
ne fentent pas le befoin d'apprendre; & s'ils
fe font un befoin de chofes inutiles, ils n'en
étudient pas d'autres. Voilà votre premiere
enfance.

La feconde confidération eft que nos progrès font lents ou rapides fuivant la méthode
que nous nous fommes faite. Votre expérience vous l'apprend: lorfque je fuis arrivé,
il y avoit un an qu'on vous enfeignoit le latin,
& vous n'en aviez aucune connoiffance. Si
j'avois continué de la même maniere, pour-
riez-vous entendre Virgile & Horace?

La méthode accélere ou ralentit le progrès de nos connoiffan. ces.

Il ne fuffit pas de fentir le befoin de s'inftruire & d'avoir une bonne méthode; il faut
encore étudier dans l'ordre le plus propre à
développer fucceffivement les facultés de l'a-
me. C'eft la derniere confidération.

L'ordre le plus parfait eft celui qui développe le mieux les facultés de l'ame.

Vous croyez peut-être avoir appris à raifonner, lorfque vous lifiez l'art de raifonner.
Non, Monfeigneur: je vous en ai donné des
leçons plus tôt, fans vous le dire, & fans que
vous vous en doutaffiez: c'eft lorfque je vous
faifois lire Corneille, Racine & Moliére.
Vous vous imaginiez ne faire que jouer, quand
repréfentant feul une piece de théâtre, vous
parliez tour-à-tour pour chaque perfonnage;

En lifant les poëtes un enfant apprend à fon infu l'art de raifonner.

& cependant vous vous accoutumiez à faifir
tout le plan d'une piece ; vous raifonniez fur
l'expofition, fur le nœud, fur le dénoüement;
vous condamniez un caractère, s'il étoit inutile ; vous le critiquiez, s'il n'étoit pas foutenu. Vous n'étiez pas content, lorfque
l'action traînoit, qu'elle étoit double, qu'elle
ne fe paffoit pas dans un même lieu, ou
que vous ne pouviez pas bien comprendre où
elle fe paffoit. Vous vous faifiez de la forte
des idées d'ordre & de précifion: or, c'eft en
quoi confifte tout l'art de raifonner.

C'eft que le goût eft de toutes les facultés de l'a-mela premie-re qu'il faut développer.

Vous voyez donc par votre propre expérience, que le goût eft la premiere faculté
qu'il faut exercer. Je l'avois éprouvé moi-
même : car fi je raifonne, je le dois beaucoup
plus aux poëtes que je vous ai fait lire, qu'aux
philofophes que j'ai étudiés. Je me fuis confirmé dans cette façon de penfer, en confidérant l'hiftoire de l'efprit humain ; & vous reconnoîtrez que je ne me fuis pas trompé, fi
vous vous rappellez ce que j'ai dit fur les
Grecs. En effet, les chofes de goût font
celles pour lefquelles nous avons le plus de
difpofition, & fur lefquelles nous avons le
plus de fecours. C'eft donc par elles que
nous devons commencer nos études ; & quand
elles auront développé nos facultés, nous
pourrons nous exercer avec fuccès fur d'autres objets. Ainfi vous pouvez prévoir que

les peuples de l'Europe raisonneront mal,
tant qu'ils manqueront de goût ; & qu'ils auront d'excellents poëtes, avant d'avoir de
bons philosophes : en un mot, les arts & les
sciences renaîtront dans le même ordre, que
vous les avez vus naître en Grece.

CHAPITRE IX.

De l'état des arts & des sciences en Italie, depuis le dixieme siecle jusqu'à la fin du quinzieme.

LES principes que nous venons d'établir, sont fondés sur l'expérience, & l'expérience va les confirmer encore.

Pourquoi les écoles étoient tombées dans les neuvieme & dixieme siecles. Puisque le clergé étoit le seul ordre qui tînt & qui fréquentât les écoles, toutes les études ont dû tomber dans le neuvieme & le dixieme siecles, parce qu'alors le clergé ne sentoit d'autres besoins que de s'enrichir & de se mêler du gouvernement.

La réputation des Arabes donne la curiosité de s'instruire. Cependant la réputation de savoir, qu'avoient les Arabes, tira de l'assoupissement général quelques hommes curieux de s'instruire. Dans le dixieme siecle, Gerbert alla en Espagne, d'autres suivirent son exemple, & le pontificat, auquel il fut élevé en 999, ne contribua pas peu à donner du lustre aux connoissances qu'il avoit acquises.

A mesure que la considération devint la récompense du savoir, on sentit davantage le besoin de s'instruire. Les anciennes écoles furent fréquentées, on en forma de nouvelles, & on enseigna ce qu'on avoit appris des Arabes.

La considération qu'on accorde aux lettres augmente cette curiosité

Ce fut, sur-tout, dans le royaume de Naples que les études commencerent avec plus de célébrité. C'est que les Arabes y avoient eu des établissements, & qu'ayant toujours conservé quelque commerce avec les Napolitains, ils leur communiquerent plus facilement tout ce qu'ils croyoient savoir. L'école de Salerne, qui fut régardée comme la premiere de l'Europe, dut sa réputation aux moines du Mont Cassin : un d'eux, nommé Constantinus l'Africain, traduisit les livres des Arabes vers la fin du onzième siecle.

L'école de Salerne devient la plus célebre.

Dans toute l'Europe, la dialectique fut l'étude à la mode, pendant ce siecle & le suivant. Elle produisit la scholastique, qui n'est autre chose que l'application de la dialectique à la théologie, à la métaphysique, à la physique, à la morale, & à tout ce qu'on peut étudier, quand on se contente d'étudier pour n'apprendre que des mots & pour disputer sur ce qu'on n'entend pas. Comme cet art étoit le chemin de la considération & de la fortune, les meilleurs esprits, sur-tout, sentirent le be-

On s'applique particulierement à la dialectique & à la scholastique ;

foin d'en faire leur étude unique., & ils s'y livrerent avec paſſion.

à la médeci-
ne;

La médecine étoit la ſeule ſcience, qu'on
eût continué de cultiver pendant le dixieme
ſiecle. Vous pouvez juger ce que c'étoit que
la médecine d'alors. Cependant on avoit beſoin d'y croire, & on y croyoit d'autant plus,
qu'on étoit plus ignorant. Pendant le onzie-
zieme & le douzieme ſiecles, cette ſcience
s'aida de tout ce qui pouvoit contribuer à ſes
ſuccès; c'eſt-à-dire, de la dialectique & de
la magie. Les moines du Mont-Caſſin, qui
l'avoient appriſe des Arabes, étoient alors
les plus grands médecins de l'Europe.

à la juriſpru-
dence;

Il a été un temps où les Grecs n'avoient
point de loix, & ce beſoin produiſit chez eux
des légiſlateurs. Les Italiens, au contraire, n'en
avoient que trop. Les Lombards, les François, les Allemands, chaque peuple y avoit
apporté les ſiennes, & les avoit ajoutées aux
loix romaines; & l'anarchie, qui regnoit parmi les révolutions, avoit encore introduit
quantité de coutumes bizarres. On ſentit
donc le beſoin de débrouiller ce chaos: la juriſprudence attira l'attention des dialecticiens:
& l'Italie fut féconde en juriſconſultes. Mais
la juriſprudence eſt une eſpece de ſcholaſtique,
qui prend de tous côtés & qui brouille tout:
il eſt de ſa nature d'être enveloppée, & de s'envelopper

lopper tous les jours davantage. Plus nous
nous y appliquerons, plus nous fentirons que
nous avons befoin de légiflateurs : & c'eft un
malheur pour l'Europe d'avoir befoin de jurifconfultes.

Les querelles entre le facerdoce & l'empire, & le fchifme qui fépara l'églife grecque
de l'églife latine, occuperent encore les efprits
du onzieme & du douzieme fiecles: c'étoient
des matieres trop difficiles pour des temps, où
l'on ignoroit tout - à - fait l'hiftoire, & vous
avez vu comme on a raifonné.

*& aux quef-
tions qu'éle-
vent les que-
relles du fa-
cerdoce & de
l'empire.*

Si pendant ces deux fiecles, les fciences
n'ont point fait de progrès, il n'en faut pas
chercher la caufe dans les guerres qui troubloient alors l'Europe, puifque les guerres
n'empêcherent pas d'étudier. On étudia même avec paffion. Il y eut des hommes d'efprit & de génie qui auroient réuffi, s'ils
avoient étudié autrement, & autre chofe que
ce qu'ils étudioient. Mais l'objet des études
& la méthode qu'on fuivoit, ne permettoient
pas d'acquérir de vraies connoiffances.

*Mais ni l'ob-
jet des études
ni la métho-
de ne permet-
toient d'ac-
quérir de
vraies con-
noiffances.*

Quelque obligation que les Grecs aient eue
aux Barbares, ce n'eft pas certainement par
les chofes qu'ils en ont empruntées, qu'ils font
dignes de notre admiration. Je me trompe
fort, ou ils auroient été meilleurs philofo-

*Les Arabes
qu'on étu-
dioit, n'ont
fait que met-
tre des entra-
ves au génie.*

Tom. XII.   O o

phes, s'ils l'étoient devenus fans fecours étrangers : car ainfi que vous, ils ont marché plus fûrement, lorfqu'ils ont marché feuls. Socrate, par exemple, ne put jamais foufirir qu'aucun barbare le foutînt par la lifiere, & il fut le plus favant des Grecs. Les Arabes ont été les barbares des Italiens & de tous les peuples de l'Europe, & ils ont mis des entraves aux hommes de génie. Il a fallu des fiecles pour fe dégager d'un faux favoir, qui étoit pire que l'ignorance.

Les lettres ne pouvoient pas naître dans les écoles.

En Egypte, les lettres n'ont été cultivées que par les prêtres, & les Egyptiens ont toujours été ignorants. On remarque la même chofe en Europe pendant plufieurs fiecles. Il eft vrai que nous avons aux moines l'obligation d'avoir confervé des manufcrits : mais ils auroient encore confervé la fcholaftique & l'ignorance. Ce n'eft donc pas dans les cloîtres qu'il faut s'attendre à voir renaître les lettres : laiffons par conféquent les vaines études qu'on y faifoit, & voyons ce qui fe paffoit ailleurs.

Elles devoient naître chez le peuple qui le premier auroit du goût.

Si, comme je l'ai dit, c'eft par les chofes de goût que l'efprit humain doit commencer à fe développer, nous trouverons le berceau des lettres chez le peuple qui aura le premier cultivé la poëfie : mais on ne s'occupe des chofes de goût, qu'après avoir pourvu à

des befoins plus preffants, & ce principe doit
nous faire découvrir le peuple, où la poëfie
a dû naître.

Après la chûte de l'empire d'occident, la
Provence, comme toutes les autres provinces,
fut expofée à bien des révolutions. Elle paffa fous la domination des Vifigots, des Of-
trogots, des Mérovingiens, des Carlovingiens, des rois d'Arles, des rois de Bourgogne : elle eut fes comtes particuliers ; & elle
fut ravagée par les Sarrazins, qui s'établirent
fur les côtes de la Méditerranée. Mais dans
le dixieme fiecle, le comte Guillaume ayant
chaffé les Sarrazins, rétablit les villes mari-
times, que ces Barbares avoient détruites, &
le commerce répara bientôt les pertes que
la Provence avoit faites. Cette province a
plufieurs bons ports ; & fes habitants, toujours induftrieux, ont fu jouir des avantages
de leur fituation.

Les Proven-
çaux après
bien des révo-
lutions, s'en-
richiffent par
le commerce
& cultivent la
poëfie.

Marfeille, fondée par des Phocéens d'Io-
nie, a de tous temps été célebre par fon commerce, & par fon goût pour les arts. C'eft
par elle que les lettres commencerent à pénétrer dans les Gaules : elle devint en quelque
forte la rivale d'Athènes ; & elle fut une des
villes, où la jeuneffe romaine venoit s'inftruire. Les Marfeillois, comme leurs ancêtres,
ont toujours aimé la liberté : ils en ont joui

quelque temps, fous les comtes de Provence; ils l'ont défendue avec courage; & ils ont conservé quelques reftes de leur ancien gouvernement républicain, jufques fous le regne de Louis XIV.

Les Provençaux, s'étant enrichis par le commerce, fongerent à jouir de leurs richeffes. La poëfie naquit parmi les plaifirs qu'ils recherchoient. Ils commencerent à la cultiver dans le onzieme fiecle, & leurs poëtes, qu'on nommoit *trouveres* ou *troubadours*, furent bientôt célebres dans toute l'Europe. Ces *troubadours* s'affocioient des chanteurs & des joueurs d'inftrument, qu'on nommoit *jongleurs* & avec ce cortege ils alloient de cour en cour, toujours accueillis par tout, & comblés de préfents. Vous voyez combien ces ufages reffemblent à ceux que nous avons vus chez les Grecs.

Ils en répandent le goût chez d'autres peuples & principalement parmi les grands.

Les Provençaux répandirent parmi les grands le goût de la poëfie. Dès le douzieme fiecle, on effaya de faire à leur exemple des vers dans les langues vulgaires. Mais ce ne fut que dans le treizieme, que la France eut dans Thibault, roi de Navarre, un poëte qui montra quelque talent. Dans le même temps, l'empereur Frédéric II faifoit des vers en Italie. Comme la poëfie a dû naître chez un peuple riche, elle devoit par la mê-

me raifon être d'abord cultivée par les grands.
Cependant le François & l'Italien étoient alors
encore bien informes.

Charles d'Anjou, comte de Provence,
monta fur le trône de Naples en 1166: il fe
piquoit auffi de faire des vers, & il protégea
les poëtes.

Naples paroiffoit devoir être le féjour des
lettres. Elle pouvoit facilement s'enrichir par
le commerce, pour peu qu'elle jouît de la
paix. De tous temps elle avoit eu des écoles, elle avoit même connu la liberté. Autrefois république, elle avoit confervé quelques-uns de fes privileges fous les rois Normands; elle en jouiffoit encore, lorfque Charles d'Anjou fe rendit maître du royaume.

Les lettres
font proté-
gées à Naples.

L'empereur Frédéric II, perfuadé que de
tous les peuples de fon royaume, les Napolitains étoient les plus propres à cultiver les
fciences, & que les écoles font d'autant moins
bonnes, qu'elles fe multiplient davantage,
défendit d'enfeigner ailleurs qu'à Naples: il n'y
eut que la grammaire, qui ne fut pas com-
prife dans cette défenfe. Il attira les profeffeurs qui avoient le plus de réputation: il
leur accorda des privileges, ainfi qu'aux écoliers; & il ne négligea rien pour donner de
la célébrité à l'école qu'il protégeoit.

Naples commença sous ce prince à devenir plus considérable. L'université y contribua, & encore plus le goût que Frédéric avoit
pour cette ville, où il venoit souvent. Le
long séjour qu'y firent les papes Innocent IV
& Alexandre IV avec toute leur cour, dut
aussi contribuer à la rendre florissante.

Elle s'agrandit encore & devint toujours
plus peuplée & plus magnifique sous les Angevins, qui l'embellirent d'édifices, & qui
continuèrent de protéger les lettres.

Les rois Normands avoient établi leur cour
à Palerme. Frédéric abandonna le premier
ce séjour, & Charles d'Anjou se fixa tout à-
fait à Naples; lorsque le soulevement, qui
éclata par les Vêpres Siciliennes, en 1282,
lui enleva la Sicile, & fit passer cette province sous la domination de Pierre III roi
d'Arragon. Cette révolution contribua beaucoup à l'agrandissement de Naples, parce que
cette ville devint le séjour & la capitale des
rois Angevins. Charles I, Charles II & Robert s'appliquèrent à la rendre florissante; &
Jeanne I, malgré les troubles de son regne,
ne négligea rien pour faire fleurir le commerce, & pour entretenir l'abondance dans sa capitale. C'est ainsi que Naples fut gouvernée
jusqu'à la mort tragique de cette malheureuse reine, en 1382. Mais sous Charles I, les

Mais quoi-
que cette ville
devienne tous
les jours plus
florissante, la
bonne poësie
n'y devoit pas
naître.

Napolitains perdirent les restes de leur liberté ; & ce sentiment de moins auroit éteint
le génie parmi eux, si la protection des princes n'y avoit suppléé. Cependant la bonne
poësie ne devoit pas commencer à Naples,
& cette ville opulente pouvoit seulement
donner de l'émulation aux talents qui naif-
soient ailleurs.

Les Vénitiens ont été long-temps avant
de s'occuper des lettres. Adonnés au commerce, ils ont d'abord cultivé les arts propres à le faire fleurir ; & ils en ont fait une
étude jusques dans leurs jeux : car la *régate*,
dont vous avez entendu parler, est une cour-
se sur mer, qui ressemble beaucoup aux courses des jeux olympiques.

Pendant long-temps les Vénitiens ne cul-tivent que le commerce.

Les peuples, qui se retirerent dans les lagunes, eurent le bonheur de ne point porter
de loix avec eux. S'ils avoient eu des jurisconsultes, ils auroient eu un code avant d'a-
voir un gouvernement ; & je ne sais comment
avec des loix inutiles & confuses, ils auroient
fait pour se gouverner : ils se conduisirent
d'après les circonstances : les usages, qui s'in-
troduisirent peu-à-peu, devinrent des loix :
ils en firent, quand ils en sentirent le besoin ; & ils imiterent en cela les Romains
sans le savoir.

Ils n'ont pour loix que des usages intro-duits par les circonstances.

Ils connoif-
fent l'abus de
la multitude
des loix & en
ont peu.

Des loix, qui fe font de la forte, fe per-
droient ou feroient peu utiles, fi elles n'étoient
compilées, & publiées avec l'autorité du gouvernement. C'eſt à quoi les Vénitiens travaillerent à pluſieurs repriſes dans le cours du
treizieme ſiecle. Mais il eſt vraiſemblable,
qu'ils ne reprirent ſi ſouvent cet ouvrage, que
parce qu'ils n'étoient pas aſſez éclairés pour
faire une compilation, qui demanderoit les
talents d'un légiſlateur. Ils eurent cependant aſſez de lumieres, pour ſentir l'abus de
la multitude des loix. Les leurs étoient en
petit nombre : exprimées avec préciſion, elles
expliquoient les cas généraux, & ne paroiſſoient ſouvent qu'indiquer les principes.
S'il ſurvenoit des cas particuliers auxquels on
ne pouvoit pas appliquer les loix, les magiſtrats jugeoient d'après l'équité naturelle.
Voyant que chez les peuples voiſins, tant de
loix & tant de commentateurs ne ſervoient
qu'à multiplier, & qu'à faire durer les procès, les Vénitiens aimerent mieux s'en rapporter quelquefois au bon ſens des juges,
que de perdre à plaider un temps qu'ils pouvoient employer au commerce.

Nulle part la
juſtice n'étoit
mieux admi-
niſtrée.

　　Rien n'étoit plus ſage. Auſſi Veniſe fut
elle regardée comme le pays, où la juſtice
s'adminiſtroit le mieux ; & les villes d'Italie
invitoient à l'envi les Vénitiens à les venir
gouverner. Les exemples en furent ſi fré-

quents dans le treizieme siecle, que la république porta un décret pour défendre aux
nobles de se rendre à ces invitations. C'est,
sans-doute, parce qu'elle se voyoit souvent
enlever les meilleurs citoyens.

Cependant les loix des Vénitiens n'étoient
pas aussi simples que celles des Grecs, puisqu'ils avoient besoin de jurisconsultes. La république en entretenoit un pour le droit civil,
sous le titre de *Consultore dello Stato*; & il y
en avoit un autre qui enseignoit le droit canon.

Leurs loix ce-
pendant n'é-
toient pas as-
sez simples
puisqu'ils a-
voient besoin
de juriscon-
sultes.

Le voisinage de Padoue excita la curiosité
des Vénitiens. Ils voulurent entendre les
professeurs de réputation. André Dandolo,
qui fut fait doge en 1336, étoit docteur de
cette université. D'autres à son exemple y
reçurent le bonnet. La république voulant
encourager ces nouvelles études, accorda des
distinctions aux docteurs; & Venise eut, comme les autres villes d'Italie, des professeurs
de droit civil, de droit canon & de philosophie. Je ne sais pas si la justice en fut
mieux administrée: mais les citoyens n'en furent pas plus savants.

Ils étudient
la jurispru-
dence, & n'en
sont pas plus
instruits.

Un peuple riche veut tôt ou tard jouir de
ses richesses, & il attire chez lui les arts &
les artistes. Les Vénitiens pouvoient-ils com-

f Les Italiens,
enrichis par le
commerce;

mercer à Conftantinople, & ne pas fe faire
infenfiblement un befoin des commodités,
dont ils apprenoient l'ufage? Ils les tranfporterent donc chez eux, & ils les répandirent
dans l'Italie. D'autres villes riches & commerçantes, Genes, Florence, Pifé, Sienne,
Bologne y contribuerent encore, chacune de
leur côté. Les peuples commencerent à devenir moins groffiers: ils voulurent vivre
avec plus d'aifance: ils rechercherent les chofes de luxe: ils appellerent les arts étrangers,
& ils en créerent de nouveaux. Cette révolution fe fit dans le cours du treizieme & du
quatorzieme fiecles; & elle en produifit une
autre dans les efprits, qui fentoient de plus
en plus le befoin de s'inftruire. Il eft vrai
que les fciences qu'on enfeignoit dans les
univerfités, ne firent point de progrès; elles
n'en pouvoient même pas faire, parce que
plus les écoles étoient célebres, moins il
étoit poffible d'ouvrir les yeux fur les vices
des études. Au contraire, la langue & la
poëfie italiennes firent des progrès étonnants,
quoiqu'on ne les enfeignât nulle part, ou plutôt parce qu'on ne les enfeignoit pas. C'eft
que dans ce genre nous pouvons commencer fans maîtres: nous n'avons qu'à comparer ce qui nous plaît davantage, avec ce qui
nous plaît moins. Or, le fentiment eft un
juge qu'on ne trompe pas auffi facilement que

la raifon, & on ne prouve pas qu'un mauvais
vers eft bon, comme on prouve qu'une propofition fauffe eft vraie.

Des peuples malheureux & abrutis par l'i-
gnorance, ne portent pas plus leur vue fur
le paffé que fur l'avenir : c'eft affez pour eux
de s'occuper du préfent. Tel a été le fort
de l'Italie pendant plufieurs fiecles. Dans
des temps plus heureux, on eut la curiofité
d'apprendre ce qu'on avoit été, & d'en tranfmettre la connoiffance à fes defcendants. Les
plus anciennes chroniques des Vénitiens font
du onzieme fiecle. C'étoient des annales
écrites en mauvais latin, ou en langue vulgaire & barbare, fans difcernement,
fans choix & fans critique. Les plus
eftimées appartiennent au quatorzieme
fiecle, & ont été compofées par le doge
André Dandolo. Alors on effayoit d'écrire
l'hiftoire : mais c'eft un art qui demande des
connoiffances, un jugement & un goût qu'on
n'avoit pas. Il ne peut fe perfectionner qu'a-
près tous les autres : il faut qu'il y ait eu des
compilateurs laborieux, des érudits qui aient
travaillé avec quelque critique, des poëtes
qui aient poli la langue, & même encore des philofophes qui aient enfeigné à
voir. Venife, au quatorzieme fiecle, n'avoit

Ils commen-
cent à avoir
des hiftoriens

donc, & ne pouvoit avoir que de mau‑
vais hiſtoriens. On y cultivoit cependant la
poëſie : mais elle ne faiſoit que d'y naître :
elle y étoit groſſiere, & le gouvernement
circonſpeƈt de cette république, ne donnoit
pas au génie cet eſſor qui fait les grands
poëtes.

Les lettres dans des cir‑ conſtances, où elles paroiſ. ſoient devoir faire des pro‑ grès, étoient retardées par la proteƈtion accordée aux mauvaiſes é‑ tudes.

Dans le tableau que je viens de faire de Na‑
ples & de Veniſe, vous voyez des circonſtan‑
ces favorables à la naiſſance de la poëſie. Les
peuples recherchoient les choſes de goût avec
paſſion; ils étoient aſſez riches pour ſe les
procurer. C'eſt la nobleſſe qui cultivoit les
arts & les ſciences; les rois accueilloient
les talents, & les excitoient par des
récompenſes. Mais tout cela ne ſuffit pas :
c'eſt que la proteƈtion des grands eſt quel‑
quefois plus nuiſible qu'utile aux progrès de
l'eſprit humain. Trop ignorants, ils diſpen‑
ſent mal leurs bienfaits, & ils n'encouragent
que les faux talents. Plus ils protégeoient
les univerſités, plus ils leur accordoient de
privileges, plus ils penſionnoient les profeſ‑
ſeurs; plus auſſi ils égaroient les eſprits, &
mettoient d'entraves aux meilleurs. En effet,
dès que le jargon de l'école conduiſoit aux
richeſſes, il étoit naturel qu'on n'étudiât que
ce jargon, & qu'on ſe ſoulevât avec ſcanda‑
le contre quiconque oſeroit parler un autre
langage.

Où doit donc naître la poëfie, me deman- La Tofcane en devoit être le berceau. derez vous? dans un pays riche, où comme à Naples & à Venife, on recherchera les cho- fes de goût, & où l'amour de la liberté par- mi les troubles permettra de penfer, & en- hardira à dire ce qu'on penfe. La Tofcane fera donc l'Attique de l'Italie, elle fera le berceau des arts. Ce n'eft pas que l'efprit de liberté foit par-tout également néceffaire pour produire des hommes de talents, puif- que nous en verrons naître dans des monar- chies : mais je crois qu'il étoit néceffaire pour les produire la premiere fois. Ce n'eft qu'aux ames qui fe croient libres, qu'il appartient de créer, & de communiquer aux autres efprits une force qu'ils n'auroient pas trouvée en eux-mêmes.

Au commencement du treizieme fiecle, A Florence les factions mê- mes devoient contribuer à la naiffance des arts. lorfque toute l'Italie étoit partagée entre l'em- pereur & le pape, les Florentins fe diviferent en deux factions & prirent les noms de Guel- fes & de Gibelins. Affez heureux pour étouf- fer enfin cet efprit de parti, ils fe gouverne- rent en république après la mort de Frédéric II, arrivée en 1250, & nous avons vu qu'en dix ans Florence devint la principale ville de la Tofcane, & fut une des premieres de l'I- talie. Mais l'efprit de faction recommença: le gouvernement effuya bien des révolutions: deux nouveaux partis fe formerent, celui des

Blancs & celui des Noirs: les factions des Guelfes & des Gibelins continuoient ; & on comptoit encore celle du peuple & celle de la noblesse. C'est au milieu de ces factions que les talents devoient naître, pour procurer à un peuple riche les arts agréables, dont il sentoit le besoin. Dans un gouvernement plus calme, les esprits n'auroient pas pris le même essor. Athènes eût-elle eu tant d'hommes à talents, si elle n'eût pas été une démocratie florissante, c'est-à-dire, une république riche & divisée par des partis ? non, sans doute : car les citoyens ne se seroient pas occupés des arts avec une sorte d'enthousiasme, s'ils avoient traité dans le calme les affaires du gouvernement.

Alighieri Dante, né à Florence en 1265, se forma parmi les troubles, auxquels il prit part. Il étoit de la faction des Blancs, & il fut banni avec eux, lorsque Charles de Valois vint à Florence. Voilà le premier poëte Italien : c'est lui qui polit le premier sa langue, & il écrivit avec une élégance, qu'on ne trouve pas dans ceux qui ont cru faire des vers avant lui. Son principal ouvrage est une satyre des mœurs de son temps : il les peint avec les traits les plus hardis ; & on voit que pour former un pareil poëte, il falloit un esprit républicain, & même un esprit

de parti. Il mourut en 1321. Alors se formoit un nouveau poëte qui acheva de po-
..ir la langue italienne.

Pétrarque naquit en 1304 à Arezzo, où
s'étoit retirée sa famille, proscrite dans le même temps & pour les mêmes causes que Dante. Pétraceo, son pere, désespérant de rentrer dans sa patrie; alla s'établir à Avignon,
où Clément V venoit de fixer sa cour. Il
destinoit son fils à l'étude de la jurisprudence, qui étoit alors le grand chemin de la
fortune: mais le jeune Pétrarque s'en dégoû-
ta bientôt. La candeur de mon ame, disoit-
il, ne me permet pas de me livrer à une étude, que la dépravation des mœurs a rendue
pernicieuse. La plupart des hommes ne veulent connoître les loix, que pour pouvoir les
éluder eux-mêmes, ou apprendre aux autres
à les violer impunément. Il ne m'est pas
possible, ajoutoit-il, de faire de cette étude
un abus si contraire à la probité. Il s'adon-
na donc tout entier à la poësie, avec un succès qui le fit passer pour magicien : car
Apollon, disoit-on, n'est pas un dieu, & par
conséquent, il ne peut être qu'un diable. On
l'accusa encore d'hérésie, parce qu'il lisoit
Virgile. Mais s'il eut pour ennemis tous les
ennemis des lettres, il eut pour protecteurs
tous les princes qui les aimoient. Les Flo-

rentins, honteux de le compter parmi les pro-
scrits, lui députerent Bocace, l'inviterent à
revenir dans sa patrie, & voulurent lui rendre tous les biens, dont son pere & sa mere avoient été dépouillés. Pétrarque mourut peu d'années après à Arcqua en 1374.
Je n'entrerai dans aucun détail sur la vie,
ni sur les ouvrages de ce poëte. D'autres
l'ont fait : mais si vous voulez le connoître,
vous le lirez.

Bocace. Les Florentins cultivoient aussi la prose :
car les historiens, Jean & Mathieu Villani
étoient contemporains des deux Charles &
de Robert, rois de Naples. D'autres avoient
même écrit l'histoire avant eux. Mais Bocace, que je viens de nommer, est proprement le premier écrivain en prose ; puisqu'à
cet égard il fixa la langue italienne, qui lui
doit autant qu'au Dante, & qu'à Pétrarque.
Il naquit à Certaldo en 1313, & mourut
au même lieu en 1375.

*Ceux qui les premiers ont du goût, le communi-
quent rapide-ment.* Quand une fois le goût a disparu, il est
des siecles avant de renaître ; & il ne se reproduit point, ou il se reproduit tout-à-coup.
Il semble que toute la difficulté soit d'en approcher ; & que quand on en approche, on ne
puisse pas ne le pas saisir. Le Dante, Pétrarque

que & Bocace devoient donc avoir de grands
fuccès, & leur goût devoit fe communiquer
à tous les bons efprits qui les lifoient.

Je diftingue deux fortes de vérités : les vérités de raifon , & les vérités de fentiment.
Les premieres font hors de nous ; & quelque
proche qu'elles foient , nous pouvons toujours
porter mal adroitement la main à côté. Les
fecondes , au contraire , font en nous, ou ne
font point : c'eft pourquoi en approcher ou les
faifir c'eft la même chofe.   On peut raifonner
avec mon efprit , fans m'éclairer : mais on ne
peut pas remuer mon ame d'une maniere nouvelle & agréable qu'auffitôt je ne fente le beau.
Le goût eft donc un fentiment, qui doit fe
tranfmettre avec rapidité.

Lorfqu'on fent le beau dans un genre, on Il paffe auffi.
eft capable de le fentir dans tout autre : car tôt d'un genre
c'eft le même goût qui juge de la beauté d'u- dans un autre.
ne fcene , & de la beauté d'un tableau. Auffi
dans le temps des progrès prompts de la poëfie, les Florentins commençoient à cultiver
avec fuceès la peinture & l'architecture.   Ci-
mabué, mourut en 1300, âgé de foixante dix
ans & laiffa pour éleve Giotto , qui mourut en 1336

Les beaux arts font donc nés en Italie , ————
pendant le treizieme & le quatorzieme fiecles, La prife de
& , par conféquent, long temps avant la ruine Conftantino-
de l'empire grec : cependant on veut que la goût en Italie.

Tom. XII.   P p

prise de Constantinople soit l'époque de leur
naissance, & que cette révolution ait été nécessaire, pour apporter aux Italiens le goût
qu'ils avoient déja, & qu'ils avoient bien
mieux que les Grecs de Constantinople. Frap-
pés d'une révolution qui a fait prendre à l'Europe une face nouvelle, nous avons cru qu'elle a influé dans les progrès de l'esprit, parce
que nous supposons qu'elle a tout fait. Cependant les Italiens, comme les Grecs, se
sont formés d'après eux-mêmes; & s'ils doivent aux étrangers, ils leur doivent peu. Il
est même certain que la prise de Constantinople les retarda, parce que la langue grecque, dont l'étude devint à la mode, fit négliger les langues vulgaires. Aussi l'Italie ne
produisit-elle pas dans le quinzieme siecle,
des écrivains aussi bons que Dante, Pétrarque & Bocace: ce n'est pas que l'érudition
n'ait ensuite contribué à l'avancement des lettres, en mettant les gens de goût en état
d'étudier de bons modeles, & en amassant
des matériaux, dont ils surent faire usage.
Il en est de même de l'art d'imprimer qui
fut inventé dans le quinzieme siecle. Il nui-
sit d'abord au goût par la facilité qu'il donna
de devenir érudit; & tel italien qui auroit été
un écrivain élégant s'il eût étudié sa langue,
se contenta de lire les livres grecs qui devenoient plus communs, & se piqua d'en sen-

tir les beautés qu'il sentoit mal. Si la prise de Constantinople a produit du savoir, elle a produit encore une pédanterie, que l'imprimerie a rendue plus commune ; & le goût
ne renaîtra, que lorsqu'on étudiera les langues vulgaires. C'est ce que nous verrons,
quand nous reprendrons l'histoire de l'esprit
humain au commencement du seizieme siecle.

FIN du Tome douxieme.

www.ingramcontent.com/pod-product-compliance
Lightning Source LLC
Chambersburg PA
CBHW071137270326
41929CB00012B/1779